わかりやすい不動産登記の申請手続

6訂版

日本法令不動産登記研究会 編

日本法令®

はじめに

令和３年に民法の一部が改正され、また、それにともない不動産登記法も一部が改正されました。改正された一部は令和５年４月１日から施行されましたが、残りは今後、順次段階的に施行されていく予定です。

また、「相続等により取得した土地所有権の国庫への帰属に関する法律」が、令和３年４月21日に成立し、令和５年４月27日から施行されました。

不動産登記法の大きな改正は、相続登記と所有権の登記名義人の表示変更登記の申請が義務化されたことでしょう。相続登記の申請義務化は令和6（2024）年４月１日からであり、所有権の登記名義人表示変更登記の申請義務化がスタートするのは令和８（2026）年頃です。

これらは、所有者不明土地をなくすための方策ですが、法務省も相続登記をやりやすいように工夫をしているところです。たとえば、法定相続情報一覧図の写しの制度、登記所が自筆遺言書を保管する制度の創設などです。

したがって、これらの改正に応えるために本書を改訂する必要性を感じていたところ改訂の話がありましたので、快く受諾した次第です。

本書は、当初、法務局の若手職員を念頭に作成されたものですので、参考法令、通達、実務の実例が検索しやすいように記載しています。不動産登記法を勉強される方は、なるべく法令等に当たっていただきたいと思います。

一方、最近は一般の方が自分で登記申請手続をする例も増えておりますので、一定のレベルを保ちながらわかりやすい解説に努めました。

終わりに、本書の発行までに株式会社日本法令の八木正尚氏には大変お世話になり、６訂版刊行の運びになったことを感謝しております。

なお、本書の執筆は、元東京法務局港出張所統括登記官の玉山一男氏にお願いしました。記して御礼申し上げます。

令和５年６月

日本法令不動産登記研究会

目　次

総　論　不動産登記法の仕組み

第１部　表示に関する登記

凡　例

本書の法令および通達の略語は次のとおりです。

法	不動産登記法（平成16年6月18日法律第123号）
令	不動産登記令（平成16年12月1日政令第379号）
規則	不動産登記規則（平成17年法務省令第18号）
準則	不動産登記事務取扱手続準則（平成17年2月25日法務省民二第456号法務局長、地方法務局長あて法務省民事局長通達）
区分所有法	建物の区分所有等に関する法律（昭和37年4月4日法律第69号）
登免税法	登録免許税法（昭和42年6月12日法律第35号）
保管法	法務局における遺言書の保管等に関する法律（平成30年7月13日法律第73号）
保管省令	法務局における遺言書の保管等に関する省令（令和2年4月20日法務省令第33号）
帰属法	相続等により取得した土地所有権の国庫への帰属に関する法律（令和3年法律第25号）
帰属令	相続等により取得した土地所有権の国庫への帰属に関する法律施行令（令和4年政令第316号）
帰属規則	相続等により取得した土地所有権の国庫への帰属に関する法律施行規則（令和5年法務省令第1号）
施行通達	平成17年2月25日民二第457号民事局長通達
特例施行通達	平成20年1月11日民二第57号民事局長通達
登記研究	テイハン発行月刊誌
3訂先例・通達集	『3訂版　実務に役立つ不動産登記先例・通達集』（日本法令）

総論

不動産登記法の仕組み

本書を読む前に

本書に書かれている言葉には、馴染みの無い言葉が出てきますので、本書を理解していただくためにも、最初にその言葉の説明を簡単にしたいと思います。

【登記名義人】

登記名義人とは、登記事項証明書の権利部*に記載されている権利者のことです。

たとえば、「所有権の登記名義人」とは、登記事項証明書に所有者または共有者と記載されている人のことです。表題部に記載されている人は登記名義人とはいわずに「表題部所有者」といいます。

「抵当権の登記名義人」とは、抵当権設定登記に抵当権者と記載されている人のことです。

＊権利部：登記記録は、表題部と権利部によって構成されています。詳細は31頁を参照してください。

【所有者と所有権の登記名義人との違い】

たとえば、AさんがBさんに土地を売って、所有権がAさんからBさんに移転しても、所有権移転の登記申請をしない限り、登記簿上では、Aさんが所有者と表示されています。したがって、Aさんは所有権移転登記を申請する時にはすでに所有者ではないので所有者という言葉は使えません。したがって、登記の解説書などでは、Aさんのことを所有権の登記名義人という言葉で表現しています。

1　申請情報と添付情報

登記を申請する場合には、「申請情報を記載した書面」と「添付情報」を登記所に提供します。申請情報を記載した書面とは、申請書のことです。添付情報とは、添付書面のことです。登記所に提供するとは、登記所に提出するということです。なぜ、こんなわかりにくい言葉を使うかというと、不動産登記法はオンライン申請を原則として制定されているからです。しかし、実際には、書面による申請が多いのが実情です。

申請情報を記載した書面＝申請書

添付情報＝添付書面

登記を申請する場合は、申請書と添付情報の両方を提出しなければなりません。どのような登記をしたいのかを記載したのが申請書であり、申請書に記載されていることが正しいと証明するのが添付情報です。したがって、添付情報のみを提出してもどのような登記をしたいのかを主張したことにはなりません。

2 登記所

(1) 管轄

不動産登記法では、登記の事務は、不動産（土地または建物）の所在地を管轄する法務局もしくは地方法務局もしくはこれらの支局またはこれらの出張所がつかさどると規定しています（法6条1項）。したがって、管轄外の不動産の登記は申請することができません。もし間違って管轄外の登記所に登記申請をして、受付がされた場合には、取下げをするか却下されるかです（法25条1号）。その場合、申請書等を正しい管轄登記所に移送する取扱いはしていません。

不動産が二つ以上の管轄区域にまたがる場合（たとえば、東京の渋谷区と港区の土地にまたがって建てられた建物の表題登記の申請をする場合が考えられます）は、「不動産の管轄登記所等の指定に関する省令」で定めるところにより、法務大臣または法務局もしくは地方法務局の長が、当該不動産に関する登記の事務をつかさどる登記所を指定します（法6条2項）。管轄が指定されるまでの間、登記の申請は、当該二つ以上の登記所のうち、一つの登記所にすることができます（法6条3項）。

(2) 登記所と法務局の違い

一般的に「登記所」という呼び方をしていますが、登記所という正式な官庁名はなく、登記事務をつかさどっている機関を称して、そのように呼んでいると理解してください。法務局では登記以外の戸籍、供託等の事務も行っています（ただし、出張所では登記事務のみです）ので、法務局の中で登記事務を行っているところが登記所だと理解すればよいでしょう。

3　登記官

登記所における事務は、登記所に勤務する法務事務官のうちから、法務局長または地方法務局長が指定する登記官が取り扱うことになっています(法９条)。登記所には、その事務量に応じて一人以上の登記官が配置されているのが実情です。また、実際の登記事務は、登記官の指示に基づき登記官以外の法務局職員によってされているのが実情ですが、校合事務については必ず登記官が行っています。

4　登記申請から登記完了まで

登記の申請から登記完了までの手続は、概ね次のような流れになります。

(1)　登記申請

↓

(2)　受　付

↓

(3)　調　査

↓

(4)　登記簿への記録

↓

(5)　校　合

↓

(6)　登記識別情報と登記完了証の交付

(1) 登記申請

登記の申請方法には、オンラインによる申請（法18条1号）と書面による申請（法18条2号）があり、オンライン申請は完全なオンライン申請と特例方式による場合があります。また、書面による申請には、窓口に申請書等を提出する方法と郵送等によって提出する方法とがあり、申請人はいずれかの方法によって申請することができます。また、電子証明書がないためオンライン申請ができなかった人のために、書面申請の一つの形態としてパソコンにインストールした「申請用総合ソフト」で登記申請書を作成して申請する二次元バーコード付き書面申請もできるようになりました。詳細は法務省のホームページの「登記・供託オンライン申請システム」から「QRコード付き書面申請」で検索してください。

なお、登記所の窓口には登記完了予定日が掲示されていますので、忘れずに確認をしておいてください。法務局によっては、ホームページで完了予定日を掲載しているところもあります。

【登記の申請方法】

- 申請
  - オンライン（法18条1号）
    - 完全なオンライン申請
    - 特例方式による申請
  - 書面（法18条2号）
    - 窓口での申請
    - 郵送等での申請
    - 二次元バーコード付き書面申請

〈オンラインで申請する方法〉

詳細は25頁以降を参照してください。

〈窓口で申請する方法〉

管轄する登記所の窓口に申請書等を提出する方法です。登記が完了した場合には、登記完了予定日以降に登記識別情報を記載した書面（以下「登記識別情報通知書」という）および登記完了証を受領できます。受領は窓口ですることも、また、郵送によってすることも可能ですので、どちらにするのかをわかるように申請書に記載します。

〈郵送等による方法〉

現行の不動産登記法はオンラインによる登記申請を目的として改正されたものですから、窓口に出頭して登記申請することを義務づけはしていません。したがって、書面による申請の場合にも、申請人またはその代理人が窓口で申請することも認められますし、郵送または宅配便による申請も認められます。

登記の申請をしようとする者が申請書およびその添付書面を送付するときは、書留郵便または民間事業者による信書の送達に関する法律（平成14年法律第99号）2条6項に規定する一般信書便事業者もしくは同条9項に規定する特定信書便事業者による同条2項に規定する信書便の役務であって当該信書便事業者において引受けおよび配達の記録を行うものによってします（規則53条1項）。日本郵便が提供している「レターパックプラス」で送ると便利です。申請書およびその添付書面を入れた封筒の表面には不動産登記申請書が在中する旨を明記します（規則53条2項）。

(2) 受　付

登記官は、登記の申請書または申請情報が提供されたときは、受付帳に登記の目的、申請の受付の年月日および受付番号ならびに不動産所在事項を記録しなければなりません（規則56条1項）。実際に受付業務を行うのは登記官ではなく、法務局職員が担当します。

(3) 調　査

登記官は、申請書が提出されたときは、遅滞なく、申請に関するすべての事項を調査しなければなりません（規則57条）。もし、書類に不備がある場合には、申請人または代理人にその旨を連絡します（準則36条）。

オンライン申請に不備がある場合には、補正コメントを作成して法務省オンライン申請システムに掲示してします。実際には、電話で連絡した後、補正コメントを送信しているようです。

書類申請の場合には、電話その他の適宜の方法で補正がある旨を連絡します。

(4) 登記簿への記録

調査が完了した後に、申請物件の登記簿に登記事項を記録します。

(5) 校　　合

登記官は、受付、調査が正しく行われ、登記簿へ登記事項が正しく記録されたことを確認した後、登記を完了させます。このことを「校合《こうごう》」といいます。

(6) 登記識別情報の通知と登記完了証の交付

登記が完了したときには、登記完了証を交付します。また、登記識別情報が通知される場合には、登記識別情報を通知します。詳細については、第２部第１章で述べます。

5 オンラインによる申請方法

オンライン申請の詳細は、法務局のホームページをご覧ください。

(1) オンライン申請の現状

現在では、すべての登記所でオンライン申請をすることが可能となっています。しかし、完全なオンラインによる申請は少なく、オンライン申請の多くは、特例方式によるものです。また、工場財団等の財団登記については、まだコンピュータ化されていませんので、工場財団等に関する登記についてはオンライン申請はできません。

(2) 受領証、登記完了証の取扱い

オンライン申請（特例方式も含む）の場合には、受領証が発行されません。受領証の交付を請求できるのは書面申請をした申請人とされているからです（規則54条１項）。また、登記完了証は原則としてオンラインで送

信します（規則182条1項1号）。ただし、当分の間、登記完了証を書面により交付することを申し出ることができるとされました（平成23年3月25日民二第767号民事局長通達）。

6　オンラインの特例方式による方法

(1)　特例方式とは

平成20年1月15日からオンラインの特例方式が認められました。特例方式による取扱いは、令附則5条、規則附則21条ないし25条および平成20年1月11日民二第57号民事局長通達（『3訂先例・通達集』38頁。以下、「特例施行通達」という）によって詳細に定められています。

特例方式とは、オンライン申請をする際に、申請情報はオンラインで提供しますが、添付情報（登記識別情報を除く）については、それが書面で作成されているものについては、当分の間、当該書面を登記所に提出する方法でもかまわないとするものです（令附則5条1項）。

添付書面は、送付により提出しても登記所の窓口へ出頭して提出してもかまいません。受領証、登記完了証についての取扱いは、完全なオンライン申請の場合と同じです。

現在、オンラインによる申請の多くはこの特例方式によるものですが、書面による申請と比べてその比率はまだ低い状態です。したがって、本書の記載は書面による申請手続を基本にして書いています。

(2)　注意すべき点

特例方式による場合は次の事項に気をつけてください。なお、事項によっては、特例方式に限らずオンライン申請する場合のすべてに適用がある場合もあります。

【添付書面の提出方法】

＊添付書面を登記所に提出するときは、規則別記第13号様式による用紙に必要事項を記載したものを当該書面に添付しなければなりません（規則附則21条3項）。

■別記第13号（附則21条3項関係）
書面により提出した添付情報の内訳表

登記所の表示		
申請の受付の年月日		
受付番号		
書面により提出した添付情報の表示		
申請人又は代理人の氏名又は名称（申請人又は代理人が法人であるときはその代表者の氏名を含む。）及び電話番号その他の連絡先	電話番号その他の連絡先	㊞

＊添付書面を送付するときは、書留郵便または信書便の役務であって当該信書便事業者において引受けおよび配達の記録を行うものによってします（規則附則21条4項）。レターパックプラスで送付するのが便利です。その場合、当該書面を入れた封筒の表面には令附則第5条第1項の規定により提出する書面が在中する旨を記載します（規則附則21条5項）。具体的には、「添付書面在中」と記載すればよいでしょう。

＊登記済証は送付または持参することができますが、その場合、オンライン申請の登記識別情報を提供できない理由欄には「登記済証を所持している」と記載し、添付情報欄は「登記済証（特例、持参または送付）」と記載します。なお、登記識別情報は必ずオンラインで提供しなければなりません（規則66条1項1号）。

【添付書面の提出期限】

＊添付書面は、オンラインによる申請の受付の日から2日以内に提出しなければなりません（規則附則21条2項）。この期間の計算については、初日は算入しません（特例施行通達第1の1(7)）。たとえば、6月1日にオンライン申請した場合には、6月3日までに提出しなければなりま

せん。また、期限が日曜、土曜、祝日等の行政機関の休日に当たるときは、その翌日が期限となります。

＊有効期間のある書面（資格証明書等）については、オンライン申請の時に有効期間内であればかまいません。

【登記原因証明情報について】

＊書面によって登記原因証明情報を提出するときは、登記原因を証する情報をPDFファイルとして、申請情報と併せて提供しなければなりません（令附則5条4項）。その場合、PDFファイルには作成者の電子署名を付さなくてもかまいません。登記原因を証する情報のうち登記原因の内容を明らかにする部分についてスキャナに読み取って送信すればかまいません（規則附則22条3項）。登記原因の内容を明らかにする部分とは、たとえば、売買契約の場合には、次の内容の記載がすべて含まれているものでなければなりません（特例施行通達第1の1(6)）。

　ア　契約当事者の記載
　イ　対象不動産の記載
　ウ　売買契約の年月日の記載
　エ　売買契約締結の事実がわかる記載

＊登記名義人の氏名もしくは名称または住所についての変更の登記または更正の登記については、PDF形式で提供する必要はありません（規則附則22条2項、特例施行通達第1の1(5)）。

＊相続登記の場合は、「遺産分割」、「特別受益」、「放棄」等の具体的な内容を記載した相続関係説明図のみをPDF形式で提供すれば、遺産分割協議書、特別受益証明書および相続放棄申述受理証明書等を記録した電磁的記録までも併せて提供することを要しません（平成20年11月12日民二第2958号第二課長通知『3訂先例・通達集』45頁）。

＊第三者の許可、同意または承諾したことを証する情報は、登記原因証明情報に含まれないのでPDFファイルを提供する必要はありません。

【オンライン申請における登記識別情報の提供方法】

＊登記識別情報を提供してオンライン申請する場合には、登記識別情報の提供は必ず登記識別情報提供様式により、オンラインで送信しなければなりません（規則66条1項1号）。したがって、登記識別情報通知書をPDFファイルでオンラインにより提供することはできませんし、また、

特例方式の場合でも、登記識別情報通知書等の登記識別情報を記載した書面を送付または持参する方法は認められません。

＊代理人として、オンライン申請をする者が申請人から登記識別情報を知ることを特に許されている場合は、登記識別情報の提供および受領に係る登記識別情報提供様式、登記識別情報通知用特定ファイル届出様式および登記識別情報取得申請ファイル（以下「当該ファイル等」という）には、申請人本人の電子署名が不要とされ、当該ファイル等には代理人の電子署名がされていれば足ります。この場合、登記識別情報を提供するときは、委任状には「登記識別情報の暗号化に関する一切の権限」の委任条項が必要になります（特例施行通達第3の(2)）。

【オンライン申請した場合の補正、取下げ、却下について】

＊提出された添付書面の補正は、登記所に出頭して書面を補正するか、もしくは補正に係る添付書面を登記所に提出する方法によってすることができます（規則附則24条3項）。ただし、申請情報の補正はオンラインによる方法で行います。

＊補正の連絡は、申請情報に係る補正はオンラインの補正コメントで告知します（準則36条1項）が、送付された添付書面については、オンラインで行うことも電話等で行うことも差し支えないとされています（特例施行通達第1の3(3)）。

＊書面による取下げはできません。取下げはオンラインで行います（規則39条1項1号）。

＊特例方式により提出された登記原因を証する情報を記載した書面の内容が、申請情報と併せて送信された登記原因を証する情報を記録した電磁的記録（PDFファイル）の内容と相違するときは、法25条5号の規定により却下されます（特例施行通達第1の3(8)）。ただし、実務の取扱いとしては、相違する部分が登記原因または登記事項と関係ないような場合には却下の対象とはしていないようです。

【オンライン申請した場合の登記完了証について】

＊登記完了証は原則としてオンラインによって通知されます（規則182条1項1号）。ただし、当分の間、登記完了証を書面により交付することを申し出ることができるとされました。

【オンライン申請した場合の登記識別情報の通知について】

＊登記識別情報の通知は、オンラインで通知を受けることも可能であり、送付または窓口での受領も可能です（特例施行通達第2の3(2)）。この取扱いは、完全なオンライン申請の場合も同じです。送付によって登記識別情報通知書の交付を求める場合には、申請人は、その旨ならびに送付先等を申請情報の内容とします（規則63条3項）。

　送付の費用は申請人または代理人が負担します。送付は、申請人等の区分および送付先により、それぞれ本人限定受取郵便または書留郵便等の方法によります（規則63条4項および5項）。

【オンライン申請した場合の原本還付について】

＊特例方式により提供された添付書面も原《げん》本《ぽん》還《かん》付《ぷ》をすることができますが、原本還付した添付書面を送付する場合には書留郵便等（簡易書留も含む）の方法により（規則55条7項）、普通郵便による送付は認められません。送付の費用は郵便切手等で提出しなければなりません。

7　不動産の表示に関する登記と権利に関する登記

　登記は、表示に関する登記と権利に関する登記の二つに分けることができます。

　表示に関する登記は、不動産物件の物理的状況を明確にするためのものです。たとえば、建物についていえば、どの場所に建っていて、建物の種類は何で、構造は木造か鉄筋コンクリート造か、また平家建か2階建か、そして床面積はどの程度かなどの状態が、表題部に登記されます。

　権利に関する登記は、誰がこの不動産を所有しているとか、担保権を設定しているとか、不動産に対する権利関係を明らかにするためにされます。

　本書も、表示に関する登記と権利に関する登記に分けて記載しています。

8　登記簿の構成

(1)　登記簿とは

登記簿とは、登記記録が記録される帳簿であって、磁気ディスク（これに準ずる方法により一定の事項を確実に記録することができる物を含む）をもって調製するものをいいます（法2条9号）。

登記記録は、表示に関する登記または権利に関する登記について、一筆の土地または一個の建物ごとに作成されます。そして、各登記記録は、表題部および権利部に区分して作成されます（法12条）。

(2)　登記記録の編成

i　表題部

①　土地の表題部

土地の登記記録の表題部には、地図番号、不動産番号、筆界特定、所在、地番《ちばん》、地目《ちもく》、地積《ちせき》等が記録されます（規則4条、同別表1）。

②　建物（区分建物を除く）の表題部

区分建物《くぶんたてもの》でない建物の登記記録の表題部には、所在図番号、不動産番号、所在（附属建物の所在を含む）、建物の名称がある場合はその名称、家屋番号《かおくばんごう》、種類、構造、床面積、附属建物に関する事項等が記録されます（規則4条、同別表2）。

③　区分建物の表題部

区分建物である建物の登記記録の表題部は、一棟の建物の表題部、区分建物の表題部に分かれます（規則4条、同別表3）。

〈一棟の建物の表題部〉

一棟の建物に属する区分建物の家屋番号、一棟の建物の所在、所在図番号、一棟の建物の名称、一棟の建物の構造、一棟の建物の床面積等、敷地権の目的である土地の符号、敷地権の目的である土地の所在および地番、敷地権の目的である土地の地目、敷地権の目的である土地の地積等が記録されます。

〈各区分建物の表題部〉

不動産番号、区分建物の家屋番号、区分建物の名称、区分建物の種類、区分建物の構造、区分建物の床面積、共用部分である旨、団地共用部分である旨、敷地権の目的である土地の符号、敷地権の種類、敷地権の割合等が記録されます。

ii　権利部

権利部は甲区《こうく》および乙区《おつく》に区分されます（規則4条4項）。

①　甲　区

甲区には、所有権に関する登記の登記事項を記録します。したがって、誰が所有者かを知るためにはこの甲区の事項欄を見ます。

②　乙　区

乙区には、所有権以外の権利に関する登記の登記事項を記録します。地上権、永小作権《えいこさくけん》、地役権《ちえきけん》、先取特権《さきどりとっけん》、質権、抵当権、賃借権、配偶者居住権、採石権などは乙区の事項欄に記録されます。

iii　共同担保目録

登記官は、二つ以上の不動産に関する権利を目的とする担保権の保存または設定の登記の申請があった場合には、その登記をするときに共同担保目録を作成することになっています（規則166条）。

iv　信託目録

登記官は、信託の登記をするときは、法97条1項各号に掲げる登記事項を記録した信託目録を作成しなければなりません（規則176条1項）。

登記簿の見本

〈表示に関する登記〉

■ 土地の登記簿の表題部

<table>
<tr><td colspan="3">表　題　部（土地の表示）</td><td>調製</td><td>余白</td><td>不動産番号</td><td>1234567890123</td></tr>
<tr><td>地図番号</td><td colspan="2">A11－1</td><td>筆界特定</td><td colspan="3">余白</td></tr>
<tr><td>所　在</td><td colspan="4">○区○四丁目</td><td colspan="2">余白</td></tr>
<tr><td>①　地　番</td><td>②　地　目</td><td colspan="3">③　地　積　㎡</td><td colspan="2">原因及びその日付〔登記の日付〕</td></tr>
<tr><td>18番7</td><td>宅地</td><td colspan="2">330</td><td>54</td><td colspan="2">令和○年○月○日公有水面埋立
〔令和○年○月○日〕</td></tr>
<tr><td>所有者</td><td colspan="6">○市○町○番○号　甲野太郎</td></tr>
</table>

土地の登記簿の表題部には、「不動産番号」「地図番号」「筆界特定」「所在」「地番」「地目」「地積」「原因及びその日付〔登記の日付〕」が記録されています。そのほかに、「所有者」が記録されている場合もあります。

■ 建物（区分建物以外）の登記簿の表題部

<table>
<tr><td colspan="3">表題部（主である建物の表示）</td><td colspan="2">調製　余白</td><td>不動産番号　1234567890124</td></tr>
<tr><td colspan="2">所在図番号</td><td colspan="4">余白</td></tr>
<tr><td colspan="2">所　在</td><td colspan="3">○区○四丁目　１８番地７</td><td>余白</td></tr>
<tr><td colspan="2">家屋番号</td><td colspan="3">１８番７</td><td>余白</td></tr>
<tr><td colspan="2">①種類</td><td>②構造</td><td colspan="2">③床面積　㎡</td><td>原因及びその日付〔登記の日付〕</td></tr>
<tr><td colspan="2">居宅</td><td>木造スレートぶき２階建</td><td>１階　８０
２階　７８</td><td>０６
７７</td><td>令和○年○月○日新築
〔令和○年○月○日〕</td></tr>
<tr><td colspan="6">表　題　部〔附属建物の表示〕</td></tr>
<tr><td>符号</td><td>①種類</td><td>②構造</td><td colspan="2">③床面積　㎡</td><td>原因及びその日付〔登記の日付〕</td></tr>
<tr><td>1</td><td>物置</td><td>木造亜鉛メッキ鋼板ぶき平家建</td><td>１３</td><td>２２</td><td>〔令和○年○月○日〕</td></tr>
<tr><td>2</td><td>車庫</td><td>木造亜鉛メッキ鋼板ぶき平家建</td><td>１２</td><td>００</td><td>〔令和○年○月○日〕</td></tr>
<tr><td>3</td><td>物置</td><td>木造ビニール板ぶき平家建</td><td>１０</td><td>００</td><td>〔令和○年○月○日〕</td></tr>
<tr><td colspan="2">所有者</td><td colspan="4">○市○町○番○号　甲野太郎</td></tr>
</table>

＊主である建物と附属建物の新築年月日を異にする建物の表題登記の申請があった場合には、附属建物の新築年月日も記録します。

建物の登記簿の表題部には、「不動産番号」「所在図番号」「所在」「家屋番号」「種類」「構造」「床面積」「原因及びその日付〔登記の日付〕」と「所有者」が記録されます。また、建物の名称を定めた場合には建物の名称も記録します。

なお、附属建物がある場合には、附属建物の表示として、「符号」「種類」「構造」「床面積」「原因及びその日付〔登記の日付〕」が記録されます。

敷地権付き区分建物の登記簿（一棟の建物の表題部）

<table>
<tr><td colspan="2">専有部分の家屋番号</td><td colspan="4">１－２－１～１－２－３　１－２－１０１～１－２－１０７　１－２－２０１～１－２－２０４　１－２－３０１～１－２－３０７</td></tr>
<tr><td colspan="2">表題部（一棟の建物の表示）</td><td>調製</td><td>余白</td><td>所在図番号</td><td>余白</td></tr>
<tr><td>所　在</td><td colspan="3">○区○町　１番地２</td><td colspan="2">余白</td></tr>
<tr><td>建物の名称</td><td colspan="3">○○メゾン</td><td colspan="2">余白</td></tr>
<tr><td colspan="2">①構造</td><td colspan="2">②床面積　㎡</td><td colspan="2">原因及びその日付〔登記の日付〕</td></tr>
<tr><td colspan="2">鉄筋コンクリート造陸屋根地下１階付３階建</td><td colspan="2">１階　４９５　６３
２階　３４３　９５
３階　４７８　９４
地下１階　５００　００</td><td colspan="2">〔令和○年○月○日〕</td></tr>
<tr><td colspan="6">表題部（敷地権の目的である土地の表示）</td></tr>
<tr><td>①土地の符号</td><td>②所在及び地番</td><td>③地目</td><td>④地積　㎡</td><td colspan="2">登記の日付</td></tr>
<tr><td>1</td><td>○区○町１番２</td><td>宅地</td><td>１２８２　４６</td><td colspan="2">令和○年○月○日</td></tr>
</table>

区分建物の登記簿（区分建物の表題部）

<table>
<tr><td colspan="3">表　題　部（専有部分の建物の表示）</td><td>不動産番号　1234567890123</td></tr>
<tr><td>家屋番号</td><td colspan="2">○町　１番２の２０４</td><td>余白</td></tr>
<tr><td>建物の名称</td><td colspan="2">204</td><td>余白</td></tr>
<tr><td>①種類</td><td>②構造</td><td>③床面積　㎡</td><td>原因及びその日付〔登記の日付〕</td></tr>
<tr><td>居宅</td><td>鉄筋コンクリート造１階建</td><td>２階部分　３２　１６</td><td>令和○年○月○日新築
〔令和○年○月○日〕</td></tr>
<tr><td colspan="4">表　題　部（敷地権の表示）</td></tr>
<tr><td>①土地の符号</td><td>②敷地権の種類</td><td>③敷地権の割合</td><td>原因及びその日付〔登記の日付〕</td></tr>
<tr><td>1</td><td>所有権</td><td>５４３２１分の１５</td><td>令和○年○月○日敷地権
〔令和○年○月○日〕</td></tr>
<tr><td>所有者</td><td colspan="3">○区○町１０番５号　株式会社Ａコーポレーション</td></tr>
</table>

〈権利に関する登記〉

■ 甲区事項欄

権　利　部　（甲　区）（所有権に関する事項）			
順位番号	登記の目的	受付年月日・受付番号	権利者その他の事項
1	所有権保存	令和○年○月○日 第○号	所有者　○市○町○番○号 玉山一男
2	所有権移転	令和○年○月○日 第○号	原因　令和○年○月○日売買 所有者　○市○町○番○号 後藤基

甲区には所有権に関する事項が記録されます。

■ 乙区事項欄

権　利　部　（乙　区）（所有権以外の権利に関する事項）			
順位番号	登記の目的	受付年月日・受付番号	権利者その他の事項
1	抵当権設定	令和○年○月○日 第○号	原因　令和○年○月○日金銭消費貸借同日設定 債権額　金○○万円 利息　年１・７５％ 損害金　年１４％ 債務者　○市○町○番○号 甲野太郎 抵当権者　○市○町○番○号 株式会社○銀行 （取扱店　○支店）

乙区には所有権以外の権利に関する事項、たとえば、地上権、永小作権、地役権、先取特権、抵当権、根抵当権、賃借権、配偶者居住権、採石権などに関する事項が記録されます。

共同担保目録

共 同 担 保 目 録			
記号及び番号	（あ）第○号	調製	令和○年○月○日
番 号	担保の目的である権利の表示	順位番号	予 備
1	○区○町　○番の土地	1	余白
2	○区○町　○番地　家屋番号　○番の建物	1	余白

二つ以上の不動産に関する権利を目的とする担保権の保存または設定の登記の申請があった場合には、登記官は共同担保目録を作成しなければなりません（規則166条）。

共同担保目録には、次の事項が記録されます（規則167条）。

❶　共同担保目録を作成した年月日

❷　共同担保目録の記号及び目録番号

なお、目録番号は、記号ごとに更新します（規則167条2項）。

❸　担保権が目的とする二つ以上の不動産に関する権利に係る次に掲げる事項

ア　共同担保目録への記録の順序に従って当該権利に付ける番号

イ　当該二つ以上の不動産に係る不動産所在事項

ウ　当該権利が所有権以外の権利であるときは、当該権利

エ　当該担保権の登記（他の登記所の管轄区域内にある不動産に関するものを除く）の順位番号

信託目録

信託目録の様式は次のとおりです（規則197条2項5号、別記5号様式）。同法97条1項各号の登記事項を各欄に記録します。

信　託　目　録	調製	令和○年○月○日
番　号	受付年月日・受付番号	予　備
第○号	令和○年○月○日 第○○○○号	余白
1　委託者に関する事項	委託者の氏名または名称および住所	
2　受託者に関する事項	受託者の氏名または名称および住所	
3　受益者に関する事項等	1　受益者の氏名または名称および住所 2　受益者の指定に関する条件または受益者を定める方法の定めがあるときは、その定め 3　信託管理人があるときは、その氏名または名称および住所 4　受益者代理人があるときは、その氏名または名称および住所 5　信託法158条3項に規定する受益証券発行信託であるときは、その旨 6　信託法258条1項に規定する受益者の定めのない信託であるときは、その旨 7　公益信託ニ関スル法律1条に規定する公益信託であるときは、その旨	
4　信託条項	1　信託の目的 2　信託財産の管理方法 3　信託の終了の事由 4　その他の信託の条項	

第1部

表示に関する登記

…第１章…
表示に関する登記手続一般

1　表示に関する登記申請の仕組み

(1)　職権登記主義と申請主義

不動産登記の究極の目的は、不動産に関する権利関係を登記簿に公示し、国民の権利の保全を図り、不動産取引の安全と円滑に資することにあります（法1条）。

そこで、取引の客体である不動産の現況（その物理的状況）を登記簿に表示しておく必要があることから、表示に関する登記（更正を除く）については所有者に登記の申請義務を課しています（法164条）。

このように、表示に関する登記については、申請主義を原則としていますが（法16条）、例外として職権登記主義が採用されています（法28条）。これは、不動産の表示に関する登記は、当事者の申請を待たずに登記官が不動産の現況を調査して、その調査の結果に基づいて、職権で表示に関する登記をすることができるというものです。

しかし、不動産登記法は、所有者等に登記申請を義務づけており、不動産の所有者等こそその不動産の現況を最もよく知り得ることから、原則はやはり当事者の申請によるものとされ、職権登記主義は第二義的なものと考えられています。

(2)　登記官の実地調査権

不動産登記法は、不動産の表示に関する登記についてのみ実質審査主義を採用しています（法29条）。

登記官が表示に関する登記の申請を調査する場合には、書類審査にとどまらず、必要に応じて、土地または建物の表示に関する事項の実地調査をすることができるとされています。登記官に与えられているそのための調査権を「実地調査権」といいます（法29条1項、2項）。
登記官が実地調査をなすべき事項は、土地または建物の物理的状況のみならず、所有権の登記がされていない不動産については、その所有者の調査も含まれます（法29条、27条3号）。

(3)　申請の方法

表示に関する登記の申請は、法18条1号のオンラインによる申請の方法または法18条2号の申請情報を記載した書面（申請書のこと）による申請の方法のいずれかにより、不動産の所在地を管轄する登記所に提出してすることになります。
両者は申請方法が異なるだけで、優劣の関係にはありません。
なお、書面による申請の場合は、登記所の窓口に出頭して申請書を提出する方法、郵送（原則は書留郵便だが宅配便等の使者によることも可能。申請書およびその添付書面を入れた封筒の表面に「不動産登記申請書在中」と明記（規則53条2項））で申請書を提出する方法があります。

(4)　オンライン申請における添付情報の提供方法の特例

現在、表示に関する登記のオンライン申請をする場合には、当該申請の添付情報（申請人またはその代表者もしくは代理人が作成したものならびに土地所在図、地積測量図、地役権図面、建物図面および各階平面図を除く。これらの図面を、以下「図面等」という）が書面に記載されているときは、当該書面に記載された情報を電磁的記録に記録したものを添付情報とすることができるとされています（令13条）。これにより、たとえば、図面等以外の添付情報である建築確認通知書、検査済証等が書面で作成されているときは、これらの書面に記載された情報を電磁的記録に記録して申請情報とすることが可能でしたが、図面等の添付情報および委任状など申請人が作成した添付情報については、申請情報と併せて必ずオンライン申請により提供する必要がありました。
しかし、不動産登記オンライン申請利用促進のため、不動産登記令の一部を改正する政令および不動産登記規則の一部を改正する省令の施行（施行日平成20年1月15日）に伴い、オンライン申請をする場合において添付情報（登記識別情報を除く）が書面に記載されているときは、令10条および12条2項の規定にかかわらず、当該書面を登記所に提出する方法（持参または送付）により添付情報を提供することができることとされました（令附則5条1項）。

これを「特例方式」といいますが、平成20年1月15日以降は、オンライン申請をする場合においては、図面等や代理人の権限を証する情報が書面に記載されているときは、当分の間、当該書面を登記所に提出する方法により登記の申請をすることができます。

なお、特例方式の申請情報には、個々の添付情報ごとに特例の旨を記録することになります。たとえば、「住所証明情報（特例）」等と記録します。また、具体的な提出方法が決まっている場合は、その区別により「持参」または「送付」と記録することになります。

(5) 一般承継人による申請

表題部所有者または所有権の登記名義人が、表示に関する登記の申請人になることができる場合において、当該表題部所有者または所有権の登記名義人について相続その他の一般承継があったときは、その相続人その他の一般承継人は、当該表示に関する登記を申請する申請人になることができます（法30条）。

(6) 登記申請義務

不動産の権利に関する登記は、不動産に関する権利の変動を、第三者に対抗するために登記簿に記録して公示するものであって、登記の申請はその利益を享受しようとする者が任意にすればよく、公法上の義務として強制をされることはありません。ただし、売買契約の売主は買主に対して登記その他の売買の目的である権利の移転についての対抗要件を備えさせる義務を負います（民法560条）。

これに対して、不動産の表示に関する登記は、権利の客体である、土地・建物の物理的状況を登記簿（表題部）上明確にするためにされるものです。

したがって、不動産の物理的状況をできるだけ速やかに登記簿に反映させることは、不動産の表示に関する登記制度の理想とするところであり、そのために不動産の所有者等に対して、1か月以内という期間を定め、その登記申請を義務づけています（法36条等）。

表示に関する登記で申請義務の課せられている登記の種類および申請義務者は、次のとおりです。

登記の種類	申請義務者
土地の表題登記	所有者（法36条）
土地の地目または地積の変更の登記	表題部所有者または所有権の登記名義人（法37条）
土地の滅失の登記	表題部所有者または所有権の登記名義人（法42条）
建物の表題登記（区分所有建物は除く）	所有者（法47条）
区分所有建物の表題登記	原始取得者（法47条）
建物の表題部の変更の登記	表題部所有者または所有権の登記名義人（法51条）
建物の合体の登記	合体前の所有者、表題部所有者、所有権の登記名義人（法49条）
建物の滅失の登記	表題部所有者または所有権の登記名義人（法57条）

申請義務の課せられている上記の登記は、「報告的登記」といわれています。不動産の表示に関する登記は、土地・建物の物理的状況を正確に登記簿に反映することが要請されているので、原因発生後１か月以内に登記申請すべきことが義務づけられており、この義務を怠った者に対しては、過料《かりょう》（科料と区別するため「あやまちりょう」ともいわれる）の制裁の規定が設けられています（法164条）。

(7)　登録免許税

不動産の表示に関する登記の登録免許税は、所有権の登記のある土地の分筆、建物の分割、もしくは区分による表示の変更ならびに土地または建物の合併による表示の変更の登記を除いては、納付する必要がありません（登免税法２条、別表第一）。

2 表示に関する登記事項

(1) 土地の表示に関する登記事項

土地の表示に関する登記事項として、次の事項が記録されています（法27条、34条）。

① 土地の所在	⑤ 所有者
② 地　番	⑥ 登記原因およびその日付
③ 地　目	⑦ 登記の年月日
④ 地　積	⑧ 不動産番号

① 土地の所在

土地の所在地番区域は、行政区域で市、区、郡、町、村、字またはこれに準ずる地域を記録します（規則97条）。

② 地《ち》　番《ばん》

地番は、土地を特定させるため、登記所（登記官）が一筆の土地ごとにつける番号（符号）です。その定め方は適当な地域を地番区域として、その区域ごとに1番から起番して土地の位置がわかりやすいものとなるように定めなければなりません（規則98条）。

したがって、地番について、土地の所有者が地番の設定、変更を申請することは認められていません。

③ 地《ち》　目《もく》

地目は、土地の主な用途により、その現況および利用目的によって定められます。

地目の種類は、田、畑、宅地、学校用地、鉄道用地、塩田、鉱泉地、池沼、山林、牧場、原野、墓地、境内《けいだい》地《ち》、運河用地、水道用地、用悪《ようあく》水路《すいろ》、ため池、堤、井溝《せいこう》、保安林、公衆用道路、公園および雑種地に区分して定めるものとされ（規則99条）、これ以外の地目を定めることはできません。

地目を定めるには、土地の現況および利用目的に重点を置き、部分的にわずかな差異の存するときでも、土地全体としての状況を観察して定めるものとされています（準則 68 条）。

地目は、土地の所有者が勝手に定めるのではなく、土地の表示に関する登記および地目変更の登記をする前提として登記官が認定します。

④　地《ち》　積《せき》

地積とは、土地の面積のことです。地積の定め方は、水平投影面積により、平方メートルを単位として定め、1 平方メートルの 100 分の 1（宅地および鉱泉地以外の土地で 10 平方メートルを超えるものについては、1 平方メートル）未満の端数は、切り捨てます（規則 100 条）。

⑤　所有者

所有権の登記がない土地（所有権保存の登記または所有権移転の登記がなされていない場合をいう）については、所有者の氏名または名称および住所（所有者が 2 名以上であるときは、その所有者ごとの持分）を記録します。

所有者とは、土地・建物の所有権を取得した者のことです。表題部に所有者が登記事項になっている理由は、土地の所有者を公示するとともに、地方税法による土地の固定資産税の納税義務者を公示するためであるといわれています。

⑥　登記原因およびその日付

土地および建物の表示に関する登記の中で、報告的登記については、その表示等の変動が生じた、その登記の原因となる事実または法律行為とその日付を記録しなければなりません（法 27 条 1 号）。

⑦　登記の年月日

登記の年月日とは、登記官が実際に登記完了した日です（準則 66 条）。

⑧　不動産番号

登記官は、不動産を識別するために必要な事項として、一筆の土地または一個の建物ごとに番号、記号その他の符号を記録することができます（法 27 条 4 号、規則 90 条）。

このすべての不動産について一意に付される番号、記号を「不動産番号」といいます。

不動産番号は、システム上一括して定められ、システム上一括して自動的に登記記録に記録されます。

(2) 建物の表示に関する登記事項

建物（区分建物を除く）の表示に関する登記事項として、次の事項が記録されています（法27条、44条）。

① 建物の所在地番
② 家屋番号
③ 建物の種類
④ 建物の構造
⑤ 建物の床面積
⑥ 建物の名称があるときは、その名称
⑦ 附属建物があるときは、その所在する市、区、郡、町、村、字および土地の地番ならびに種類、構造および床面積
⑧ 所有者、登記原因およびその日付、登記の年月日、不動産番号

① 建物の所在地番

建物が所在する土地の行政区画である市、区、郡、町、村、字および土地の地番を表示します。

建物の所在地番は、次の要領によって記録します。

ア 都道府県名の記録は要しません。ただし、当該建物が他の都道府県にまたがって存在する建物については、その当該地の都道府県名を冠記するものとされています（準則88条1項）。

イ 建物の敷地が二筆以上の土地にまたがる建物の不動産所在事項を記録する場合には、床面積の多い部分または主たる建物の所在する土地の地番を先に記録し、他の土地の地番は後に記録します（準則88条2項）。

ウ 前項の場合に、所在地番を記録するには「6番地、4番地、8番地」のように記録し、「6、4、8番地」のように略記することはできません。ただし、建物の所在する土地の地番のうち連続する地番（ただし、支号のあるものを除く）がある場合には、その連続する地番を、たとえば「5番地ないし7番地」のように略記して差し支えありません（準則88条3項）。

エ 建物の敷地の地番には「番地」の文字をつけて、たとえば「何番

地」のように記録します。

オ　附属建物のある建物の場合には、附属建物の敷地の所在地番をも含めて記録します。

カ　建物が永久的な施設としてのさん橋の上に存する場合または固定した浮船を利用したものである場合については、その建物から最も近い土地の地番を用い、「何番地先」のように記録するものとされています（準則 88 条 4 項）。

②　家屋番号《かおくばんごう》

家屋番号とは、建物ごとに登記所（登記官）が建物につける番号であり、地番区域ごとに建物の敷地の地番と同一の番号をもって定めます。ただし、数個の建物が一筆の土地の上にあるとき、あるいは一個の建物が数筆の土地の上にあるとき、その他特別の事情があるときは、敷地の地番と同一の番号に支号を付する等の方法により、これを定めます（規則 112 条 1 項）。

当該建物に附属建物がある場合は、附属建物には、符号を付するものとされています（規則 112 条 2 項）。

③　建物の種類

建物の種類は、建物の主な用途により、居宅《きょたく》、店舗、寄宿舎、共同住宅、事務所、旅館、料理店、工場、倉庫、車庫、発電所および変電所に区分して定め、これらの区分に該当しない建物については、これに準じて定めるものとされています（規則 113 条 1 項）。

その他として、準則 80 条 1 項には 25 種類の区分が定められていますが、なおこれにより難い場合には、建物の用途により適当に定めるものとされています。

さらに、建物の主な用途が二つ以上の場合には、その種類をたとえば「居宅・店舗」と表示するものとされています（規則 113 条 2 項、準則 80 条 2 項）。

④　建物の構造

建物の構造は、建物の主な部分の構成材料、屋根の種類および階数により、次のように区分して定め、これらの区分に該当しない建物については、これに準じて定めるものとされています（規則 114 条）。

ア　構成材料による区分

㋐　木造

㋑　土蔵造

(ウ) 石造
(エ) れんが造
(オ) コンクリートブロック造
(カ) 鉄骨造
(キ) 鉄筋コンクリート造
(ク) 鉄骨鉄筋コンクリート造

イ　屋根の種類による区分
(ア) かわらぶき
(イ) スレートぶき
(ウ) 亜鉛メッキ鋼板ぶき
(エ) 草ぶき
(オ) 陸屋根

ウ　階数による区分
(ア) 平家建
(イ) 2階建（3階以上の建物にあっては、これに準ずる）

その他として、準則81条1項において上記の定めるところによるほか、概ねの区分が定められています。

⑤　建物の床面積

建物の床面積は、各階ごとに壁その他の区画の中心線（区分建物にあっては、壁その他の区画の内側線）で囲まれた部分の水平投影面積により、平方メートルを単位として定め、1平方メートルの100分の1未満は切り捨てます（規則115条）。

天井の高さ1.5メートル未満の地階および屋階（特殊階）は、床面積に算入しません。ただし、1室の一部が天井の高さ1.5メートル未満であっても、その部分は、当該1室の面積に算入します（準則82条1号）。

⑥　建物の名称があるときは、その名称

建物の名称とは、建物の所有者が利用上あるいは管理上の便宜等を考慮して建物を特定するために付した名称であり、絶対的登記事項ではないが、「RA1号」または「ひばりが丘1号館」等、所有者において適宜付した名称等があれば登記事項として登記を申請することができます（法44条1項4号）。

⑦　附属建物があるときは、その所在する市、区、郡、町、村、字および土地の地番ならびに種類、構造および床面積

附属建物があるときは、主である建物と同一の登記記録に登記され（法 44 条１項５号）、不動産登記法上主である建物と併せて一個の建物として取り扱われます。

なお、附属建物の所在する土地の地番は、主である建物の所在の一部として公示されます。

⑧　所有者、登記原因およびその日付、登記の年月日、不動産番号

土地に関する定めと同じです（法 27 条１号・３号・４号）。

⑶　区分建物の表示に関する登記事項

区《く》分《ぶん》建物とは、一棟の建物の構造上区分された部分で独立した住居、店舗、事務所または倉庫その他建物としての用途に供することができるものであって、建物の区分所有等に関する法律（昭和 37 年法律第 69 号。以下「区分所有法」という）２条３項に規定する専有部分であるもの（区分所有法４条２項の規定により共用部分とされたものを含む）をいいます（法２条 22 号）。

区分建物の表示に関する登記事項として、次の事項が記録されています（法 44 条）。

①　区分建物の所在地番（法 44 条１項１号カッコ書）
②　一棟の建物の構造（法 44 条１項７号）
③　一棟の建物の床面積（法 44 条１項７号）
④　一棟の建物の名称があるときは、その名称（法 44 条１項８号）
⑤　敷地権の目的たる土地の表示
⑥　専有部分の登記事項
⑦　所有者、登記原因およびその日付、登記の年月日、不動産番号

①　区分建物の所在地番（法 44 条１項１号カッコ書）

区分建物が属する一棟の建物の所在である市、区、郡、町、村、字および土地の地番を明らかにします。

② 一棟の建物の構造（法44条1項7号）

区分建物が属する区分建物全体の構造を記録します。

③ 一棟の建物の床面積（法44条1項7号）

この床面積は、各階ごとに壁その他区画の中心線で囲まれた部分の水平投影面積により、平方メートルを単位として記録します（規則115条）。この床面積から各専有部分の床面積の合計を控除すると、構造上の法定共有部分の床面積が算出されます。

④ 一棟の建物の名称があるときは、その名称（法44条1項8号）

通常の建物に関する登記事項である、建物の名称と同じです。

また、建物の名称で「霞ヶ関マンション」のようなものも含むとされています。

区分建物の表示に関する登記、または区分建物を目的とする権利に関する登記の申請にあたり、申請書に不動産の表示として、区分建物の所在地番と建物の名称を記載したときは、区分建物の構造および床面積は記載する必要はないものとされています（令3条8号へ、ト）。登記原因証明情報、代理権限を証する書面についても、同様の取扱いとされています。

⑤ 敷地権の目的たる土地の表示

敷地権とは、区分所有法2条6項の、専有部分を所有するための建物の敷地に関する権利、すなわち、区分建物の敷地に登記した土地の所有権、地上権および賃借権の3種類のいずれかの権利であって、分離して処分することができない権利をいいます。

敷地権が存在するときは、一棟の建物の表題部中、「敷地権の目的たる土地の表示」欄に、敷地権の目的たる土地の所在および地番、地目、地積、敷地権の整理番号としての符号を記録します。

なお、規約によって建物の所在する土地と一体として管理または使用する土地を、敷地権の目的たる土地とすることができます（区分所有法5条1項）。

⑥ 専有部分の登記事項

ア　所在および土地の地番

各専有部分においては、所在および土地の地番は、登記事項ではありません。

イ　家屋番号

各専有部分ごとに家屋番号がつけられますが、通常の建物と異なり、専有部分の場合には、その専有部分の表題部には建物の所在が表示されませんので、家屋番号に地番区域名を省略することはできません（旧不動産登記事務取扱準則 150 条参照）。

ウ　建物の種類

通常の建物の種類を参照してください。

エ　建物の構造

通常の建物の種類を参照してください。

なお、建物を階層的に区分してその一部を一個の建物とする場合において、建物の構造を記載するときは、屋根の種類を記載することを要しません（準則 81 条 3 項）。

また、ある専有部分が、たとえば、当該建物が属する一棟の建物の 3 階および 4 階に存する場合において、その階数による構造を記録するときは、「2 階建」のように記録するものとされています（準則 90 条）。

オ　建物の床面積

専有部分の床面積は、通常の建物と異なり、壁その他の区画の「内側線」で囲まれた部分の水平投影面積により定めるものとされています（規則 115 条カッコ書）。

カ　建物の名称

通常の建物あるいは一棟の建物の名称を参照してください。

なお、ここでの建物の名称の場合はマンション等の室番号が使用されています。

キ　敷地権の表示

専有部分の表題部中に、「敷地権の表示欄」の、敷地権の目的たる土地の符号欄には、一棟の建物の表題部中「敷地権の目的たる土地の表示」欄に記録される土地の符号が記録され、敷地権の種類欄には所有権、地上権または賃借権の別が、また、敷地権の割合欄には敷地権の割合が「100 分の 2」のようにそれぞれ記録され、原因およびその日付欄には敷地権の表示の登記原因およびその日付が「年月日敷地権」のように記録されます。

⑦　所有者、登記原因およびその日付、登記の年月日、不動産番号

土地に関する定めと同じです。

3　登記申請書のA4横書きの標準化（書面申請）

不動産の表示に関する申請書は、平成16年11月1日より、日本産業規格A列4番（A４サイズ）の用紙をもって標準の用紙とすることになりました（平成16年9月27日法務省民二第2649号法務省民事局第二課長依命通知）。登記申請書は、A４の用紙を縦置き、横書きとして使用し、用紙の裏面は使用しないものとされています。

記載する文字については、アラビア数字を用いて差し支《つか》えありません（例：申請人　○市○町二丁目５番６号、地番35番２　地積　50.27㎡）。

文字は、直接パソコン（ワープロ）を使用して入力するか、黒インク、黒色ボールペンで、はっきりと書いてください。鉛筆およびインクが消えるボールペンは使用できません。

【申請書提出時の注意点】

＊紙質は長期保存できる丈夫なもの（上質紙等）にしてください。通常のコピー用紙で大丈夫です。
＊登記申請書が複数枚にわたる場合には、各用紙のつづり目に契印をしなければなりません（規則46条１項）。
＊編綴《へんてつ》する場合、他の添付書類とともに左とじにしてください。

…第２章…
土地の表題登記

土地の表題登記とは、新たに生じた土地または表題登記がない土地について、その物理的状況を登記簿の表題部に初めてされる登記をいいます（法２条20号）。

1　申請人

新たに生じた土地または表題登記がない未登記の土地の所有権を取得した人は、その所有権の取得の日から１か月以内に表題登記を申請しなければなりません（法36条）。１か月以内の登記申請を怠《おこた》ったときは当該土地の所有権を取得した人は、10万円以下の過料に処せられます（法164条）。

新たに土地が生じた場合とは、海底隆起や公有水面を埋め立てた場合などです。公有水面埋立法に基づく公有水面を埋め立てた場合は、埋立竣功認可の日から１か月以内に土地の表題登記を申請しなければなりません。

共有名義の土地については、共有者の一人から保存行為として共有者全員のために申請することができます。

2　申請書の記載事項

土地の表題登記の申請書には、次の事項を記載します。

①　登記の目的（令３条５号）
②　添付情報の表示（規則34条１項６号）
③　申請の年月日（同項７号）
④　登記所の表示（同項８号）

⑤　申請人の氏名または名称および住所（令3条1号）、申請人が法人であるときは、その代表者の氏名（同条2号）
⑥　代理人によって登記申請をするときは、当該代理人の氏名または名称および住所ならびに代理人が法人であるときはその代表者の氏名（同条3号）
⑦　申請人または代理人の電話番号その他の連絡先（規則34条1項1号）
⑧　不動産の表示（令3条7号）
⑨　登記原因およびその日付（同条6号）

①　登記の目的（令3条5号）

登記の目的は、「土地表題」と記載します。

②　添付情報の表示（規則34条1項6号）

実際に提供した添付情報を記載します。

土地所在図、地積測量図、所有権証明情報、住所証明情報、代理権限証明情報のように記載します。

③　申請の年月日（同項7号）

登記申請する日を記載します。

④　登記所の表示（同項8号）

申請する登記所を記載します。登記の申請は管轄する登記所にします。

⑤　申請人の氏名または名称および住所（令3条1号）、申請人が法人であるときは、その代表者の氏名（同条2号）

申請人である土地所有者の住所と氏名を記載します。所有者が二人以上の場合には、それらの持分も記載します。（令3条9号）。

申請人が法人の場合は、本店または主たる事務所、商号または名称、代表者の資格および氏名を記載します。法人が会社法人等番号を有する法人の場合には会社法人等番号も記載します（令7条1項1号イ）。ただし、当該法人の作成後3か月以内の登記事項証明書を提供したときには会社法人等番号の記載は不要です（規則36条1項および2項）。

⑥　代理人によって登記申請をするときは、当該代理人の氏名または名称および住所ならびに代理人が法人であるときはその代表者の氏名

（同条3号）

⑦　**申請人または代理人の電話番号その他の連絡先（規則34条1項1号）**

申請書等に不備がある場合には、登記所から連絡がされますので、連絡をとることのできる電話番号を記載します。

⑧　**不動産の表示（令3条7号）**

土地の所在、地目、地積を記載します。地番は、登記官が職権で定めるものですから記載する必要はありません。ただし、あらかじめ、登記所から予定地番を知らされた場合には、それを記載してもよいでしょう。

⑨　**登記原因およびその日付（同条6号）**

新たに土地が生じた登記の原因たる法律行為またはその他の法律事実として、「公有水面埋立」のように具体的に記載し、その日付としては、埋立竣功認可の日を記載します。

従来から存する土地で未登記の土地のように登記原因およびその日付が不明であるときは、単に「不詳」とのみ記載します。

3　添付情報

次の添付情報を提供します。

①　**土地所在図（令別表の4の項添付情報欄イ）**

後掲60頁参照

②　**地積測量図（同項添付情報欄ロ）**

後掲58頁参照

③　**所有権証明情報（同項添付情報欄ハ）**

表題部所有者となる者が所有権を有することを証明する情報として、公有水面埋立法22条の規定による竣功認可書等、官庁または公署の証明書その他申請人の所有権の取得を証明するに足りる情報を提供します（準則71条1項）。国または地方公共団体の所有する土地について、官庁または公署が土地の表題登記を嘱託する場合には、所有権を証する情報の提供は便宜省略することができます（同条2項）。

④　**住所証明情報（同項添付情報欄ニ）**

表題部所有者となる者の住所証明情報として、住民票の写しを提出します。その場合、住民票の写しは、マイナンバー（個人番号）が記載されていないものを提出します。

⑤　**代理権限証明情報（令7条1項2号）**

代理人により申請する場合には、委任状を提出します。

申請人が法人であるときは、当該法人の代表者の資格を証する登記事項証明書または支配人等の権限を証する登記事項証明書（作成後3か月以内のもの）を添付しますが、会社法人等番号を提供した場合には登記事項証明書の添付は必要ありません。

申請書見本（土地の表題登記）

登　記　申　請　書

登記の目的　**土地表題**

添付情報

土地所在図　　　**地積測量図**　　　**所有権証明情報**

住所証明情報　　　**代理権限証明情報**

令和○年○月○日申請

東京　法務局

申請人　**○県○市○町○丁目○番○号**

法務　太郎

代理人　**○県○市○町○丁目○番○号**

○○　○○　㊞

連絡先の電話番号　**○○－○○○○－○○○○**

不動産番号				
土地の表示	所　在	**東京都中央区築地○丁目**		
	①地　番	②地　目	③地　積 m^2	登記原因及びその日付
		雑種地	**２３**	**不詳**

地積測量図見本

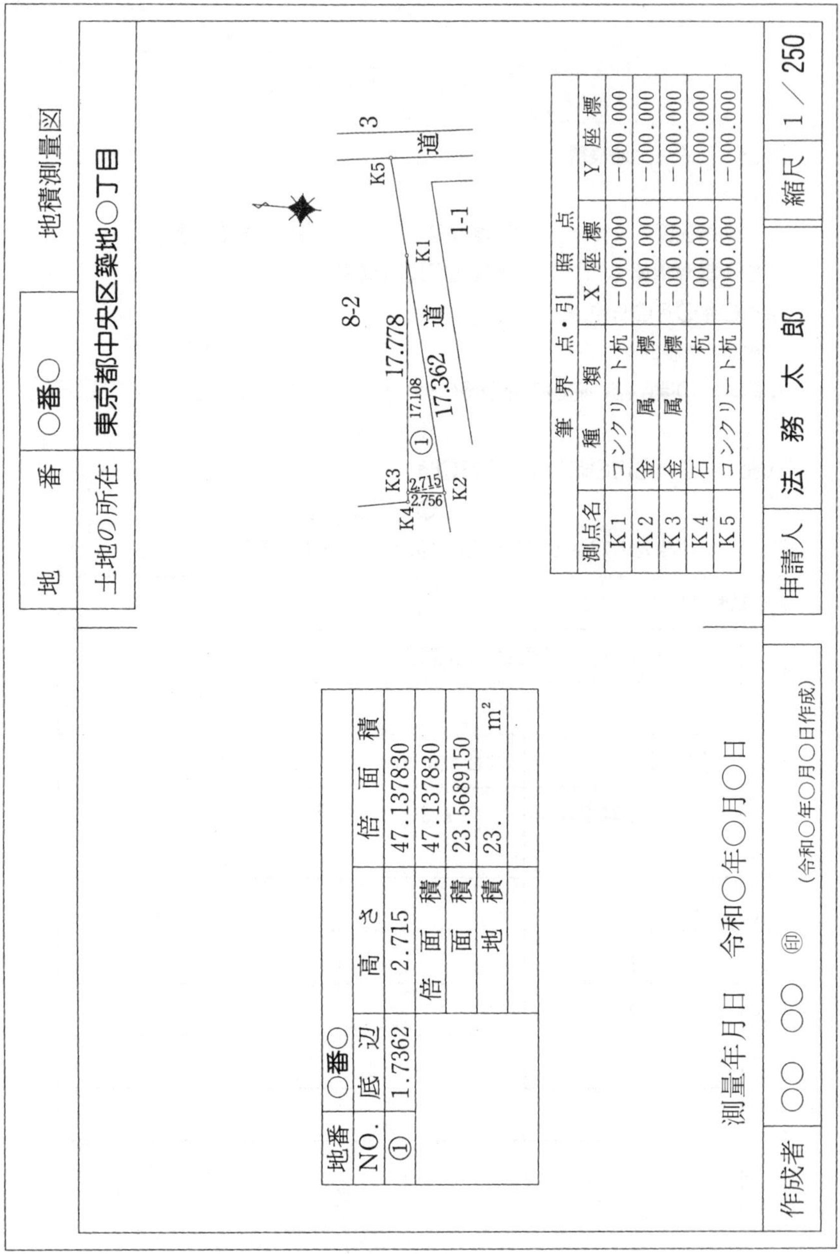

地積測量図
地番 ○番○
土地の所在 東京都中央区築地○丁目
3
道
K5
1-1
K1
8-2
17.778
道
17.362
① 17.108
K3
2.715
2.756
K4
K2
筆界点・引照点
測点名 種類 X座標 Y座標
K1 コンクリート杭 −000.000 −000.000
K2 金属標 −000.000 −000.000
K3 金属標 −000.000 −000.000
K4 石杭 −000.000 −000.000
K5 コンクリート杭 −000.000 −000.000
縮尺 1／250
申請人 法務太郎
地番 ○番○
NO. 底辺 高さ 倍面積
① 1.7362 2.715 47.137830
倍面積 47.137830
面積 23.5689150
地積 23. m²
測量年月日 令和○年○月○日
作成者 ○○ ○○ ㊞ (令和○年○月○日作成)

地積測量図の作成方法

① 図面は、0.2ミリメートル以下の細線により、図形を鮮明に表示します（規則74条1項）。

② 図面には、作成の年月日を記録し、申請人が記名するとともに、その作成者は署名するか、または記名押印をします（同条2項）。

③ 図面は、規則74条3項の別記第1号の様式により、日本産業規格B列4番（B4サイズ）の丈夫な用紙を用いて作成します（同条3項）。

④ 図面は、一筆の土地ごとに作成します（規則75条）。

⑤ 図面には、次に掲げる事項を記録しなければなりません（規則77条1項）。

一　地番区域の名称

二　方位

三　縮尺

四　地番（隣接地の地番を含む）

五　地積およびその求積方法

六　筆界点間の距離

七　国土調査法施行令2条1項1号に規定する平面直角座標系の番号または記号

八　基本三角点等に基づく測量の成果による筆界点の座標値（近傍に基本三角点等が存しない場合その他の基本三角点等に基づく測量ができない特別の事情がある場合にあっては、前七号および八号に掲げる事項に代えて、近傍の恒久的な地物に基づく測量の成果による筆界点の座標値）

九　境界標（筆界点にある永続性のある石杭または金属標その他これに類する標識をいう）があるときは、当該境界標の表示

なお、当該境界標の表示を記録するには、境界標の存する筆界点に符号を付し、適宜の箇所にその符号および境界標の種類を記録します（規則77条3項）。

十　測量の年月日

⑥ 図面は、250分の1の縮尺により作成します（規則77条4項）。ただし、土地の状況その他の事情により当該縮尺によることが適当でないときは、この限りではありません。

土地所在図見本

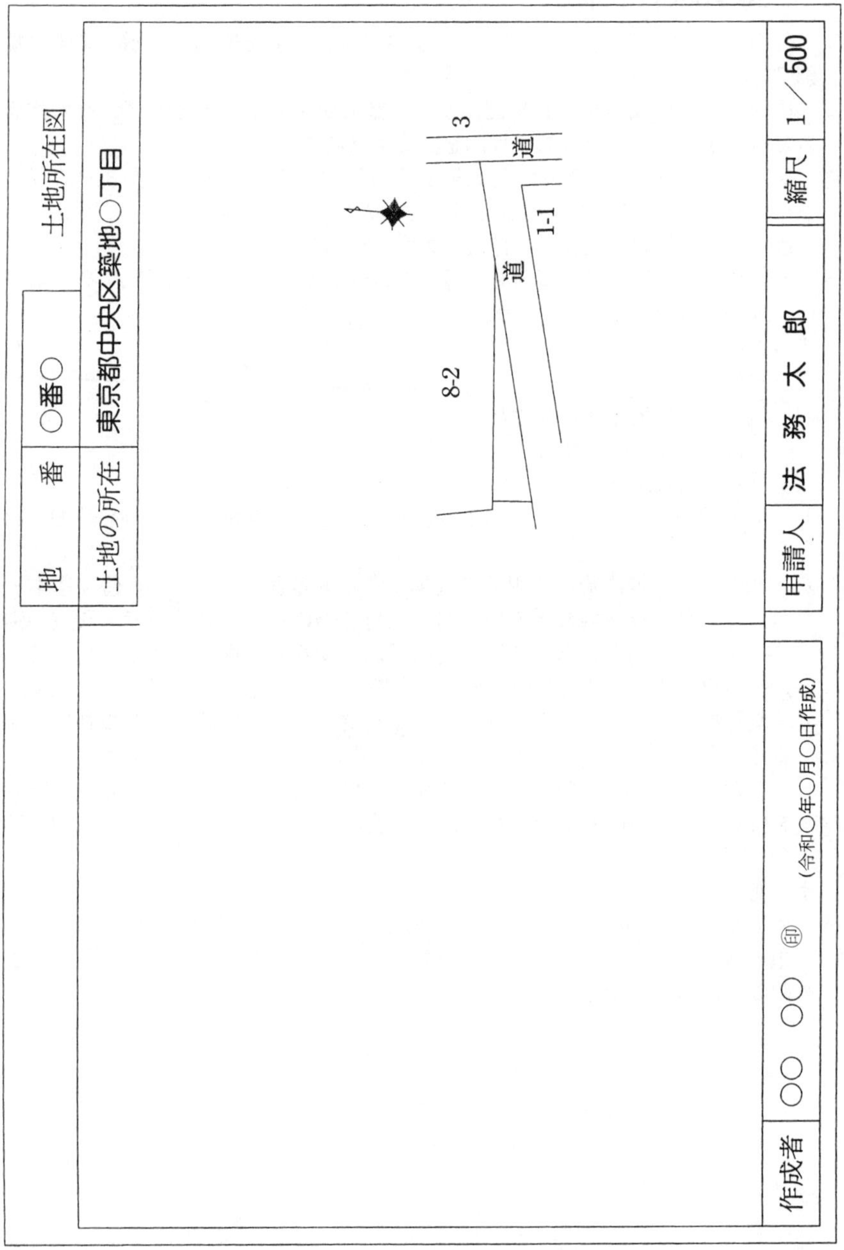
土地所在図
地番
○番○
土地の所在
東京都中央区築地○丁目
3
道
1-1
道
8-2
縮尺
1／500
申請人
法 務 太 郎
作成者
○○ ○○ ㊞
（令和○年○月○日作成）

土地所在図の作成方法

① 図面は、0.2ミリメートル以下の細線により、図形を鮮明に表示します（規則74条1項）。
② 図面には、作成の年月日を記録し、申請人が記名するとともに、その作成者は署名するか、または記名押印をします（同条2項）。
③ 図面は、地積測量図と同様式により、日本産業規格B列4番（B4サイズ）の丈夫な用紙を用いて作成します（同条3項）。
④ 図面は、一筆の土地ごとに作成します（規則75条）。
⑤ 図面には、方位、縮尺、土地の形状および隣地の地番を記録しなければなりません（規則76条1項）。
　縮尺は、近傍類似の土地についての法14条1項の地図と同一の縮尺により作成します（規則76条2項、10条2項）。したがって、市街地地域の場合の縮尺は250分の1または500分の1となり、通常は500分の1で作成されています。その他の地域の縮尺は、村落・農耕地域は500分の1または1000分の1、山林・原野地域は1000分の1または2500分の1となります。
⑥ 地積測量図に余白があるときは、その余白を用いて土地所在図を作成することができます。この場合には、図面の標記に「土地所在図」と追記するものとされています（準則51条3項）。
　なお、地積測量図の縮尺がその土地について作成すべき土地所在図の縮尺と同一であって、当該地積測量図によって土地の所在を明確に表示することができるときは、当該地積測量図をもって土地所在図を兼ねることができます。この場合には、当該図面の標記は「土地所在図兼地積測量図」と記載するものとされています（準則51条4項）。

第3章
地目の変更の登記

地目《ちもく》の変更の登記とは、既に登記されている土地について、利用目的が変更された場合に、その変更後の地目を現況に合致させるためにする登記です。

1　申請人

当該土地の表題部所有者あるいは所有権の登記名義人は、地目について変更があった日から1か月以内に、地目に関する変更の登記を申請しなければなりません（法37条1項）。

なお、地目について変更があった後に表題部所有者または所有権の登記名義人となった者は、その者に係る表題部所有者についての更正の登記または所有権の登記があった日から1か月以内に、当該地目に関する変更の登記を申請しなければなりません（法37条2項）。

上記の申請をすべき者が申請を怠《おこた》ったときは、10万円以下の過料に処せられます（法164条）。

地目の認定については、準則68条、69条を基準にします。

なお、共有の土地については、共有者の一人から保存行為として申請することができます。

2　申請書の記載事項

地目の変更登記の申請書には、次の事項を記載します。

① 登記の目的（令3条5号）
② 添付情報の表示（規則34条1項6号）

③　申請の年月日（同項７号）
④　登記所の表示（同項８号）
⑤　申請人の氏名または名称および住所（令３条１号）、申請人が法人であるときは、その代表者の氏名（同条２号）
⑥　代理人によって登記申請をするときは、当該代理人の氏名または名称および住所ならびに代理人が法人であるときはその代表者の氏名（同条３号）
⑦　申請人または代理人の電話番号その他の連絡先（規則34条１項１号）
⑧　不動産の表示（令３条７号）
⑨　登記原因およびその日付（同条６号）

①　登記の目的（令３条５号）

登記の目的は、「地目変更」と記載します。

②　添付情報の表示（規則34条１項６号）

実際に提供した添付情報を記載します。

③　申請の年月日（同項７号）

登記申請する日を記載します。

④　登記所の表示（同項８号）

申請する登記所を記載します。登記の申請は管轄する登記所にします。

⑤　申請人の氏名または名称および住所（令３条１号）、申請人が法人であるときは、その代表者の氏名（同条２号）

申請人である土地の表題部所有者または所有権の登記名義人の住所と氏名を記載します。

申請人が法人の場合は、本店または主たる事務所、商号または名称、代表者の資格および氏名を記載します。法人が会社法人等番号を有する法人の場合には会社法人等番号も記載します（令７条１項１号イ）。ただし、当該法人の作成後３か月以内の登記事項証明書を提供したときには会社法人等番号の記載は不要です（規則36条１項および２項）。

⑥ 代理人によって登記申請をするときは、当該代理人の氏名または名称および住所ならびに代理人が法人であるときはその代表者の氏名(同条3号)

⑦ 申請人または代理人の電話番号その他の連絡先(規則34条1項1号)

申請書等に不備がある場合には、登記所から連絡がされますので、連絡をとることのできる電話番号を記載します。

⑧ 不動産の表示(令3条7号)

土地の所在、地番、地目、地積と変更後の地目を記載します。地目変更によって、地積の表示に変更がある場合には、変更後の地積も記載します。

⑨ 登記原因およびその日付(同条6号)

現実に地目を変更した日付と地目変更の旨を記載します。地目および地積の変更をするときは、地目欄の②と地積欄の③を冠記して「②③年月日地目変更」と記載します。

3 添付情報

次の添付情報を提供します。

① 許可書

法定の添付書面ではないですが、農地を農地以外の地目に変更する場合には、農地法の規定による都道府県知事等の許可が必要ですので、その許可があったことを証する書面を提出するのが登記実務の取扱いです。農業委員会の現況証明書や都市計画法の規定による許可書などを提出する場合もあります。

② 代理権限証明情報(令7条1項2号)

代理人により申請する場合には、委任状を提出します。

【地目の認定】

地目は土地の主な用途により、次のように区分して定めるものとされています（規則99条、準則68条、69条）。

田：農耕地で用水を利用して耕作する土地のこと。

畑：農耕地で用水を利用しないで耕作する土地のこと。

・牧草栽培地は、畑とします。

宅地：建物の敷地およびその維持もしくは効用を果たすために必要な土地のこと。

・海産物を乾燥する場所の区域内に永久的設備と認められる建物がある場合には、その敷地の区域に属する部分だけを宅地とします。

・耕作地の区域内にある農具小屋等の敷地は、その建物が永久的設備と認められるものに限り、宅地とします。

・遊園地、運動場、ゴルフ場または飛行場において、建物の利用を主とする建物敷地以外の部分が建物に附随する庭園に過ぎないと認められる場合には、その全部を一団として宅地とします。

・遊園地、運動場、ゴルフ場または飛行場において、一部に建物がある場合でも、建物敷地以外の土地の利用を主とし、建物はその附随的なものに過ぎないと認められるときは、その全部を一団として雑種地とします。ただし、道路、溝、堀その他により建物敷地として判然区分することができる状況にあるものは、これを区分して宅地としても差し支えありません。

・競馬場内の土地については、事務所、観覧席およびきゅう舎等永久的設備と認められる建物の敷地およびその附属する土地は宅地とし、馬場は雑種地とし、その他の土地は現況に応じてその地目を定めます。

・テニスコートまたはプールについては、宅地に接続するものは宅地とし、その他は雑種地とします。

・ガスタンク敷地または石油タンク敷地は、宅地とします。

・工場または営業場に接続する物干場またはさらし場は、宅地とします。

・火葬場については、その構内に建物の設備があるときは構内全部を宅地とし、建物の設備のないときは雑種地とします。

・陶器かまどの設けられた土地については、永久的設備と認められる雨覆《あまおお》いがあるときは宅地とし、その設備がないときは雑種地とします。

学校用地：校舎、附属施設の敷地および運動場のこと。

鉄道用地：鉄道の駅舎、附属施設および路線の敷地のこと。

塩田：海水を引き入れて塩を採取する土地のこと。

鉱泉地：鉱泉（温泉を含む）の湧出口《ゆうしゅつぐち》およびその維持に必要な土地のこと。

池沼《ちしょう》：かんがい用水でない水の貯留池のこと。

山林：耕作の方法によらないで竹木《ちくぼく》の生育する土地のこと。

牧場：家畜を放牧する土地のこと。

・牧畜のために使用する建物の敷地、牧草栽培地および林地等で牧場地域内にあるものは、すべて牧場とします。

原野：耕作の方法によらないで雑草、かん木類の生育する土地のこと。

墓地：人の遺体または遺骨を埋葬する土地のこと。

境内地《けいだいち》：境内に属する土地であって、宗教法人法３条２号および３号に掲げる土地（宗教法人の所有に属しないものを含む）のこと。

運河用地：運河法 12 条１項１号または２号に掲げる土地のこと。

水道用地：専《もっぱ》ら給水の目的で敷設《ふせつ》する水道の水源地、貯水池、ろ水場または水道線路に要する土地のこと。

用悪水路《ようあくすいろ》：かんがい用または悪水《あくすい》はいせつ用の水路のこと。

ため池：耕地かんがい用の用水貯留池のこと。

堤：防水のために築造した堤防のこと。

井溝《せいこう》：田畝《でんぽ》または村落の間にある通水路のこと。

保安林：森林法に基づき農林水産大臣が保安林として指定した土地のこと。

公衆用道路：一般交通の用に供する道路（道路法による道路であるかどうかを問わない）のこと。

公園：公衆の遊楽のために供する土地のこと。

雑種地：以上のいずれにも該当しない土地のこと。

・水力発電のための水路または排水路は、雑種地とします。

・高圧線の下の土地で他の目的に使用することができない区域は、雑種地とします。

・鉄塔敷地または変電所敷地は、雑種地とします。

・坑口《こうぐち》またはやぐら敷地は、雑種地とします。

・精錬所の煙道《えんどう》敷地は、雑種地とします。

・木場（木ぼり）の区域内の土地は、建物がない限り、雑種地とします。

申請書見本（地目変更登記）

登　記　申　請　書

登記の目的　**地目変更**

添付情報

許可書

令和○年○月○日申請

東京　法務局　**練馬**　出張所

申請人　**東京都練馬区○○町一丁目２２番１号**

法務　太郎　㊞

連絡先の電話番号　○○－○○○○－○○○○

<table>
<tr><td colspan="2">不動産番号</td><td colspan="5"></td></tr>
<tr><td rowspan="11">土地の表示</td><td rowspan="2">所　在</td><td colspan="5">東京都練馬区○○町一丁目</td></tr>
<tr><td colspan="5"></td></tr>
<tr><td>①地　番</td><td>②地　目</td><td colspan="2">③地　積 m^2</td><td>登記原因及びその日付</td></tr>
<tr><td>22番</td><td>畑</td><td>１７７</td><td></td><td></td></tr>
<tr><td></td><td>（注１）
宅地</td><td>（注２）
１７７</td><td>００</td><td>②③令和○年○月○日
地目変更（注３）</td></tr>
<tr><td></td><td></td><td></td><td></td><td></td></tr>
<tr><td></td><td></td><td></td><td></td><td></td></tr>
<tr><td></td><td></td><td></td><td></td><td></td></tr>
<tr><td></td><td></td><td></td><td></td><td></td></tr>
<tr><td colspan="5"></td></tr>
</table>

書式の解説

（注1）　変更後の地目を記載します。

（注2）　地積について、宅地および鉱泉地以外の土地については、10平方メートルを超えていれば1平方メートル未満の端数は表示しませんが、宅地および鉱泉地では、1平方メートルの100分の1まで表示することになっています（規則100条）。したがって、宅地に変更する場合には、その表示を異にするので地積を「177・00㎡」と記載します。

（注3）　現実に地目を変更した日付（建物を建築した日など）と地目変更の旨を記載します（法27条1項）。地目および地積の変更をするときは、登記原因およびその日付に「②③」と冠記します（準則73条）。

･･･第４章･･･
分筆の登記

分筆の登記とは、一筆の土地を分割して新たに数筆の土地とする登記です。分筆の効果は、登記官が登記をしてはじめて効果が生じます。

1 申 請 人

分筆の登記の申請は、表題部所有者または所有権の登記名義人の申請によってします（法 39 条 1 項）。

i　土地が共有の場合

① 土地が共有の場合、従前は共有者全員が申請人となる必要がありましたが、民法が改正され、共有者が共有物に変更を加える行為であっても、その形状または効用の著しい変更を伴わないもの（以下「軽微変更」という）については、各共有者の持分の価格に従い、その過半数で決することとされました（民法 251 条 1 項、252 条 1 項）。

② 分筆または合筆の登記については、前記の軽微変更に該当し、分筆または合筆の登記を申請しようとする土地の表題部所有者または所有権の登記名義人の持分の価格に従い、その合計が過半数となる場合には、これらの人が登記申請人となって分筆または合筆の登記を申請することができ、それ以外の共有者らが登記申請人になる必要はありません。

③ 登記官は登記の完了後、登記申請人にならなかった共有者全員に対し、規則 183 条 1 項 1 号に基づき登記が完了した旨を通知します（同条 2 項の規定にかかわらず、登記申請人にならなかった共有者全員に通知します）。

ii　共有物の管理者を選任した場合

① 共有物の管理者の選任および解任は、共有物の管理に関する事項として、各共有者の持分の価格に従い、その過半数で決することとされ

ました（民法252条1項）。

② 民法252条の2第1項に規定する共有物の管理者が代理人となって分筆または合筆の登記申請をする場合については、管理者を選任した共有者らが登記申請人となり、それ以外の共有者らは登記申請人となる必要はありません。そして、共有物の管理者が分筆または合筆の登記を申請する場合には、管理者を選任した共有者らの代理人として行うものと解されています。この場合には、法定の要件（民法252条1項）を満たしていることを担保するため、共有持分の価格を合算して過半数となる表題部所有者または所有権の登記名義人が登記申請人となります。

③ 前記①の過半数による決定により共有物の管理者を選任したことを証する情報が、代理人の権限を証する情報となります。この情報には分筆の登記を申請する場合には、印鑑証明書は不要ですが、共有物の管理者を選任した共有者らの押印が必要とされています。合筆の登記を申請する場合には、共有物の管理者を選任した共有者らの押印および作成後3か月以内の印鑑証明書の添付（電子申請の場合にあっては電子署名および規則43条1項各号に規定する電子証明書の提供）が必要となります（令和5年3月28日民二第533号民事局長通達）。

④ 登記官による登記が完了した旨の通知は、前記ｉの③と同様です。

＊土地の一部が別地目となった場合にする「一部地目変更及び分筆の登記」の場合には、分割する範囲が明らかであるため共有者の一人からの申請も認められています（『登記研究』367号質疑応答）。

＊登記官は、一筆の土地の一部が別の地目となり、または地番区域を異にするに至ったときは、職権で、その土地の分筆登記をしなければならないとされています（同条2項）。

＊登記官は、分筆の登記の申請がない場合であっても、法14条の1項の地図を作成するため必要があると認めるときは、表題部所有者または所有権の登記名義人の異議がないときに限り、職権で分筆の登記をすることができます（法39条3項）。

2　申請書の記載事項

分筆登記の申請書には、次の事項を記載します。

① 登記の目的（令３条５号）
② 添付情報の表示（規則34条１項６号）
③ 申請の年月日（同項７号）
④ 登記所の表示（同項８号）
⑤ 申請人の氏名または名称および住所（令３条１号）、申請人が法人であるときは、その代表者の氏名（同条２号）
⑥ 代理人によって登記申請をするときは、当該代理人の氏名または名称および住所ならびに代理人が法人であるときはその代表者の氏名（同条３号）
⑦ 申請人または代理人の電話番号その他の連絡先（規則34条１項１号）
⑧ 登録免許税
⑨ 不動産の表示（令３条７号）
⑩ 分筆後の各土地の符号（規則34条１項２号、78条、準則51条１項）
⑪ 登記原因およびその日付（同条６号）
⑫ 地役権の範囲

① 登記の目的（令３条５号）

登記の目的は、「分筆」と記載します。

② 添付情報の表示（規則34条１項６号）

実際に提供した添付情報を記載します。

③ 申請の年月日（同項７号）

登記申請する日を記載します。

④ 登記所の表示（同項８号）

申請する登記所を記載します。登記の申請は管轄する登記所にします。

⑤ 申請人の氏名または名称および住所（令３条１号）、申請人が法人であるときは、その代表者の氏名（同条２号）

申請人である土地所有者の住所と氏名を記載します。

申請人が法人の場合は、本店または主たる事務所、商号または名称、代表者の資格および氏名を記載します。法人が会社法人等番号を有する法人の場合には会社法人等番号も記載します（令７条１項１号イ）。

ただし、当該法人の作成後3か月以内の登記事項証明書を提供したときには会社法人等番号の記載は不要です（規則36条1項および2項）。

⑥　代理人によって登記申請をするときは、当該代理人の氏名または名称および住所ならびに代理人が法人であるときはその代表者の氏名（同条3号）

⑦　申請人または代理人の電話番号その他の連絡先（規則34条1項1号）

申請書等に不備がある場合には、登記所から連絡がされますので、連絡をとることのできる電話番号を記載します。

⑧　登録免許税

所有権の登記ある土地の分筆登記の場合は、分筆後の不動産の個数1個につき1,000円となりますので（登免税法別表第一の一の⒀イ）、その金額を記載します。

⑨　不動産の表示（令3条7号）

土地の所在、地番、地目、地積と分筆後の地番、地積を記載します。

分筆後の地番は登記所においてつけるものですが、登記所から予定地番を示された場合は申請人があらかじめ記載して差し支えありません。

⑩　分筆後の各土地の符号（規則34条1項2号、78条、準則51条1項）

提出する地積測量図に付した分筆後の土地の符号を記載します。

⑪　登記原因およびその日付（同条6号）

分筆登記は、その登記をすることによってはじめて効果が生じるため、原因の日付は記載しません。

⑫　地役権の範囲（令別表の8の項申請情報欄ロ）

地役権の登記がある承役地の分筆の登記を申請する場合において、地役権設定の範囲が分筆後の土地の一部であるときは、当該地役権設定の範囲を記載します。

3　添付情報

分筆登記には次の添付情報を提供します。

① 分筆後の土地の地積測量図（令別表の８の項添付情報欄イ）

② 地役権図面等（同項添付情報欄ロ）

地役権の登記がある承役地の分筆の登記を申請する場合において、地役権設定の範囲が分筆後の土地の一部であるときは、当該地役権設定の範囲を証する地役権者が作成した書面（印鑑証明書付き）または当該地役権者に対抗することができる裁判があったことを証する情報および地役権図面を添付します。

ただし、地役権者が作成した書面に記名押印すべき者が会社法人等番号を有する法人の代表者または代理人である場合において、添付情報の表示として「承諾書（会社法人等番号何番）」のように申請書に記載したときは、その者の印鑑証明書の添付は不要です。その場合、登記申請時において当該者の印鑑が有効である必要があります。

③ 消滅承諾情報

所有権の登記以外の権利に関する登記がある土地について分筆の登記をする場合において、当該分筆の登記の申請情報と併せて当該権利に関する登記に係る権利の登記名義人が当該権利を分筆後のいずれかの土地について消滅させることを承諾した場合には、それを証する情報（印鑑証明書付き）またはその登記名義人に対抗することができる裁判があったことを証する情報（判決書）を提供します（法40条）。たとえば、抵当権が設定されている土地を甲地と乙地に分筆し、甲地または乙地について抵当権を消滅させる場合などです。その場合、当該権利の登記名義人が法人の場合、添付情報の表示として「消滅承諾情報（会社法人等番号何番）」のように申請書に記載したときは、印鑑証明書の添付は不要です。

④ 立会証明書

地積測量図の正確性を確保するために、立会証明書の添付を求められています。

⑤ 代理権限証明情報（令７条１項２号）

代理人により申請する場合には、委任状を提出します。

申請人が法人であるときは、当該法人の代表者の資格を証する登記事項証明書または支配人等の権限を証する登記事項証明書（作成後３か月以内のもの）を添付しますが、会社法人等番号を提供した場合には登記事項証明書の添付は必要ありません。

4　分筆登記と地積更正

不動産登記法においては、原則「分筆後の土地のすべてについて求積方法等を明らかにしなければならない」こととなっていますので（規則75条）、分筆後のすべての土地について、筆界点（境界点）の座標値および筆界点間の距離を地積測量図に記録することが規定されました（規則77条）。

そこで、登記された土地の区画の正確性を確保するため、分筆の登記の申請の前提として、地積に関する更正の登記の申請を要する場合がある旨が規定されています（準則72条１項）。

すなわち、分筆前の地積と分筆後の地積の較差が一定の限度（国土調査法施行令・別表第４の精度区分）を超えるときは、分筆前と分筆後の地積を是正する措置として、分筆の登記の申請と併せて、分筆前の土地について地積更正の登記を申請する必要があります。

なお、地積更正の登記の申請に提出する地積測量図は、地積更正と併せて申請する分筆の登記の申請に提出する地積測量図を用いることができます。

（注）　一定の限度とは、規則10条４項に規定されています。

●規則10条４項（地図）

地図を作成するための一筆地測量及び地積測定における誤差の限度は、次によるものとする。

一　市街地地域については、国土調査法施行令（昭和27年政令第59号）別表第４に掲げる精度区分（以下「精度区分」という。）甲２まで

二　村落・農耕地域については、精度区分乙１まで

三　山林・原野地域については、精度区分乙３まで

5　一つの申請情報によってする登記の申請

同一の不動産について申請する二つ以上の登記が、不動産の表題部の登記事項に関する変更の登記または更正の登記および土地の分筆の登記もしくは合筆の登記または建物の分割の登記、建物の区分の登記もしくは建物

の合併の登記であるときは、一つの申請情報によって申請することができます（規則35条7号）。

したがって、次の登記記録例にあるとおり、一つの申請情報によって地積に関する更正の登記および分筆の登記をすることができます（平成18年4月3日民二第799号第二課長依命通知）。

一つの申請情報によってする更正の登記および分筆の登記

（甲地）

表題部（土地の表示）		調製	余白	不動産番号	1234567890123
地図番号	余白	筆界特定	余白		
所在	甲市乙町二丁目			余白	
① 地番	② 地目	③ 地積 ㎡		原因及びその日付〔登記の日付〕	
5番	宅地	694	21	余白	
5番1	余白	430	02	③錯誤 ①③5番1、5番2に分筆 〔令和○年○月○日〕	

（乙地）

表題部（土地の表示）		調製	余白	不動産番号	1234567890000
地図番号	余白	筆界特定	余白		
所在	甲市乙町二丁目			余白	
① 地番	② 地目	③ 地積 ㎡		原因及びその日付〔登記の日付〕	
5番2	宅地	297	52	5番から分筆 〔令和○年○月○日〕	

申請書見本（分筆登記）

登　記　申　請　書

登記の目的　**分筆**

添付情報

地積測量図　　　　**承諾書**

立会証明書

令和○年○月○日申請

東京　法務局

申請人　**東京都千代田区○○二丁目５番地**

法務　太郎　㊞

連絡先の電話番号　**○○−○○○○−○○○○**

登録免許税　　金２，０００円

<table>
<tr><td colspan="2">不動産番号</td><td colspan="5"></td></tr>
<tr><td rowspan="8">土地の表示</td><td rowspan="2">所　在</td><td colspan="5">東京都千代田区○○二丁目</td></tr>
<tr><td colspan="5"></td></tr>
<tr><td>①地　番</td><td>②地　目</td><td colspan="2">③地　積 m²</td><td>登記原因及びその日付</td></tr>
<tr><td>５番</td><td>宅地</td><td>１８６</td><td>９０</td><td></td></tr>
<tr><td>Ⓐ５番１</td><td></td><td>９３</td><td>４５</td><td>①③５番１・５番２に分筆</td></tr>
<tr><td>Ⓑ５番２</td><td></td><td>９３</td><td>４５</td><td>５番から分筆</td></tr>
<tr><td></td><td></td><td></td><td></td><td></td></tr>
<tr><td></td><td></td><td></td><td></td><td></td></tr>
<tr><td></td><td></td><td></td><td></td><td></td><td></td></tr>
<tr><td></td><td colspan="6"></td></tr>
</table>

地積測量図見本

地　　番	5-1、5-2	地積測量図
土地の所在	東京都千代田区〇〇二丁目	

地番 Ⓐ 5-1

	底　辺	高　さ	倍　面　積
	14.769	6.328	93.458232
	14.769	6.328	93.458232
計			186.916464
1／2			93.4582320
地　積			93.45 m²

地番 Ⓑ 5-2

	底　辺	高　さ	倍　面　積
	14.769	6.328	93.458232
	14.769	6.328	93.458232
計			186.916464
1／2			93.4582320
地　積			93.45 m²

筆　界　点・引　照　点			
測点名	種　　類	X 座 標	Y 座 標
K 1	金　属　標	−0000.000	−0000.000
K 2	コンクリート杭	−0000.000	−0000.000
K 3	コンクリート杭	−0000.000	−0000.000
K 4	コンクリート杭	−0000.000	−0000.000
K 5	コンクリート杭	−0000.000	−0000.000
K 6	石　　杭	−0000.000	−0000.000

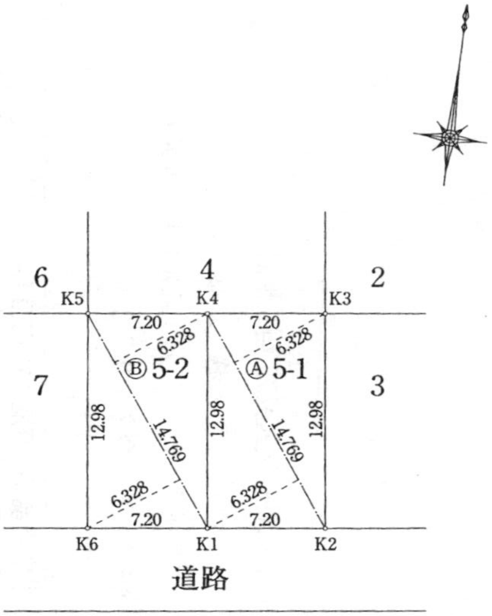

測量年月日　令和〇年〇月〇日

作成者	〇〇　〇〇 ㊞ （令和〇年〇月〇日作成）	申請人	法　務　太　郎	縮尺	1／250

•••第５章•••
合筆の登記

合筆（「ごうひつ」または「がっぴつ」といいます）の登記とは、数筆の土地を合併して新たな一筆の土地とする登記です。合筆の登記の効果は、登記官が合筆の登記をして初めて生じます。

＊登記官は、合筆の登記の申請がない場合であっても、法 14 条 1 項の地図を作成するため必要があると認めるときは、表題部所有者または所有権の登記名義人の異議がないときに限り、職権で合筆の登記をすることができます（法 39 条 3 項）。

1　申 請 人

合筆の登記は、表題部所有者または所有権の登記名義人の申請によってします（法 39 条 1 項）。土地が共有の場合には、第 4 章分筆の登記を参照してください。

2　申請書の記載事項

合筆登記の申請書には、次の事項を記載します。

①　登記の目的（令３条５号）
②　添付情報の表示（規則 34 条１項６号）
③　申請の年月日（同項７号）
④　登記所の表示（同項８号）
⑤　申請人の氏名または名称および住所（令３条１号）、申請人が法人であるときは、その代表者の氏名（同条２号）

⑥　代理人によって登記申請をするときは、当該代理人の氏名または名称および住所ならびに代理人が法人であるときはその代表者の氏名（同条３号）
⑦　申請人または代理人の電話番号その他の連絡先（規則34条１項１号）
⑧　登録免許税
⑨　不動産の表示（令３条７号）
⑩　登記原因およびその日付（同条６号）
⑪　地役権の範囲（令別表の９の項申請情報欄ロ）

①　登記の目的（令３条５号）

登記の目的は、「合筆」と記載します。

②　添付情報の表示（規則34条１項６号）

実際に提供した添付情報を記載します。

③　申請の年月日（同項７号）

登記申請する日を記載します。

④　登記所の表示（同項８号）

申請する登記所を記載します。登記の申請は管轄する登記所にします。

⑤　申請人の氏名または名称および住所（令３条１号）、申請人が法人であるときは、その代表者の氏名（同条２号）

申請人である土地所有者の住所と氏名を記載します。

申請人が法人の場合は、本店または主たる事務所、商号または名称、代表者の資格および氏名を記載します。法人が会社法人等番号を有する法人の場合には会社法人等番号も記載します（令７条１項１号イ）。ただし、当該法人の作成後３か月以内の登記事項証明書を提供したときには会社法人等番号の記載は不要です（規則36条１項および２項）。

⑥　代理人によって登記申請をするときは、当該代理人の氏名または名称および住所ならびに代理人が法人であるときはその代表者の氏名（同条３号）

⑦　申請人または代理人の電話番号その他の連絡先（規則34条１項１号）

申請書等に不備がある場合には、登記所から連絡がされますので、連絡をとることのできる電話番号を記載します。

⑧　**登録免許税**

所有権の登記のある土地の合筆の登記の場合は、合筆後の土地一筆につき1,000円の登録免許税になりますので、金額を記載します。

⑨　**不動産の表示（令3条7号）**

合筆する土地の所在、地番、地目、地積と合筆後の地目と地積を記載します（令別表の9の項申請情報欄イ）。

⑩　**登記原因およびその日付（同条6号）**

原因は、合併される登記については、何番に合筆、合併後の土地については何番を合筆と記載します。

合筆登記は、その登記をすることによってはじめて効果が生じるため、原因の日付は記載しません。

⑪　**地役権の範囲（令別表の9の項申請情報欄ロ）**

地役権の登記がある承役地の合筆の登記を申請する場合において、地役権設定の範囲が合筆後の土地の一部であるときは、当該地役権設定の範囲を記載します。

3　添付情報

合筆登記には次の添付情報を提供します。

①　**登記識別情報または登記済証（法22条、令8条1項1号）**

所有権のある土地については、合筆前のいずれか一筆の土地のすべての所有権に関する登記識別情報または登記済証を添付しますが、登記申請人に係るもののみで足ります。

登記識別情報の提供または登記済証を提出できない場合には、第2部第1章を参照してください。

②　**印鑑証明書（令16条2項・3項）**

所有権の登記名義人が土地の合筆の登記の申請をするときは、その申請人の住所地の市町村長または区長の作成した作成後3か月以内の印鑑証明書を添付します。この印鑑証明書は、原本還付の請求をすることはできません（規則55条1項）。ただし、当該登記名義人が法人の場合、会社法人等番号を提供した場合には印鑑証明書の添付は要しないとされています（規則48条1号）。その場合、登記申請時において当該者の印鑑が有効である必要があります。

なお、会社法人等番号を申請情報の内容とするときは、申請書には添付情報の表示として「印鑑証明書（会社法人等番号何番）」のように記載します。

③ **地役権の登記がある承役地の合筆の登記を申請する場合において、地役権設定の範囲が合筆後の土地の一部であるときは、当該地役権設定の範囲を証する地役権者が作成した書面（印鑑証明書付き）または当該地役権者に対抗することができる裁判があったことを証する情報および地役権図面（令別表の9の項添付情報欄）。**

ただし、地役権者が作成した書面に記名押印すべき者が会社法人等番号を有する法人の代表者または代理人である場合において、添付情報の表示として「承諾書（会社法人等番号何番）」のように申請書に記載したときは、その者の印鑑証明書の添付は不要です。

④ **代理権限証明情報（令7条1項2号）**

代理人により申請する場合には、委任状を提出します。

申請人が法人であるときは、当該法人の代表者の資格を証する登記事項証明書または支配人等の権限を証する登記事項証明書（作成後3か月以内のもの）を添付しますが、会社法人等番号を提供した場合には登記事項証明書の添付は必要ありません。

4 合筆の制限

合筆登記については制限が設けられていて、次に該当する場合には合筆の登記は申請できません（法41条）。

① 相互に接続していない土地の合筆
② 地目または地番区域が相互に異なる土地の合筆
③ 表題部所有者または所有権の登記名義人が相互に異なる土地の合筆
④ 表題部所有者または所有権の登記名義人が相互に持分を異にする土地の合筆
⑤ 所有権の登記がない土地と所有権の登記がある土地との合筆

⑥　所有権の登記以外の権利に関する登記がある土地（ただし、後記の特例を除く）の合筆

5　合筆の制限の特例

所有権の登記以外の権利に関する登記であって、次に掲げる登記のある土地の場合には、合筆の登記申請ができます（規則105条）。

①　承役地についてする地役権の登記
②　担保権の登記であって、登記の目的、申請の受付の年月日および受付番号ならびに登記原因およびその日付が同一のもの
③　信託の登記であって、法97条1項各号に掲げる登記事項が同一のもの
④　鉱害賠償登録令（昭和30年政令第27号）26条に規定する鉱害賠償登録に関する登記であって、鉱害賠償登録規則（昭和30年法務省令第47号）2条に規定する登録番号が同一のもの

申請書見本（合筆登記）

登　記　申　請　書

登記の目的　**合筆**

添付情報

　登記識別情報

　印鑑証明書

令和○年○月○日申請

　東京　法務局　**品川**　出張所

申請人　**東京都品川区○○町三丁目8番2号**

甲野　三郎　㊞（実印）

連絡先の電話番号　**○○−○○○○−○○○○**

登録免許税　**金1，000円**

不動産番号						
土地の表示	所　在	東京都品川区○○町三丁目				
	①地　番	②地　目	③地　積　m^2			登記原因及びその日付
	8番	宅地	36	02		
	11番	宅地	87	95		8番に合筆
	12番	宅地	22	41		8番に合筆
	8番	宅地	146	38		③11番・12番を合筆

･･･第６章･･･
建物の表題登記（区分建物を除く）

建物の表題登記とは、建物を新築または再築（準則83条）し、建物として既に存在しているのに未だ表題登記がされていない場合に、はじめて登記簿の表題部にされる登記をいいます（法2条20号）。

1　建物とは

建物とは、屋根および周壁またはこれらに類するものを有し、土地に定着した建造物であって、その目的とする用途に供し得る状態にあるものでなければならないとされています（規則111条）。

すなわち、「建造物の外気分断性」、「建造物の定着性」、「建造物による生活空間の形成」を備えていることが、建物であるための要件とされています。

(1)　建物として取り扱うもの

ある建造物が建物であるかどうかの認定にあたっては、次の例示から類推し、その利用状況等を勘案して判定するものとされています（準則77条）。

①　建物として取り扱うもの

ア　停車場の乗降場または荷物積卸場。ただし、上屋《うわや》を有する部分に限る。

イ　野球場または競馬場の観覧席。ただし、屋根を有する部分に限る。

ウ　ガード下を利用して築造した店舗、倉庫等の建造物

エ　地下停車場、地下駐車場または地下街の建造物

オ　園芸または農耕用の温床施設。ただし、半永久的な建造物と

　認められるものに限る。
② 建物として取り扱わないもの
　ア ガスタンク、石油タンクまたは給水タンク
　イ 機械上に建設した建造物。ただし、地上に基脚を有し、または支柱を施したものを除く。
　ウ 浮船を利用したもの。ただし、固定しているものを除く。
　エ アーケード付街路（公衆用道路上に屋根覆いを施した部分）
　オ 容易に運搬することができる切符売場または入場券売場等

(2) 建物の個数

建物の個数の基準は、効用上一体として利用される状態にある数棟の建物は、所有者の意思に反しない限り、一個の建物として取り扱うものとされています（準則78条１項）。

また、一棟の建物に構造上区分された数個の部分で独立した住居、店舗事務所または倉庫その他の建物としての用途に供することができるものがある場合には、その各部分は、各別にこれを一個の建物として取り扱うものとされています。ただし、所有者が同一であるときは、その所有者の意思に反しない限り、一棟の建物の全部または隣接する数個の部分を一個の建物として取り扱うものとされています（同条２項）。

(3) 建物の床面積の定め方

建物の床面積は、各階ごとに壁その他の区画の中心線（区分建物にあっては、壁その他の区画の内側線）で囲まれた部分の水平投影面積により、平方メートルを単位として定め、１平方メートルの100分の１未満の端数は、切り捨てるものとされています（規則115条）。

しかし、準則82条によって、特殊なものは、次のように定められています。

① 天井の高さ1.5メートル未満の地階および屋階（特殊階）は、床面積に算入しない。ただし、１室の一部が天井の高さ1.5メートル未満であっても、その部分は、当該１室の面積に算入する。

② 停車場の上屋を有する乗降場および荷物積卸場の床面積は、その上屋の占める部分の乗降場および荷物積卸場の面積により計算する。
③ 野球場、競馬場またはこれらに類する施設の観覧席は、屋根の設備のある部分の面積を床面積として計算する。
④ 地下停車場、地下駐車場および地下街の建物の床面積は、壁または柱等により区画された部分の面積により定める。ただし、常時一般に開放されている通路および階段の部分を除く。
⑤ 停車場の地下道設備（地下停車場のものを含む）は、床面積に算入しない。
⑥ 階段室、エレベーター室またはこれに準ずるものは、床を有するものとみなして各階の床面積に算入する。
⑦ 建物に附属する屋外の階段は、床面積に算入しない。
⑧ 建物の一部が上階まで吹抜になっている場合には、その吹抜の部分は、上階の床面積に算入しない。
⑨ 柱または壁が傾斜している場合の床面積は、各階の床面の接着する壁その他の区画の中心線で囲まれた部分による。
⑩ 建物の内部に煙突またはダストシュートがある場合（その一部が外側に及んでいるものを含む）には、その部分は各階の床面積に算入し、外側にあるときは算入しない。
⑪ 出窓は、その高さ1.5メートル以上のものでその下部が床面と同一の高さにあるものに限り、床面積に算入する。

2 申請人

建物（区分建物を除く）を新築した者または表題登記のない建物の所有権を取得した者は、その所有権の取得の日から1か月以内に表題登記をしなければならないとされています（法47条1項）。この申請を怠ったときは10万円以下の過料に処せられます（法164条）。

3 申請書の記載事項

建物表題登記の申請書には、次の事項を記載します。

① 登記の目的（令3条5号）
② 添付情報の表示（規則34条1項6号）
③ 申請の年月日（同項7号）
④ 登記所の表示（同項8号）
⑤ 申請人の氏名または名称および住所（令3条1号）、申請人が法人であるときは、その代表者の氏名（同条2号）
⑥ 代理人によって登記申請をするときは、当該代理人の氏名または名称および住所ならびに代理人が法人であるときはその代表者の氏名（同条3号）
⑦ 申請人または代理人の電話番号その他の連絡先（規則34条1項1号）
⑧ 不動産の表示（令3条8号）
⑨ 登記原因およびその日付（同条6号）

① 登記の目的（令3条5号）

登記の目的は、「建物表題」と記載します。

② 添付情報の表示（規則34条1項6号）

実際に提供した添付情報を記載します。

③ 申請の年月日（同項7号）

登記申請する日を記載します。

④ 登記所の表示（同項8号）

申請する登記所を記載します。登記の申請は管轄する登記所にします。

⑤ 申請人の氏名または名称および住所（令3条1号）、申請人が法人であるときは、その代表者の氏名（同条2号）

申請人である建物所有者の住所と氏名を記載します。所有者が二人以上の場合には、それらの持分も記載します。（令3条9号）。

申請人が法人の場合は、本店または主たる事務所、商号または名称、代表者の資格および氏名を記載します。法人が会社法人等番号を有する法人の場合には会社法人等番号も記載します（令7条1項1号イ）。ただし、当該法人の作成後3か月以内の登記事項証明書を提供したときには会社法人等番号の記載は不要です（規則36条1項および2項）。

⑥　**代理人によって登記申請をするときは、当該代理人の氏名または名称および住所ならびに代理人が法人であるときはその代表者の氏名（同条3号）**

⑦　**申請人または代理人の電話番号その他の連絡先（規則34条1項1号）**

申請書等に不備がある場合には、登記所から連絡がされますので、連絡をとることのできる電話番号を記載します。

⑧　**不動産の表示（令3条7号）**

次の事項を記載します。詳細は、第1部第1章**2**（不動産の表示に関する登記事項）(2)を参照してください。

ア　建物の所在する市、区、郡、町、村、字および土地の地番

イ　家屋番号

ウ　建物の種類

エ　建物の名称があるときは、その名称

オ　建物の構造

カ　建物の床面積

キ　附属建物があるときは附属建物の表示

⑨　**登記原因およびその日付（同条6号）**

建物の完成した年月日と新築の旨を記載します（令3条6号）

新築年月日が不明の場合には、「平成30年月日不詳」、「年月日不詳」のように記載します

4　添付情報

①　**建物図面（令別表の12の項添付情報欄イ）**

93頁以下を参照してください。

②　**各階平面図（同項添付情報欄ロ）**

93頁以下を参照してください。

③　所有権証明情報（同項添付情報欄ハ）

建物の表題登記の申請書には、表題部所有者となる者が所有権を有することを証する情報を提供しなければなりません。

所有権を証する情報として次のものがあります（準則87条1項）。

ア　建築確認通知書（建築基準法6条の確認のあったことを証する情報）

イ　検査済証（同法7条の検査のあったことを証する情報）

ウ　建築請負人の工事完了引渡証明書（印鑑証明書付き）

工事人が法人の場合には、会社法人等番号を提供します。その場合には、添付情報の表示として「所有権証明情報（会社法人等番号何番）」のように記載すればかまいません。

エ　敷地所有者の証明書

オ　国有建物の払下げの契約に係る情報

カ　固定資産税の納付証明に係る情報

キ　その他申請人の所有権の取得を証するに足る情報

たとえば、火災保険加入証明書、隣接所有者の証明書、借家人の証明書、土地の賃貸借証明書、相続を証する書面、持分証明書などがあります。

しかし、これらをすべて提供しなくてはならないというわけではありません。通常は、建築確認通知書、検査済書と建築請負人の工事完了引渡証明書のうち2点または3点があれば申請は受理されるのが一般的ですが、各法務局によって取扱いも異なり、また、これらの書面に記載されている所有者の住所・氏名・持分が申請書に記載されている申請人の住所・氏名・持分と異なる場合には、証明書としての証明力が弱いとみなされ、他の書面によって補完しなければならない場合もあります。

＊国または地方公共団体の所有する建物について、官庁または公署が建物の表題登記を嘱託する場合には、所有権証明情報の提供は便宜省略できるとされています（準則87条3項）。

④　住所証明情報（同項添付情報欄ニ）

表題部所有者となる者の住所証明情報として、住民票の写しを提出します。その場合、住民票の写しは、マイナンバー（個人番号）が記載されていないものを提出します。

⑤　代理権限証明情報（令7条1項2号）

代理人により申請する場合には、委任状を提出します。

申請人が法人であるときは、当該法人の代表者の資格を証する登記事項証明書または支配人等の権限を証する登記事項証明書（作成後3か月以内のもの）を添付しますが、会社法人等番号を提供した場合には登記事項証明書の添付は必要ありません。

■ 申請書見本1（建物の表題登記）

登　記　申　請　書

登記の目的　**建物表題**

添付情報

　建物図面　　**各階平面図**　　**所有権証明情報**

　住所証明情報

令和○年○月○日申請

　東京　法務局　**港**　出張所

申請人　**東京都港区○○町二丁目2番1号**

　　　　法務　次郎　㊞

　連絡先の電話番号　**○○－○○○○－○○○○**

不動産番号					
建物の表示	所　在	**東京都港区○○町二丁目2番地**			
	家屋番号				
	主である建物又は附属建物	①種　類	②構　造	③床面積 m^2	登記原因及びその日付
		居宅	**木造かわらぶき3階建**	**1階 38 43** **2階 38 43** **3階 27 09**	**令和○年○月○日新築**

5　建物図面・各階平面図の作成方法

① 図面は、0.2ミリメートル以下の細線により、図形を鮮明に表示します（規則74条1項）。

② 図面には、作成の年月日を記録し、申請人が記名するとともに、その作成者は署名するか、または記名押印をします（同条2項）。

③ 図面は、規則74条3項の別記第2号の様式により、日本産業規格B列4番（B4サイズ）の丈夫な用紙を用いて作成します（同条3項）。

④ 建物図面および各階平面図は、一個の建物（附属建物があるときは、主である建物と附属建物を合わせて一個の建物とする）ごとに作成します（規則81条）。

⑤ 建物図面の内容（規則82条）

ア　建物の敷地ならびにその1階の位置および形状

イ　方位、縮尺、敷地の地番およびその形状、隣接地の地番ならびに附属建物があるときは主である建物または附属建物の別および附属建物の符号

ウ　500分の1の縮尺により作成。ただし、建物の状況その他の事情により当該縮尺によることが適当でないときは、この限りではありません。

⑥ 各階平面図の内容（規則83条）

ア　各階の別、各階の平面の形状、1階の位置、各階ごとに建物の周囲の長さ、床面積および求積方法ならびに附属建物があるときは主である建物または附属建物の別および附属建物の符号

イ　250分の1の縮尺により作成。ただし、建物の状況その他の事情により当該縮尺によることが適当でないときは、この限りではありません。

＊建物図面・各階平面図は、日本法令の様式販売店またはオンラインショップでお求めになることができます。その際には「登記98　建物図面各階平面図」で検索してください。

各階平面図の見本

各　階　平　面　図

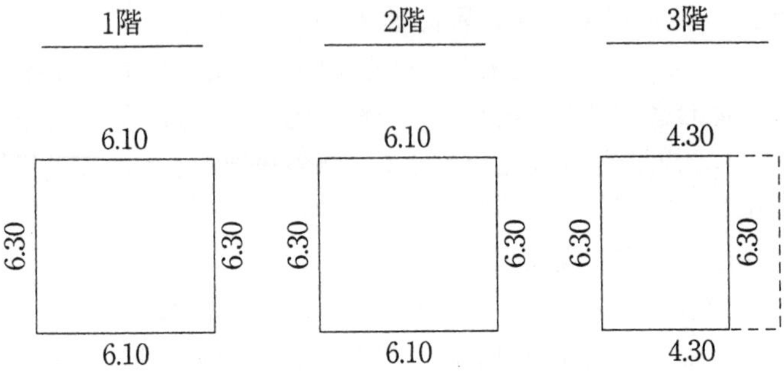

	求　　　積	床　面　積
1	6.10×6.30＝38.4300	38.43m²
2	6.10×6.30＝38.4300	38.43m²
3	4.30×6.30＝27.0900	27.09m²

作成者	東京都品川区○町○丁目○番○号 ○○　○○ ㊞（令和○年○月○○日作成）	縮尺	1／250

■建物図面の見本

家屋番号		建物図面
建物の所在	東京都港区○○町二丁目2番地	

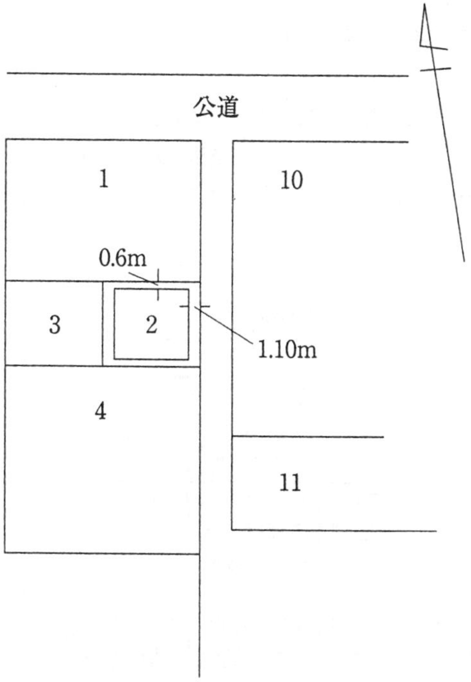

申　請　人	法　務　太　郎	縮　尺	1／500

申請書見本2（建物の種類・構造・床面積の変更（増築）の登記）

登 記 申 請 書

登記の目的　**建物表題部変更**（注1）

添付情報

建物図面（注2）　**各階平面図**（注2）　所有権証明情報（注3）

令和〇年〇月〇日申請

東京法務局**八王子**　支局（注4）

申請人　**東京都八王子市〇〇町一丁目6番7号**

法務　太郎　㊞（注5）

連絡先の電話番号　〇〇〇－〇〇〇－〇〇〇〇（注6）

不動産番号					
建物の表示	所在	**東京都八王子市〇〇町一丁目6番地**（注7）			
	家屋番号	**6番**（注7）			
	主である建物又は附属建物	①種類	②構造	③床面積 m^2	登記原因及びその日付
		（注7） **居宅**	（注7） **木造かわらぶき平家建**	（注7） **56 78**	
		（注8） **事務所** **居宅**	（注8） **木造かわらぶき2階建**	**1階 67 89** **2階 67 89**（注8）	**①②③令和〇年〇月〇日種類・構造変更・増築** （注9）

書式の解説

建物の表示に関する登記事項に、増築等により建物の所在、種類、構造および床面積について変更があったときは、表題部所有者または所有権の登記名義人は、当該変更があった日から１か月以内に、当該登記事項に関する変更の登記を申請しなければなりません（法51条）。

（注１）　登記の目的は、建物の表題部の変更の登記の申請ですから、「建物表題部変更」と記載します。

（注２）　増築後の建物図面と各階平面図を添付します（令別表の14の項添付情報欄ロ(1)）。

（注３・４・５・６）　建物表題登記の各項目を参照してください。

（注７）　登記事項証明書の記載のとおり記載します。

（注８）　変更後の種類・構造と増築後の床面積を記載します（令別表の14の項申請情報欄イ）。

（注９）　種類・構造変更と増築の旨および工事完了年月日を記載します。この場合、「建物の表示」欄の①は種類、②は構造、③は床面積が変更したことを表すため「①②③」と冠記し、見本のように記載します（法27条１項）。

•••第７章•••
区分建物に関する登記

区分《くぶん》建物とは、区分所有法１条において、「一棟の建物に構造上区分された数個の部分で独立して住居、店舗、事務所又は倉庫その他建物としての用途に供することができるもの」と規定されています。すなわち、一棟の建物を二つ以上の部分に区分して、その各部分（専有部分）が、それぞれ別個の所有権の対象となる、その各部分（専有部分）のことです。

以上の点から、区分建物が認められる要件は、㋐構造上の独立性を有すること、㋑利用上の独立性を有すること、㋒所有者が区分建物として所有する意思のあることの三つであるといえます。

1　一括申請

建物が一棟の建物を区分した建物であるときは、その建物の表題登記の申請は、その一棟の建物に属する他の建物の表題登記の申請とともにこれをすることが必要です。すなわち、区分建物の表題の登記は、所有権を原始的に取得した者が、敷地権の有無にかかわらず、新築後１か月以内に、専有部分の全部につき一括して申請しなければなりません。この一括申請は、同一の申請書で申請することが最も望ましいのですが、各別の申請書によっても差し支えありません。また、一括申請義務は、区分建物でない建物に接続して建物を新築したことによって、区分建物でない建物が区分建物となった場合にも課せられています（法48条１項・３項）。

2　専有部分と敷地利用権の一体性

区分所有者が専有部分を所有するために建物の敷地について有する権利を「敷地利用権」といいます（区分所有法２条６項）。

この敷地利用権が数人で有する所有権その他の権利の場合には、区分所有者はその有する専有権とその専有部分に係る敷地利用権とを分離して処分することができません（区分所有法22条1項)。これを「分離処分禁止の原則」または「一体性の原則」といいます。

また、分離処分禁止の原則は、建物の専有部分の全部を所有する者の敷地利用権が単独で有する所有権その他の権利である場合にも準用されます（区分所有法22条3項)。

3　分離処分禁止の原則の適用除外

区分所有者は、規約（「分離処分可能規約」）で一体性の原則の適用を排除できます（区分所有法22条1項ただし書)。

区分所有者は、区分所有者および議決権の各4分の3以上の多数による集会の決議（同法31条1項）または区分所有者全員の書面による合意（同法45条）により、分離処分禁止の原則を排除する規約を設定することができます。また、最初に建物の専有部分の全部を所有する者は、公正証書によりこの規約を設定することができます（同法32条)。この規約を「分離処分可能規約」といいます。

4　敷地利用権

各専有部分（区分所有者が数個の専有部分を有する場合）に係る敷地利用権の割合は、各専有部分の床面積の割合によります（区分所有法22条2項、14条1項)。ただし、規約でこの割合と異なる割合が定められているときは、その割合によります（同法22条2項)。

なお、最初に専有部分の全部を所有する者は、公正証書により敷地利用権の割合を定める規約を設定することができます（同法32条)。

5　法定敷地と規約敷地

敷地権の目的である土地には、法定敷地と規約敷地があります。法定敷地とは、建物が所在する土地、すなわち建物の底地のことです（区分所有法2条5項）。そのほかに、床面積に算入しない玄関とか車寄せ部分の存する土地、床面積に算入されないベランダの直下の土地も法定敷地に該当するものと解されています。

規約敷地とは、区分所有者が建物および法定敷地と一体として管理または使用する庭、通路、広場、駐車場、テニスコート、附属施設等の土地で、規約により建物の敷地とされた土地をいいます（区分所有法5条1項）。

規約敷地は、法定敷地と隣接していなくてもかまいません。また、他の建物の法定敷地または規約敷地となっている土地を規約敷地とすることもできます。

6 専有部分と共用部分

区分建物は、専有部分と共用部分に分けることができます。共用部分はさらに法定共用部分と規約共用部分とに分けることができます。

専有部分とは、構造上区分された部分で、独立して住居、店舗、事務所または倉庫その他建物としての用途に供することができ、かつ、区分所有権の目的となる建物のことをいいます（区分所有法1条、2条3項）。

共用部分とは、専有部分以外の建物をいいます。たとえば、数個の専有部分に通ずる廊下、階段室、エレベーター室のように構造上区分所有者の全員または一部の人のために利用されるべきものは、区分所有権の目的とならないので、法律上当然に共用部分とされています（区分所有法4条1項）。この法定共用部分は、建物性がないため登記をすることができません。

規約共用部分とは、専有部分としての要件を充たしているもの、規約によって共用部分としたものです（同条2項）。たとえば、集会所、管理人室などがあります。

申請書見本（区分建物の表題登記）

登　記　申　請　書

登記の目的　**区分建物表題**（注１）

添付情報

建物図面（注２）　**各階平面図**（注２）　**所有権証明情報**（注３）

住所証明情報（注４）　**規約証明情報**（注５）

令和〇年〇月〇日申請

東京　法務局　（注６）

申請人　**東京都中央区〇〇町一丁目35番１号**

法務　太郎　㊞（注７）

連絡先の電話番号　**〇〇−〇〇〇〇−〇〇〇〇**（注８）

一棟の建物の表示			
所　在	東京都中央区〇〇町一丁目35番地（注９）		
建物の名称	RA 一号　（注10）		
①構　造	②床　面　積　m²		原因及びその日付
鉄筋コンクリート造陸屋根３階建（注11）	１階 200 00 ２階 200 00 ３階 200 00 （注11）		

敷地権の目的たる土地の表示				
①土地の符号	②所在及び地番	③地目	④地積 m²	原因及びその日付
1	中央区〇〇町一丁目35番	宅地	350 00	
（注12）				

区分した建物の表示						
家屋番号	建物の名称	主である建物又は附属建物	①種類	②構造	③床面積 m²	原因及びその日付
（注13）	101（注14）		居宅	鉄筋コンクリート造１階建	１階部分 54 54	令和〇年〇月〇日新築（注16）
			（注15）	（注15）	（注15）	

敷地権の表示			
①土地の符号	②敷地権の種類	③敷地権の割合	原因及びその日付
1（注17）	所有権（注17）	100分の３（注17）	令和〇年〇月〇日敷地権（注18）

書式の解説

(注1) 登記の目的は、一棟の建物を区分した建物の表題登記ですから「区分建物表題」と記載します。なお、区分建物の表題登記の申請は、その建物の所有権の原始取得者から、一棟の建物に属する他の区分した建物(各専有部分)と同一の申請書または別件の申請書でともに専有部分の全部につき一括申請します(法48条1項)。

(注2) 区分建物の建物図面・各階平面図を作成し添付します(令別表の12の項添付情報欄イ、ロ)。なお、作成方法は104頁を参照してください。

(注3・4・6・7・8) 建物表題登記の各項目を参照してください。

(注5) 専有部分と敷地利用権の処分の一体性の原則の採用に伴い、区分所有法5条1項の規定により敷地とされた土地(規約敷地)であるときは、その規約を証する書面、また、敷地権の割合が規約により定められたものであるときは、その規約を証する情報を提供します。その他規約を設定した公正証書(同法32条)、規約の設定を決議した集会の議事録(同法42条)、区分所有者全員の合意による規約設定の合意書(同法45条)があります。なお、これらのうち議事録または合意書には、公証人の認証がある場合を除き、署名・捺印者の印鑑証明書の添付が必要です。

(注9) 一棟の建物の所在する市、区、郡、町、村、字および土地の地番を記載します(法44条1項1号カッコ書)。なお、これは建物が現実に所在する「法定敷地」のみの表示です。

(注10) 所有者が任意に付した、一棟の建物の名称で、家屋番号ではなく、その建物を特定するに足りる名称でよいものとされています(法44条1項8号)。なお、これを登記しておくことにより、後々の変更登記(権利に関する登記)などの申請書には、一棟の建物の名称を記載した場合には、構造や床面積は省略できます。

(注11) 一棟の建物の構造および床面積を記載します(法44条1項7号)。

(注12) 敷地権の目的たる土地の表示として、一筆ごとに土地の符号を付し、土地の所在する市、区、郡、町、村および字ならびに当該土地の地番、地目および地積を記載します(令別表の12の項申請情報欄イ(1))。

(注13) 家屋番号は登記所でつけるものですから記載することは要しません(法45条)。区分した各専有部分の家屋番号を記載する場合には、地番区域名を冠記することになっています。

(注14) 専有部分たる各建物の名称であり、所有者が任意に付した名称です。「101」の例示は、1階の1号室という意味を表しますが、登記しておくことにより、物の特定に役立ちます。

(注15) 専有部分たる各建物の種類、構造(屋根の記載は不要)、床面積を記載します。階数は、その専有部分の一個の階数だけをとらえて「1階建」と記載します(準則90条)。また、区分建物の床面積は壁その他の区

画の内側線に囲まれた水平投影面積によります。床面積には現実に存在する専有部分の階層（物理的階層）を冠記します。

（注16）建物の完成年月日と新築の旨を記載します（法27条1項）。

（注17）敷地権の表示として、敷地権の目的たる土地についての敷地権の種類とその割合を記載します（令別表の12の項申請情報欄イ(2)）。なお、敷地権の目的たる土地との関係は、土地の符号によって明らかにします。

（注18）登記原因およびその日付として、敷地権となった旨およびその年月日を記載します（法27条1項）。

敷地権の発生の日は、区分建物の所有者が建物を新築して、その底地について登記した敷地利用権（所有権、地上権、賃借権の3種類に限る）を有している場合には建物が新築された日、また、区分所有者が後日登記した敷地利用権を取得したというのであれば、その敷地利用権の取得の登記の日です。

7　建物図面・各階平面図の作成方法

図面の作成は、建物表題登記の建物図面、各階平面図の作成方法①～⑥（93頁）を参照してください。

なお、区分建物について、特に留意すべき点は次のとおりです。

① 建物図面には、一棟の建物の1階の形状を点線をもって明確に記載します。また、その建物が1階以外の部分に存する場合には、その存する階層を、たとえば、「建物の存する部分3階」、「建物の存する部分4階、5階」のように記載します（準則52条2項）。

（例1）

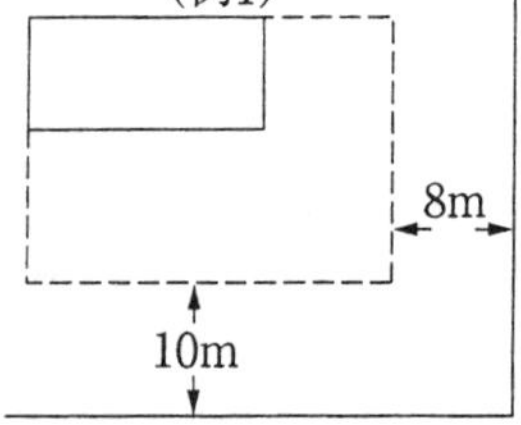

（例2）

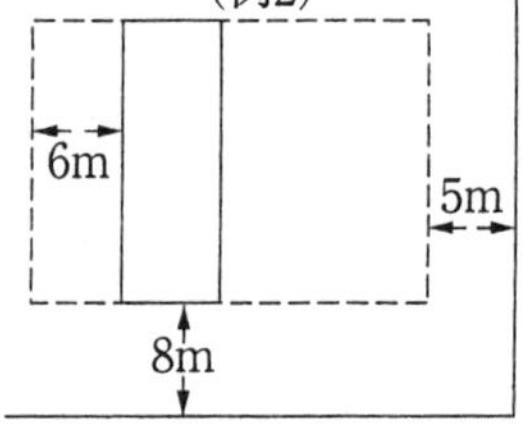

（例3）

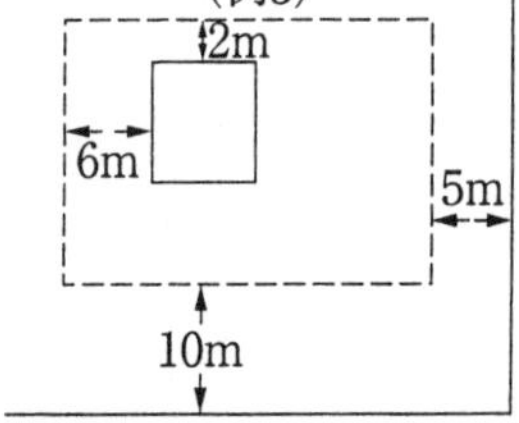

② 区分建物（2階以上の場合はその1階）の存する階層の形状が一棟の建物の1階の形状と異なるときは、一点鎖線をもってその階層の形状をも明確に記載します（準則52条3項）。

（例1）

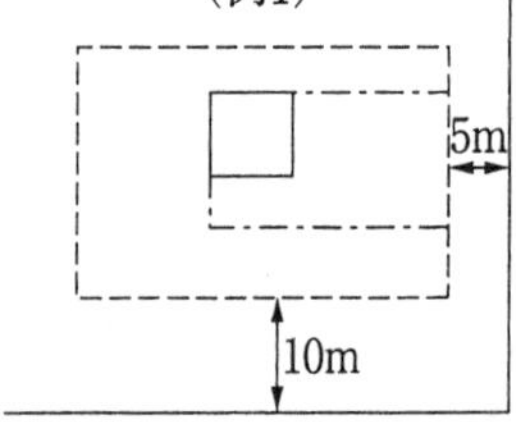

（例2）

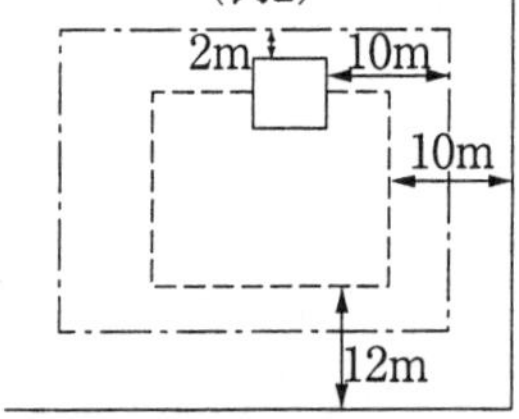

各階平面図の見本

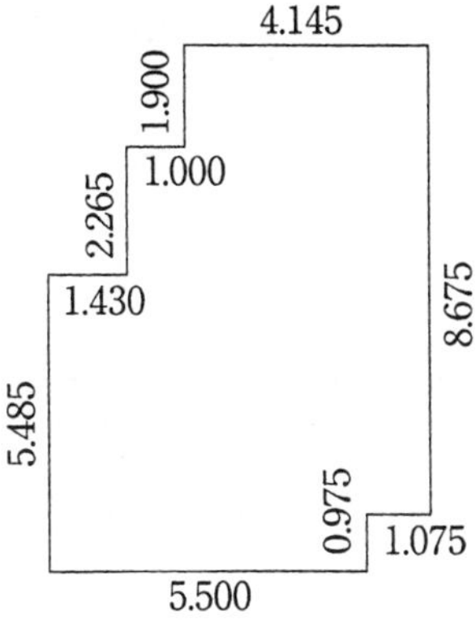

求　積　表

5.485 × 1.430	=	7.843550
7.750 × 1.000	=	7.750000
9.650 × 3.070	=	29.625500
9.675 × 1.075	=	9.325625
	合計	54.544675
	床面積	54.54

作成者	住所 氏名〇〇　〇〇㊞　令和〇年〇月〇日作成	縮　尺	1／250

建物図面の見本

家屋番号		建物図面
建物の所在	中央区○町○丁目１番地２	

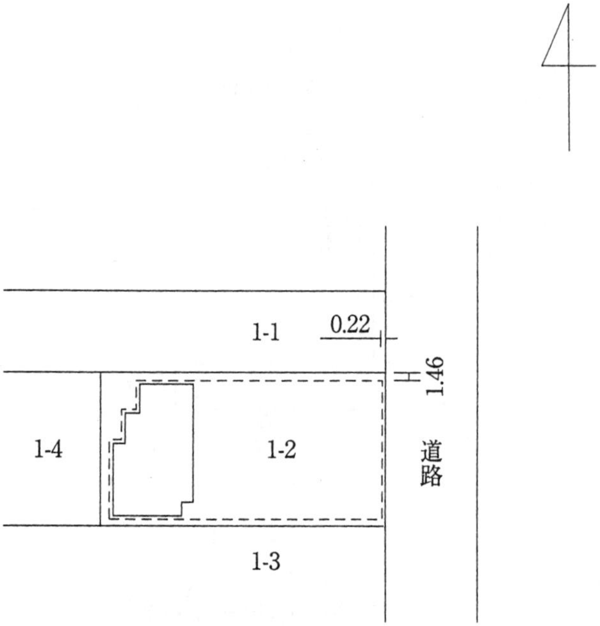

建物の存する部分１階

申　請　人	法　務　太　郎	縮　尺	1／500

•••第８章•••

建物の滅失の登記

「建物が滅失《めっしつ》した」とは、登記されている建物が、取壊しまたは焼失等の原因により、建物としての効用を有しない状態となった場合をいいます。

建物の一部取壊しの場合は、建物としての効用、同一性が認められる限り、建物の床面積の減少による、建物の表題部の変更の登記をすることになります。

しかし、建物の全部取壊しの場合に、その材料を用いて建物を建築した場合（再築）は、既存の建物は滅失として取り扱い、同じ場所に同じ材料を用いて再築された建物は新築されたものと取り扱うものとされています（準則83条）。

1　申請人

取り壊された建物の表題部所有者または所有権の登記名義人は、その建物の滅失の日から１か月以内に、当該建物の滅失の登記を申請しなければなりません（法57条）。

この、申請をすべき義務がある者がその申請を怠ったときは、10万円以下の過料に処せられます（法164条）。

また、この建物を数人で共有している場合には、共有者全員が申請人となるのが原則ですが、実務上は共有者の一人からでも申請することができる取扱いがなされています。その場合、申請人とならない他の共有者の住所、氏名は記載する必要はありません（令３条11号イ）。

2 申請書の記載事項

建物の滅失登記の申請書には、次の事項を記載します。

① 登記の目的（令３条５号）
② 添付情報の表示（規則34条１項６号）
③ 申請の年月日（同項７号）
④ 登記所の表示（同項８号）
⑤ 申請人の氏名または名称および住所（令３条１号）、申請人が法人であるときは、その代表者の氏名（同条２号）
⑥ 代理人によって登記申請をするときは、当該代理人の氏名または名称および住所ならびに代理人が法人であるときはその代表者の氏名（同条３号）
⑦ 申請人または代理人の電話番号その他の連絡先（規則34条１項１号）
⑧ 不動産の表示（令３条８号）
⑨ 登記原因およびその日付（同条６号）

① 登記の目的（令３条５号）

登記の目的は、「建物滅失」と記載します。

② 添付情報の表示（規則34条１項６号）

実際に提供した添付情報を記載します。

③ 申請の年月日（同項７号）

登記申請する日を記載します。

④ 登記所の表示（同項８号）

申請する登記所を記載します。登記の申請は管轄する登記所にします。

⑤ 申請人の氏名または名称および住所（令３条１号）、申請人が法人であるときは、その代表者の氏名（同条２号）

申請人の住所は、現在の住所を記載します。

【申請人が法人の場合】

申請人が法人の場合は、本店または主たる事務所、商号または名称、代表者の資格および氏名を記載します。法人が会社法人等番号を有する法人の場合には会社法人等番号も記載します（令７条１項１号イ）。ただし、当該法人の作成後３か月以内の登記事項証明書を提供したときには会社法人等番号の記載は不要です（規則 36 条１項及び２項）。

【所有権の登記名義人が死亡している場合】

相続人が申請人となる場合には、次の例により被相続人の氏名を記載し、相続人の住所と氏名を記載してください。その場合、相続を証する情報と相続人の住民票の写しを添付します。

申請人（被相続人　甲某）
（相続人）〇市〇町〇丁目１番２号
乙　某　㊞

⑥　代理人によって登記申請をするときは、当該代理人の氏名または名称および住所ならびに代理人が法人であるときはその代表者の氏名（同条３号）

⑦　申請人または代理人の電話番号その他の連絡先（規則 34 条１項１号）

申請書等に不備がある場合には、登記所から連絡がされますので、連絡をとることのできる電話番号を記載します。

⑧　不動産の表示（令３条７号）

次の事項を記載します。詳細は、第１部第１章**2**（表示に関する登記事項）(2)を参照してください。

ア　建物の所在する市、区、郡、町、村、字および土地の地番
イ　家屋番号
ウ　建物の種類
エ　建物の名称があるときは、その名称
オ　建物の構造
カ　建物の床面積
キ　附属建物があるときは附属建物の表示

⑨　登記原因およびその日付（同条6号）

建物が滅失した年月日と滅失の原因を記載します（令3条6号）

たとえば、取壊しの場合には「令和○年○月○日取壊し」、火災により焼失した場合には「令和○年○月○日焼失」と記載します。

滅失の年月日が不明の場合には、「昭和年月日不詳取壊し」、「平成3年1月日不詳取壊し」、「年月日不詳取壊し」のように記載します。

3　添付情報

①　建物滅失証明書

建物を取壊した工事人の取壊証明書を添付します。取壊証明書には、工事人の印鑑証明書を添付します。この印鑑証明書の有効期限はありません。

工事人が法人の場合は、法人の代表者の資格を証する情報と印鑑証明書または会社法人等番号を提供します。具体的には申請書の添付情報の表示として「滅失証明書（会社法人等番号何番）」のように申請書に記載したときは、その者の資格を証する情報と印鑑証明書の添付は不要になります。その場合、登記申請時において当該者の印鑑が有効である必要があります。

焼失の場合は、消防署が発行した「り災証明書」を添付するのがよいでしょう。

②　代理権限証明情報（令7条1項2号）

代理人により申請する場合には、委任状を提出します。

申請人が法人であるときは、当該法人の代表者の資格を証する登記事項証明書または支配人等の権限を証する登記事項証明書（作成後3か月以内のもの）を添付しますが、会社法人等番号を提供した場合には登記事項証明書の添付は必要ありません。

③　住所証明情報

登記簿に記載されている所有権の登記名義人の住所が現在の住所と異なる場合には、登記簿に記載されている住所から現在の住所までの変更の経緯が分かる住民票の写しまたは戸籍の附票の写しを添付します。その場合、住民票の写しは、マイナンバー（個人番号）が記載されていないものを提出します。

④　相続証明情報

被相続人名義の建物が滅失した場合には、相続登記をすることなく、その相続人の一人から登記申請ができます（法30条）。その場合には、相続が発生したことと、申請人が相続人であることを証する情報を提供します。相続人が配偶者または子である場合に添付する書面は次のとおりです。

【戸籍関係等書類】

- 被相続人（死亡した人）の死亡の事実が記載されている戸籍事項証明書。
- 被相続人の住民票の写し（本籍の記載があるもの）または戸籍の附票の写し（本籍・筆頭者の記載があるもの）。ただし、登記事項証明書に記載されている住所が本籍と同じであれば不要です。
- 申請人が配偶者または子である場合には、その人たちの現在の戸籍事項証明書。この戸籍事項証明書は被相続人が死亡した後に発行されたものが必要です。ただし、被相続人の戸籍事項証明書に申請人となる相続人が記載されている場合には重ねて同じものを提出する必要はありません。
- 申請人となる相続人の住民票の写し（本籍の記載があるもの）または戸籍の附票の写し（本籍・筆頭者の記載があるもの）。

【法定相続情報一覧図の写し】

以上の書面に代えて、法定相続情報一覧図の写し（申請人となる相続人の住所が記載されているもの）を提出することもできます。もし、法定相続情報一覧図の写しに申請人となる相続人の住所が記載されていない場合には、申請人となる相続人の住民票の写し（本籍の記載のあるもの）または戸籍の附票の写し（本籍・筆頭者の記載があるもの）も一緒に提出してください。

4 登記申請手続

(1) 所有者が死亡している場合

表題部所有者または所有権の登記名義人が死亡している場合は、建物の滅失した原因の日付に関係なく、相続による所有権移転の登記をすることなく、その相続人中の一人から、相続を証する情報を提出（令7条1項4号）して、建物の滅失の登記を申請することができます（法30条）。

なお、所有者の遺言執行者も、当該登記申請をすることができます（民法1015条）。

(2) 滅失した建物に抵当権等の登記がある場合

滅失した建物に抵当権等の第三者のための登記がある場合には、建物の滅失の登記を申請するにあたり、当該抵当権者等の承諾を得ておくのがよいでしょう。ただし、この抵当権者の承諾をしたことの情報の提供がないからといって登記申請が受理されないものではありません。

この承諾は、書面によるか、金融機関の連絡先および担当者の氏名を明らかにする取扱いでよいものと考えますので、この情報を申請書に添付または記載するのがよいでしょう。

申請書見本1（建物滅失の登記）

登　記　申　請　書

登記の目的　　　**建物滅失**　　（注1）

添付情報

減失証明書（会社法人等番号　1234-56-789000）（注2）

令和〇年6月30日申請（注3）

東　京　法務局

申　請　人　**東京都千代田区〇〇町一丁目2番3号**

法務　太郎　㊞（注4）

連絡先の電話番号　**〇〇－〇〇〇〇－〇〇〇〇**（注5）

<table>
<tr><td colspan="2">不動産番号</td><td colspan="5">（注6）</td></tr>
<tr><td rowspan="9">建物の表示</td><td rowspan="2">所　在</td><td colspan="5">東京都千代田区〇〇町一丁目2番地3（注7）</td></tr>
<tr><td colspan="4"></td><td></td></tr>
<tr><td>家屋番号</td><td colspan="2">2番3　（注7）</td><td colspan="3"></td></tr>
<tr><td>主である建物又は附属建物</td><td>①種類</td><td>②構造</td><td colspan="2">③床面積 m²</td><td>登記原因及びその日付</td></tr>
<tr><td></td><td>（注7）
居宅</td><td>（注7）
木造スレートぶき平家建</td><td>76</td><td>（注7）
52</td><td>令和〇年6月20日取壊し
（注8）</td></tr>
<tr><td></td><td></td><td></td><td></td><td></td><td></td></tr>
<tr><td></td><td></td><td></td><td></td><td></td><td></td></tr>
<tr><td></td><td></td><td></td><td></td><td></td><td></td></tr>
<tr><td colspan="6"></td></tr>
</table>

書式の解説

（注1）　登記の目的は、取壊しによる建物の滅失の登記の申請ですから、「建物滅失」と記載します。

（注2）　取壊しによる滅失の場合は、建物の取壊しをした工事請負人の滅失証明書を添付します（次頁の書式参照）。この滅失証明書には、工事人の印鑑証明書（法人の場合は、会社法人等番号）を提出します。
焼失の場合は、消防署が発行した「り災証明書」を添付するのがよいでしょう。

（注3）　申請書を提出する申請年月日と、提出先の管轄の登記所の名称を記載します。

（注4）　申請人として、登記事項証明書の所有権に関する欄（甲区）に記載されている登記名義人の住所と氏名または申請人が法人の場合は、本店または主たる事務所と商号または名称、代表者の資格および氏名を記載し、署名または記名押印します。ここに押す印は認印でもかまいません。また、法人が会社法人等番号を有する法人の場合には会社法人等番号も記載します。ただし、作成後3か月以内の法人の登記事項証明書を添付した場合には、会社法人等番号の記載は不要です。甲区がない登記簿の場合は、登記簿の表題部の末尾に記載されている所有者の住所と氏名または名称を記載します。
登記簿上の所有者の住所が、現在の住所と一致していない場合は、登記簿上の住所から現在の住所までの異動の経過がわかる、住民票の写し、戸籍の附《ふ》票《ひょう》の写し等を申請書に添付してください。その場合、申請書に記載する住所は現在の住所です。

（注5）　申請書等の記載事項等に補正すべき点がある場合に、登記所の担当者から連絡するための連絡先の電話番号を記載します。

（注6）　不動産番号を記載すれば、所在、家屋番号、種類、構造および床面積の記載を省略することができます。

（注7）　現在の登記事項証明書に記載されているとおりに記載します。

（注8）　「登記原因及びその日付」欄には、注2の証明書に記載された取壊しの日と、建物の取壊しの旨を記載します。

■ 建物滅失証明書見本１

建　物　滅　失　証　明　書

１　建物の表示

東京都千代田区〇〇町一丁目２番地３
家屋番号　　２番３
居宅　　木造スレートぶき平家建76．52m²

２　滅失の理由

令和〇年６月20日　取壊し

３　所有者

東京都千代田区〇〇町一丁目２番３号
法　務　太　郎

上記のとおり建物を取り壊したことを証明します。

令和〇年６月20日
〇〇県〇〇市〇〇町二丁目５番６号
株式会社　甲乙工務店
（会社法人等番号　1234-56-789000）
代表取締役　甲　乙　一　郎　㊞（届印）

書式の解説

（注）工事人の印鑑証明書を添付します。ただし、法人の場合に、会社法人等番号を提供したときは、登記事項証明書および印鑑証明書の提出に代えることができます。

申請書見本２（代理人申請）

登　記　申　請　書

登記の目的　**建物滅失**

添付情報

減失証明書（会社法人等番号　１２３４-５６-７８９０１２）

令和○年６月３日申請

横浜地方法務局**川崎**支局

申請人　**川崎市中原区○○二丁目23番地**

○　○　○　○

代理人　**○市○町○番○号**

甲　野　太　郎　㊞

連絡先の電話番号　**○○－○○○○－○○○○**

<table>
<tr><td colspan="2">不動産番号</td><td colspan="6"></td></tr>
<tr><td rowspan="6">建物の表示</td><td>所　在</td><td colspan="6">川崎市中原区○○二丁目23番地</td></tr>
<tr><td>家屋番号</td><td colspan="2">23番の２</td><td colspan="2"></td><td></td></tr>
<tr><td>主である建物
又は附属建物</td><td>①種類</td><td>②構造</td><td colspan="2">③床面積
m²</td><td>登記原因及び
その日付</td></tr>
<tr><td></td><td>居宅</td><td>木造かわら
ぶき２階建</td><td>１階37
２階13</td><td>25
22</td><td>令和○年５
月22日取壊
し</td></tr>
<tr><td></td><td></td><td></td><td></td><td></td><td></td></tr>
<tr><td></td><td></td><td></td><td></td><td></td><td></td></tr>
</table>

委任状見本

委　任　状

○市○町○番○号

甲野　太郎

上記の者を私の代理人と定め次の権限を委任します。

下記物件の建物滅失登記申請に関する一切の件

物　件　の　表　示

所　　在　川崎市中原区○○二丁目23番地
家屋番号　23番の２
原　　因　令和○年５月22日取壊し

上記委任します。

令和○年６月２日
住　所　川崎市中原区○○二丁目23番地
氏　名　○　○　○　○　㊞

■建物滅失証明書見本２

建　物　滅　失　証　明　書

建物の所在　　川崎市中原区〇〇二丁目23番地

家屋番号　　23番の２

滅失の理由　　令和〇年５月22日取壊し

所有者氏名　　川崎市中原区〇〇二丁目23番地　〇〇〇〇

上記のとおり建物を取り壊したことを証明します。

令和〇年６月１日

工事施工者

〇市〇町〇番〇号

〇〇工務店株式会社

（会社法人等番号　1234-56-789012）

代表取締役　〇　〇　〇　〇　㊞

抵当権者の承諾書見本

承　諾　書

令和○年○月○日

○市○町○番○号

株式会社　○○銀行

代表取締役　○　○　○　○　㊞

（会社法人等番号0102-56-789000）

下記建物について、当社において抵当権を設定していますが、下記建物の滅失登記を申請することを承諾します。

抵当権の表示

令和○年○月○日横浜地方法務局川崎支局受付第○○○○号

不動産の表示

所　在　川崎市中原区○○二丁目23番地

家屋番号　23番の2

種　類　居宅

構　造　木造かわらぶき2階建

床面積　1階　37.25㎡

2階　13.22㎡

■申請書見本3（相続人からの申請）

登　記　申　請　書

登記の目的　建物滅失
原　　　因　令和〇年〇月〇日取壊し
申　請　人　（被相続人　甲野太郎）
（相続人）　〇市〇町一丁目2番3号（注1）
甲　野　花　子　㊞
連絡先の電話番号　〇〇〇－〇〇〇〇－〇〇〇〇

添付情報
滅失証明書（会社法人等番号1234－56－789012）
相続証明情報　　住所証明情報

令和〇年〇月〇日申請　　〇〇法務局〇〇出張所

不動産の表示（注2）
不動産番号　1234567890123
所　　在　〇市〇町一丁目100番地
家屋番号　100番
種　　類　居宅
構　　造　木造かわらぶき2階建
床 面 積　1階　40．55㎡
2階　30．00㎡

書式の解説

（注1）　滅失登記は相続人の一人から申請できますので、記載例のように相続人の住所と氏名を記載してください。

（注2）　不動産の表示は必要事項が記載されていればよいので、申請書見本1および2のように枠組みを記載してもよいし、また、本見本のような記載の方法でも差し支えありません。なお、不動産番号を記載した場合には、建物の所在と土地の地番、家屋番号、建物の種類、構造および床面積等の記載は省略できます（令6条1項2号）。

第２部

権利に関する登記

•••第１章•••
権利に関する登記手続一般

1　登記権利者と登記義務者

権利に関する登記とは、不動産についての所有権、地上権、永小作権《えいこさくけん》、地役権《ちえきけん》、先取特権《さきどりとっけん》、質権、抵当権、賃借権、配偶者居住権、採石権に関する登記をいいます（法２条、３条）。具体的には、これらの権利について保存、設定、移転、変更、処分の制限または消滅の登記をすることをいいます。

【共同申請の原則】

不動産の権利に関する登記の申請は、登記権利者と登記義務者が共同して申請するのが原則です（法60条）。

登記権利者とは、権利に関する登記をすることにより、登記上、直接に利益を受ける者をいい、間接に利益を受ける者を除きます（法２条12号）。

登記義務者とは、権利に関する登記をすることにより、登記上、直接に不利益を受ける登記名義人（登記記録の権利部に、法３条各号に掲げる権利について権利者として記録されている者）をいい、間接に不利益を受ける登記名義人を除きます（法２条13号）。また、登記権利者は、登記請求権を有し、登記義務者は登記に協力する義務を負っています。

たとえば、売買によりＢがＡから不動産を買った場合、所有権はＢに移りますが、登記簿の名義はまだＡのままです。そこでＢは、登記簿の名義を自分の名義にするようＡに請求することができるわけです。そして、Ａは登記簿の名義をＢの名義にする義務を負っていることになります（民法560条）。所有権移転登記をする場合には、買主Ｂと売主Ａが共同して所有権移転登記の申請をしますが、その場合の買主Ｂを「登記権利者」、売主Ａを「登記義務者」といいます。

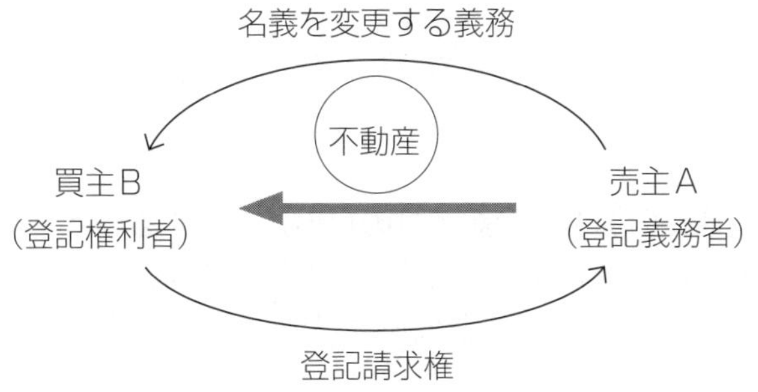

2　本人確認の方法

(1)　登記識別情報または登記済証

たとえば、売主Ａが登記義務者となり、買主Ｂが登記権利者となって所有権移転の登記を申請して登記が完了すると、登記官は、当該登記の登記名義人となるＢに登記識別情報《とうきしきべつじょうほう》を通知しなければなりません（法 21 条）。登記識別情報は、アラビア数字その他の符号の組み合わせによって作成された 12 文字の情報です。ただし、Ｂがあらかじめ登記識別情報の通知を希望しない旨の申出をした場合には通知をする必要はありません（法 21 条ただし書）。

今後、所有権の移転登記をする場合とか、抵当権の設定登記を申請する場合のように、Ｂが登記義務者となって登記権利者と共同して登記の申請をする場合には、登記の申請人Ｂが正しい申請人であることを担保するためにこの登記識別情報の提供が必要になります（法 22 条、令 8 条）。ただし、法 21 条ただし書の規定により登記識別情報が通知されなかった場合、その他、申請人が登記識別情報を提供（登記済証を提出）することができないことにつき正当な理由がある場合は、登記識別情報の提供（登記済証の提出）をしなくてもかまいません（法 22 条ただし書）。ただし、その場合には、次の(2)の手続が必要となります。

なお、確定判決による登記、相続登記、官公署の嘱託による登記、登記名義人の表示変更登記、仮登記等の場合には、登記識別情報の提供（登記済証の提出）は不要です。

＊登記済証：登記所がオンライン化する前に登記権利者となって権利の取得の登記をした場合、たとえば、所有権保存登記、所有権移転登記、抵当権設定登記などをした場合には、登記名義人に登記済証が交付されました。

●登記識別情報の提供（登記済証の提出）を要する場合

次の場合には、申請人は登記義務者の登記識別情報を提供しなければなりません（ただし、登記済証を所持している場合には、登記済証を提出します）。

① 登記権利者と登記義務者が共同して権利に関する登記の申請をする場合（法22条）

たとえば、売買による所有権移転登記、抵当権設定登記、抵当権抹消登記等の場合です。

② 登記名義人が令8条で定める登記の申請をする場合

令8条で定める登記は次のとおりです。これらの申請は、①の場合と異なり登記権利者と登記義務者による共同申請で行わない場合です。

ア 所有権の登記がある土地の合筆の登記（令8条1項1号）

その場合、当該合筆に係る土地のうちいずれか一筆の土地の所有権の登記名義人の登記識別情報を提供すれば足ります（令8条2項1号）。ただし、登記申請人に係るもののみで足ります。

イ 所有権の登記がある建物の合体による登記等（令8条1項2号）

その場合、登記名義人が同一である所有権の登記がある建物の合体による登記等の場合には、当該合体に係る建物のうちいずれか一個の建物の所有権の登記名義人の登記識別情報を提供すれば足ります（令8条2項2号）。

ウ 所有権の登記がある建物の合併の登記（令8条1項3号）

その場合、当該合併に係る建物のうちいずれか一個の建物の所有権の登記名義人の登記識別情報を提供すれば足ります（令8条2項3号）。

エ 共有物分割禁止の定めに係る権利の変更の登記（令8条1項4号、法59条6号）

共有物分割禁止の定めに係る権利の変更登記の申請は、当該権利の共有者であるすべての登記名義人が共同してしなければなりません（法65条）。

オ　所有権の移転の登記がない場合における所有権の登記の抹消（令8条1項5号）

所有権保存登記の抹消の場合です。

カ　質権または抵当権の順位変更の登記（令8条1項6号）

質権または抵当権の順位の変更登記の申請は、順位を変更する当該質権または抵当権の登記名義人が共同してしなければなりません（法89条1項、95条2項）。

キ　民法398条の14第1項ただし書（同法361条において準用する場合を含む）の定めの登記（令8条1項7号）

確定前の根抵当権の優先の定めの登記の申請の場合です。

ク　信託法3条3号に掲げる方法によってされた信託（自己信託）による権利の変更の登記（令8条1項8号）

自己信託による権利の変更登記は、受託者が単独で申請することができます（法98条3項）。

ケ　仮登記の登記名義人が単独で申請する仮登記の抹消（令8条1項9号）

(2)　登記識別情報の提供または登記済証を提出できない場合

登記識別情報を記載した書面（登記識別情報通知書）または登記済証が滅失または紛失しても登記所では再発行はしませんので、これらは大切に保管する必要があります。登記識別情報通知書の場合には、大切なのは登記識別情報通知書に記載されている12文字の情報であって、登記識別情報通知書そのものではありません。したがって、12文字の情報を他の方法で管理できていれば、登記識別情報通知書を紛失しても問題はありません。

登記申請をする場合に、(1)で記したように登記識別情報の提供を要する場合には、登記義務者は原則として登記識別情報を提供（または登記済証を提出）しなくてはなりませんが、登記識別情報を失念等で提供できない場合や登記済証を提出できない場合には、次の方法のいずれかによって登記の申請をします。

① 事前通知制度の利用（法23条1項）
② 司法書士、土地家屋調査士、弁護士等の登記の申請の代理を業とすることができる代理人（以下、「資格者代理人」という）による本人確認情報の提供による申請（法23条4項1号）
③ 公証人による申請情報等の認証（法23条4項2号）

登記官は、登記識別情報の提供を要する登記（法22条）の申請があった場合において、登記識別情報を提供できない場合には、原則として、登記義務者に事前通知をすることになっています。しかし、②の資格者代理人による本人確認情報の提供がある場合、または③の公証人により登記申請情報等について当該申請人が登記義務者であることを確認するために必要な認証がされ、かつ、登記官がそれらの内容を相当と認めたときには、事前通知をする必要がありません。

＊印鑑証明書の提出：所有権以外の権利（たとえば抵当権など）の登記名義人が登記識別情報または登記済証の提出ができない場合には、登記義務者は作成後3か月以内の印鑑証明書を提出しなければなりません（令16条3項、規則47条3号ハ、48条5号）。ただし、法人の場合には会社法人等番号を提供すれば、印鑑証明書の提出は不要となります（規則48条1号）。その場合、登記申請時においてその印鑑証明書が有効であることが必要です。

(3) 事前通知

たとえば、申請人が売買による所有権移転登記を申請する際に、登記識別情報を提供しないで、または登記済証を提出しないで登記申請がされた場合には、登記官は、売主である登記義務者に対し、当該申請があったことと、当該申請の内容が真実であると思料するときは、通知を発送した日から2週間内（ただし、登記義務者の住所が外国にある場合には4週間内）にその旨の申出をすべき旨を通知しなければなりません（法23条1項、規則70条8項）。申出期間内に申請人から申出がない限り登記をすることはできず、申出が期間内にない場合には、申請は却下されます（法25条10号）。

ただし、次のいずれかの場合で、内容を登記官が相当と認めた場合には、事前通知は行われません（法23条4項）。

①　資格者代理人による本人確認情報の提供がある場合
②　申請情報または代理人によって申請する場合の委任状について、公証人から当該申請人が登記義務者であることを確認するために必要な認証がされた場合

なお、この事前通知は、所有権に関する登記に限らず、それ以外の、たとえば抵当権の設定または抹消等の登記も事前通知の対象となります。

ⅰ　事前通知の方法

①　登記義務者が自然人の場合または登記義務者が法人である場合においてその代表者の住所に宛《あ》てて書面を送付する場合

日本郵便株式会社の内国郵便約款の定めるところにより名宛人本人に限り交付し、もしくは配達する本人限定受取郵便またはこれに準ずる方法で行います（規則70条1項1号）。

②　登記義務者が法人の場合（①の場合を除く）

書留郵便または信書便の役務であって信書便事業者において引受けおよび配達の記録を行うものでします（規則70条1項2号）。

③　登記義務者が外国に住所を有する場合

書留郵便もしくは信書便の役務であって信書便事業者において引受けおよび配達の記録を行うものまたはこれらに準ずる方法で行います（規則70条1項3号）。

④　速達による送付

申請人が速達料に相当する郵便切手を提出したときは、速達によって通知されます（規則70条3項）。

ⅱ　事前通知の様式

事前通知は、準則の別記第55号様式の通知書（以下「事前通知書」という）によってされます（準則43条1項）。ここで注意する点は、登記官の認印を職印とともに押印することです。これは、事前通知書の偽造を防ぐ意味があります。認印を押す登記官は筆頭登記官でなくてもよく、特定されていないのが実情です。また、登記官は、法22条に規定する登記義務者が法人の場合は、事前通知を当該法人の主たる事務所に宛てて送付するものとされています。ただし、申請人から事前通知書を法人の代表者の住所に宛てて送付を希望する旨の申出があったときは、その申出に応じて差し支えないとされています（準則43条2項）。この場合の住所とは、法人登記簿に記録されている住所ですので、それ以外の住所への発送は応じられない取扱いです。

事前通知書を送付する際に、申請人から申請人の住所に、たとえば、「何アパート内」または「何某方」と付記して事前通知書を送付してほしいとの申出があったときは、その申出に応じて差し支えないとされています（準則44条1項）。

この取扱いは、登記義務者が自然人の場合はもちろん、法人の代表者の住所に宛てて送付する場合にも適用されます（準則44条2項）。

iii　事前通知書の再発送

事前通知書が受取人不明を理由に返送された場合に、規則70条8項に規定する期間（通知を発送した日から2週間。ただし、外国に住所を有する場合には、4週間）の満了前に申請人から事前通知書の再発送の申出があったときは、再発送することができます（準則45条前段）。その場合の期間は、最初に事前通知書を発送した日から起算します（準則45条後段）。

準則の別記第55号様式（事前通知）　書面申請の場合

文書第〇〇〇号
令和〇年〇月〇日

〇〇〇〇　殿

〇市〇町〇番〇号
〇〇法務局〇〇出張所
登記官　〇〇〇〇　職　印
登記官印

下記のとおり登記の申請がありましたので、不動産登記法第２３条第１項の規定に基づき、この申請の内容が真実かどうかお尋ねします。

申請の内容が真実である場合には、この書面の「回答欄」に氏名を記載し、申請書又は委任状に押印したものと同一の印を押印して、〇月〇日までに、登記所に持参し、又は返送してください。

記

登記の申請内容

(1)　不動産所在事項及び不動産番号

(2)　登記の目的

(3)　受付番号

(4)　登記原因

(5)　申請人

(6)　通知番号

事前通知に基づく申出書

回答欄	この登記の申請の内容は真実です。 氏名　　　　　　　　　　　　　　　　印

※（注意）

なお、この書面の内容に不明な点がありましたら、直ちに、上記の登記所に連絡してください。

連絡先電話番号　〇〇－〇〇〇〇－〇〇〇〇

※　オンライン申請の場合でも、特例方式により委任状が書面によって提出された場合には、この様式を使用することになります（規則附則25条）。

■ 準則の別記第55号様式（事前通知）　電子申請の場合

文書第〇〇〇号
令和〇年〇月〇日

〇〇〇〇　殿

〇市〇町〇番〇号
〇〇法務局〇〇出張所
登記官　〇〇〇〇　職　印
登記官印

下記のとおり登記の申請がありましたので、不動産登記法第２３条第１項の規定に基づき、この申請の内容が真実かどうかお尋ねします。

申請の内容が真実である場合には、申請用総合ソフト等に用意されている「事前通知に基づく申出書」に、通知番号（下記の(6)に記載されています。）、申請番号（到達確認表に表示されています。）及び氏名を入力し、申出書に申請書又は委任状にした電子署名と同じ電子署名をして、〇月〇日までに、登記・供託オンライン申請システムを利用して送信してください。

記

登記の申請内容

(1)　不動産所在事項及び不動産番号

(2)　登記の目的

(3)　受付番号

(4)　登記原因

(5)　申請人

(6)　通知番号

※（注意）

この書面の内容に不明な点がありましたら、直ちに、上記の登記所に連絡してください。

連絡先電話番号　〇〇－〇〇〇〇－〇〇〇〇

※　オンライン申請による場合は、この様式を使用します。ただし、特例方式により委任状が書面によって提出された場合には、前ページの様式を使用することになります（規則附則25条）。

(4) 事前通知に対する申出方法

i 申出の方法

事前通知に対する申出は、次の申請方法に応じた方法でしなければなりません（規則70条5項）。

① オンライン申請によるとき

法務大臣の定めるところに従い、法22条に規定する登記義務者が、事前通知書の内容について通知番号等を用いて特定し、申請の内容が真実である旨の情報に電子署名を行ったうえ、登記所に送信します。ただし、特例方式により委任状が書面によって提出された場合には、当分の間、事前通知書に通知に係る登記申請に間違いがない旨を記載して、記名し、委任状に押印したものと同一の印を用いて押印したうえ、登記所に提出する方法によることができます（規則附則25条）。

② 書面申請によるとき

法22条に規定する登記義務者が、事前通知書に通知に係る登記申請に間違いがない旨を記載して、記名し、申請書または委任状に押印したものと同一の印を用いて当該書面に押印したうえ、登記所に提出します。ただし、申請情報の全部を記録した磁気ディスクを提出した場合にあっては、法22条に規定する登記義務者が、申請の内容が真実である旨の情報に電子署名を行い、これを記録した磁気ディスクを事前通知書と併せて登記所に提出して申し出ます。

ii 事前通知を受けるべき者が死亡した場合

事前通知を発した後、通知を受けるべき者が死亡した場合には、次の申出をすれば適法な申出があったものとして取り扱われます（準則46条）。

① オンライン申請の場合

通知を受けるべき者が死亡したものとしてその相続人全員から相続があったことを証する情報の提供とともに、当該申請人の相続人が規則70条2項の通知番号等を特定する情報および当該登記申請の内容が真実である旨の情報に電子署名を行ったうえ、登記所に送信します。

② 書面申請の場合

通知を受けるべき者が死亡したものとしてその相続人全員から相続

があったことを証する書面とともに、当該申請人の相続人が事前通知書に登記申請の内容が真実である旨を記載し、記名押印したうえ、印鑑証明書を添付して登記所に提出します。

iii　法人の他の代表者からの申出があった場合

法人の代表者に事前通知をした場合において、その法人の他の代表者から、当該他の代表者の資格を証する書面および事前通知書に登記申請の内容が真実である旨を記載し、記名押印したうえ、印鑑証明書を添付して申出があった場合には、その申出を適法なものとして取り扱って差し支えないとされています（準則46条2項）。ただし、事前通知書に当該法人の会社法人等番号をも記載したときは、当該他の代表者の印鑑証明書および資格を証する書面の提供は不要です（準則46条2項ただし書）。

(5)　登記義務者の前の住所地への通知

i　通知の要件

所有権に関する登記の場合に限りますが、登記権利者および登記義務者が共同して登記申請をする場合であり、かつ、登記識別情報を提供または登記済証を提出することができない場合において、当該所有権に関する登記の申請3か月以内に登記義務者の住所変更の登記がされているときは、登記簿に記載されている過去の住所にも当該申請があった旨を通知するのが原則とされています（法23条2項、規則71条2項2号）。これは、本人が知らないうちに住所移転の届出をして、不正に印鑑証明書を取得して本人に成りすまし、不正な登記申請をする事例がたびたびあったことを考慮したものです。ただし、登記官が法25条（第10号を除く）の規定により申請を却下する場合には適用しません。

ii　通知の方法

当該所有権移転登記の申請日の3か月以内に住所変更の登記または更正の登記が複数されている場合には、これらのいずれの住所にも通知をしなければなりません（準則48条2項）。この通知は、当該登記をする前に、転送を要しない郵便物として書面を送付する方法またはこれに準ずる方法により送付するものとされています（規則71条1項）。

通知は、準則の別記第56号様式の書面によってされます（準則48条1項）。通常は通知書が返送されてきますが、この通知書が返送されたときは、当該登記の申請書につづって保管します（準則48条3項）。なお、登記官は、通知書の返送を待ったりすることなく登記手続を進めて登記を完了させます。

iii　異議の申出があった場合

登記完了前に通知を受け取った者から登記申請をした覚えがない等の異議の申出があった場合には、登記官は登記申請人について本人確認の調査を行います（準則33条1項4号）。

もし、登記完了後に登記申請をした覚えはない旨の異議の申出があった場合でも、登記は一応有効なものとして取り扱われるものと考えます。

iv　通知を要しない場合

次のような場合には、前の住所地への通知をする必要はありません（法23条2項、規則71条2項）。これは、これらの場合には、成りすましによる不正事件である可能性が低いからです。

①　登記義務者の住所についての変更の登記または更正の登記の登記原因が、行政区画もしくはその名称または字もしくはその名称についての変更または錯誤もしくは遺漏である場合（規則71条2項1号）

②　当該所有権に関する登記の申請の日が、登記義務者の住所についてされた最後の変更の登記の申請に係る受付の日から3か月を経過している場合（規則71条2項2号）

③　登記義務者が法人である場合（規則71条2項3号）

④　資格者代理人による本人確認情報の提供があった場合において、当該本人確認情報の内容により申請人が登記義務者であることが確実であると認められる場合（規則71条2項4号）

これは、資格者代理人が申請人と面識がない場合に、運転免許証等による本人確認情報の提供と併せて、資格者代理人が申請人の前住所地に出向き、申請人が居住していないことを確認し、その結果、住所変更の登記が間違いないと判断した旨が記載されている場合が考えられます。

なお、申請情報に公証人による認証がされており、これを登記官が相当と認める場合でも、前の住所地への通知は省略できません。

⑹　資格者代理人による本人確認情報の提供

登記の申請が、司法書士、土地家屋調査士、弁護士等による登記申請を業とすることができる資格者代理人によってされ、登記官が当該代理人から規則72条により当該申請が法23条１項の登記義務者であることを確認するために必要な情報の提供を受け、かつ、その内容を相当と認めたときは、法23条１項の事前通知をする必要はありません。登記官は、本人確認情報の内容を相当と認めることができない場合には、事前通知の手続をとることとされています（準則49条４項）。ここでいう資格者代理人による本人確認情報とは、登記の申請をした資格者代理人が本人確認して作成したものに限ります。したがって、当該登記の申請代理人とならない資格者代理人が本人確認して作成した本人確認情報の提供があっても、本人確認情報とは認められません。

なお、資格者代理人の本人確認情報は、原本還付の対象とはならないのが実務の取扱いです。ただし、資格者代理人の本人確認情報に添付された当該資格者代理人が所属する司法書士会、土地家屋調査士会、弁護士会が発行した資格者代理人の職印についての証明書（規則72条３項、準則49条２項３号）または登記所が発行した印鑑証明書（準則49条２項５号）は、原本還付することができます。これらの証明書は、発行後３か月以内のものであることが必要です（準則49条３項）。

ⅰ　本人確認情報の提供

資格者代理人は、申請人が当該登記申請の権限を有する登記名義人であることを登記官が確認するための情報として、次に掲げる事項を明らかにしなければなりません（規則72条）。

①　資格者代理人が申請人（申請人が法人の場合は代表者またはこれに代わるべき者）と面談した日時、場所およびその状況（規則72条１項１号）

②　資格者代理人が申請人の氏名を知り、かつ、申請人と面識があるときは、申請人の氏名を知り、かつ、申請人と面識がある旨およびその面識が生じた経緯（規則72条１項２号）

「申請人の氏名を知り、かつ、申請人と面識があるとき」とは、次の場合のいずれかをいいます。

ア　資格者代理人が、当該登記の申請の３か月以上前に当該申請人に

ついて、資格者代理人として本人確認情報を提供して登記の申請をしたことがあるとき（準則49条1項1号）

イ　資格者代理人が当該登記の申請の依頼を受ける以前から当該申請人の氏名および住所を知り、かつ、当該申請人との間に親族関係、1年以上にわたる取引関係その他の安定した継続的な関係の存在があるとき（同条1項2号）

なお、資格者代理人が申請人の氏名を知り、かつ、面識がある場合には、規則72条2項各号に掲げる書類の提供は不要です。

③　資格者代理人が申請人の氏名を知らず、または当該申請人と面識がないときは、申請の権限を有する登記名義人であることを確認するために当該申請人から提示を受けた規則72条2項各号に掲げる書類の内容および当該申請人が申請の権限を有する登記名義人であると認めた理由（同条1項3号）

規則72条2項各号に掲げる書類と確認方法は、次のとおりです。

なお、これらの書類は、資格者代理人が提示を受けた時点で有効であることが必要です（規則72条2項ただし書）。

●1号書面　顔写真付きの公的身分証明書（規則72条2項1号）

ア　運転免許証（道路交通法92条1項に規定する運転免許証をいいます）

イ　個人番号カード（行政手続における特定の個人を識別するための番号の利用等に関する法律2条7項に規定する個人番号カードをいいます）

ウ　旅券等（出入国管理及び難民認定法2条5号に規定する旅券および同条6号に規定する乗員手帳をいいます。ただし、当該申請人の氏名および生年月日の記載があるものに限ります）

エ　在留カード（同法19条の3に規定する在留カードをいいます）

オ　特別永住者証明書（日本国との平和条約に基づき日本の国籍を離脱した者等の出入国管理に関する特例法7条に規定する特別永住者証明書をいいます）

カ　運転経歴証明書（道路交通法104条の4第5項（同法105条2項において準用する場合を含む）に規定する運転経歴証明書をいいます）

以上のうち、いずれか一つ以上の提示を求める方法。

ただし、最近は運転免許証の偽造事件が多発していることから、運転免許証と簡単な質問の受答えだけでもって、本人確認をするのは注意が必要と思います。

●2号書面　顔写真のない証明書（規則72条2項2号）

ア　国民健康保険、健康保険、船員保険、後期高齢者医療もしくは介護保険の被保険者証

イ　健康保険日雇特例被保険者手帳

ウ　国家公務員共済組合もしくは地方公務員共済組合の組合員証

エ　私立学校教職員共済制度の加入者証

オ　基礎年金番号通知書（国民年金法施行規則1条1項に規定する基礎年金番号通知書をいいます）

カ　児童扶養手当証書

キ　特別児童扶養手当証書

ク　母子健康手帳

ケ　身体障害者手帳

コ　精神障害者保健福祉手帳

サ　療育手帳

シ　戦傷病者手帳

以上のうち、当該申請人の氏名、住所および生年月日の記載があるもののうちいずれか二つ以上の提示を求める方法。

●3号書面　1号書面および2号書面以外の公的証明書（規則72条2項3号）

2号書面に掲げる書類のうちいずれか一つ以上および官公庁から発行され、または発給された書類その他これに準ずるものであって、当該申請人の氏名、住所および生年月日の記載があるもののうちい

ずれか一つ以上の提示を求める方法。

以上の書類の内容を明らかにするには、これらの書類の写しを添付する方法または写しと同じ程度に当該書面の内容を特定することができる具体的な事項を本人確認情報の内容とする方法によってするものとされています（施行通達第1、9）。

●印鑑証明書および住民表の写しの取扱いについて

これらの書類は、形式的には、申請人の氏名、住所、生年月日の記載があることから3号の書面に該当するようにも思われます。しかし、1号、2号の規定から判断すると、1号および2号で示された書面はいずれも原本が1個しか存在せず、また、本人しか所持できないものです。しかし、印鑑証明書、住民票の写しは何枚でも発行されるものであり、また、本人しか所持できないものとはいい切れません。したがって、印鑑証明書および住民票の写しは規則72条2項3号の書面には該当しないものと考えます。

ii　登記義務者が法人の場合の本人確認

登記義務者が法人の場合には、その法人の代表者に面談して、代表権の有無と代表者本人の確認をするのが原則です。しかし、大企業の会社の代表者と直接面談して本人確認を行うのは現実的ではありません。したがって、このような場合には、代表者に代わるべき者の面談で足りるとされています（規則72条1項1号）。その場合には、代表者に代わるべき者が業務権限を有することがわかる業務権限証明書も添付します。業務権限証明書には、登記所に届けてある代表者印で押印し、登記所発行の代表者の印鑑証明書を添付するのが実務の取扱いです。

iii　資格者代理人を証する情報

資格者代理人が本人確認情報を提供するときは、資格者代理人が登記申請の代理を業とすることができる者であることを証する情報も提供しなければなりません（規則72条3項）。

資格者代理人であることを証する情報とは、次に掲げるものです。

①　日本司法書士会連合会または日本土地家屋調査士会連合会が発行し

た電子証明書（準則49条２項１号）

② 日本司法書士会連合会または日本土地家屋調査士会連合会が提供する情報に基づき発行された電子証明書（司法書士法施行規則28条２項または土地家屋調査士法施行規則26条２項の規定により法務大臣が指定するものに限る）（準則49条２項２号）

③ 当該資格者代理人が所属する司法書士会、土地家屋調査士会または弁護士会が発行した職印に関する証明書（準則49条２項３号）。この証明書は発行後３か月以内のものです（準則49条３項）。また、原本還付することができます。

④ 電子認証登記所が発行した電子証明書（準則49条２項４号）

⑤ 登記所が発行した印鑑証明書（準則49条２項５号）。この証明書は発行後３か月以内のものです（準則49条３項）。また、原本還付することができます。

iv 虚偽の情報を提供した場合の罰則

資格者代理人が法23条４項１号（法16条２項において準用する場合を含む）による本人確認情報の提供をする場合において虚偽の情報を提供した場合には、２年以下の懲役または50万円以下の罰金に処せられます（法160条）。

(7) 公証人による本人確認

申請に係る申請情報（委任代理人によって申請する場合には、その権限を証する情報）を記載し、または記録した書面または電磁的記録について、公証人から申請人が登記義務者であることを確認するために必要な認証がされ、かつ、登記官がその内容を相当と認めるときは、法23条１項の事前通知は必要ありません（法23条４項２号）。なお、この取扱いの対象となる認証をすることができる者には、公証人法の適用を受ける公証人のほかに、公証人法８条の規定により公証人の職務を行うことができる法務事務官も含まれます（法23条４項２号）。しかし、外国の公証人が認証していても、事前通知の省略の取扱いはできないと考えられています（施行通達第１の10なお書（『民事月報』2005年（平成17年）－号外315頁））。

ここで必要なのは、公正証書作成の嘱託者が申請人本人であることです。したがって、委任による代理人から嘱託された申請書等についての認証は、「登記官が本人確認をするために必要な認証としてその内容を相当と認めるとき」に該当しないとされています（施行通達第1の10の(2)）。

また、申請書等にされた公証人の認証が、急迫な場合で人違いでないことを証明しないでした認証（公証人法36条8号参照）の場合は、証書を作成した後3日以内に基準に適合する認証がされたもの（公証人法60条において準用する28条3項）に限り、相当なものとして取り扱って差し支えないとされています（施行通達第1の10の(3)）。

3　登記完了後の手続

(1)　登記識別情報の通知

i　登記識別情報の通知の相手

登記官は、その登記をすることによって申請人自らが登記名義人となるときは、その登記が完了したときは、速やかに、その登記の申請人に対し、登記識別情報を通知しなければならないとされています。たとえば、売買による所有権移転登記の場合には、買主に通知されます。ただし、登記識別情報の通知を受けるべき人が官庁または公署である場合（官庁または公署があらかじめ登記識別情報の通知を希望する旨を嘱託情報の内容として申し出たときを除く）、申請人があらかじめ登記識別情報の通知を希望しない旨の申出をした場合、その他、規則64条で定める場合は通知をしなくてもかまいません（法21条ただし書）。

ここで注意を要するのは、登記識別情報を通知する要件として、申請人自らが登記名義人となることです。たとえば、法定相続人のうちの一人であるAからA・B・C全員のためにA・B・C名義とする相続登記を申請した場合には、申請人となっていないB・Cには登記識別情報は通知されません。もし全員が登記識別情報の通知を希望するのであれば、A・B・C全員が登記申請人となる必要があります。また、登記識別情報は、代位登記の場合の、代位権者および被代位者にも通知されません。なぜならば、代位権者は登記名義人にはならないし、被代位者は申請人ではないからです。

その他、法定代理人（支配人その他の法令の規定により当該通知を受けるべき者を代理とすることができる者を含む）によって申請している場合には、その法定代理人に通知をし、申請人が法人である場合（法人の支配人等によって申請している場合を除く）には、その法人の代表者に通知をします（規則62条1項）。また、委任を受けた代理人が登記を申請している場合において、その代理人が登記識別情報の通知を受けるための特別の委任を受けている場合には、その代理人に通知されます（規則62条2項）。

●登記識別情報が通知される登記

所有権の保存登記、所有権移転、抵当権移転等の各種移転登記、抵当権設定、賃借権設定等の各種設定登記等があります。

＊甲の単独所有を甲・乙の共有に更正した場合は、乙について通知されます。

＊甲・乙共有を、乙の単独所有とする所有権の更正の場合は、乙について通知されます。

●登記識別情報が通知されない登記

登記名義人表示変更、抵当権変更等の各種変更登記、抵当権抹消、所有権抹消の各種抹消登記、代位による登記、差押等の処分の制限の登記等があります。

＊甲持分2分の1、乙持分2分の1の共有を、甲持分3分の2、乙持分3分の1とする所有権の更正登記の場合は、通知されません。

＊持分を目的とする抵当権を所有権の全部に及ぼす変更登記の場合は、通知されません。

ii　登記識別情報の通知の方法

登記識別情報は、申請方法によって通知の方法が異なります。

①　オンライン申請（特例方式を含む）の場合

法務大臣の定めるところにより、登記官の使用に係る電子計算機に備えられたファイルに記録された登記識別情報を、電子情報処理組織を使用して送信し、これを申請人またはその代理人の使用に係る電子計算機に備えられたファイルに記録する方法により通知します（規則63条1項1号）。

オンライン申請した場合には、登記識別情報を上記のオンラインによって通知するのが原則ですが、そのほかに登記識別情報を記載した書面（登記識別情報通知書）の送付によって通知をする方法、登記所窓口で通知をする方法も認められています（平成20年１月11日民二第57号民事局長通達第２の３(2)）。

②　書面申請の場合

登記識別情報通知書を交付する方法により通知します（規則63条１項２号）。

具体的には、送付または登記所の窓口で登記識別情報通知書が交付されます。

iii　登記識別情報通知書の送付方法

オンライン申請、書面申請の区別なく、登記識別情報通知書を送付による方法で交付することができます。その場合には、送付によって登記識別情報通知書の交付を受ける旨と送付先の別を申請情報の内容とします（規則63条３項）。なお、資格者代理人以外の者が受領する場合と資格者代理人が受領する場合とで送付方法が若干異なります。

なお、登記識別情報通知書を送付の方法により交付する場合には、登記識別情報通知書交付簿に登記識別情報通知書を送付した旨を記載することになっています（準則37条６項）。

①　申請人または資格者代理人以外の代理人が受領する場合

申請人の別	送付の方法
申請人または代理人（以下「申請人等」という）が自然人の場合において当該申請人等の住所に宛てて書面を送付するとき（ただし、申請人等が外国に住所を有する場合を除く）	日本郵便株式会社の内国郵便約款の定めるところにより名宛人本人に限り交付し、もしくは配達する本人限定受取郵便またはこれに準ずる方法（規則63条４項１号）
申請人等が法人である場合において当該申請人等である法人の代表者の住所に宛てて書面を送付するとき（ただし、申請人等が外国に住所を有する場合を除く）	日本郵便株式会社の内国郵便約款の定めるところにより名宛人本人に限り交付し、もしくは配達する本人限定受取郵便またはこれに準ずる方法（規則63条４項１号）

申請人等が法人の場合で、当該法人の住所に宛てて書面を送付するとき（ただし、申請人等が外国に住所を有する場合を除く）	書留郵便または信書便の役務であって信書便事業者において引受けおよび配達の記録を行うもの（規則63条4項2号）
申請人等が外国に住所を有する場合	書留郵便もしくは信書便の役務であって信書便事業者において引受けおよび配達の記録を行うものまたはこれに準ずる方法（規則63条4項3号）

② 資格者代理人（司法書士・土地家屋調査士・弁護士）が受領する場合

申請人の別	送付の方法
資格者代理人が自然人である場合において当該代理人の住所に宛てて書面を送付するとき	日本郵便株式会社の内国郵便約款の定めるところにより名宛人本人に限り交付し、もしくは配達する本人限定受取郵便またはこれに準ずる方法（規則63条5項1号）
資格者代理人が法人である場合において当該代理人である法人の代表者の住所に宛てて書面を送付するとき	日本郵便株式会社の内国郵便約款の定めるところにより名宛人本人に限り交付し、もしくは配達する本人限定受取郵便またはこれに準ずる方法（規則63条5項1号）
資格者代理人が自然人である場合において当該代理人の事務所の所在地に宛てて書面を送付するとき	書留郵便または信書便の役務であって、信書便事業者において引受けおよび配達の記録を行うもの（規則63条5項2号）
資格者代理人が法人である場合において当該代理人である法人の住所に宛てて書面を送付するとき	書留郵便または信書便の役務であって、信書便事業者において引受けおよび配達の記録を行うもの（規則63条5項2号）

iv 登記識別情報通知書の送付費用

登記識別情報通知書の送付を求める場合には、返信用郵便切手または信書便の役務に関する料金の支払いのために使用することができる証票であって法務大臣が指定するものを納付します（規則63条6項・7項）。郵便切手を貼った返信用封筒を提出しているのが実情です。

なお、速達を希望する場合には、その費用を提出すれば速達で送付されます（規則63条8項）。

V　登記識別情報通知書の窓口交付の方法

登記所の窓口で登記識別情報通知書を受け取るには、申請書に押印した印鑑と運転免許証等の身分証明書が必要となります。登記所の取扱方法は次のようになっています。

①　申請人本人または登記申請の代理人が受領する場合

登記識別情報通知書を登記所において交付する場合には、交付を受ける者に、当該登記の申請書に押印したものと同一の印を登記識別情報通知書交付簿（準則18条⒀、同別記第14号様式）に押印させて、登記識別情報を交付することができる者であることを確認するとともに、当該登記識別情報通知書を受領した旨を明らかにさせることとされています（準則37条4項）。

この場合において、登記官が必要と認めるときは、身分証明書（運転免許証、パスポート等）の文書の提示を求める方法により、登記識別情報を交付することができる者であるか否かを確認し、その際、交付を受ける者の了解を得て、当該文書の写しを作成し、登記識別情報通知書交付簿に添付するものとされています（準則37条5項）。ただし、了解を得ることができない場合にあっては、文書の種類、証明書の番号その他文書を特定することができる番号等の文書の主要な記載内容を登記識別情報通知書交付簿に記載するものとされています（準則37条5項ただし書）。

②　受領の委任を受けた代理人が受領する場合

本人が窓口に受取りに来られない場合には、代理人が受取りに来てもかまいませんが、その場合には申請人からの委任状の提出と受領する代理人の身分証明書（運転免許証、パスポート等）の提示が必要となります。そして、受領する者の印鑑を交付簿に押印してもらいます。なお、委任状に押す印は、申請書に押印してある申請人の印です。提出された委任状は、登記識別情報通知書交付簿につづり込まれます。

登記識別情報通知書（準則 37 条別記第 54 号様式）

登記識別情報通知

次の登記の登記識別情報について、下記のとおり通知します。

【不動産】
○市○区○○町一丁１番２の土地
【不動産番号】
○○○○○○○○○○○○○
【受付年月日・受付番号（又は順位番号）】
令和○年○月○日受付　第○号
【登記の目的】
所有権移転
【登記名義人】
○市○区○○町一丁 100 番地
法務花子

（以下余白）

＊下線のあるものは抹消事項であることを示す。

令和○年○月○日
○○法務局○支局
登記官

○　○　○　○　職印

記

登　記　識　別　情　報

○○○－○○○－○○○－○○○　二次元バーコード

（注）敷地権付き区分建物の場合でも、敷地権の表示はされません。

⑵　登記完了証の交付と登記済証の還付

ⅰ　提出された登記済証の還付

登記権利者と登記義務者が共同して登記申請をする場合には、その登記の申請が正しい当事者からの申請であるかを確認するために、登記義務者には登記識別情報の提供またはオンライン化以前に登記名義人となった登記義務者の場合には登記済証の提出を求めています。登記が完了した時には、この登記済証は登記義務者に還付されますが、登記識別情報を記載した書面は廃棄されます（規則69条1項）。

なお、従前においては、登記が完了した時は、提出された登記済証に改正前の不動産登記法60条2項の規定による処理をして還付していましたが、登記完了証を交付したときは、規則附則16条の手続を省略しても差し支えないことになりました（平成18年5月25日民二第1276号第二課長回答）。

ⅱ　登記完了証の交付

登記官は、登記の申請に基づいて登記を完了した時は、申請人に対して登記完了証を交付します（規則181条）。この場合において、申請人が二人以上あるときは、その一人に通知すれば足ります（規則181条1項）。たとえば、登記権利者と登記義務者の共同申請の場合には、登記権利者と登記義務者がそれぞれ二人以上の場合でも登記権利者に1通、登記義務者に1通ということになります。したがって、コンピュータ上、登記完了証は1件の申請につき1通または2通しか発行できないシステムとなっています。登記完了証は規則の別記第6号様式により、①申請の受付の年月日および受付番号、②規則147条2項の符号（同順位のときの符号）、③不動産番号、④法34条1項各号（土地の表示）および44条1項各号（建物の表示）（6号および9号を除く）に掲げる事項、⑤共同担保目録の記号および目録番号（新たに共同担保目録を作成したときおよび共同担保目録に記録された事項を変更もしくは更正し、または抹消する記号を記録したときに限る）、⑥法27条2号の登記の年月日（表示に関する登記の年月日）、⑦申請情報（電子申請の場合にあっては、規則34条1項1号に規定する情報および36条4項に規定する住民票コードを除き、書面申請の場合にあっては、登記の目的に限る）を記録して作成します（規則181条2項）。この登記完了証は、登記が完了したことをお知らせするためのものであり、なんらかの証明力を有するものではないので、紛失等してもなんら心配はいりません。

登記完了証の交付は、申請方法によって異なります。オンライン申請の場合には、原則としてオンラインによって送信する方法で行われます（規則182条1項1号）。ただし、当分の間は、書面による交付を希望することもできます（平成23年3月25日民二第767号民事局長通達）。

書面申請の場合には、登記完了証を書面によって交付します（規則182条1項2号）。

なお、いずれの場合にも送付の方法により登記完了証の交付を求めることができますが、その場合には、申請人は、その旨および送付先の住所を申請情報の内容としなければなりません（規則182条2項）。

4　添付情報

権利に関する登記を申請する際には、申請書だけを提出すればよいのではなく、その申請情報が正しいことを保証するために一定の情報を提供することになっています。

添付情報（添付書面のこと）としては次のものがありますが、以下の添付情報を全部提供するわけではなく、登記の種類によって提供する情報も違ってきます。

①　登記原因証明情報（法61条、令７条１項５号ロ）
②　登記義務者の権利に関する登記識別情報または登記済証（法22条、法附則７条）
③　第三者の許可書、同意書または承諾書（令７条１項５号ハ）
④　会社法人等番号（令７条１項１号イ・ロ）
⑤　代理権限証明情報（令７条１項２号）
⑥　印鑑証明書（令16条２項、18条２項、19条２項）
⑦　住所証明情報（住所を証する情報）
⑧　相続または合併を証する情報（令別表の22の項、同７条１項５号イ）
⑨　変更、更正を証する情報
⑩　代位原因を証する情報（令７条１項３号）
⑪　登記上の利害関係を有する第三者があるときは、当該第三者の承諾を証する当該第三者が作成した情報または当該第三者に対抗することができる裁判があったことを証する情報（令別表の25の項添付情報欄ロハ）
⑫　固定資産評価証明書

①　登記原因証明情報（法61条、令７条１項５号ロ）

登記原因とは、登記の原因となる事実または法律行為をいいますが（法５条２項ただし書）、権利に関する登記においては、原則として登記原因を証する登記原因証明情報を提供しなければなりません。ただし、敷地権付区分建物において表題部所有者から所有権を取得した者が申請する場合を除き、所有権保存登記の場合には、登記原因証明情報の提供は必要ありません（令7条3項1号）。それは、所有権保存登記の場合には登記原因が登記事項となっていないからです。

【登記原因証明情報の具体例】

〈契約書〉

所有権移転登記の場合の「売買契約書」「贈与契約書」、抵当権設定登記の場合の「抵当権設定契約書」、抵当権抹消登記の「解除証書」等があります。これらの書面が登記原因証明情報と認められるためには、登記の原因となる事実または法律行為、不動産の表示、登記権利者と登記義務者の表示または登記申請人の表示等が記載されていなければなりません。

〈報告形式の登記原因証明情報〉

そのほかに、これらの登記原因証明情報を提供できない場合には、登記の原因となる事実または法律行為、不動産の表示、登記権利者と登記義務者の表示または登記申請人の表示等が記載された「報告形式の登記原因証明情報」を提出します。この「報告形式の登記原因証明情報」は原本還付ができません。

〈報告形式の登記原因証明情報を提出しているのが一般的〉

登記原因証明情報としては、契約書等を提出するのが原則ですが、実際には、契約書等を提出している人は少なく、ほとんどが報告形式の登記原因証明情報を提出しているのが実情です。

② 登記義務者の権利に関する登記識別情報または登記済証（法22条、法附則7条）

登記権利者と登記義務者が共同して権利に関する登記を申請するときには、登記義務者が登記名義人となる時に通知を受けた登記識別情報の提供または交付された登記済証を提出します。

〈登記識別情報の提供方法〉

登記識別情報を記載した書面は、他人に読まれないように封筒に入れて封をして、当該封筒に登記識別情報を提供する申請人の氏名または名称および登記の目的を記載し、登記識別情報を記載した書面が在中する旨を記載します（規則66条2項・3項）。

〈登記識別情報の廃棄〉

この登記識別情報を記載した書面は、登記が完了した時は廃棄されますので（規則69条1項）、登記所から交付を受けた「登記識別情報通知書」の原本は、今後も使用する予定がある場合には提出しないのがよいでしょう。その場合には、「登記識別情報通知書」のシール等をはがして、記号と番号が読める状態でコピーし、そのコピーを封筒に入れて提出するのがよいでしょう。なお、抵当権の抹消登記のように、今後この「登記識別情報通知書」を使用する予定がない場合には、原本を提出してもよいでしょうが、その場合には通知書に、廃棄されることを了承する旨を記載しておくと登記所の担当者にもわかりやすくなります。

登記の申請が取下げまたは却下された場合には、申請人から申請書に添付した「登記識別情報通知書」の還付の申出があった場合は、「登記識別情報通知書」の原本に限って、封筒に入れて封をしたうえ、とじ代に登記官の職印を契印して申請人であることを確認して還付することができますが（準則41条3項）、それ以外の場合には、取下げまたは却下後に廃棄されます。

③　第三者の許可書、同意書または承諾書（令７条１項５号ハ）

登記原因について第三者の許可、同意または承諾が必要なときは、第三者の許可書、同意書または承諾書を添付します。

第三者の許可等を要する場合とは、第三者の許可等がなければ登記原因たる権利変動が効力を生じない場合はもちろん、第三者の許可等がなければ登記原因たる権利変動が取り消される場合も含むものとされています。これらの書面には、原則として記名押印した者の印鑑証明書の添付が必要です（令19条2項）。ただし、官庁または公署の作成に係る場合その他規則50条2項の場合を除きます（令19条2項、規則48条1項1号から3号）。なお、この印鑑証明書は作成後3か月以内のものでなくてもかまいませんが、原本還付はできません（規則55条1項）。なお、第三者が法人の場合、会社法人等番号を申請書に記載した場合には印鑑証明書の添付は要しないとされています（規則48条1号）。その場合、登記申請時においてその印鑑証明書が有効であることが必要です。

第三者の許可書または同意書としては、次の例があります。

ア　未成年者の法律行為に基づく権利設定または移転の場合には法定代理人の同意書

イ　相続財産管理人がする処分行為に基づく権利の設定または移転の場合には家庭裁判所の許可書

ウ　農地の権利の設定または移転の場合には農林水産大臣、都道府県知事または農業委員会の許可書または届出書

エ　株式会社とその会社の取締役との取引による不動産の移転の場合には、取締役会設置会社においては取締役会議事録。取締役会を設置していない会社では、株主総会議事録

オ　元本確定前の根抵当権の移転には、設定者の承諾書

●規則50条（承諾書への記名押印等の特例）

1　（省略）

2　第48条第1号から第3号までの規定は、令第19条第2項の法務省令で定める場合について準用する。この場合において、第48条第2号中「申請書」とあるのは「同意又は承諾を証する情報を記載した書面」と、同条第3号中「申請の申請書」とあるのは「同意又は承諾の同意又は承諾を証する情報を記載した書面」と読み替えるものとする。

●規則48条（申請書に印鑑証明書の添付を要しない場合）

令第16条第2項の法務省令で定める場合は、次に掲げる場合とする。

一　法人の代表者又は代理人が記名押印した者である場合において、その会社法人等番号を申請情報の内容としたとき。ただし、登記官が記名押印した者の印鑑に関する証明書を作成することが可能である場合に限る。

二　申請人又はその代表者若しくは代理人が記名押印した申請書について公証人又はこれに準ずる者の認証を受けた場合

三　裁判所によって選任された者がその職務上行う申請の申請書に押印した印鑑に関する証明書であって、裁判所書記官が最高裁判所規則で定めるところにより作成したものが添付されている場合

四　申請人が前条第3号ホに掲げる者に該当する場合（同号イ⑹に掲げる者に該当する場合を除く。）

五　申請人が前条第3号イからニまでに掲げる者のいずれにも該当しない場合（前号に掲げる場合を除く。）

④　会社法人等番号（令7条1項1号イ・ロ）

申請人が法人の場合は、法人の代表者の資格を証する情報として、次の情報を提供します。

ア　会社法人等番号を有する法人の場合は、その法人の会社法人等番号

なお、会社法人等番号を有する法人の場合でも、その法人の代表者の資格を証する登記事項証明書または支配人等の権限を証する登記事項証明書を提供したときは、会社法人等番号の提供は要しません（令7条1項1号、規則36条1項各号）。ただし、この登記事項証明書は作成後3か月以内のものでなければなりません（規則36条2項）。

イ　会社法人等番号を有しない法人の場合は、その法人の代表者の資格を証する情報

資格を証する情報を記載した書面であって、市町村長、登記官その他の公務員が職務上作成したものは、作成後3か月以内のものでなければなりません（令17条1項）。ただし、官庁または公署が嘱託の登記をする場合には、この規定は適用されませんので3か月以内のものでなくてもかまいません（同条2項）。

⑤　代理権限証明情報（令7条1項2号）

代理人によって登記を申請するときは、当該代理人の権限を証する情報を提供します。

たとえば、登記申請を委任した場合の委任状、法定代理人の権限を証する書面等（戸籍謄本等）です。ただし、会社法人等番号を有する法人の支配人が当該法人を代理して登記の申請をする場合には、会社法人等番号または作成後3か月以内の登記事項証明書を提供しますので、代理権限証明情報を提供する必要はありません。

代理権限を証する情報を記載した書面であって、市町村長、登記官その他の公務員が職務上作成したものは、作成後3か月以内のものでなければなりません（令17条1項）。ただし、官庁または公署が嘱託の登記をする場合には、この規定は適用されませんので3か月以内のものでなくてもかまいません（同条2項）。

●規則36条（会社法人等番号の提供を要しない場合等）

1　令第7条第1項第1号の法務省令で定める場合は、申請人が同号イに規定する法人であって、次に掲げる登記事項証明書（商業登記法（昭和38年法律第125号）第10条第1項（他の法令において準用する場合を含む。）に規定する登記事項証明書をいう。以下この項及び次項、第209条第3項及び第4項並びに第243条第2項において同じ。）を提供して登記の申請をするものである場合とする。

一　次号に規定する場合以外の場合にあっては、当該法人の代表者の資格を証する登記事項証明書

二　支配人等（支配人その他の法令の規定により法人を代理することができる者であって、その旨の登記がされているものをいう。以下同じ。）によって登記の申請をする場合にあっては、当該支配人等の権限を証する登記事項証明書

2　前項各号の登記事項証明書は、その作成後3月以内のものでなければならない。

3　令第7条第1項第2号の法務省令で定める場合は、申請人が同項第1号イに規定する法人であって、支配人等が当該法人を代理して登記の申請をする場合とする。

4　（省略）

⑥　印鑑証明書（令16条2項、18条2項、19条2項）

〈申請書（申請情報を記載した書面）に印鑑証明書を添付する場合〉

申請人またはその代表者もしくは代理人は、規則47条で定める場合を除き、申請書に記名押印しなければなりません（令16条1項）。

この場合、申請書には、規則48条で定める場合を除き、記名押印した者の印鑑証明書を添付します（令16条2項）。ただし、委任された代理人は除きます（令16条2項）。この印鑑証明書は、個人の場合は市区町村長の作成したものを添付します。法人の場合、会社法人等番号を提供した場合には印鑑証明書の添付は要しません（規則48条1号）。その場合、登記申請時においてその印鑑証明書が有効であることが必要です。

なお、破産法による破産管財人もしくは保全管理人、民事再生法、

会社更生法もしくは金融機関等の更生手続の特例等に関する法律による管財人もしくは保全管理人または外国倒産処理手続の承認援助に関する法律による承認管財人もしくは保全管理人、成年後見人の場合には、裁判所書記官の作成した印鑑証明書でも差し支えないとされています（規則48条3号）。また、押印した申請書について公証人の認証がされた場合には印鑑証明書の添付は不要とされています（規則48条2号）。

なお、登記申請において印鑑証明書を添付しなければならない人は次のとおりです。

（印鑑証明書を提出すべき人）

ア　所有権の登記名義人（所有権に関する仮登記の登記名義人を含む）が、次に掲げる登記を申請するときの申請人（規則47条３号、48条５号）

⑴　所有権の登記名義人が登記義務者となってする権利に関する登記（規則47条３号イ⑴）

たとえば、所有権移転登記、抵当権設定登記、所有権の仮登記の抹消（共同申請の場合）等の場合です。

ただし、担保権（根抵当権および根質権を除く）の債務者に関する変更の登記および更正の登記の場合は添付を要しません。

⑵　共有物分割禁止の定めに係る権利の変更登記（同号イ⑵）

⑶　所有権の移転の登記がない場合における所有権の登記の抹消（同号イ⑶）

所有権保存登記の抹消の場合です。

⑷　信託法３条３号に掲げる方法によってされた信託（自己信託）による権利の変更登記（同号イ⑷）

⑸　仮登記の抹消（法110条前段の規定により所有権に関する仮登記の登記名義人が単独で申請するものに限る）（同号イ⑸）

共同申請による場合は、⑴によって印鑑証明書の添付が要求されています。

⑹　合筆の登記、合体による登記等または建物の合併の登記（同号イ⑹）

イ　所有権の登記名義人であって、法22条ただし書の規定により登記識別情報（登記済証）を提供することなく担保権（根抵当権および根質権を除く）の債務者に関する変更の登記または更正の登記の申請人

抵当権の債務者に関する変更登記の場合には、印鑑証明書の添付を要しないのですが（同号イ⑴参照）、所有権の登記名義人の登記識別情報を提供できない場合には、印鑑証明書を添付します（同号ロ参照）。

ウ　所有権以外の権利の登記名義人であって、法22条ただし書の規定により登記識別情報（登記済証）を提供することなく当該登記名義人が登記義務者となる権利に関する登記の申請人（同号ハ参照）

たとえば、登記識別情報を提供しないで抵当権抹消登記を申請する登記義務者です。

エ　所有権以外の権利の登記名義人であって、法22条ただし書の規定により登記識別情報（登記済証）を提供することなく当該登記名義人が信託法３条３号に掲げる方法によってされた信託（自己信託）による権利の変更の登記の申請人

以上の印鑑証明書は、作成後３か月以内のものでなければなりません（令16条３項、18条３項）。

〈承諾書（承諾を証する情報を記載した書面）に印鑑証明書を添付しなければならない場合（令19条２項）〉

令７条１項５号ハもしくは６号の規定またはその他の法令の規定により申請情報と併せて提供しなければならない同意または承諾を証する情報を記載した書面には、その作成者が記名押印しなければなりません。この書面には、原則として記名押印した者の印鑑証明書を添付しなければなりません。この印鑑証明書の期限については規定がないため、作成後３か月以内のものでなくてもかまいません。ただし、作成者が法人の場合、会社法人等番号を提供した場合には印鑑証明書の添付は要しないとされています（規則48条１号）。その場合、登記申請時においてその印鑑証明書が有効であることが必要です。

なお、同意または承諾を証する情報を記載した書面の作成者が当該書面にした署名について公証人またはこれに準ずる者の認証を受けた

場合には、記名押印は必要ありません（規則50条１項）。

⑦　住所証明情報

土地、建物の表題登記、合体による登記、共用部分である旨等の規約廃止による建物の表題登記、所有権の保存登記、所有権移転の登記等の申請書には、表題部所有者となる者または登記名義人となる者の住所を証する市町村長の作成した住所証明情報を提供します。

住所証明情報としては住民票の写し、住民票記載事項証明書、戸籍の附《ふ》票《ひょう》の写しなどがありますので、これらのうちの一つを提供します。ただし、住民票コード（住民基本台帳法７条13号に規定する住民票コードをいう）を提供したときは、これらの住所証明情報を提供する必要はありません（令９条、規則36条４項）。

なお、住民票の写し等はマイナンバー（個人番号）の記載がないものを提供してください。

法人の場合は住所証明情報として登記官が作成した登記事項証明書を提供します。ただし、会社法人等番号（商業登記法７条に規定する会社法人等番号をいう）を提供したときは、当該住所証明情報を提供する必要はありません（令９条、規則36条４項）。

⑧　相続または合併を証する情報（令７条１項５号イ、令別表の22の項添付情報欄）

相続または合併による権利の移転の登記には相続または合併を証する市町村長、登記官その他の公務員が職務上作成した情報を提供します。

申請人が登記権利者、登記義務者または登記名義人の相続人または合併会社として登記申請する場合にも（法62条）、相続または合併を証する情報が必要となります。

具体的には、相続を証する情報としては、被相続人の戸籍・除籍の謄本等と相続人の戸籍謄本または抄本などがあります。

合併を証する情報としては、法人の登記事項証明書があります。ただし、会社法人等番号を提供したときは、この登記事項証明書の提供に代えることができます。

⑨　変更、更正を証する情報

登記名義人が住所移転または氏名の変更をして登記名義人表示変更をするとき、または、住所、氏名等に錯誤、遺漏等により誤りがあって登記名義人表示更正登記を申請する場合には、変更または更正を証する書面として、市町村長、登記官その他の公務員が職務上作成した証明書またはこれに代わるべき書面を添付します（令別表の23の項添付情報欄）。

たとえば、住所移転のときは住民票の写しまたは戸籍の附票の写し、氏名変更のときは戸籍の謄本または抄本と住民票の写し等です。

なお、住民基本台帳法7条13号に規定する住民票コードまたは会社法人等番号を提供したときは、変更証明情報の提供は必要ありません（令9条、規則36条4項）。ただし、住所についての変更または錯誤もしくは遺漏があったことを証する情報を提供しなければならない場合には、当該住所についての変更または錯誤もしくは遺漏があったことを確認することができるものでなければなりません。

⑩　代位原因を証する情報（令7条1項3号）

民法423条の規定による債権者代位による登記の申請については、代位原因を証する情報を提供します。

⑪　登記上の利害関係を有する第三者があるときは、当該第三者の承諾を証する当該第三者が作成した情報または当該第三者に対抗することができる裁判があったことを証する情報（令別表の25の項添付情報欄ロ・ハ）

権利の変更の登記または更正の登記は、登記上の利害関係を有する第三者（権利の変更または更正の登記につき利害関係を有する抵当証券の所持人または裏書人を含む）がある場合には、その者の承諾がある場合に限り付記登記によってすることができます（法66条）。したがって、付記登記によって権利の変更または更正の登記を申請する場合には、登記上の利害関係を有する第三者の承諾書または当該第三者に対抗することができる裁判があったことを証する情報を提供します。第三者が抵当証券の所持人または裏書人であるときは、当該抵当証券を提供します。

⑫　固定資産評価証明書

法定の添付情報ではありませんが、所有権保存または移転登記その他、登録免許税の課税標準が不動産の価額による場合は、課税価格の認定資料として登記を申請する年度の固定資産の課税評価証明書を提出するのが実務の取扱いです。

5　添付情報の省略

(1)　連件で申請した場合

同一の登記所に対して、同時に二つ以上の申請をする場合において、各申請に共通する添付情報があるときは、その添付情報は、一つの申請情報と併《あわ》せて提供することができます（規則 37 条 1 項）。このことを添付情報の援用《えんよう》といいます。

たとえば、住所証明情報を 1 件目の申請書と 2 件目の申請書に提供しなければならない場合に、1 件目の申請の申請情報に提供すれば、2 件目の申請の申請情報には提供を省略できるということです。その場合には、添付情報を一つの申請の申請情報と併せて提供した旨を他の申請情報の内容としなければなりません（同条 2 項）。具体的には、「住所証明情報（前件添付）」または「住所証明情報（後件添付）」のように記載します。

＊登記義務者が提供する印鑑証明書は原本還付の手続きはできませんが（規則 55 条 1 項）、援用することは可能です。

(2)　印鑑証明書の提出が省略できる場合

① 法人の代表者または代理人が記名押印した者である場合において、その会社法人等番号を申請情報の内容としたとき（規則 48 条 1 号）。ただし、登記所に届出がされている印鑑のうち、登記申請時において有効である場合に限ります（規則 48 条 1 号ただし書）。

② 申請人またはその代表者もしくは代理人が記名押印した申請書について公証人またはこれに準ずる者の認証を受けた場合には、印鑑証明書の添付が省略できます（規則 48 条 1 項 2 号）。

③ 裁判所によって選任された者がその職務上行う申請の申請書に押印した印鑑証明書であって、裁判所書記官が最高裁判所規則で定めるところにより作成したものが添付されている場合には、市町村長作成の印鑑証明書の添付は省略できます（規則 48 条 1 項 3 号）。

たとえば、破産管財人が破産財団に属した不動産を任意売却する場合には、印鑑証明書の添付が必要です。その場合の印鑑証明書は、市町村長の作成した破産管財人個人の印鑑証明書のみしか認めていなかったのが従前の取扱いでしたが（昭和60年11月1日民三第6994号）、裁判所書記官の作成した印鑑証明書でもよくなったということです。

⑶ 住所証明情報の提供が省略できる場合

住民基本台帳法7条13号に規定する住民票コードまたは会社法人等番号を申請情報として提供した場合には、住所証明情報の提供を省略できます（令9条、規則36条4項）。ただし、住所についての変更または錯誤もしくは遺漏があったことを証する情報を提供しなければならないものとされている場合には、当該住所についての変更または錯誤もしくは遺漏があったことを確認することができるものでなければなりません。

6 添付情報の原本還付

書面申請をした申請人または令附則5条1項の特例方式によるオンライン申請をした申請人は、申請書の添付書面（磁気ディスクを除く）の原本《げんぽん》の還付を請求することができます（規則55条1項、規則附則24条2項）。その場合には、原本と一緒に、原本と相違ない旨を記載したコピーを提出します。

その際、コピーは登記に必要な部分のみのコピーでもかまわないとされています。

原本のコピーの余白に「原本と相違ありません」と記載して、記名押印または署名すればよいでしょう。コピーが2枚以上になるときは、左側の2か所をホッチキス等でとじて、1枚目だけに「原本と相違ありません」と記名押印し、2枚目以降については各ページのつづり目に契印をします。その場合、年月日の記載までは必要ありません。ただし、令16条2項、18条2項または19条2項の印鑑証明書および当該申請のためにのみ作成された委任状その他の書面については、原本還付できません。

●令16条（申請情報を記載した書面への記名押印等）

1　申請人又はその代表者若しくは代理人は、法務省令〔規則47条〕で定める場合を除き、申請情報を記載した書面に記名押印しなければならない。

2　前項の場合において、申請情報を記載した書面には、法務省令〔規則48条〕で定める場合を除き、同項の規定により記名押印した者（委任による代理人を除く。）の印鑑に関する証明書（住所地の市町村長（特別区の区長を含むものとし、地方自治法第252条の19第１項の指定都市にあっては、市長又は区長若しくは総合区長とする。次条第１項において同じ。）又は登記官が作成するものに限る。以下同じ。）を添付しなければならない。
3から5　（省略）

●令18条（代理人の権限を証する情報を記載した書面への記名押印等）

1　委任による代理人によって登記を申請する場合には、申請人又はその代表者は、法務省令〔規則49条１項〕で定める場合を除き、当該代理人の権限を証する情報を記載した書面に記名押印しなければならない。復代理人によって申請する場合における代理人についても、同様とする。
2　前項の場合において、代理人（復代理人を含む。）の権限を証する情報を記載した書面には、法務省令〔規則49条２項〕で定める場合を除き、同項の規定により記名押印した者（委任による代理人を除く。）の印鑑に関する証明書を添付しなければならない。
3、4　（省略）

●令19条（承諾を証する情報を記載した書面への記名押印等）

1　第７条第１項第５号ハ若しくは第６号の規定又はその他の法令の規定により申請情報と併せて提供しなければならない同意又は承諾を証する情報を記載した書面には、法務省令〔規則50条１項〕で定める場合を除き、その作成者が記名押印しなければならない。
2　前項の書面には、官庁又は公署の作成に係る場合その他法務省令〔規則50条２項〕で定める場合を除き、同項の規定により記名押印した者の印鑑に関する証明書を添付しなければならない。

●規則55条（添付書面の原本の還付請求）

1　書面申請をした申請人は、申請書の添付書面（磁気ディスクを除く。）の原本の還付を請求することができる。ただし、令16条第２

項、第18条第2項若しくは第19条第2項又はこの省令第48条第3号（第50条第2項において準用する場合を含む。）若しくは第49条第2項第3号の印鑑に関する証明書及び当該申請のためにのみ作成された委任状その他の書面については、この限りでない。

2　前項本文の規定により原本の還付を請求する申請人は、原本と相違ない旨を記載した謄本を提出しなければならない。

3から9（省略）

(注)〔　〕内の記載は編者によるものです。

(1)　原本還付の手続

登記官は、原本還付手続の請求があった場合は、原本と原本のコピーを照合し、コピーに登記官印を押印し、最終の調査完了後に原本を還付します（規則55条3項）。したがって、事前に登記所窓口での原本還付はできません。通常は、登記完了後に登記識別情報、登記完了証とともに還付されるのが一般的です。

なお、原本は希望すれば郵送によっても還付されますが、その場合には、申請書に送付を希望する旨と送付先の住所を記載し、送付に要する費用として郵便切手等を提出しなければなりません。送付は、書留郵便または信書便の役務であって信書便事業者において引受けおよび配達の記録を行うものによってされます（規則55条7項）。

(2)　原本還付できないもの

次の書面は、原本還付することができません。

①　所有権の登記名義人が登記義務者となって権利に関する登記を申請する場合に申請書に添付した印鑑証明書（令16条2項、18条2項、規則47条3号イ(1)、規則55条1項）

②　共有物分割禁止の定めに係る権利の変更登記（法65条）の申請書に添付した共有者の印鑑証明書（令16条2項、18条2項、規則47条3号イ(2)、規則55条1項）

③　所有権の移転登記がない場合における所有権の登記の抹消登記に添付した申請人の印鑑証明書（令16条2項、18条2項、規則47条3号イ⑶、規則55条1項）
④　信託法3条3号に掲げる方法によってされた信託(自己信託）による権利の変更登記の申請書に添付した申請人の印鑑証明書（令16条2項、18条2項、規則47条3号イ⑷、規則55条1項）
⑤　仮登記の抹消登記（法110条前段の規定により所有権に関する仮登記の登記名義人が単独で申請するものに限る）に添付した申請人の印鑑証明書（令16条2項、18条2項、規則47条3号イ⑸、規則55条1項）
⑥　合筆の登記、合体による登記または建物の合併の登記に添付した申請人の印鑑証明書（令16条2項、18条2項、規則47条3号イ⑹、規則55条1項）
⑦　登記原因について第三者の同意または承諾を証する情報を記載した書面に添付した作成者の印鑑証明書（令19条2項、規則55条1項）
　＊取締役と会社との利益相反行為（会社法356条、365条）における株主総会または取締役会の議事録は、登記原因について第三者の同意または承諾を証する書面に該当するので、これに添付された印鑑証明書は、原本還付できません。ただし、これらの議事録は還付できます。
　＊仮登記の登記権利者が仮登記を単独で申請する場合（法107条1項）の登記義務者の承諾書および印鑑証明書は、原本還付できません。この承諾書は規則55条1項の「当該申請のためにのみ作成されたその他の書面」に該当します。印鑑証明書は、令19条2項の印鑑証明書に該当します。
⑧　当該申請のためにのみ作成された委任状その他の書類（規則55条1項）
　＊当該申請物件のみしか記載されておらず、他の登記に使用することがない委任状については、原本還付はできません。しかし、二つ以上の登記所に申請する場合の委任状および包括委任状は原本還付できます。
　＊報告形式の登記原因証明情報は原本還付できません。この場合、報告形式の登記原因証明情報に他管轄の物件が記載されている

場合でも、原本還付できません。

＊資格者代理人の本人確認情報は原本還付できません。ただし、資格者代理人の本人確認情報に添付された資格者代理人の職印についての証明書（規則72条3項）は、原本還付できます。

＊相続関係説明図を提出すれば、戸籍謄本、戸籍抄本および除籍謄本は還付されます。ただし、遺産分割協議書および特別受益証明書、住民票の写しの原本を還付してほしい場合には、これらをコピーしたものを提出しなければなりません。

＊官庁または公署の嘱託の場合の登記義務者の承諾書および承諾書に添付された印鑑証明書は原本還付できません。

＊登記所宛ての上申書は原本還付できません。ただし、上申書に添付された印鑑証明書は、原本還付できます。

⑨　偽造された書面その他の不正な登記の申請のために用いられた疑いがある書面（規則55条5項）

＊「その他の不正な登記の申請のために用いられた疑いがある書面」とは、偽造されたもののほか、盗用されたもの、変造されたもの、不正な方法で交付を受けたもの等をいいます。

(3)　原本還付できるもの

原本還付できる書面の一例を次に挙げます。

①　住民票の写し等の住所証明情報

②　遺言書、遺産分割協議書、特別受益の証明書等

③　遺産分割協議書および特別受益の証明書等に添付した印鑑証明書

④　売買契約書、抵当権設定契約書等の契約書

⑤　登記手続を命ずる判決正本

⑥　資格者代理人の本人確認情報に添付された資格者代理人の職印についての証明書

7　申請書の作成方法

(1)　申請書の様式

申請書は、日本産業規格Ａ列４番（A4サイズ）の用紙を用いて、縦置き、横書きでの作成を標準としています。用紙の裏面は使用しません。

なお、申請書の上部は幅5cm程度の余白を設けてください。ここには受付の際に登記所で受付番号シールを貼ります。

(2)　申請書に記載する文字

申請書その他の登記に関する書面に記載する文字は、字画を明確にしなければなりません（規則45条１項）。

旧法では、登記申請書に金銭その他の物の数量、年月日および番号を記載する場合には、「壱弐参拾」の文字を用いなければならないとされていましたが（旧法77条２項）、新法ではそのような規定がないため、Ａ４横書きの登記申請書に記載する文字については、アラビア数字を用いることもできます。たとえば、「債権額　金１億2,300万円、利息　年6.40％」等です。

文字は　直接パソコン（ワープロ）を使用して入力するか、黒インク、黒色ボールペンではっきりと書いてください。鉛筆およびインクが消えるボールペンは使用できません。

(3)　申請書の記載方法

登記の申請をする場合には、各登記の登記事項と次に掲げる事項を申請書に記載しなければなりません（令３条）。

ⅰ　申請人の氏名または名称および住所

ここに記載する氏名または名称および住所は、登記を申請する時の氏名または名称および住所です。登記事項証明書に記録されている住所等と相違する場合には、原則として住所等の変更登記が必要となります。ただし、抵当権等の抹消登記を申請する場合において登記義務者である抵当権者等の住所等が変更している場合には、変更証明情報を提供すればそれらの変更登記を省略することができます。

申請人が法人の場合には、その代表者の資格および氏名を記載します。たとえば、下記の例のように、「代表取締役　何某」、「支配人　何某」のように記載します。また、会社法人等番号を有する法人の場合は、原則として会社法人等番号を記載しますが、作成後3か月以内の会社の登記事項証明書を添付した場合には、会社法人等番号の記載は不要です。なお、抵当権の債務者が法人の場合でも、債務者は申請人ではないので、代表者の氏名を記載する必要はありません。

(例)

申請人	○市○町○番○号
	株式会社　A
	(会社法人等番号　1234－56－789012)
	代表取締役　何某

ii　代理人の氏名または名称および住所

代理人によって登記を申請するときは、該当代理人の氏名または名称および住所を記載します。代理人が法人である場合には、その代表者の資格および氏名を記載します。

iii　代位者・代位原因

民法423条その他の法令の規定により、他人に代わって登記を申請するときは、申請人が代位者である旨、当該他人の氏名または名称および住所ならびに代位原因を記載します。

(例)

所　有　者	○市○町○丁目○番○号
(被代位者)	甲　野　太　郎
代　位　者	○市○町○丁目○番○号
	乙　川　次　郎
代位原因	令和○年○月○日売買の所有権移転登記請求権

iv　登記の目的

たとえば、「所有権移転登記」「抵当権設定登記」「〇番抵当権抹消」のように記載します。

v　登記原因およびその日付

登記原因とは、登記をする不動産の権利または表示等の変動の原因である法律行為または事実のことをいいます。たとえば、所有権移転登記の場合には「売買」、「贈与」、「財産分与」、「相続」など、抵当権の抹消の場合には「弁済」、「解除」など、住所変更の場合には「住所移転」、「住居表示実施」などがあります。

その日付とは、これらの法律行為が生じた日または事実があった日のことです。

なお、所有権保存登記を申請する場合にあっては、法74条２項の規定により敷地権付き区分建物について申請するときに限り登記原因およびその日付を記載します（令３条６号）。

vi　不動産の表示として、土地の場合には、次に掲げる事項

①　土地の所在する市、区、郡、町、村および字《あざ》
②　地番《ちばん》（ただし、土地の表題登記がない場合を除く）
③　地目《ちもく》
④　地積《ちせき》

ただし、不動産番号（不動産を識別するための番号。登記事項証明書の表題部に記録されています）を記載した場合には、以上の事項の記載を省略することができます（令６条１項１号、規則34条２項）。しかし、実際には両方記載している場合が多いと思われます。

申請書に記載する不動産の表示の例は以下のとおりになります。いずれの記載方法でもかまいません。

（記載例 1）一般的な記載例

> 不動産の表示
> 　所　　　在　○市○町一丁目
> 　地　　　番　１００番
> 　地　　　目　宅地
> 　地　　　積　１００．７８平方メートル

＊最も一般的な記載例です。

（記載例 2）不動産番号のみの記載例

> 不動産の表示
> 　不動産番号　０１０４５６７８９０１２３

＊これは、記載するのは簡単ですが、申請書を確認する立場からするとわかりにくいものです。また、番号を書き誤ると、他の不動産に登記されるおそれもあります。

vii　不動産の表示として、建物の場合には、次に掲げる事項

①　建物の所在する市、区、郡、町、村、字および建物が所在する土地の地番（区分建物の場合は、区分建物が属する一棟の建物の所在する市、区、郡、町、村、字および土地の地番）

②　家屋番号《かおくばんごう》（ただし、建物の表題登記がない場合を除く）

③　建物の種類、構造および床面積

④　建物の名称があるときは、その名称

⑤　附属建物があるときは、その所在する市、区、郡、町、村、字および土地の地番（区分建物である附属建物にあっては、当該附属建物が属する一棟の建物の所在する市、区、郡、町、村、字および土地の地番）ならびに種類、構造および床面積

⑥　建物または附属建物が区分建物であるときは、当該建物または附属建物が属する一棟の建物の構造および床面積。ただし、一棟の建物の名称を記載したときは、令3条8号ロの場合を除き、これらの記載は省略できます。

⑦　建物または附属建物が区分建物である場合であって、当該建物または附属建物が属する一棟の建物の名称があるときは、その名称

ただし、不動産番号を記載した場合には、以上の事項を記載する必要はありません（令6条1項2号、規則34条2項）。しかし、実際には両方記載している場合が多いと思われます。

（記載例1）一般的な記載例（区分建物でない建物）

不動産の表示	
所　　　在	○市○町一丁目１００番地
家 屋 番 号	１００番
種　　　類	居宅
構　　　造	木造かわらぶき２階建
床　面　積	1階　５０．００平方メートル
	2階　４５．５０平方メートル

＊区分建物以外の建物の一般的な記載方法です。

（記載例2）不動産番号のみの記載例

不動産の表示	
不動産番号	０１０４５６７８９０１２３

＊これは、記載するのは簡単ですが、申請書を確認する立場からするとわかりにくいものです。また、番号を書き誤ると、他の不動産に登記されるおそれもあります。

（記載例3）敷地権付き区分建物の一般的な記載例

不動産の表示
　一棟の建物の表示
　　所　　　在　　○市○町一丁目２０３番地１
　　建物の名称　　メゾン○○（注1）
専有部分の建物の表示
　家屋番号　　○町一丁目２０３番１の９１３
　建物の名称　　９１３
　種　　類　　居宅
　構　　造　　鉄筋コンクリート造１階建
　床面積　　９階部分　７３．２２㎡
敷地権の表示（注2）
　土地の符号　　１
　所在及び地番　○市○町一丁目２０３番１
　地　　目　　宅地
　地　　積　　１２３４．０５㎡
　敷地権の種類　所有権
　敷地権の割合　１万分の７３０

＊この記載例が一般的ですが、煩雑な感があります。

（注1）　一棟の建物の名称を記載した場合には、一棟の建物の構造および床面積の記載を省略できます。

（注2）　賃借権に関する登記を申請するときは、敷地権の表示は記載しません（令3条11号へ）。

（記載例4）敷地権付き区分建物・不動産番号を記載した場合

不動産の表示
　不動産番号　　０１０４５６７８９０１２３
　土地の符号　　１
　敷地権の表示
　敷地権の種類　所有権
　敷地権の割合　１万分の７３０

＊敷地権付き区分建物についての所有権、一般の先取特権、質権、抵当権、根抵当権に関する登記（法73条3項ただし書に規定する登記を除く）を申請するときに不動産番号を記載した場合の記載例です。この場合には、敷

地権の目的となる土地の所在する市、区、郡、町、村および字ならびに当該土地の地番、地目、地積は記載する必要はありません（令6条1項3号）。しかし、土地の符号（規則34条1項5号、118条1号イ）、敷地権の種類、敷地権の割合の記載は省略することはできません（令6条1項3号）。

viii　持　分

表題登記または権利の保存、設定もしくは移転の登記（根質権、根抵当権および信託の登記を除く）を申請する場合において、表題部所有者または登記名義人となる者が二人以上であるときは、当該表題部所有者または登記名義人となる者ごとの持分を記載します。

ix　申請人以外の登記権利者の氏名または名称および住所

権利に関する登記を申請するときは、申請人が登記権利者または登記義務者（登記権利者および登記義務者がない場合にあっては、登記名義人）でないとき（代位による登記ならびに次のxの場合を除く）は、登記権利者、登記義務者または登記名義人の氏名または名称および住所を記載します。

たとえば、共有の所有権保存登記または相続登記を申請する場合には、共有者の一部が保存行為として共有者全員のために申請できますが、その場合には申請人とならない他の共有者の住所、氏名も記載します。

x　権利に関する登記の申請人が一般承継人である旨

法62条（一般承継人による申請）の規定により登記を申請するときは、申請人が登記権利者、登記義務者または登記名義人の相続人その他の一般承継人である旨を記載します。

この場合において、登記名義人となる登記権利者の相続人その他の一般承継人が申請するときは、登記権利者の氏名または名称および一般承継の時における住所を記載します。

xi　権利の消滅に関する定め・共有物分割禁止の定め

登記の目的である権利の消滅に関する定めまたは共有物分割禁止の定めがあるときは、その定めを記載します。

xii　移転する権利の一部

権利の一部を移転する登記を申請するときは、移転する権利の一部を記載します。

xiii　敷地権付き区分建物についての登記を申請するとき

敷地権付き区分建物についての所有権、一般の先取特権、質権または抵当権に関する登記（法73条3項ただし書に規定する登記を除く）を申請するときは、次に掲げる事項を記載します。

① 敷地権の目的となる土地の所在する市、区、郡、町、村および字ならびに当該土地の地番、地目および地積
② 敷地権の種類および割合
③ 土地の符号

xiv　申請人が法22条に規定する申請をする場合において、同条ただし書の規定により登記識別情報を提供することができない理由

当該登記識別情報を提供することができない正当な理由（準則42条1項）を、たとえば、①登記識別情報が通知されなかった場合は「不通知」、②登記識別情報の失効の申出に基づき、登記識別情報が失効した場合は「失効」、③登記識別情報を失念した場合は「失念」、④登記識別情報を提供することにより登記識別情報を適切に管理する上で支障が生ずることとなる場合は「管理支障」、⑤登記識別情報を提供したとすれば当該申請に係る不動産の取引を円滑に行うことができないおそれが場合は「取引円滑障害」と記載します。

xv　その他

令の別表の登記欄に掲げる登記を申請するときは、同表の申請情報欄に掲げる事項を記載します。

(4)　申請書のとじ方

申請書は、左側の2か所をホッチキス等でとじます。申請書が複数枚になるときは、各ページのつづり目に契印《けいいん》をしなければなりません。契印は、申請書に押印した印で行います。

申請書および提出書類は、一緒にホッチキス等でとじてください。申請人に

還付される添付書面等は、申請書等とクリップ等でまとめておいてください。

(5)　登録免許税の納め方

登録免許税は、税務署または銀行等の金融機関に納めて、その領収証書、または収入印紙を申請書と併せて提出します（登免税法21条、22条）。印紙で納付できるのは、登録免許税が３万円以下またはその他政令で定める場合となっていますが（同法22条）、実際には、ほとんどが収入印紙によって納付されています。

収入印紙または領収証書は、印紙または領収証書を申請書に直接貼り付けるのではなく、別に貼る用紙を設けてそこに貼ってください。印紙等を貼った用紙と申請書のつづり目には契印をしてください。

なお、印紙および領収証書には割印をしないでください。割印をすると、既に他で使用したものとみなされる場合があります。

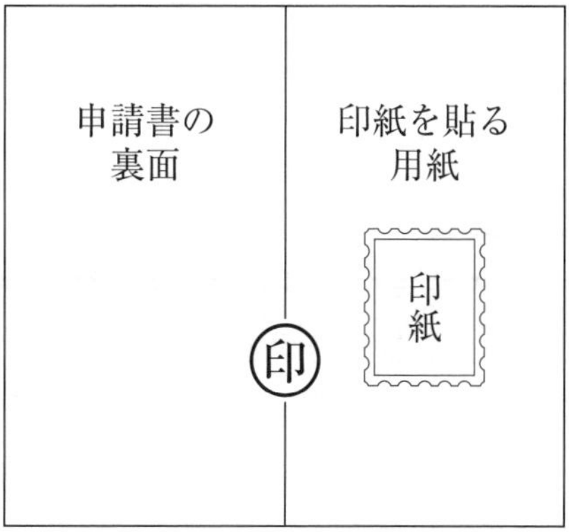

8 登記申請書の提出

(1) 申請書を提出する登記所

登記申請は、不動産の所在地を管轄する登記所（法務局およびその支局、出張所）に提出します。誤って管轄外の登記所に提出すると取下げをしなければならない場合もありますので、管轄する登記所には気をつけてください。管轄登記所は、法務局のホームページで確認することができます。

提出方法は、オンラインによる方法、登記所の窓口に提出する方法、郵送により提出する方法があります。

(2) 登記の確認

登記が完了したら、登記事項証明書を請求して、正しく登記がされているかを確認するのがよいでしょう。所有者の住所、氏名等が正しく記録されているかを確認してください。

9 取下げの方法

申請書類に不備があって、補正をすることができない場合には、登記申請は却下されることになります（法25条）。しかし、実際はなるべく申請人に取下げの機会を与えています。申請の取下げは、登記の完了前または登記申請の却下のされる前にしなければなりません。

申請の取下げがあると、申請書およびその添付書面は、申請人または代理人に還付されます（規則39条3項）。

申請の取下げは、申請の方法によって異なります。

(1) オンライン申請をした場合

オンライン申請をした場合には、オンラインを使用して申請を取り下げる旨の情報を登記所に提供しなければなりません（規則39条1項1号）。書面による取下げはできません。この取扱いは、特例方式による場合も同じです（平成20年1月11日民二第57号民事局長通達第1の5）。

(2)　書面申請をした場合

申請を取り下げる旨を記載した書面（取下書）を登記所に提出します（規則39条1項2号）。取下書は窓口に提出してもよく、また、郵送等による方法で提出してもかまいません。

10　登録免許税の再使用と還付手続

(1)　再使用証明の申出

登記の申請を取り下げたが近々登記申請をする機会がある場合には、還付手続をとらないで、取り下げた登記申請書に貼り付けてある登録免許税の領収証書または収入印紙について再使用証明を申し出ることができます（登免税法31条3項、同法施行令32条1項）。

再使用証明を申し出る場合には、登記申請の取下げの申出と同時に再使用証明の申出書を提出しなくてはなりません。再使用証明申出書（準則129条1項、別記第94号様式）は登記所に備えてあります。なお、登免税法31条4項では、却下の場合にも同条3項を準用するものとしていますので、却下された場合にも再使用の申出ができるようにも考えられますが、同条4項では、「登記等の却下に伴い当該登記等の申請書を当該申請者に返付する場合」には3項の規定を準用できますが、申請が却下された場合には、添付情報は還付しますが、申請情報は申請者に還付されませんので、登記の申請が却下された場合には、再使用証明の申出をすることはできないとされています（『Q＆A登録免許税の実務（第2版）』清水湛監修、藤谷定勝編著、日本加除出版78頁）。また、オンライン申請で登録免許税を電子納付した場合にも、再使用証明の申出はできません。

再使用証明を受けた登録免許税は、登記申請を取り下げた日から1年以内に限って、その証明を受けた登記所にだけ使用することができます。

(2) 再使用証明を使わなくなったとき

再使用証明を受けたが再使用する見込みがなくなった場合には、再使用証明の日から1年以内に還付申出の手続をとることができます（登免税法31条5項)。その場合には、再使用証明された収入印紙または現金の領収書を添えて還付の申出をします。申出がされると、登記所から申請人の納税地の所轄税務署長に還付通知をすることになります。そうすると、今度は、所轄税務署長から直接還付されることになります。

(3) 再使用証明から1年を経過した場合の再使用証明書

再使用証明のあった日から1年を経過するとその再使用証明書は使用できなくなり、また還付請求をすることもできなくなるのが原則です。しかし、1年を経過しても再使用証明を受けた領収証書等の還付請求権が消滅するわけではありません。還付請求権は5年の時効によって消滅するとされています（国税通則法74条1項)。したがって、この期間内であれば、還付の申出ができるとされています（『Q＆A登録免許税の実務（第2版)』清水湛監修、藤谷定勝編著、日本加除出版81頁)。

(4) 還　　付

登記申請が却下されたり、取下げをしたり、また登録免許税を誤って多く納めた場合には、登記所は登記申請人の所轄税務署長に還付の通知をすることになります（登免税法31条1項)。その場合、申請人は何らの申出をする必要はありません。しかし、取下げの場合に、再使用証明を受ける場合には、(1)の再使用証明の申出をしてください。

還付金を受け取ることができるのは、原則として登記の申請をした人（却下または取下げの場合）または登記を受けた人（過大に納めて登記が完了した場合）で、これらの人が二人以上いる場合には、そのうち登記機関の選定した人となっています（登免税法31条1項)。しかし、申請代理人も、還付金を受領する受領権限を委任された場合には受領することができます（平成21年6月16日民二第1440号依命通知)。

登録免許税の還付金を登記の申請代理人が受領する場合の取扱いについては、次の点について注意してください。

①　この場合の代理人とは、資格者代理人に限らず、すべての申請代理人がした登記の申請が対象となります。

②　登記の申請の取下げ（一部取下げも含む）、または過誤納により、登録免許税の全部または一部を還付する場合に適用があります。登記の申請を却下された場合には、適用がないとされています。

③　代理受領申出書および受領委任状を提出した場合に限るとされていました。ただし、別記第2号様式に代え、登記申請の際の委任状に代理人の還付金受領権限が記載されているものの写し（登記官が作成したもの）を添付することでも差し支えないとされました（平成26年5月9日民二第272号依命通知『登記研究』805号178頁）。（別記第3号様式）

④　オンライン申請による場合で、その添付情報が電磁的記録で作成されているとき、または、書面により登記の申請をした場合であって、その添付情報が令15条の規定により電磁的記録により作成され、提出されているときは、登記の申請に係る添付情報から委任者の印影を照合することができないので、代理受領申出書面のほか、委任者の印鑑証明書（市区町村長または登記官が作成したものであって、代理受領申出書面を提出した日の前3か月以内に作成されたものに限る）の提出が必要となります。この印鑑証明書は原本還付をすることができます。原本還付の時期は、登記官が印影の照合をした後になります。

⑤　復代理人により登記の申請がされている場合には、申請人が還付金の受領を代理人に委任することおよび代理人がこれを復代理人に委任することが必要です。したがって、その場合には、申請人および代理人がそれぞれ作成した委任状を添付します。ただし、登記の申請の復代理人が還付金受領について、申請人から直接受任しているときは、その復代理人に還付金の受領が認められますが、復代理人を選任した場合において代理人が還付金受領を受任しているとき（還付金の受領については復代理がされていないとき）は、その代理人に還付金の受領が認められます。

⑥　登記の申請代理人（復代理人を含む）となった人以外の人を還付金受領の代理人とすることは認められません。

■ 別記第1号様式（代理人が還付金を受領する場合）

還付通知請求・申出書	
還付を受くべき金額	金　　　　　　円
納税地	（住所に同じ）
納付方法及び収納機関の名称	1　印紙　　2　領収証書 3　電子納付 （　銀行　郵便局 　支店　税務署　）
希望する還付場所	受領代理人の口座 フリガナ（　　　　　） 受領代理人氏名（　　　　　） （　銀行　郵便局 　支店　税務署　） （普通・当座）口座（　　　）
備考	**受領代理人への還付を希望** **受領代理人連絡先　○○－○○○○－○○○○** **添付書類** **還付金の代理受領権限を証する委任状**

上記のとおり登録免許税法第３１条第２・５・６項の規定により申し出ます。

令和　　年　　月　　日

申請人　住所

氏名

申請代理人　住所

氏名　　　　　　　　印

法務局　支局　出張所　御中

■別記第２号様式（代理人が還付金を受領する場合に必要となる委任状）

委　任　状

受任者　　フリガナ
氏　　名
住　　所

上記の者に下記登記に係る登録免許税の還付金の受領権限を委任する。

登記の目的	
受付年月日	令和　　年　　月　　日
受付番号	第　　　　　号
管轄法務局	法務局・地方法務局　　　　　支局・出張所

令和　　年　　月　　日
委任者（登記申請人）

（フリガナ）	
氏名又は名称	印
住　　所	

御注意
①委任状には、登記の申請書又は委任状に押した印鑑を押印してください。
②委任状を提出された場合でも、委任者に未納の国税等があるときは、国税通則法第57条（充当）及び地方税法附則第９条の10（委託納付）の規定の適用により、当該未納の国税に充当及び委託納付されるため、委任状の受任者に還付されないことがあります。

書式の解説

本見本は、登記申請代理人が還付金を受領する場合の委任状の見本です（平成21年６月16日民二第1440号依命通知）。

■別記第３号様式（平成26年５月９日民二第272号依命通知による委任状）

委　　任　　状

私は、○○市○○町一丁目２番３号　法務太郎に、次の権限を委任します。

1　下記の登記に関し、登記申請書を作成すること及び当該登記の申請に必要な書面と共に登記申請書を管轄登記所に提出すること
2　登記が完了した後に通知される登記識別情報通知書及び登記完了証を受領すること
3　登記の申請に不備がある場合に、当該登記の申請を取下げ、又は補正すること
4　登記に係る登録免許税の還付金を受領すること
5　上記１から４までのほか、下記の登記の申請に関し必要な一切の権限

令和○年○月○日

○市○町二丁目３番４号　甲野花子　㊞

記

登記の目的　所有権移転
原　　因　令和○年○月○日売買
権 利 者　○市○町一丁目２番３号　法務太郎
義 務 者　○市○町二丁目３番４号　甲野花子

不動産の表示
所　　在　○市○町二丁目
地　　番　２３番
地　　目　宅地
地　　積　１２３．４５平方メートル

所　　在　○市○町二丁目２３番地
家屋番号　２３番
種　　類　居宅
構　　造　木造かわらぶき２階建
床 面 積　1階　４３．００平方メートル
　　　　　2階　２１．３４平方メートル

令和○年○月○日受付
第○○○号に係る
委任状の写しである。
○○地方法務局○○支局
登記官
印

外国在住の日本人の印鑑証明

Q1

外国在住の日本人ですが、今度、日本にある不動産を売却することにしました。その場合、登記申請書に添付する印鑑証明書はどうすればよいですか。

A

在外公館（外国にある日本大使館または総領事館）が発行する署名（および拇印）証明書（以下「サイン証明書」という）を添付すれば足ります。このサイン証明書は、作成後3か月以内のものでなくてもかまいません（昭和48年11月17日民三第8525号通知）。ただし、このサイン証明書には住所の記載がないため、在留証明書も併せて添付することになります。

このサイン証明書の方法は2種類あります。形式1は在外公館が発行する証明書と申請者が領事の面前で署名した私文書をつづり合わせて契印（割印）を行うもの。形式2は申請者の署名を単独で証明するものです。

そのほかに、印鑑証明書を発給する在外公館（フランス、大韓民国、タイ等）の場合には印鑑登録をして印鑑証明書の交付を請求すれば、印鑑証明書が発給されますので、これを提供してもかまいません。この印鑑証明書は、令18条3項の適用がありますので、作成後3か月以内のものが必要となります。

一時帰国した場合の印鑑証明書

Q2

外国に住んでいる日本人ですが、一時帰国したついでに所有する不動産を処分したいと考えています。その場合、日本国内の公証人が作成した委任公正証書を添付すれば印鑑証明書の添付を省略できますか。

A

はい、申請人が押印した申請書または委任状について公証人が認証した場合には印鑑証明書の添付は省略できます（昭和58年5月18日民三第3039号第三課長依命回答（『3訂先例・通達集』78頁）、規則49条1項1号）。

住所証明情報の有効期間

Q3 住所証明情報（住民票の写し）には有効期限はありますか。

A 有効期限はありませんが、なるべく新しいものを提出するのがよいでしょう。

外国在住の日本人の住所証明情報

Q4 外国に在住する日本人の住所証明情報としては何がありますか。

A その人の住所地を管轄する在外公館から発行された在留証明書を提供します（昭和33年1月22日民甲第205民事局長心得回答）。また、在米日本人がアメリカ合衆国の公証人の証明を受けた住所証明情報でも便宜受理されています（昭和40年6月18日民甲第1096号民事局長回答）*。その場合、翻訳者が「右は訳文である」と記載して署名した訳文も提供します（昭和33年8月27日民甲第1738号民事局長心得通達、『登記研究』149号質疑応答）。

＊この先例はアメリカ在留の場合ですが、他の国に在留する場合にも同様に取り扱われるものと考えます。

•••第２章•••
登記名義人の住所・氏名等の変更（更正）の登記

1　登記名義人とは

登記名義人とは、登記事項証明書の「権利その他の事項」欄に権利者として表示されている人のことをいいます。たとえば、所有権保存登記、所有権移転登記であれば「所有者」または「共有者」と表示されている人のことです。抵当権設定登記であれば「抵当権者」と表示されている人のことです。なお、抵当権設定登記に記録されている債務者は登記名義人ではありません。

法２条11号では、次のように登記名義人を定義しています。

> 登記名義人　登記記録の権利部に、次条各号に掲げる権利について権利者として記録されている者をいう。

この登記名義人の表示（氏名もしくは名称または住所）について変更があったときまたは間違いがあったときに、それを現在の正しい記録に変更または更正するのが登記名義人の表示変更または更正の登記です（法64条）。

2　登記名義人表示変更（更正）の登記をしなければならない場合

登記申請人の氏名住所は申請する時点の氏名住所を記載します。したがって、所有権の移転登記、抵当権の抹消登記等を申請する場合には所有権の登記名義人の氏名住所等が現在の氏名住所等でなければなりません。もし、氏名住所等に変更がある場合にはこれらの登記を申請する前提として登記名義人の表示の変更または更正の登記をしておく必要があります。ただし、例外として後掲のMemo2および第10章抵当権の抹消Q1を参照してください。

Memo1　住所・氏名の変更登記の申請が義務化されます

氏名住所等の変更があっても、直ちに変更登記をする人は少なく、所有権移転登記または抵当権抹消登記などの登記をする際の前提としてする場合が一般的でした。しかし、住所等の変更登記がされていない事例が多く、そのことが所有者不明土地の発生原因の一つでもありました。

そこで、令和3年の不動産登記法の改正により、所有権の登記名義人の氏名もしくは名称または住所について変更があったときは、その変更があった日から2年以内にその変更登記の申請をすることが義務付けされることになりました（法76条の5）。もし、正当な理由がないのにその申請を怠《おこた》ったときは、5万円以下の過料に処されます（法164条2項）。なお、いつから義務化になるかについては定まっていませんが令和8年4月1日までには義務化される予定です。したがって、所有権の登記名義人の氏名住所等に変更がある場合には速やかに登記をするのがよいでしょう。

Memo2　DV防止法の被支援措置者と住所変更登記の要否

所有権の移転、抵当権その他の権利の移転の登記の申請にあたり、その登記の義務者が登記記録上の住所から転居している場合には、その所有権等の移転の登記の前提として、登記記録上の住所を現在の住所へ変更することを内容とする登記名義人住所変更の登記をする必要があります。しかし、その登記義務者が配偶者から暴力を受け、いわゆるDV防止法の支援措置を受けている人の場合には、支援措置を受けていることを証する情報等を提供した場合等には住所変更の登記をすることを要しないとされています（平成25年12月12日民二第809号第二課長通知『3訂先例・通達集』87頁）。

3　申請人

権利に関する登記の申請は、登記権利者と登記義務者が共同して申請するのが原則です（法60条）。しかし、登記名義人の表示変更（更正）の登記の申請は、登記名義人が単独で申請することができます（法64条１項）。

4　申請書の記載事項と添付情報

(1)　所有者の住所に変更（更正）があった場合

i　住所移転が１回の場合

（記載例）

登記の目的	○番所有権登記名義人住所変更
原　　　因	令和○年10月７日住所移転
変更後の事項	住所　○市○町一丁目２番３号

＊登録免許税は、不動産一個につき1,000円です。

〈登記の目的〉

「○番所有権登記名義人住所変更」と記載します。「○番」とは、登記事項証明書の甲区の順位番号を記載します。しかし、この番号を記載しなくても申請は受理されています。

〈原　　因〉

原因は住所移転とし、その日付は、住民票の写し（市区町村長が発行した証明書の原本です）に記載されている住所を移転した日（住所を定めた日）を記載します。住所の届出の日ではありません。

〈添付情報〉

住所移転の登記を申請する場合には、添付情報として「登記原因証明情報」を提出します。

住所移転の場合の登記原因証明情報とは、現在の住民票の写しまたは戸籍の附票の写しを提出します。その場合には、登記事項証明書に記載されている所有者の住所から現在の住所の経緯のわかるものが必要になります。住所が数回移転している場合は後掲のⅱを参照してください。

Memo3　住民票コードを記載した場合

申請人の表示のところに住民票コード（住民基本台帳7条13号）を記載した場合には、住民票の写しの提出を省略することができます。ただし、住所移転の経緯を確認できるものでなければなりません。通常は住民票コードを記載しないで住民票の写しを提出している例が多いです。

Memo4　戸籍の附票につて

戸籍の附票にはその戸籍が作成されてから除籍になるまでの住所が記載されています。住民票の写しは現在の住所と一つ前の住所が記載されています。したがって、住所が何回も変更になっている場合には戸籍の附票の写しが必要となります。

戸籍の附票は、戸籍内の全ての人が消除されると戸籍の附票の除票となります。戸籍の附票の除票の保存期間は、法令が改正され、令和元年6月20日より、それまでの5年間から150年間へと変更されています。

戸籍の附票の記載事項のうち戸籍の表示（本籍・筆頭者の氏名）については特別の請求がない限り、表示が省略されますので、相続登記の申請のように被相続人の同一性を証する場合、氏名変更の登記のように戸籍に記載されている人物との同一性を証する場合には戸籍の表示が記載されているものを請求してください。なお、令和4年1月11日から、戸籍の附票に生年月日と性別が記載されることになりました。

ⅱ　住所が数回移転した場合

（記載例）

登記の目的	○番所有権登記名義人住所変更
原　　因	令和○年7月30日住所移転
変更後の事項	住所　丙市○町三丁目5番6号

＊登録免許税は、不動産一個につき1,000円です。

住所が数回移転している場合には、最後の住所移転の日を記載します。

たとえば、次のように住所を移転したとします。

① 甲市○町一丁目2番3号（登記事項証明書に記録されている住所）

② 平成○年○月○日、乙市○町二丁目3番4号へ移転。

③ 令和○年7月30日、現在の住所である丙市○町三丁目5番6号へ移転。

このように住所を数回移転した場合にも、変更登記は1件の申請書ですることができます。同じ原因が数回ある場合には、便宜、最後のものを記載すればよいという取扱いですので（『登記研究』381号質疑応答）、申請書には現在の住所と変更原因を記載することになります。

なお、この場合には、①から③への住所移転の経緯のわかるものを提出します。たとえば、住民票の写しと住民票の除票の写し、または戸籍の附票の写しなどです。

住民票の写しには現在の住所と一つ前の住所しか記載されていませんので、住所が数回移転している場合には、現在の住民票の写しだけでは足りません。その場合には、住民票の除票の写し、改製原住民票の写しまたは戸籍の附票の写し、戸籍の附票の除票の写しなどが必要になる場合があります。詳細は後掲の197頁Q1を参照してください。

iii　住所に誤りがある場合

所有権保存または移転の登記をした時点で既に新しい住所に移転していたにもかかわらず、登記申請を代理人に依頼した時点ではまだ旧住所であったため、旧住所の住民票の写しを提出して登記申請をした場合などに住所の錯誤が生じます。現在登記されている所有権の登記の受付年月日の前日までに住所移転をしている場合には、住所の更正登記を申請します。

登記の目的は「○番所有権登記名義人住所更正」とし、原因は「錯誤」とのみ記載し、日付は記載しません。

（記載例）

登記の目的	○番所有権登記名義人住所更正
原　　　因	錯誤
更正後の住所	渋谷区○町四丁目18番10号

＊登録免許税は、不動産一個につき1,000円です。

たとえば、次の登記事項証明書によると令和4年5月6日が登記の申請日になりますが、住所移転の日が令和4年5月3日だとすると、本来ならば所有者の住所を現在の住所で申請しなければなりません。しかし、何らかの手違いで移転する前の住所で所有権移転の登記を申請したため登記に誤りが生じてしまいました。そのため現在の住所に直すためには更正の登記を申請することになります。

(登記事項証明書記録例)

権　利　部　(甲　区)(所有権に関する事項)			
順位番号	登記の目的	受付年月日・受付番号	権利者その他の事項
2	所有権移転	令和4年5月6日 第○○号	原因　令和4年5月1日売買 所有者　○町一丁目2番3号 　甲野太郎

登記されている登記の受付年月日と同じ日に住所移転している場合には、住所移転による変更登記でも更正登記でもどちらでも差し支えないと考えますが、一般的には住所移転による変更登記を申請しています。

iv　共有者の住所が移転した場合

不動産を二人以上で所有している場合があります。これを「共有」といいます。共有者の住所移転とは、たとえば、父親と共有名義で土地を買ったけれども、自分だけが住所を移転した場合などです。

登記の申請は、住所移転した人だけが申請人となりますので、この例でいえば父親の承諾もいりませんし、父親が申請人になることもありません。

(記載例)

登記の目的	○番所有権登記名義人住所変更
原　　　因	令和○年7月7日住所移転
変更後の事項	共有者甲野太郎の住所　渋谷区○町四丁目18番10号

＊登録免許税は、不動産一個につき1,000円です。
＊変更後の事項としては、誰の住所が変更したのかわかるように記載します。

v　共有者全員が同一の住所に同日に移転した場合

共有者全員が同一の住所に同日に移転した場合には、1件の申請書で登記申請をすることができますが、その場合の申請人は共有者全員となります。共有者の一人が共有者全員のために登記を申請することはできません。すなわち、不動産を二人で共有している甲と乙が同一の住所に同日に移転した場合、甲は、自分の住所変更の登記を申請することはできますが、乙の住所変更の登記を申請することはできません。もちろん、甲が乙から委任を受けて乙の代理人となって申請することはできます。

なお、甲と乙の新しい住所が同一であればよいので、甲と乙の旧住所が異なっていても、住所移転の日が同一であれば１件の申請書で登記申請することは可能と考えます（『登記研究』575号質疑応答）。

（記載例）

登記の目的	○番所有権登記名義人住所変更
原　　　因	令和○年○月○日住所移転
変更後の事項	共有者甲及び乙の住所　○市○町○番○号

＊登録免許税は、不動産一個につき1,000円です。

vi　同一人が複数の不動産を単独で所有している場合と共有している場合

甲がＡ不動産については単独で所有し、Ｂ不動産については数人で共有している場合に、１件の申請書で複数の不動産について登記申請をすることができます。

（記載例）

登記の目的	○番所有権登記名義人住所変更
原　　　因	令和○年○月○日住所移転
変更後の事項	所有者及び共有者甲の住所　○市○町○番○号

＊登録免許税は、不動産一個につき1,000円です。

vii　所有者の住所が住居表示の実施によって変更された場合

登記原因証明情報として、市区町村長が発行する住居表示の実施があったことの情報を提供します。

（記載例）

登記の目的	○番所有権登記名義人住所変更
原　　　因	令和○年○月○日住居表示実施
変更後の事項	住所　○市○町一丁目２番３号

＊登録免許税は、非課税となります（登免税法５条４号）。

viii　住所の表示に錯誤があり、その後住所移転により住所が変更している場合

住所の更正の登記をしないままにしておいたら住所を移転した場合です。

所有者の住所の錯誤と住所移転の登記の申請は１件の申請書でできます（規則35条８号）。

登記の目的は、「所有権登記名義人住所変更」でもかまわないという取扱いです（『登記研究』547号146頁）。

原因は、「錯誤　令和○年○月○日住所移転」とします。

変更更正後の住所は現在の住所を記載します。

（記載例）

登記の目的	○番所有権登記名義人住所変更
原　　　因	錯誤、令和○年７月１日住所移転
変更更正後の住所	○市○町一丁目２番３号

＊登録免許税は、不動産一個につき1,000円です。

ix　住所移転後に住居表示の実施があった場合

住所移転後に住居表示の実施があった場合は、原因は下記記載例のように併記しますが、変更後の事項としては現在の住所のみを記載します。

（記載例）

登記の目的	○番所有権登記名義人住所変更
原　　　因	平成10年10月1日住所移転 平成28年4月1日住居表示実施
変更後の事項	住所　○市○町一丁目2番3号

＊登録免許税は、最終の原因が住居表示の実施なので非課税となります（登免税法5条4号）。

x　住居表示実施後に住所移転した場合

住居表示実施後に住所を移転した場合には、住居表示実施による変更登記を省略して、住所移転の登記をすることができます。その場合には、原因は住所移転の旨のみを記載すればよいでしょう。ただし、その場合にも、それぞれの登記原因を証する情報を提供します。

なお、「令和○年○月○日住居表示実施、令和○年○月○日住所移転」と原因を併記すべきである、という意見もあります（『登記研究』370号74頁）。

（記載例）

登記の目的	○番所有権登記名義人住所変更
原　　　因	令和○年○月○日住所移転
変更後の事項	住所　○市○町○番○号

＊登録免許税は、不動産一個につき1,000円です。

(2)　所有者の氏名に変更（更正）があった場合

i　所有者の氏名を変更した場合

（記載例）

登記の目的	○番所有権登記名義人氏名変更
原　　　因	令和3年7月4日氏名変更
変更後の事項	氏名　甲野花子

＊登録免許税は、不動産一個につき1,000円です。

〈登記の目的〉

「○番所有権登記名義人氏名変更」と記載します。

「○番」とは、登記事項証明書の甲区の順位番号を記載します。しかし、この番号を記載しなくても申請は受理されています。

〈原　　因〉

所有者の氏名が変更する原因としては、結婚、離婚、養子縁組、帰化等がありますが、ここに記載する原因は「氏名変更」となります。氏名変更は、戸籍の届出によって効力が生じますので（民法739条1項、764条、799条、戸籍法74条、107条、107条の2等）、登記原因の日付は市区町村長へ届けた日となります（『登記研究』350号質疑応答、同501号質疑応答）。ただし、裁判上の離婚および離縁による場合は裁判確定日（調停成立日、和解成立日、請求認諾日）が登記原因の日となります。

①　婚姻の場合の登記原因の日付

次の戸籍の記録事項証明書の記載によると、令和3年7月4日が氏名変更日となります。

(戸籍の記録事項証明書記載例：婚姻の場合)

本　　籍 氏　　名	神奈川県○市○区○町二丁目75番地 甲野太郎
(省略)	(省略)
婚　　姻	【婚姻日】令和3年7月4日 【配偶者氏名】甲野太郎 【従前戸籍】東京都港区○町一丁目○番地　乙川二郎

＊婚姻によって氏が乙川から甲野に変更したことがわかります。

②　帰化の場合の登記原因の日付

帰化の場合も帰化の届出日が氏名変更日となります。次の戸籍の記録事項証明書の記載によると、令和○年7月9日が変更日となります。帰化日ではないので注意してください。

（戸籍の記録事項証明書記載例：帰化の場合）

帰　　化	【帰化日】令和○年7月4日 【届出日】令和○年7月9日 【帰化の際の国籍】アメリカ合衆国 【従前の氏名】ベルナール、マリア

③　裁判上の離縁の場合の登記原因の日付

裁判上の離婚および離縁の場合は、裁判上の離婚、離縁が確定した日が氏名変更の日となります。次の戸籍の記録事項証明書の記載によると、令和○年7月4日が変更日となります。

（戸籍の記録事項証明書記載例：裁判上の離縁の場合）

養子離縁	【離縁の裁判確定日】令和○年7月4日 【養父氏名】甲野義太郎 【養母氏名】甲野花子 【届出日】令和3年9月4日

〈添付情報〉

氏名変更の登記を申請する場合には、添付情報として「登記原因証明情報」を提出します。

氏名変更の場合の登記原因証明情報とは、氏名変更の旨が記載されている戸籍事項証明書を提出します。すなわち、登記事項証明書に記載されている変更前の氏名と現在の氏名そして氏名変更の日が記載されているものが必要です。

＊住所証明書（住民票または戸籍の附票の写し）も必要

しかし、それだけでは、その戸籍事項証明書の人物と登記事項証明書に記載されている人物が同一人物かどうかわかりません。そこで、現在の住民票の写し（本籍の記載のあるもの。ただし、マイナンバー（個人番号）が記載されていないもの）または戸籍の附票の写し（本籍・筆頭者の記載のあるもの）を提出します。したがって、市役所等に戸籍の附票を請求する際には、本籍と筆頭者の記載がされているものを請求してください。

なお、住民票の写しまたは戸籍の附票の写しには、生年月日も記載されていますので、戸籍の人物の氏名と生年月日の記載が一致すれば同一人物であることが特定できるではないか、という意見もあるかもしれませんが、いずれも、氏名変更の登記を申請する際には、本籍等の記載のあるものを提出するのが無難でしょう。

なお、登記事項証明書に記載されている所有者の住所が本籍と同一の場合には、住民票の写しまたは戸籍の附票の写しを省略することができるとされています。

ii　所有者が住所移転と氏名変更をした場合

所有者が住所移転と氏名の変更をした場合でも、登記の申請は１件の申請書でできます（令４条ただし書、規則35条８号）。

登記の目的	○番所有権登記名義人住所、氏名変更	
原　　因	令和○年５月１日氏名変更 令和○年７月７日住所移転	
変更後の事項	氏名住所	○市○町一丁目２番３号 甲野太郎

＊登録免許税は、不動産一個につき1,000円です。

登記原因証明情報として、氏名の変更がわかる戸籍事項証明書と住所移転の経緯のわかる住民票の写しまたは戸籍の附票の写しがあります。

iii　所有者の氏名の更正と住所移転の場合

登録免許税は、氏名の更正登記と住所の変更登記は別個の区分に属しますので不動産一個につき2,000円になります。

登記の目的	○番所有権登記名義人住所、氏名変更、更正	
原　　因	錯誤、令和○年７月１日住所移転	
変更更正後の事項	氏名住所	○市○町一丁目２番３号 甲野太郎

＊登録免許税は、不動産一個につき2,000円です。

⑶　所有者である会社の本店、商号が変更した場合

不動産を株式会社が所有していて、その会社の本店または商号が変更した場合は、申請人は株式会社ですのでその代表者が申請します。

登記原因証明情報は、本店移転または商号変更の事項が記録されている会社の登記事項証明書になります。

ただし、会社法人等番号を有する法人の場合には、会社法人等番号を提供すれば、法人の登記事項証明書の添付は不要となりますが、その場合には、本店移転の経緯が確認することができるものでなければなりません（規則36条4項）。また、商号変更の場合においても会社法人等番号を提供したときは、法人の登記事項証明書の提供に代えることができます（平成27年10月23日民二第512号民事局長通達２、⑷、ア（『3訂先例・通達集』52頁））。

ⅰ　会社の本店が移転した場合

（記載例）

登記の目的	○番所有権登記名義人住所変更
原　　　因	令和○年○月○日本店移転
変更後の事項	本店　○市○町○番○号

＊登録免許税は、不動産一個につき1,000円です。
＊登記の目的は、会社の場合でも「本店変更」ではなく「住所変更」とします。
＊会社以外の法人の場合は、「本店」が「主たる事務所」となります。

ⅱ　本店移転が数回あった場合

本店のみが数回移転した場合でも、中間の本店移転を省略して最後の本店移転を登記原因として登記することができます。その場合には、変更証明書として、登記簿上の本店から現在の本店までの移転の経緯がわかる法人の登記事項証明書を提供します。

ただし、会社法人等番号を有する法人の場合には、会社法人等番号を提供すれば、法人の登記事項証明書の添付は不要となりますが、その場合には、本店移転の経緯が確認することができるものでなければなりません（規則36条4項）。

(記載例)

登記の目的	○番所有権登記名義人住所変更
原　　　因	令和○年○月○日本店移転
変更後の事項	本店　○市○町○番○号

＊登録免許税は、不動産一個につき1,000円です。

iii　所有者である会社の商号が変更した場合

登記原因は「商号変更」とし、その日付は定款変更の日です。

登記原因証明情報としては、商号変更の記載がある会社の登記事項証明書を提供します。

ただし、会社法人等番号を有する法人の場合には、会社法人等番号を提供したときは、法人の登記事項証明書の提供に代えることができます(平成27年10月23日民二第512号民事局長通達2、⑷、ア)。

(記載例)

登記の目的	○番所有権登記名義人名称変更
原　　　因	令和○年○月○日商号変更
変更後の事項	商号　A株式会社

＊登録免許税は、不動産一個につき1,000円です。
＊登記の目的は、会社の場合でも「商号変更」ではなく「名称変更」とします。
＊会社以外の法人の場合は、「商号」が「名称」となります。

iv　所有者である会社が本店移転と商号変更をした場合

会社が本店移転と商号変更した場合でも、登記の申請は1件の申請書でできます。

(記載例)

登記の目的	○番所有権登記名義人住所、名称変更
原　　　因	令和○年○月○日本店移転 令和○年○月○日商号変更
変更後の事項	商号本店　○市○町○番○号 B株式会社

＊登録免許税は、不動産一個につき1,000円です。

(4)　抵当権者の住所変更

抵当権者に住所移転、氏名変更または本店移転、商号変更があった場合にも変更登記ができます。登記の手続としては所有権の登記名義人表示変更と同じです。申請は、所有者や債務者の承諾や協力がなくても、抵当権者が単独ですることができます。

(記載例 1) 抵当権者が自然人の場合

登記の目的	○番抵当権登記名義人住所変更
原　　　因	令和○年○月○日住所移転
変更後の事項	住所　○市○町○番○号

＊登録免許税は、不動産一個につき 1,000 円です。
＊登記の目的として、変更する抵当権を記載例のように特定します。

(記載例 2) 抵当権者が会社の場合

登記の目的	○番抵当権登記名義人住所変更
原　　　因	令和○年○月○日本店移転
変更後の事項	本店　○市○町○番○号

＊登録免許税は、不動産一個につき 1,000 円です。
＊登記の目的として、変更する抵当権を記載例のように特定します。
＊登記の目的は、会社の場合でも「住所変更」とします。

(5)　職権による住所変更登記

登記官は、所有権の登記名義人の氏名もしくは名称または住所について変更があったと認めるべき場合として法務省令で定める場合には、法務省令で定めるところにより、職権で氏名もしくは名称または住所についての変更の登記をすることができるようになりました（法 76 条の 6）。ただし、当該所有権の登記名義人が自然人であるときは、その申出があるときに限ります（同条ただし書）。施行日は令和 3 年 4 月 28 日から起算して 5 年を超えない範囲内において政令で定める日です。

具体的なことは今後の法務省令で定められることになりますが、所有権の登記名義人が自然人の場合は、住民基本台帳ネットワークシステムから、法人の場合は商業・法人登記のシステムから情報を取得して変更登記をするものと思われます。なお、会社法人等番号を有する法人の場合は、不動産登記法の改正により所有権の登記名義人の登記事項として会社法人等番号も記載することになりました（法73条の２第１項１号、施行日は令和６（2024）年４月１日です）ので、これを利用して法人の名称や住所の変更を把握することができます。

(6) 外国に居住する所有権の登記名義人の国内連絡先の登記

不動産登記法の改正により、所有権の登記名義人が国内に住所を有しないときは、その国内における連絡先となる者の氏名・名称および住所等に関する事項が所有権の登記の登記事項に追加されました（法73条の２第１項２号、施行日は令和６（2024）年４月１日です）。詳細については今後、法務省令で定めることになっています。

住民票等では住所のつながりがつかない場合

Q1　何回か住所移転をしたので住所変更の登記をしたいのですが、登記事項証明書に記載してある住所から現在への住所がつながるものがありません。何を提出すればよいでしょうか？

A　住民票の除票の写し、戸籍の附票の写し、戸籍の附票の除票の写しなどを取得してください。住民票の除票の写しは従前の住所地の市区町村、戸籍の附票の写しは現在の本籍地を管轄する市区町村、戸籍の附票の除票の写しは従前の本籍地を管轄する市区町村に請求してください。

住民票の写しは現在の住所と一つ前の住所が記載されています。したがって、住所が何回も変更になっている場合には住民票の除票の写しまたは戸籍の附票、戸籍の附票の除票の写し等が必要になってきます。住民票の除票の写しおよび戸籍の附票の除票の写しの保存期間は、従前は５年間でしたが令和元年６月20日より住民票または戸籍の附票を消除し、または改製した日から150年間保存することになりました(住民基本台帳施行令34条１項)。ただし、令和元年６月19日までに廃棄されたものは発行できません。

これらの書面でもつながりがつかない場合には、以上の書面の他に登記済証（いわゆる権利書のこと）の提出を求められることがあります。したがって、この場合には戸籍の附票の写し、戸籍の附票の除票の写しと登記済証とそれらのコピーを提出します。コピーには「原本と相違ない」と記載して署名または記名押印します。

登記済証も提出できない場合には、固定資産税の納税通知書とそのコピーの提出を求められこともあります。詳細は登記申請する登記所にお尋ねください。

なお、これらの書面の代わりに「不在住証明書」と「不在籍証明書」を提出して登記申請をする人がいますが、これらの書面は直接、住所のつながりをつけるものではないので、提出されているのが「不在住証明書」と「不在籍証明書」のみである場合には、住所変更の登記申請は受理されない場合があります。

同一姓の人と結婚した場合

Q2 同一姓の人と結婚して、相手の氏を称することになりました。氏名変更の登記は必要ですか。

A たとえば、佐藤さんが佐藤さんと結婚した場合のように、同一姓の人と結婚した場合には、氏名変更の登記をする必要はありません（『登記研究』392号108頁）。

離婚して旧姓に戻った場合

Q3 結婚して氏が変わりましたが、登記簿上の氏名は旧姓のままにしておきました。今度、離婚して旧姓に戻りましたが、変更登記は必要ですか。

A 氏名変更の登記をする必要はありません（『登記研究』459号99頁、534号130頁）。

共有者の一人からの申請

Q4 夫婦共有の不動産について住所移転の登記をする予定ですが、二人の住所移転による変更登記の申請人は夫だけでよいでしょうか。

A 二人の住所移転による変更登記は、住所移転の日付と変更後の住所が同じ場合には１件の申請書で申請できますが、申請人はご夫婦二人となります。なお、ご夫婦のどちらかが一方の代理人となって申請することもできます。

共有者数人の住所移転による変更登記でも、１件の申請書で申請する場合には、登録免許税は不動産一個につき1,000円です。

■ 申請書見本１（所有者の住所移転）

登　記　申　請　書

登記の目的　　２番所有権登記名義人住所変更（注1）

原　　　因　　令和○年５月７日住所移転（注2）

変更後の事項　住所　千葉県松戸市○町一丁目２番３号（注3）

申　請　人　　千葉県松戸市○町一丁目２番３号（注4）
（住民票コード12345678901）（注5）
甲　野　太　郎　㊞（注6）
連絡先の電話番号　○○－○○○○－○○○○（注7）

添付情報
登記原因証明情報（注8）

令和○年７月１日申請　○○地方法務局○○支局（注9）

登録免許税　金２，０００円（注10）

不動産の表示（注11）

不動産番号　　０１０４５６７８９０１２３（注12）
所　　　在　　○市○町一丁目
地　　　番　　２番３
地　　　目　　宅地
地　　　積　　１００．７８平方メートル

不動産番号　　０１０４５６７８９０２２２（注12）
所　　　在　　○市○町一丁目２番地３
家 屋 番 号　　２番３
種　　　類　　居宅
構　　　造　　木造かわらぶき平家建
床　面　積　　７０．４５平方メートル

書式の解説

この申請書は、所有者が住所移転をした場合の見本です。

(注1) 登記の目的は「何番所有権登記名義人住所変更」と記載します。
「何番」とは、登記事項証明書の甲区に記載されている順位番号を記載します。もし、物件ごとに順位番号が異なる場合には、申請書見本2を参考にしてください。

(注2) 原因は、「住所移転」と記載し、その日付は住民票の写しに記載されている住所移転の日を記載します。

(注3) 変更後の事項として、住民票の写しに記載されている現在の住所を正確に記載してください。ハイフンで省略して記載しないでください。

(注4) 申請人の現在の住所を記載します。この住所は変更後の住所の記載と一致している必要があります。

(注5) 住民票コードの記載は任意ですが、記載をした場合には、変更証明書としての住民票の写しの提出は省略できます。ただし、変更があったことを確認できるものでなければなりません。住民票の写しを提出する場合には住民票コードの記載は不要です。

(注6) 申請人の氏名を署名または記名押印します（令16条1項、規則47条3号柱書）。その場合の印は認印でもかまいません（規則48条5号）。署名をした場合には押印は不要ですが、申請書の契印をする場合や訂正をする場合のことを考えると押印をしておいたほうが便利です。

(注7) 申請書等に不備がある場合には登記所から連絡がありますので、日中に連絡がとれる電話番号を記載してください。

(注8) 添付情報として「登記原因証明情報」と記載します。
具体的には住民票の写しまたは戸籍の附票の写しを提出します。住民票の写しは、マイナンバー（個人番号）の記載されていないものを提出してください。この住民票の写しは、登記事項証明書に記載されている住所から現在の住所への移転の経緯がわかるものでなければなりません。

(注9) 申請する年月日と提出先の法務局を記載してください。

(注10) 登録免許税は、不動産一個につき1,000円です。本件の場合は不動産が二個ですので2,000円になります。

(注11) 不動産の表示は登記事項証明書に記載されているとおりに記載してください。

(注12) 不動産番号を記載した場合には、土地の場合は所在・地番・地目および地積、建物の場合は建物の所在と土地の地番・家屋番号・種類・構造および床面積の記載が省略できます（令6条）。
不動産番号は、登記事項証明書の表題部に記載されています。

不動産番号のみを記載した場合の不動産の表示の記載例

> 不動産の表示
>
> 　不動産番号　０１０４５６７８９０１２３
>
> 　不動産番号　０１０４５６７８９０２２２

登記が完了すると、以下のような登記がされます。

権　利　部　（甲　区）（所有権に関する事項）			
順位番号	登記の目的	受付年月日・受付番号	権利者その他の事項
2	所有権移転	令和○年○月○日 第○号	原因　令和○年○月○日売買 所有者　○市○町○番○号 　甲野太郎
付記１号	２番登記名義人 住所変更	令和○年７月１日 第○号	原因　令和○年５月７日住所移転 住所　千葉県松戸市○町一丁目２ 　番３号

＊変更前の住所には抹消したことを示す下線が引かれます。

■ 申請書見本２（共有者の一人の住所移転）

登　記　申　請　書

登記の目的　　所有権登記名義人住所変更（順位番号後記のとおり）（注１）

原　　　因　　令和○年５月７日住所移転（注２）

変更後の事項
　共有者甲野太郎の住所　○区○町四丁目１８番１０号（注３）

申　請　人　　○区○町四丁目１８番１０号（注４）
　　　　　　　　　　　甲　野　太　郎　㊞（注５）
　　　　　　　連絡先の電話番号　○○－○○○○－○○○○（注６）

添付情報
　　　　登記原因証明情報（注７）

令和○年○月○日申請　東京法務局○○出張所（注８）

登録免許税　金２，０００円（注９）

不動産の表示（注10）
　所　　　在　　○区○町四丁目
　地　　　番　　１２３番５
　地　　　目　　宅地
　地　　　積　　１００．７８平方メートル
　　（順位番号２番）（注11）

　所　　　在　　○区○町四丁目１２３番地５
　家 屋 番 号　　１２３番５
　種　　　類　　居宅・車庫
　構　　　造　　鉄筋コンクリート造陸屋根地下１階付２階建
　床　面　積　　１階　５６．４５平方メートル
　　　　　　　　２階　４５．００平方メートル
　　　　　　　地下１階　３０．００平方メートル
　　（順位番号１番）（注11）

書式の解説

この申請書は、共有者のうちの一人が住所移転をした場合の見本です。

（注 1）登記の目的は「所有権登記名義人住所変更」と記載します。
不動産ごとに変更する順位番号が異なる場合には、見本のように「順位番号後記のとおり」と記載して、順位番号は各不動産の表示の末尾に記載すればよいでしょう。変更する不動産の順位番号が同じの場合は申請書見本 1 を参照してください。

（注 2）原因は、「住所移転」と記載し、その日付は住民票の写しに記載されている住所移転の日を記載します。

（注 3）変更後の事項として、共有者の誰の住所がどのように変更したのか見本のように記載してください。住所は、住民票の写しに記載されている現在の住所を正確に記載してください。ハイフンで省略して記載しないでください。

（注 4）から（注 10）は申請書見本 1 の（注）を参照してください。

（注 11）登記事項証明書の甲区に記載されている順位番号を記載します。

登記が完了すると、以下のような登記がされます。

権　利　部　（甲　区）（所有権に関する事項）			
順位番号	登記の目的	受付年月日・受付番号	権利者その他の事項
2	所有権移転	令和○年○月○日 第○号	原因　令和○年○月○日売買 共有者　○市○町○番○号 持分 2 分の 1 甲野太郎 ○市○町○番○号 2 分の 1 乙川二郎
付記 1 号	2 番登記名義人 住所変更	令和○年○月○日 第○号	原因　令和○年 5 月 7 日住所移転 共有者甲野太郎の住所 ○区○町四丁目 18 番 10 号

■ 申請書見本3（共有者全員の住所移転）

登　記　申　請　書

登記の目的　　２番所有権登記名義人住所変更（注1）

原　　　因　　令和〇年５月７日住所移転（注2）

変更後の事項
　共有者甲野太郎及び甲野花子の住所　〇市〇町一丁目２番３号（注3）

申　請　人　　〇市〇町一丁目２番３号
　　　　　　　　　甲　野　太　郎　㊞（注4）
　　　　　　　連絡先の電話番号　〇〇－〇〇〇〇－〇〇〇〇（注5）
　　　　　　　〇市〇町一丁目２番３号
　　　　　　　　　甲　野　花　子　㊞（注4）
　　　　　　　連絡先の電話番号　〇〇－〇〇〇〇－〇〇〇〇（注5）

添付情報
　　　　登記原因証明情報

令和〇年〇月〇日申請　〇〇地方法務局〇〇支局

登録免許税　金２，０００円

不動産の表示（注6）
　所　　　在　〇市〇町一丁目
　地　　　番　２番３
　地　　　目　宅地
　地　　　積　１００．７８平方メートル

　所　　　在　〇市〇町一丁目２番地３
　家 屋 番 号　２番３
　種　　　類　居宅
　構　　　造　木造スレートぶき２階建
　床　面　積　１階　５０．００平方メートル
　　　　　　　２階　５０．００平方メートル

書式の解説

共有者全員が同じ日に同じ場所に住所移転したときには、1件の申請書で申請することができます。この申請書はその場合の見本です。

(注1)　共有者の住所移転の場合でも、登記の目的は「2番所有権登記名義人住所変更」とします。2番とは、登記事項証明書に記載されている順位番号です。

(注2)　住民票の写しに記載されている住所移転の日を記載します。住所が数回移転している場合には、最後に住所を移転した日を記載します。

(注3)　誰の住所がどのように変更したかを見本のように記載してください。

(注4)　申請人となる所有権の登記名義人の住所、氏名を記載し、署名または記名押印します。ここに押す印は認印でも結構です。申請人は、住所が変更した人全員となります。他の共有者が他の共有者のために申請することはできません。ただし、他の共有者が他の共有者の代理人となり申請することはできます。

(注5)　申請書等に不備がある場合には、登記所から連絡がされますので、連絡をとることのできる電話番号を記載してください。

(注6)　不動産の表示は登記事項証明書に記載されているとおりに記載してください。

登記が完了すると、以下のような登記がされます。

権　利　部　（甲　区）（所有権に関する事項）			
順位番号	登記の目的	受付年月日・受付番号	権利者その他の事項
2	所有権移転	令和○年○月○日 第○号	原因　令和○年○月○日売買 共有者　○市○町○番○号 持分2分の1 甲野太郎 ○市○町○番○号 2分の1 甲野花子
付記1号	2番登記名義人住所変更	令和○年○月○日 第○号	原因　令和○年5月7日住所移転 共有者甲野太郎及び甲野花子の住所 ○市○町一丁目2番3号（注）

(注) 東京法務局の記録例には、共有者ごとに住所を記録しているものがあります。

■申請書見本４（所有者の住所の住居表示の実施）

登　記　申　請　書

登記の目的　〇番所有権登記名義人住所変更（注１）

原　　　因　令和〇年４月１日住居表示実施（注２）

変更後の事項　住所　〇市〇町一丁目２番３号（注３）

申　請　人　〇市〇町一丁目２番３号
甲　野　太　郎　㊞（注４）
連絡先の電話番号　〇〇－〇〇〇〇－〇〇〇〇（注５）

添付情報
登記原因証明情報（注６）

令和〇年〇月〇日申請　〇〇地方法務局〇〇出張所

登録免許税　登録免許税法５条４号（注７）

不動産の表示
所　　　在　〇市〇町一丁目１２３番地５
家屋番号　１２３番５
種　　　類　居宅
構　　　造　木造亜鉛メッキ鋼板ぶき２階建
床　面　積　１階　５６．４５平方メートル
２階　４５．００平方メートル

書式の解説

この申請書は、所有権の登記名義人の住所が住居表示の実施により変更した場合の見本です。

（注１）　登記の目的は「○番所有権登記名義人住所変更」とします。○番とは、登記事項証明書に記載されている順位番号です。

（注２）　住居表示実施の日付とその旨を記載します。

（注３）　市区町村長が発行する変更証明書または住民票の写しに記載されている住居表示実施後の住所を記載します。

（注４）　所有権の登記名義人の住所、氏名を記載し、署名または記名押印します。したがって、ここに記載する申請人の住所は、変更後の事項として記載する住所と一致していなければなりません。ここに押す印は認印で結構です。

（注５）　申請書等に不備がある場合には、登記所から連絡がされますので、連絡をとることのできる電話番号を記載してください。

（注６）　登記原因証明情報として、市区町村長が発行する住居表示の実施があったことの証明情報を提供します。

なお、住民基本台帳法７条13号に規定する住民票コードを提供したときは、住民票の写しの提供は必要ありません（令９条、規則36条４項）。ただし、その場合には住所の変更が確認できるものでなければなりません。

（注７）　住居表示実施による登記事項の変更は非課税となりますので、その場合は、見本のようにその根拠条文を記載してください（規則189条２項）。

■申請書見本5（所有者の住所移転後に住居表示の実施）

登　記　申　請　書

登記の目的　２番所有権登記名義人住所変更（注1）

原　　　因　令和○年１月７日住所移転
令和○年３月１日住居表示実施（注2）

変更後の事項　住所　○市○町一丁目２番３号（注3）

申　請　人　○市○町一丁目２番３号
甲　野　太　郎　㊞（注4）
連絡先の電話番号　○○－○○○○－○○○○

添付情報
登記原因証明情報（注5）

令和○年○月○日申請　○○地方法務局○○出張所

登録免許税　登録免許税法５条４号（注6）

不動産の表示
所　　　在　○市○町一丁目
地　　　番　２番３
地　　　目　宅地
地　　　積　１００．７８平方メートル

書式の解説

この申請書は、住所移転した後、住所移転の登記をしないでいたら住居表示が実施された場合の見本です。

（注１）　登記の目的は「２番所有権登記名義人住所変更」とします。２番とは、登記事項証明書に記載されている順位番号です。

（注２）　住所移転後に住居表示の実施があった場合には、見本のように原因を併記します。

（注３）　変更後の事項としては、住居表示実施後の現在の住所のみを記載します。

（注４）　所有権の登記名義人の住所、氏名を記載し、署名または記名押印します。したがって、ここに記載する申請人の住所は、変更後の事項として記載する住所と一致していなければなりません。ここに押す印は認印で結構です。

（注５）　登記原因証明情報として、住所移転と住居表示実施の経緯のわかる住民票の写しまたは市区町村長の発行する住居表示の変更があったことの証明情報を提供します。ただし、住居表示の実施があったことの証明情報のみでは、住所移転については証明できませんので、住民票の写し等が必要になります。

なお、住民基本台帳法７条13号に規定する住民票コードを提供したときは、住民票の写し等の提供は必要ありません（令９条、規則36条４項）。ただし、その場合には住所の変更が確認できるものでなければなりません。

（注６）　最後の登記原因が住居表示実施による変更の場合は非課税となりますので、その場合は、見本のようにその根拠条文を記載してください。

登記が完了すると、以下のような登記がされます。

権　利　部　（甲　区）（所有権に関する事項）			
順位番号	登記の目的	受付年月日・受付番号	権利者その他の事項
2	所有権移転	令和○年○月○日 第○号	原因　令和○年○月○日売買 所有者　○市○町○番○号 甲野太郎
付記１号	２番登記名義人 住所変更	令和○年○月○日 第○号	原因　令和○年１月７日住所移転 令和○年３月１日住居表示実施 住所　○市○町一丁目２番３号

■申請書見本６（所有者の氏名変更・代理人申請）

登　記　申　請　書

登記の目的　○番所有権登記名義人氏名変更（注１）

原　　　因　令和○年○月○日氏名変更（注２）

変更後の事項　氏名　甲野花子（注３）

申　請　人　○市○町一丁目２番３号
甲　野　花　子（注４）

添付情報
登記原因証明情報（注５）　代理権限証明情報（注６）

令和○年○月○日申請　○○地方法務局○○出張所

代　理　人　○市○町○番○号
乙　川　二　郎　㊞（注７）
連絡先の電話番号　○○－○○○○－○○○○（注８）

登録免許税　金２，０００円（注９）

不動産の表示
一棟の建物の表示
所　　　在　○市○町一丁目１２３番地５
建物の名称　○○マンション（注10）

専有部分の建物の表示
不動産番号　０１０４５６７８９０１２３（注11）
家屋番号　○町一丁目１２３番５の２０１
建物の名称　２０１
種　　　類　居宅
構　　　造　鉄筋コンクリート造１階建
床　面　積　２階部分　５６．４５平方メートル

敷地権の表示
土地の符号　１
所在及び地番　○市○町一丁目１２３番５
地　　　目　宅地
地　　　積　１２４６．７３平方メートル
敷地権の種類　所有権
敷地権の割合　１万分の４２３

書式の解説

この申請書は、所有権の登記名義人が氏名を変更し、その旨の登記申請を代理人に委任した場合の見本です。

（注1）登記の目的は「○番所有権登記名義人氏名変更」とします。○番とは、登記事項証明書に記載されている順位番号です。

（注2）氏名の変更は原則として戸籍の届けによって効力が生じますので、その日付と氏名変更の旨を記載します。ただし、裁判上の離婚および離縁の場合は、裁判上の離婚、離縁が確定した日となります。

（注3）変更後の事項として、新しい氏名を記載します。

（注4）所有権の登記名義人の住所、氏名を記載します。したがって、ここに記載する申請人の氏名は、変更後の事項として記載する氏名と一致していなければなりません。代理人による申請の場合、ここには押印は不要です。

（注5）登記原因証明情報として、氏名変更のわかる戸籍謄本（抄本）と住民票の写し（本籍の記載のあるもの。ただし、マイナンバー（個人番号）の記載のないもの）を添付します。ただし、登記事項証明書に記録されている住所と本籍地が同一の場合は、住民票の写しは省略できるものと考えます。

（注6）代理人に登記申請を委任した場合は、代理権限証明情報として委任状を添付します。委任状に押す印は認印で結構です。

（注7）委任を受けた代理人の住所、氏名を記載し、署名または記名押印します。ここに押す印は認印で結構です。

（注8）申請書等に不備がある場合には、登記所から連絡がされますので、連絡をとることのできる電話番号を記載してください。

（注9）登録免許税は、不動産一個につき1,000円です。本件は敷地権付きマンションの場合ですので、敷地権が一個と専有部分の建物が一個で、登録免許税は2,000円になります。

（注10）一棟の建物の名称がある場合に、建物の名称を記載すれば、一棟の構造および床面積の記載を省略できます（令3条8号へ）。

（注11）不動産番号を記載すれば、以下のように土地の符号、敷地権の種類、敷地権の割合以外の記載は省略できます。

> 不動産の表示
> 　不動産番号　０１０４５６７８９０１２３
> 　敷地権の表示
> 　土地の符号　１
> 　敷地権の種類　所有権
> 　敷地権の割合　１万分の４２３

■ 委任状見本１（所有者の氏名変更）

委　　任　　状

私は、○市○町○番○号乙川二郎を代理人と定め下記記載の登記申請に関する一切の権限を委任する。

1　下記物件についての所有権登記名義人氏名変更登記申請に関する一切の件

2　登記に係る登録免許税の還付金を受領すること

記

登記の目的　○番所有権登記名義人氏名変更
原　　因　令和○年○月○日氏名変更
変更後の事項　氏名　甲野花子
不動産の表示
一棟の建物の表示
　所　　在　○市○町一丁目１２３番地５
　建物の名称　○○マンション
専有部分の建物の表示
　家屋番号　○町一丁目１２３番５の２０１
　建物の名称　２０１
　種　　類　居宅
　構　　造　鉄筋コンクリート造１階建
　床 面 積　２階部分　５６．４５平方メートル
敷地権の表示
　土地の符号　１
　所在及び地番　○市○町一丁目１２３番５
　地　　目　宅地
　地　　積　１２４６．７３平方メートル
　敷地権の種類　所有権
　敷地権の割合　１万分の４２３
上記委任します。

令和○年○月○日
○市○町一丁目２番３号
甲野花子　㊞

申請書見本７（所有者の住所移転と氏名変更）

登　記　申　請　書

登記の目的　　２番所有権登記名義人住所、氏名変更（注１）

原　　　因　　令和○年２月１日氏名変更
　　　　　　　令和○年７月７日住所移転（注２）
変更後の事項　氏名住所　○市○町一丁目２番３号
　　　　　　　　　　　　甲野太郎（注３）

申　請　人　　○市○町一丁目２番３号
　　　　　　　　　　甲　野　太　郎　㊞（注４）
　　　　　　　連絡先の電話番号　○○－○○○○－○○○○（注５）

添付情報
　　　登記原因証明情報（注６）

令和○年○月○日申請　○○地方法務局○○出張所

登録免許税　金１，０００円（注７）

不動産の表示
　所　　　在　　○市○町一丁目１２３番地５
　家 屋 番 号　　１２３番５
　種　　　類　　共同住宅
　構　　　造　　木造亜鉛メッキ鋼板ぶき２階建
　床　面　積　　１階　５６．４５平方メートル
　　　　　　　　２階　４５．００平方メートル

書式の解説

この申請書は、所有権の登記名義人が住所の移転と氏名の変更をした場合の見本です。

（注1）　登記の目的は、「2番所有権登記名義人住所、氏名変更」とすればよいでしょう。2番とは、登記事項証明書に記載されている順位番号です。

（注2）　1件の申請書で氏名変更と住所移転の登記を申請する場合には、原因を併記して記載します。氏名変更は原則として戸籍の届けによって効力が生じますので、その日付と氏名変更の旨を記載します。ただし、裁判上の離婚および離縁の場合は、裁判上の離婚、離縁が確定した日となります。

住所移転の日付は、住民票の写しに記載されている住所移転の日を記載します。住所が数回移転している場合には、最後に住所を移転した日を記載します。

（注3）　変更後の事項として、現在の住所、氏名を記載します。

（注4）　所有権の登記名義人の住所、氏名を記載し、署名または記名押印します。したがって、ここに記載する申請人の住所、氏名は、変更後の事項として記載する住所、氏名と一致していなければなりません。ここに押す印は認印でも結構です。

（注5）　申請書等に不備がある場合には、登記所から連絡がされますので、連絡をとることのできる電話番号を記載してください。

（注6）　登記原因証明情報として、氏名変更を証する戸籍謄本（抄本）と住所移転を証する住民票の写し（本籍の記載のあるもの。ただし、マイナンバー（個人番号）の記載のないもの）を添付します。この住民票の写しは、登記事項証明書に記録されている住所から現在の住所への移転の経緯がわかるものでなければなりません。住民票の写しに登記事項証明書に記録されている住所が記録されていない場合には、戸籍の附票の写し（本籍地の市区町村役場で発行）など、登記事項証明書に記録されている住所から現在の住所移転の経緯がわかるものが必要となります。

なお、住民基本台帳法7条13号に規定する住民票コードを記載したときは、住民票の写し等の提供は必要ありません（令9条、規則36条4項）。ただし、その場合には住所の変更が確認できるものでなければなりません。

（注7）　登録免許税は、原因が複数でも登記の区分は登録免許税法別表第一の一の(十四)の「登記事項の変更の登記」に属しますので、変更登記として不動産一個につき1,000円です。

登記が完了すると、以下のような登記がされます。

権　利　部　（甲　区）（所有権に関する事項）			
順位番号	登記の目的	受付年月日・受付番号	権利者その他の事項
2	所有権移転	令和○年○月○日 第○号	原因　令和○年○月○日売買 所有者　○市○町○番○号 乙川太郎
付記１号	２番登記名義人住所、氏名変更	令和○年○月○日 第○号	原因　令和○年２月１日氏名変更 令和○年７月７日住所移転 氏名住所　○市○町一丁目２番３号 甲野太郎

■ 申請書見本８（所有者の住所更正と住所移転）

登　記　申　請　書

登記の目的　　○番所有権登記名義人住所変更（注１）

原　　　因　　錯誤、令和○年３月１日住所移転（注２）

変更更正後の事項　住所　○市○町一丁目２番３号（注３）

申　請　人　　○市○町一丁目２番３号
甲　野　太　郎　㊞（注４）
連絡先の電話番号　○○－○○○○－○○○○（注５）

添付情報
登記原因証明情報（注６）

令和○年○月○日申請　○○地方法務局○○出張所

登録免許税　金１，０００円（注７）

不動産の表示
所　　　在　　○市○町一丁目１２３番地５
家 屋 番 号　　１２３番５
種　　　類　　店舗・居宅
構　　　造　　鉄筋コンクリート造陸屋根３階建
床　面　積　　１階　５６．４５平方メートル
２階　４５．００平方メートル
３階　４５．００平方メートル

書式の解説

この申請書は、当初、所有者の住所を間違った住所で登記し、その更正登記をしないうちに住所が移転したために現在の住所に変更する場合の見本です。

（注１）　登記の目的は、「○番所有権登記名義人住所変更」とすればよいでしょう。○番とは、登記事項証明書に記載されている順位番号です。なお、「更正」の文字がなくても差し支えないという取扱いになっています。しかし、「更正」の文字を記載していても、そのまま受理されているようです。

（注２）　更正の場合の原因は「錯誤」とし、その日付は記載しません。住所移転の場合は、住所を移転した日付と住所移転の旨を記載します。

（注３）　変更更正後の事項として、現在の住所のみを記載します。

（注４）　所有権の登記名義人の住所、氏名を記載し、署名または記名押印します。したがって、ここに記載する申請人の住所は、変更更正後の事項として記載する住所と一致していなければなりません。ここに押す印は認印で結構です。

（注５）　申請書等に不備がある場合には、登記所から連絡がされますので、連絡をとることのできる電話番号を記載してください。

（注６）　登記原因証明情報として、住所移転後の住所で登記すべきものを移転前の旧住所で登記した場合には、旧住所から前住所そして現住所への移転の経緯のわかる住民票の写し（本籍の記載のあるもの。ただし、マイナンバー（個人番号）の記載のないもの）または戸籍の附票の写しを添付します。

（注７）　住所の更正と住所移転の場合は、不動産一個につき1,000円の取扱いです（昭和42年7月26日民三発第794号第三課長依命通知１の４イ）。

■申請書見本９（所有者の氏名更正と住所移転）

登　記　申　請　書

登記の目的　　２番所有権登記名義人住所、氏名変更、更正（注1）

原　　　因　　錯誤、令和〇年３月１日住所移転（注2）

変更更正後の事項　氏名住所　〇市〇町四丁目２番３号
甲野太郎（注3）

申　請　人　　〇市〇町四丁目２番３号
甲　野　太　郎　㊞（注4）
連絡先の電話番号　〇〇－〇〇〇〇－〇〇〇〇（注5）

添付情報
登記原因証明情報（注6）

令和〇年〇月〇日申請　〇〇地方法務局〇〇支局

登録免許税　金２，０００円（注7）

不動産の表示
所　　在　〇市〇町四丁目
地　　番　１２３番５
地　　目　宅地
地　　積　１７０．２８平方メートル

書式の解説

この申請書は、所有権の登記名義人の氏名更正と住所移転を1件の申請書でする場合の見本です。

(注1)　登記の目的は、変更登記と更正登記を1件の申請書でするので、見本のように「2番所有権登記名義人住所、氏名変更、更正」とします。2番とは、登記事項証明書に記載されている順位番号です。

(注2)　更正登記の原因は「錯誤」とし、その日付は記載しません。住所移転の場合は、住所を移転した日付と住所移転の旨を記載します。

(注3)　変更更正後の事項として、現在の住所と氏名を記載します。

(注4)　所有権の登記名義人の住所、氏名を記載し、署名または記名押印します。したがって、ここに記載する住所と氏名は、変更更正後の事項として記載する住所氏名と一致していなければなりません。ここに押す印は認印でも結構です。

(注5)　申請書等に不備がある場合には、登記所から連絡がされますので、連絡をとることのできる電話番号を記載してください。

(注6)　登記原因証明情報として、氏名の更正を証する戸籍謄本（抄本）と住所移転を証する住民票の写し（本籍の記載のあるもの。ただし、マイナンバー（個人番号）の記載のないもの）を添付します。この住民票の写しは、登記事項証明書に記録されている住所から現在の住所への移転の経緯がわかるものでなければなりません。住民票の写しに登記事項証明書に記録されている住所が記録されていない場合には、戸籍の附票の写し（本籍地の市区町村役場で発行）など、登記事項証明書に記録されている住所から現在の住所への移転の経緯がわかるものが必要となります。

　なお、住民基本台帳法7条13号に規定する住民票コードを記載したときは、住民票の写し等の提供は必要ありません（令9条、規則36条4項）。ただし、その場合には住所の変更が確認できるものでなければなりません。

(注7)　登録免許税は、変更登記と更正登記は別個の区分に属するので、不動産一個につき2,000円となります。住所更正と住所移転の場合とは異なりますので、注意してください。

登記が完了すると、以下のような登記がされます。

権　利　部　（甲　区）（所有権に関する事項）			
順位番号	登記の目的	受付年月日・受付番号	権利者その他の事項
2	所有権移転	令和○年○月○日 第○号	原因　令和○年○月○日売買 所有者　○市○町○番○号 甲野太朗
付記1号	2番登記名義人住所、氏名変更、更正	令和○年○月○日 第○号	原因　錯誤、令和○年3月1日住所移転 氏名住所　○市○町四丁目2番3号 甲野太郎

■ 申請書見本10
（所有者である会社の本店移転・代理人申請）

登　記　申　請　書

登記の目的　○番所有権登記名義人住所変更（注１）

原　　　因　令和○年５月１日本店移転（注２）

変更後の事項　本店　東京都○区○○二丁目１番７号（注３）

申　請　人　東京都○区○○二丁目１番７号（注４）
株式会社　Ａ＆Ｂ
（会社法人等番号１２３４－５６－７８９０１２）
代表取締役　○　○　○　○

添付情報
登記原因証明情報（注５）　代理権限証明情報（注６）
会社法人等番号（注７）

令和○年○月○日申請　東京法務局○○出張所

代　理　人　東京都○区○○一丁目２番３号
○　○　○　○　㊞（注８）
連絡先の電話番号　○○－○○○○－○○○○（注９）
登録免許税　金１，０００円（注10）

不動産の表示
所　　　在　○区○○町１００番地８、１２０番地６４
家屋番号　１００番８の３
種　　　類　店舗・事務所
構　　　造　鉄骨造陸屋根地下１階付２階建
床　面　積　１階　２３０．００平方メートル
２階　１００．５５平方メートル
地下１階　２００．５６平方メートル

書式の解説

この申請書は、所有権の登記名義人の本店が移転し、その旨の登記申請を代理人に委任した場合の見本です。

(注1) 登記の目的は、本店移転の場合でも「○番所有権登記名義人住所変更」とします。○番とは、登記事項証明書に記載されている順位番号です。

(注2) 法人の登記事項証明書に記載されている本店移転の日付とその旨を記載します。

(注3) 変更後の事項として、新しい本店を記載します。

(注4) 申請人である会社の本店、商号、会社法人等番号、代表者の資格および氏名を記載します。
なお、作成後3か月以内の会社の登記事項証明書を添付した場合には、会社法人等番号の記載は不要です。

(注5) 登記原因証明情報として、本店移転の記載がある法人の登記事項証明書を添付します。ただし、会社法人等番号を有する法人の場合には、会社法人等番号を提供すれば、法人の登記事項証明書の添付は不要となりますが、その場合には、本店移転の経緯が確認することができるものでなければなりません(規則36条4項)。

(注6) 登記申請を代理人に委任した場合には、委任状を添付します。

(注7) 申請人欄に会社法人等番号を記載した場合には、「会社法人等番号」と記載します。作成後3か月以内の法人の登記事項証明書を添付した場合には「登記事項証明書」と記載します。

(注8) 委任を受けた代理人の住所、氏名を記載し、署名または記名押印します。ここに押す印は認印でも結構です。

(注9) 申請書等に不備がある場合には、登記所から連絡がされますので、連絡をとることのできる電話番号を記載してください。

(注10) 登録免許税は、不動産一個につき1,000円です。

■ 委任状見本2（所有者である会社の本店移転）

委　　任　　状

私は、東京都○区○○一丁目2番3号○○○○を代理人と定め下記記載の登記申請に関する一切の権限を委任する。

記

1　下記物件についての所有権登記名義人住所変更登記申請に関する一切の件

1　登記に係る登録免許税の還付金を受領すること

原因　令和○年5月1日本店移転

変更後の事項　本店　東京都○区○○二丁目1番7号

1　不動産の表示

所　　在　○区○○町１００番地8、１２０番地６４

家屋番号　１００番8の3

種　　類　店舗・事務所

構　　造　鉄骨造陸屋根地下1階付2階建

床 面 積　1階　２３０．００平方メートル

2階　１００．５５平方メートル

地下1階　２００．５６平方メートル

上記委任します。

令和○年○月○日

東京都○区○○二丁目1番7号

株式会社　Ａ＆Ｂ

（会社法人等番号１２３４－５６－７８９０１２）

代表取締役　○○○○　㊞（注1）

書式の解説

（注1）　委任状に押す印は認印でもかまいません。

■ 申請書見本11
（抵当権者の商号変更・代理人申請）

登　記　申　請　書

登記の目的　何番抵当権登記名義人名称変更（注1）

原　　　因　令和〇年〇月〇日商号変更（注2）

変更後の事項　商号　株式会社　ABC（注3）

申　請　人　〇市〇町一丁目2番3号（注4）
　　　　　　　株式会社　ABC
　　　　　　　（会社法人等番号1234－56－789012）
　　　　　　　代表取締役　甲　野　太　郎

添付情報
　登記原因証明情報（注5）　代理権限証明情報（注6）
　会社法人等番号（注7）

令和〇年〇月〇日申請　〇〇地方法務局〇〇出張所

代　理　人　〇市〇町〇番〇号
　　　　　　　乙　川　二　郎　㊞（注8）
　　　　　　連絡先の電話番号　〇〇－〇〇〇〇－〇〇〇〇（注9）

登録免許税　金1，000円（注10）

不動産の表示
　所　　在　〇市〇町一丁目
　地　　番　2番3
　地　　目　宅地
　地　　積　100．78平方メートル

書式の解説

この申請書は、抵当権者の会社の商号が変更した場合の変更登記を代理人に委任して申請する場合の見本です。

（注1）　順位番号何番の抵当権の登記名義人の名称を変更するのか表示します。この場合、「商号変更」ではなく、「名称変更」とします。なお、不動産が複数の場合で、各不動産における抵当権の順位番号が異なる場合には、各不動産の表示ごとに順位番号を記載すればよいでしょう。

（注2）　法人の登記事項証明書に記載されている商号変更日と商号を変更した旨を記載します。

（注3）　変更後の事項として、法人の登記事項証明書に記載されている現在の商号を記載します。

（注4）　申請人である会社の本店、商号、会社法人等番号、代表者の資格および氏名を記載します。
なお、作成後3か月以内の法人の登記事項証明書を添付した場合には、会社法人等番号の記載は不要です。

（注5）　登記原因証明情報として、商号変更の記載のある法人の登記事項証明書を添付します。ただし、会社法人等番号を有する法人の場合には、会社法人等番号を提供したときは、法人の登記事項証明書の提供に代えることができます（平成27年10月23日民二第512号民事局長通達2、⑷、ア）。

（注6）　登記申請を代理人に委任した場合には委任状を添付します。

（注7）　申請人欄に会社法人等番号を記載した場合には、「会社法人等番号」と記載します。作成後3か月以内の法人の登記事項証明書を添付した場合には「登記事項証明書」と記載します。

（注8）　委任を受けた代理人の住所、氏名を記載し、署名または記名押印します。ここに押す印は認印でも結構です。

（注9）　申請書等に不備がある場合には、登記所から連絡がされますので、連絡をとることのできる電話番号を記載してください。

（注10）　登録免許税は、不動産一個につき1,000円です。同一不動産に同一の抵当権者が、たとえば順位番号2番と3番で抵当権を設定している場合に、同一の原因により「2番、3番抵当権登記名義人名称変更」を申請する場合でも、登録免許税は不動産一個につき1,000円となります。

■ 申請書見本12（抵当権者の本店更正・代理人申請）

登　記　申　請　書

登記の目的　抵当権登記名義人住所更正（順位番号後記のとおり）（注1）

原　　　因　錯誤（注2）

更正後の事項　本店　〇区〇町四丁目18番10号（注3）

申　請　人　〇区〇町四丁目18番10号（注4）
株式会社　甲野商事
（会社法人等番号１２３４－５６－７８９０１２）
代表取締役　甲　野　太　郎

添付情報
登記原因証明情報（注5）　代理権限証明情報（注6）
会社法人等番号（注7）

令和〇年〇月〇日申請　東京法務局〇〇出張所

代　理　人　〇市〇町〇番〇号
乙　川　二　郎　㊞（注8）
連絡先の電話番号　〇〇－〇〇〇〇－〇〇〇〇（注9）

登録免許税　金２，０００円（注10）

不動産の表示
所　　在　〇区〇町四丁目
地　　番　２番３
地　　目　宅地
地　　積　１００．７８平方メートル
（順位番号〇番）（注11）

所　　在　〇区〇町四丁目
地　　番　２番４
地　　目　宅地
地　　積　１５．００平方メートル
（順位番号〇番）（注11）

書式の解説

この申請書は、抵当権者の本店に誤りがあったため更正登記を代理人によって申請する場合の見本です。

（注1）　数個の不動産に設定された抵当権の順位番号が異なる場合には、見本のようにカッコ書きすれば抵当権を特定することができます。変更する抵当権の順位番号が同じならば、「○番抵当権登記名義人住所更正」とすればよいでしょう。

（注2）　更正登記の場合には原因は「錯誤」とし、その日付は記載しません。

（注3）　更正後の事項として、法人の登記事項証明書に記載してある本店を記載します。

（注4）　申請人である会社の本店、商号、会社法人等番号、代表者の資格および氏名を記載します。
なお、作成後3か月以内の法人の登記事項証明書を添付した場合には、会社法人等番号の記載は不要です。

（注5）　登記原因証明情報として、本店の更正事項の記載がある登記事項証明書を添付します。また、本店の変更直後に抵当権設定登記を申請する場合には、本店が新しく変更しているにもかかわらず、登記申請書に旧本店を記載して登記申請をしてしまう場合があります。その場合には、本店変更の事項が記載されてある登記事項証明書が登記原因証明情報となります。ただし、会社法人等番号を有する法人の場合には、会社法人等番号を提供すれば、法人の登記事項証明書の添付は不要となりますが、その場合には、本店についての錯誤もしくは遺漏があったことを確認することができるものでなければなりません（規則36条4項）。

（注6）　登記申請を代理人に委任した場合には委任状を添付します。

（注7）　申請人欄に会社法人等番号を記載した場合には、「会社法人等番号」と記載します。作成後3か月以内の法人の登記事項証明書を添付した場合には「登記事項証明書」と記載します。

（注8）　委任を受けた代理人の住所、氏名を記載し、署名または記名押印します。ここに押す印は認印でも結構です。

（注9）　申請書等に不備がある場合には、登記所から連絡がされますので、連絡をとることのできる電話番号を記載してください。

（注10）登録免許税は、不動産一個につき1,000円です。

（注11）変更する抵当権の順位番号が不動産ごとに異なる場合には、このように記載するとわかりやすいです。

•••第３章•••
所有権の保存の登記

所有権の保存登記とは、不動産について初めてされる所有権の登記のことをいいます。したがって、所有権の保存登記をしないとそれ以降の所有権に関する登記はもちろん所有権以外の権利に関する登記もできません。たとえば、所有権移転登記、所有権を目的とした抵当権設定の登記等もすることができません。

1 申 請 人

所有権の保存登記は、所有権者の単独申請によります。そして、次の場合に該当する者でなければ申請することができません。

⑴　登記記録の表題部に所有者と記録されている者（法 74 条１項１号）
⑵　登記記録の表題部に記録されている者の相続人または一般承継人（法 74 条１項１号）
⑶　所有権を有することが確定判決によって確認された者（法 74 条１項２号）
⑷　収用（土地収用法その他の法律の規定による収用をいう）によって所有権を取得した者（法 74 条１項３号）
⑸　区分建物の場合における表題部所有者（原始取得者）から所有権を取得した者（転得者）（法 74 条２項）

●法 74 条（所有権の保存の登記）
1　所有権の保存の登記は、次に掲げる者以外の者は、申請することができない。

一　表題部所有者又はその相続人その他の一般承継人
二　所有権を有することが確定判決によって確認された者
三　収用（土地収用法（昭和26年法律第219号）その他の法律の規定による収用をいう。第118条第１項及び第３項から第５項までにおいて同じ。）によって所有権を取得した者

2　区分建物にあっては、表題部所有者から所有権を取得した者も、前項の登記を申請することができる。この場合において、当該建物が敷地権付き区分建物であるときは、当該敷地権の登記名義人の承諾を得なければならない。

(1)　登記記録の表題部に所有者と記録されている者（法74条1項1号）

表題登記をすると、表題部に所有者の住所、氏名が記録されますが、そこに記録されている者（以下「表題部所有者」という）は所有権の保存登記を申請することができます。しかし、表題部所有者から買い受けた者は、直接自己名義に保存登記することはできません（ただし、区分建物を除く）ので、その場合には、一旦、表題部に記録されている所有者の名義で保存登記をした後、所有権移転登記をすることになります。

表題部所有者が複数いる場合には、そのうちの一人から全員のために保存登記の申請ができます（明治33年12月18日民刑第1661号民刑局長回答）。「全員のため」とは、たとえば、表題部所有者がＡ・Ｂの場合、Ａから共有者Ａ・Ｂとする所有権保存の登記の申請ができるという意味です。その場合、ＡまたはＢは自己名義のみの保存登記の申請はできません（明治33年12月18日民刑第1661号民刑局長回答）。

(2)　登記記録の表題部に記録されている者の相続人または一般承継人（法74条1項1号）

登記記録の表題部に記録されている所有者が保存登記をしないうちに死亡した場合には、その相続人は自己名義に所有権保存登記を申請することができます。なお、被相続人名義とする保存登記も可能です。

相続人が数人いる場合は、その相続人全員が申請人となるのが原則です

が、そのうちの一人または数人が全員のために登記申請をすることができます。たとえば、相続人がA・B・Cの三人の場合、A・B・Cが申請人になるのが原則ですが、そのうちのAが申請人となってA・B・Cの三人の名義とする保存登記を申請することができます。ただし、その場合、他の相続人には登記識別情報が通知されませんので注意を要します。

相続が何代かにわたっているときには、中間の相続人の名義にすることなく、直接現在の相続人名義に保存登記の申請ができます（『登記研究』443号質疑応答）。

表題部に記録されている会社が合併により消滅した場合には、合併後の会社名で保存登記ができます。

(3) 所有権を有することが確定判決によって確認された者（法74条1項2号）

これは、表題部にAが所有者と記録されているが、Bを所有者と認める判決が確定された場合です。この判決は、保存登記手続を命ずる給付判決のほか、所有権の確認判決、形成判決でも差し支えないとされています（大判大正15年6月23日民集5巻536頁）。また、確定判決と同一の効力を有するものとしての裁判上の和解調書または調停調書もしくは審判書も含まれると解されています。

なお、表題部所有者が甲・乙である場合において、丙が自己名義で所有権保存の登記を受けるために申請書に添付する判決は、甲・乙両名が被告であることを要し、表題部に記録されていない者を被告とした判決はもとより、甲または乙のいずれか1名を被告とした判決も含まれないとされています（平成10年3月20日民三第551号民事局長回答）。

(4) 収用（土地収用法その他の法律の規定による収用をいう）によって所有権を取得した者（法74条1項3号）

土地収用法その他の法律の規定による収用によって所有権を取得した者（起業者）は、直接自己名義に保存登記ができます。

(5)　区分建物の場合における表題部所有者（原始取得者）から所有権を取得した者（転得者）

区分建物の場合は、その建物が敷地権付きか否かに関係なく、表題部所有者、その相続人または一般承継人、判決により所有権を証明した者、収用により所有権を取得した者からも所有権の保存登記の申請をすることができますが、それ以外に、表題部所有者から直接所有権を取得した者（転得者）も自己名義で保存登記の申請ができます。ただし、当該建物が敷地権付き区分建物であるときは、当該敷地権の登記名義人の承諾が必要となります（法74条2項）。

2　申請書の記載事項

所有権保存登記の申請書には、主に次の事項を記載します。

① 登記の目的（令3条5号）
② 登記原因およびその日付
③ 所有者（申請人）の氏名または名称および住所（令3条1号）
④ 申請人または代理人の電話番号その他の連絡先（規則34条1項1号）
⑤ 添付情報の表示（規則34条1項6号）
⑥ 登記識別情報の通知の送付を希望する場合には、その旨と送付先（規則63条3項）
⑦ 登記識別情報の通知を希望しない場合には、その旨（規則64条2項）
⑧ 法第74条1項の各号に掲げる者のいずれであるか等（令別表の28の項申請情報欄イ、同別表の29の項申請情報欄）
⑨ 申請の年月日（規則34条1項7号）
⑩ 登記所の表示（規則34条1項8号）
⑪ 代理人の住所、氏名または名称
⑫ 課税価格および登録免許税額（規則189条1項）
⑬ 不動産の表示（令3条8号）

① 登記の目的（令3条5号）

登記の目的は、「所有権保存」と記載します。

② 登記原因およびその日付（令3条6号）

土地および建物（区分建物を除く）の保存登記の場合には、登記原因はありませんので登記原因およびその日付は記載しません。ただし、敷地権付き区分建物の表題部所有者から直接所有権を取得した場合には、取得した原因とその日付を記載します。

③ 所有者（申請人）の氏名または名称および住所（令3条1号）

所有者が個人の場合には住所および氏名を記載します。住民票コードを記載した場合には、住民票の写しの添付は省略できます。所有者が複数の場合には、その持分も記載します。また、所有者が法人の場合には、本店（または主たる事務所）・商号（または名称）会社法人等番号・代表者の資格および氏名を記載します。

なお、共有の場合には、「所有者」ではなく「共有者」と記載します。

④ 申請人または代理人の電話番号その他の連絡先（規則34条1項1号）

申請書等に不備がある場合には、登記所から連絡がされますので、連絡をとることのできる電話番号を記載してください。

⑤ 添付情報の表示（規則34条1項6号）

添付情報を記載します。その場合、添付情報の通数は記載しません。

⑥ 登記識別情報の通知の送付を希望する場合には、その旨と送付先（規則63条3項）

たとえば、「登記完了後に還付される登記識別情報通知書・登記完了証・還付される添付書面は申請人の住所に送付してください。」と記載すればよいでしょう。

登記所の窓口で受領する場合には、何も記載する必要はありません。

⑦ 登記識別情報の通知を希望しない場合には、その旨（規則64条2項）

たとえば、「登記識別情報の通知を希望しません。」と記載すればよいでしょう。しかし、登記識別情報の通知を希望しない人は、ほとんどおりません。

⑧ 法第74条1項各号に掲げる者のいずれであるか等（令別表の28の項申請情報欄イ、同別表の29の項申請情報欄）

⑨　**申請の年月日（同項7号）**

登記申請する日を記載します。

⑩　**登記所の表示（同項8号）**

申請する登記所を記載します。登記の申請は管轄する登記所にします。

⑪　**代理人の住所、氏名または名称（令3条3号）**

登記の申請を代理人に委任した場合には、代理人の住所、氏名または名称および連絡先の電話番号を記載します。代理人が法人の場合には、その代表者の資格および氏名も記載します。

⑫　**課税価格および登録免許税額（規則189条1項）**

課税価格と登録免許税の額を記載します。

租税特別措置法の適用がある場合には、その条文も記載します。

⑬　**不動産の表示（令3条8号）**

不動産の表示は、登記事項証明書のとおり正確に記載してください。その際、不動産番号を記載した場合には土地の場合は、土地の所在、地番、地目および地積の記載を、建物（区分建物を除く）の場合は、建物の所在と土地の地番、家屋番号、種類、構造および床面積等の記載を省略できます（令6条）。

3　添付情報

(1)　法74条1項に掲げる者が申請する場合

①　住所証明情報（令別表の28の項添付情報欄ニ）
②　相続または合併を証する情報（令別表の28の項添付情報欄イ）
③　判決により保存登記申請する場合の確定判決の謄本または確定判決と同一の効力を有するもの（令別表の28の項添付情報欄ロ）
④　収用により所有権を取得したことを証する情報（収用の裁決が効力を失っていないことを証する情報を含むものに限る）（令別表の28の項添付情報欄ハ）
⑤　代理権限証明情報
⑥　会社法人等番号

① 所有者の住所証明情報として、個人の場合には住民票の写し（マイナンバー（個人番号）が記載されていないもの）または戸籍の附票の写し等を提供します。法人の場合には、法人の登記事項証明書を提供します。この住所証明情報は作成後3か月以内のものでなくてもかまいませんが、なるべく新しいものがよいでしょう。

なお、住民基本台帳法7条13号に規定する住民票コードまたは会社法人等番号を提供したときは、住所証明情報の提供は不要です（令9条、規則36条4項)。

② 表題部に記録されている所有者の相続人が保存登記を申請する場合には、相続を証する情報として、戸籍謄本または抄本、遺言書、遺産分割協議書等の情報が必要になります。遺産分割協議書には、相続人全員の印鑑証明書を提供します。なお、この印鑑証明書は発行後3か月以内のものでなくてもかまいません。

会社合併後存続する会社が登記申請する場合には、合併を証する情報として、合併の旨が記載されている法人の登記事項証明書（または会社法人等番号）を提供します。

③ 判決により保存登記を申請する場合には、確定判決の謄本または確定判決と同一の効力を有するものを提出します。この確定判決は、判決の全体から所有権を有することが確認されるものであれば十分であり、必ずしも所有権の存在が主文で宣言される必要はないとされています。

④ 収用により所有権を取得した者が保存登記申請する場合に添付します。具体的には、収用委員会の裁決書の謄本です。

⑤ 代理人によって登記を申請するときは、その代理人の権限を証する情報を提供します。たとえば、支配人が法人を代理して申請する場合には、その法人の登記事項証明書を提供します。ただし、会社法人等番号を提供したときは、この登記事項証明書の提供は不要です（令7条1項2号、規則36条3項)。また、登記申請を第三者に委任した場合には、委任状を提出します。

⑥ 申請人が会社法人等番号を有する法人であるときは、会社法人等番号を提供します（令7条1項1号イ)。ただし、会社法人等番号を有する法人であっても、作成後3か月以内の登記事項証明書を提供したときは、会社法人等番号の提供は要しません（規則36条1項、2項)。会社法人等番号を有しない法人の場合は、当該法人の代表者の資格を証する情報を提供します（令7条1項1号ロ)。

⑵　法74条2項の規定により表題部所有者から所有権を取得した者が申請する場合

ⅰ　建物が敷地権付きの区分建物の場合

① 登記原因を証する情報（登記原因証明情報）（令別表の29の項添付情報欄ロ）
② 敷地権の登記名義人の承諾書（印鑑証明書付き）（令別表の29の項添付情報欄ロ）
③ 住所証明情報（令別表の29の項添付情報欄ハ）
④ 代理権限証明情報
⑤ 会社法人等番号

① 敷地権付き区分建物の保存登記は、敷地権の移転も公示しますので敷地権移転の登記原因とその日付を公示することになります（法76条1項ただし書）。したがって、登記原因を証する書面を提出することになります。この登記原因を証する書面は区分建物の所有権の移転と敷地権の移転という二つの内容があるため、その両方の権利が同一の原因によって移転したことを証することが必要になります。

② 本来ならば、敷地権の譲渡があるのだから敷地権者と譲受人が共同して申請すべきですが、所有権の保存登記ですから譲受人の単独によって申請することになります。また、共同申請である場合には、敷地権者の登記識別情報を提出させるべきですが、敷地権者は申請人ではないので、登記識別情報を提出させるわけにはいきません。したがって、敷地権の登記名義人から所有権保存登記を申請することの承諾書（印鑑証明書付き）を提出することになります。

③ 所有者の住所証明情報として、個人の場合には住民票の写し（マイナンバー（個人番号）が記載されていないもの）または戸籍の附票の写し等を提供します。法人の場合には、法人の登記事項証明書を提供します。この住所証明情報は作成後3か月以内のものでなくてもかまいませんが、なるべく新しいものがよいでしょう。

なお、住民基本台帳法7条13号に規定する住民票コードまたは会社法人等番号を提供したときは、住所証明情報の提供は不要です（令9条、規則36条4項）。

④　代理人によって登記を申請するときは、その代理人の権限を証する書面を添付します。たとえば、支配人が法人を代理して申請する場合には、その法人の登記事項証明書を添付します。ただし、会社法人等番号を提供したときは、この登記事項証明書の提供は不要です（令7条1項2号、規則36条3項）。また、登記申請を第三者に委任した場合には、委任状を提出します。

⑤　申請人が会社法人等番号を有する法人であるときは、会社法人等番号を提供します（令7条1項1号イ）。ただし、会社法人等番号を有する法人であっても、作成後3か月以内の登記事項証明書を提供したときは、会社法人等番号の提供は要しません（規則36条1項、2項）。会社法人等番号を有しない法人の場合は、当該法人の代表者の資格を証する情報を提供します（令7条1項1号ロ）。

ii　建物が敷地権のない区分建物である場合

> ①　所有権取得証明書（令別表の29の項添付情報欄イ）
> ②　住所証明情報（令別表の28の項添付情報欄ニ）
> ③　代理権限証明情報
> ④　会社法人等番号

①　申請人が表題部所有者から当該区分建物の所有権を取得したことを証する表題部所有者またはその相続人その他の一般承継人の作成した情報

②　所有者の住所証明情報として、個人の場合には住民票の写し（マイナンバー（個人番号）が記載されていないもの）または戸籍の附票の写し等を提供します。法人の場合には、法人の登記事項証明書を提供します。この住所証明情報は作成後3か月以内のものでなくてもかまいませんが、なるべく新しいものがよいでしょう。

　なお、住民基本台帳法7条13号に規定する住民票コードまたは会社法人等番号を提供したときは、住所証明情報の提供は不要です（令9条、規則36条4項）。

③　代理人によって登記を申請するときは、その代理人の権限を証する書面を添付します。たとえば、支配人が法人を代理して申請する場合には、その法人の登記事項証明書を添付します。ただし、会社法人等番号を提供したときは、この登記事項証明書の提供は不要です（令7条1項2号、

規則36条3項)。また、登記申請を第三者に委任した場合には委任状を提出します。

④　申請人が会社法人等番号を有する法人であるときは、会社法人等番号を提供します（令7条1項1号イ)。ただし、会社法人等番号を有する法人であっても、作成後3か月以内の登記事項証明書を提供したときは、会社法人等番号の提供は要しません（規則36条1項、2項)。会社法人等番号を有しない法人の場合は、当該法人の代表者の資格を証する情報を提供します（令7条1項1号ロ)。

■ 登記記録例（保存登記）

権　利　部（甲　区）（所有権に関する事項）			
順位番号	登記の目的	受付年月日・受付番号	権利者その他の事項
1	所有権保存	令和○年○月○日 第○号	所有者　○市○町○番○号 　甲野太郎

■ 登記記録例（敷地権付き区分建物の保存登記）

権　利　部（甲　区）（所有権に関する事項）			
順位番号	登記の目的	受付年月日・受付番号	権利者その他の事項
1	所有権保存	令和○年○月○日 第○号	原因　令和○年○月○日売買 所有者　○市○町○番○号 　甲野太郎

*敷地権付き区分建物の場合には、原因とその日付が登記されます。

4　登録免許税

登録免許税額は、課税価格の1,000分の4になります。なお、住宅用家屋については、租税特別措置法72条の2の適用がある場合には、その旨の証明書（住宅用家屋証明書）を添付した場合に限り、登録免許税の税率は1,000分の1.5になります。特定認定長期優良住宅については、租税特別措置法74条1項の適用がある場合には、その旨の証明書（住宅用家屋証明書）を添付した場合に限り、登録免許税の税率は1,000分の1になります。なお、「住宅用家屋証明書」は市区町村で発行しています。

なお、固定資産の評価額が登録されていない場合には、各法務局で認定した基準表に基づいて算出しますので、不動産を管轄する登記所に問い合わせてください。

【登録免許税の免税措置】

令和7年3月31日までに、土地の所有権の保存登記で表題部所有者の相続人が受ける場合で、かつ、この土地の価額が100万円以下の場合は、登録免許税は課されません。詳細は第15章528頁を参照してください。

建物の表題登記と所有権の保存登記の同時申請の可否

Q1　建物の表題登記と所有権の保存の登記は一緒に申請できますか。

A　一緒には申請できません。建物の表題登記が完了した後に所有権の保存登記の申請をしてください。

共有者の一人についてのみの保存登記の可否

Q2　所有者が数人いる場合には、そのうちの一人が自分の持分についてのみの保存登記を申請することはできますか？

A　できません（明治32年8月8日民刑第1311号民刑局長回答）。しかし、共有者の一人が全員のために保存登記をすることはできます。その場合には、全員の住所、氏名および持分を申請書に記載します（令3条11号イ）。ただし、その場合、申請人とならない共有者には登記識別情報が通知されませんので、共有者全員が申請人となって申請するのがよいと思います。

受贈者からの保存登記の可否

Q3　遺贈によって所有権を取得した者は保存登記を申請することができますか？

A　できません。その場合は、一旦、被相続人名義で保存登記をした後、遺贈による所有権移転登記をすることになります（昭和34年9月21日民甲第2071号民事局長通達）。

■申請書見本１（建物の所有権保存登記）

登　記　申　請　書

登記の目的　　所有権保存（注1）

共　有　者

○市○○町二丁目３番４号（住民票コード12345678901）（注2）

持分３分の２

野　口　ハ　ナ　子　㊞（注3）

連絡先の電話番号　○○－○○○○－○○○○（注4）

○市○○町二丁目３番４号（住民票コード12345678902）（注2）

３分の１

野　口　あ　ゆ　み　㊞（注3）

連絡先の電話番号　○○－○○○○－○○○○（注4）

添付情報

住所証明情報（注5）　住宅用家屋証明書（注6）

令和○年○月○日申請　法７４条１項１号申請（注7）

○○法務局○○出張所

課税価格　金○万○，０００円（注8）

登録免許税　金○○，○００円（注9）

租税特別措置法７２条の２該当（注10）

不動産の表示（注11）

不動産番号	０１０４５６７８９０１２３（注12）
所　　　在	○市○町一丁目４５番地
家屋番号	４５番
種　　　類	居宅
構　　　造	木造かわらぶき２階建
床面積	１階　７３．０５平方メートル
	２階　２６．００平方メートル

書式の解説

この申請書は、建物新築後または取得後1年以内にする区分建物以外の建物の所有権保存登記の見本です。

（注1）　登記の目的は「所有権保存」とします。

（注2）　住民票コード（住民基本台帳法7条13号）を記載した場合には、住所証明情報としての住民票の写しの添付は省略できます。

（注3）　所有者または共有者の住所、氏名または名称を記載し、押印します（令16条1項、規則47条3号ホ）。ここに押す印は認印で結構です（規則48条4号）。共有の場合には、その持分も記載します。

（注4）　申請書等に不備がある場合には、登記所から連絡がされますので、連絡をとることのできる電話番号を記載してください。

（注5）　所有者の住所証明情報として、個人の場合には住民票の写し（マイナンバー（個人番号）が記載されていないもの）または戸籍の附票の写し等を提供します。法人の場合には、法人の登記事項証明書を提供します。この住所証明情報は作成後3か月以内のものでなくてもかまいませんが、なるべく新しいものがよいでしょう。

なお、住民基本台帳法7条13号に規定する住民票コードまたは会社法人等番号を提供したときは、住所証明情報の提供は不要です（令9条、規則36条4項）。

（注6）　自己の住宅として取得した場合において登録免許税の軽減を受ける場合には、住宅用家屋証明書を添付してください。住宅用家屋証明書の交付については、市区町村に問い合わせてください。

（注7）　法74条1項1号に掲げる者からの申請であることがわかるように記載します（令28の項申請情報欄イ）。

（注8）　当分の間、固定資産課税台帳に登録された不動産の価格のうち、1,000円未満を切り捨てた額を記載します。この場合、市区町村で発行する「固定資産評価証明書」を添付してください。

なお、固定資産の評価額が登録されていない場合には、各法務局で認定した基準表に基づいて算出します。

（注9）　課税価格に1,000分の4の税率を掛けた額のうち100円未満を切り捨てた額を記載します。ただし、租税特別措置法72条の2の適用を受ける場合には、税率は1,000分の1.5に軽減されます。

（注10）　登録免許税の軽減の規定がある場合には、その根拠条文を記載します（規則189条3項）。

（注11）　不動産の表示は、登記事項証明書の記載どおりに記載してください。

（注12）　不動産番号を記載すれば、土地の場合は、土地の所在、地番、地目および地積の記載を、建物の場合は、建物の所在と土地の地番、家屋番号、建物の種類、構造および床面積等の記載を省略することができます（令6条）。

■申請書見本2（建物の所有権保存登記・相続人からの申請）

登　記　申　請　書

登記の目的　　所有権保存

共　有　者（被相続人　野口太郎）（注1）

○市○○町二丁目3番4号（住民票コード12345678901）（注2）

持分3分の2

野　口　ハ　ナ　子　㊞（注3）

連絡先の電話番号　○○－○○○○－○○○○（注4）

○市○○町二丁目3番4号（住民票コード12345678902）（注2）

3分の1

野　口　あ　ゆ　み　㊞（注3）

連絡先の電話番号　○○－○○○○－○○○○（注4）

添付情報

住所証明情報（注5）　相続証明書（注6）

令和○年○月○日申請　法74条1項1号申請（注7）

○○法務局○○出張所

課税価格　金○万○，000円（注8）

登録免許税　金○○，○00円（注9）

不動産の表示

所　　在　　○市○町一丁目45番地

家屋番号　　45番の2

種　　類　　店舗

構　　造　　木造かわらぶき平家建

床面積　　40．05平方メートル

書式の解説

この申請書は、表題部に所有者と記載されている者の相続人から申請する場合の見本です。

（注1）　誰の相続人であるかを明らかにするために、被相続人の氏名を記載します。

（注2）　住民票コード（住民基本台帳法7条13号）を記載した場合には、住所証明情報としての住民票の写しの添付は省略できます。

（注3）　所有者または共有者の住所、氏名を記載し、押印します（令16条1項、規則47条3号ホ）。ここに押す印は認印で結構です（規則48条4号）。共有の場合には、その持分も記載します。

（注4）　申請書等に不備がある場合には、登記所から連絡がされますので、連絡をとることのできる電話番号を記載してください。

（注5）　所有者の住所証明情報として、住民票の写し（マイナンバー（個人番号）が記載されていないもの）または戸籍の附票の写し等を提供します。この住所証明情報は作成後3か月以内のものでなくてもかまいませんが、なるべく新しいものがよいでしょう。
なお、住民基本台帳法7条13号に規定する住民票コードを提供したときは、住所証明情報の提供は不要です（令9条、規則36条4項）。

（注6）　表題部所有者の相続人が申請するときには、相続を証する書面を添付します（令別表の28の項添付情報欄イ）。具体的には、被相続人の戸籍謄本、除籍謄本および相続人の戸籍謄本等ですが、詳細は第2部第4章を参照してください。

（注7）　法74条1項1号に掲げる者からの申請であることがわかるように記載します（令28の項申請情報欄イ）。

（注8）　当分の間、固定資産課税台帳に登録された不動産の価格のうち、1,000円未満を切り捨てた額を記載します。この場合、市区町村で発行する「固定資産評価証明書」を添付してください。
なお、固定資産の評価額が登録されていない場合には、各法務局で認定した基準表に基づいて算出します。

（注9）　課税価格に1,000分の4を掛けた額のうち100円未満を切り捨てた額を記載します。

■ 申請書見本３（敷地権付き区分建物）

登　記　申　請　書

登記の目的　　所有権保存（注１）

原　　　因　　令和○年○月○日売買（注２）

所　有　者　　○市○町一丁目３番４−723号
　　　　　　　（住民票コード12345678901）（注３）
　　　　　　　　　　　野　口　あ　ゆ　み（注４）

添付情報
　　　登記原因証明情報（注５）　住所証明情報（注６）　承諾書（注７）
　　　住宅用家屋証明書（注８）　代理権限証明情報（注９）

令和○年○月○日申請　法７４条２項申請（注10）
　　　　　　　　　　　○○法務局○○出張所
代　理　人　　○市○町○番○号
　　　　　　　　　　　乙　川　二　郎　㊞（注11）
　　　　　　　連絡先の電話番号　○○−○○○○−○○○○（注12）

課税価格　建物　　金○○○万○，０００円
　　　　　敷地権　金○○○万○，０００円（注13）

登録免許税　建物　　金○万○，○○○円
　　　　　　租税特別措置法７２条の２該当（注14）
　　　　　　敷地権　金○万○，○○○円
　　　　　　合計　金○万○，○００円（注15）

不動産の表示（注16）
一棟の建物の表示
　所　　　在　　○市○町一丁目４５番地
　建物の名称　　メゾン○○

専有部分の建物の表示
　不動産番号　　０１０４５６７８９０１２３（注17）
　家 屋 番 号　　○町一丁目４５番の７２３

建物の名称	７２３
種　　　類	居宅
構　　　造	鉄筋コンクリート造１階建
床　面　積	７階部分　７３．０５平方メートル
敷地権の表示	
土地の符号	１
所在及び地番	○市○町一丁目４５番
地　　　目	宅地
地　　　積	１２３４．０６㎡
敷地権の種類	所有権
敷地権の割合	１１３３０７分の７８９

書式の解説

この申請書は、敷地権がある区分建物の所有権保存登記の見本です。

（注１）　登記の目的は「所有権保存」とします。

（注２）　所有権保存登記は、初めてする所有権の登記ですから、登記原因がないため登記原因およびその日付は登記をしないのですが（法76条1項）、敷地権付き区分建物の場合において法74条2項の規定により所有権保存登記をする場合には、登記原因とその日付も登記します（法76条1項）。

（注３）　住民票コード（住民基本台帳法7条13号）を記載した場合には、住所証明情報としての住民票の写しの添付は省略できます。

（注４）　所有者または共有者の住所、氏名または名称を記載し、押印します。ここに押す印は認印で結構です。共有の場合には、その持分も記載します。

（注５）　登記原因証明情報として、所有権譲渡証明書または報告形式の登記原因証明情報があります。

（注６）　所有者の住所証明情報として、個人の場合には住民票の写し（マイナンバー（個人番号）が記載されていないもの）または戸籍の附票の写し等を提供します。法人の場合には、法人の登記事項証明書を提供します。この住所証明情報は作成後3か月以内のものでなくてもかまいませんが、なるべく新しいものがよいでしょう。

なお、住民基本台帳法7条13号に規定する住民票コードまたは会社法人等番号を提供したときは、住所証明情報の提供は不要です（令9条、規則36条4項）。

（注７）　承諾書として敷地登記名義人の承諾書を添付します（令別表の29の項

添付情報欄ロ)。この承諾書には、承諾者の印鑑証明書を添付します。この印鑑証明書には有効期限がありませんが、なるべく新しいものがよいでしょう。また、この承諾書および印鑑証明書は原本還付できません(令7条1項6号、令別表の29の項添付情報欄ロ、令19条2項、規則55条1項ただし書)。ただし、承諾者が会社法人等番号を有する法人の代表者である場合において、当該法人の会社法人等番号を申請情報に記載した場合には、印鑑証明書の添付は不要です。

(注8) 自己の住宅として取得した場合において登録免許税の軽減を受ける場合には、住宅用家屋証明書を添付してください。住宅用家屋証明書の交付については、市区町村に問い合わせてください。

(注9) 登記申請を代理人に委任した場合には委任状を添付します。

(注10) 法74条2項に掲げる者からの申請であることがわかるように記載します(令別表の29の項申請情報欄)。

(注11) 委任を受けた代理人の住所、氏名または名称を記載し、押印します。ここに押す印は認印でも結構です。

(注12) 申請書等に不備がある場合には、登記所から連絡がされますので、連絡をとることのできる電話番号を記載してください。

(注13) 建物の保存登記と敷地の移転登記の税率が異なりますので、その場合には、各別に課税価格を記載します。

(注14) 登録免許税の軽減の規定がある場合には、その根拠条文を記載します(規則189条3項)。

(注15) 建物と土地の各別に該当する税率を掛けて、その両方を合算した後に端数計算をして、100円単位まで出します(国税通則法119条1項)。

(注16) 不動産の表示は、登記事項証明書の記載どおりに記載してください。

(注17) 不動産番号を記載すれば、土地の場合は、土地の所在、地番、地目および地積の記載を、建物の場合は、建物の所在と土地の地番、家屋番号、建物の種類、構造および床面積等の記載を省略することができます(令6条)。また、敷地権付き区分建物の場合には、敷地権の目的となる土地の所在する市、区、郡、町、村および字ならびに当該土地の地番、地目および地積の記載を省略することができます。したがって、本件の場合における不動産の表示は、次のように記載することもできます。

不動産の表示
不動産番号　0 1 0 4 5 6 7 8 9 0 1 2 3
敷地権の表示
　土地の符号　1
　敷地権の種類　所有権
　敷地権の割合　1 1 3 3 0 7分の7 8 9

•••第４章•••
相続による所有権移転登記

相続は人の死亡のみによって開始します（民法882条）。旧民法による隠居による生前相続は認められていません。ただし、死亡には、失踪宣告、認定死亡も含まれます（民法30条、31条、戸籍法89条）。相続人は、相続開始の時から被相続人の財産に属した一切の権利義務を承継します。ただし、被相続人の一身に専属したものは、この限りではないとされています（民法896条）。相続人が複数いる場合には、相続財産はその共有に属しますが、相続財産について共有に関する規定を適用するときは民法900条から902条までの規定により算出した相続分をもって各相続人の相続分とします（民法898条2項）。すなわち、法定相続分（相続分の指定がある場合には、指定相続分）を基準とします。なお、各相続人は、その相続分に応じて被相続人の権利義務を承継します。

Memo　相続登記の申請が義務化されます

令和６（2024）年４月１日から相続登記の申請が義務化されます。

相続登記の申請の義務化は、令和６年４月１日から始まりますが、それ以前に生じた相続の場合でも、相続登記がされていないものは義務化の対象になります。

相続人は、自己のために相続の開始があったことを知り、かつ、当該所有権を取得したことを知った日から３年以内に相続登記の申請をしなければならないことになります（法76条の２第１項）。遺贈（相続人に対する遺贈の場合に限る）により所有権を取得した人も同様です。

正当な理由がないのにその申請を怠《おこた》ったときは、10万円以下の過料に処せられます（法164条１項）。

相続登記の申請義務化に伴い、その負担軽減のため次の二つの制度が設けられました。

①　相続人である旨の申出による登記（法76条の3。令和６年４月１日施行）

相続人である旨の申出による登記とは、相続による所有権移転の登記の申請義務を負う人が、登記官に対し、対象となる不動産を個別的に特定した上で、所有権の登記名義人について相続が開始した旨と、自らがその相続人である旨の申出をした場合に、登記官において職権で、その旨並びに申出をした相続人の氏名、住所等を所有権の登記に付記するものです。そして、相続人が、相続登記の申請義務の履行期間内にこの申出をしたときは、相続登記の申請義務を履行したものとみなされます。この登記は付記登記でされ、相続が開始されたことを公示するものであり、相続による所有権移転を公示するものではありません。

② 所有不動産記録証明制度（法 119 条の 2。令和 3 年 4 月 28 日から起算して 5 年を超えない範囲内において施行）

登記官において、特定の人が所有権の登記名義人として記録されている不動産を一覧的に表示し、証明する制度が設けられました。これにより、被相続人が所有する不動産を把握《はあく》することが容易になり、登記の申請忘れが減るものと考えられています。

1 相 続 人

(1) 相続順位

相続人になれるのは、血族《けつぞく》と配偶者です。血族とは、血のつながっている者ですが、養子縁組によっても血族関係は発生します（民法 809 条）ので、普通養子は、実子と同一の相続権を有します。したがって、普通養子は、養親と実親の相続人になります。

血族には、相続人となる順位がついています。

第 1 順位が被相続人《ひそうぞくにん》（死亡した人）の子（民法 887 条 1 項）またはその代襲相続人《だいしゅうそうぞくにん》（民法 887 条 2 項・3 項）です。

第 2 順位が直系尊属（民法 889 条 1 項 1 号）です。直系尊属とは、父母、祖父母のことをいいます。

第 3 順位が兄弟姉妹（民法 889 条 1 項 2 号）またはその代襲相続人（民法 889 条 2 項）です。

配偶者は常に第1順位で相続人となります。

なお、胎児は、相続については、既に生まれたものとみなされます（民法886条1項）。しかし、胎児が死体で生まれたときは、この規定は適用されません（民法886条2項）。

相続順位	法定相続人	
第1順位	子または代襲相続人	配偶者
第2順位	直系尊属	配偶者
第3順位	兄弟姉妹または代襲相続人	配偶者

＊養子には「普通養子」と「特別養子」があります。特別養子は養親の嫡出《ちゃくしゅつ》子《し》たる身分を取得すると同時に、実親とその血族との親族関係は婚姻障害を除き消滅するので（民法817条の2第1項、同条の9）、連れ子養子の場合を除き、実親の相続人にはなりません。

(2) 代襲相続《だいしゅうそうぞく》

たとえば、AにB・Cの二人の子がいたが、Aが死亡する以前にBが死亡した場合、民法887条1項からするとAの死亡時には子はCのみなのでCのみが相続人となり、Bの子Dは相続人とならないことになります。しかし、これでは公平に欠けるということで、DはCと同順位で相続人となり（民法887条2項）、Bにいくはずだった相続分をDが相続することとされています（民法901条）。これが代襲相続です。

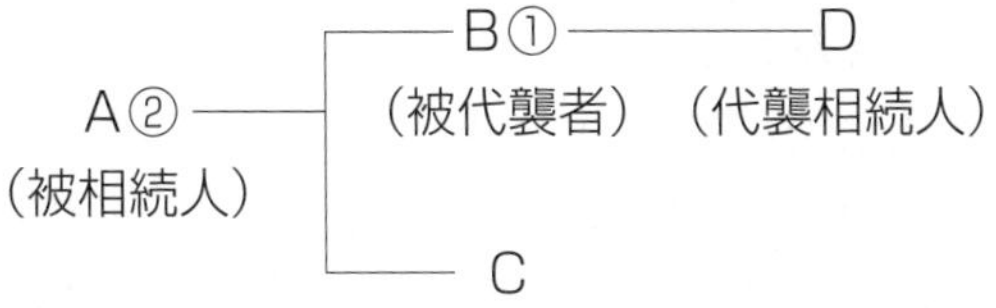

＊①②は、死亡した順序です。

i 同時死亡と代襲相続

被相続人と相続人が同時死亡の推定を受ける場合にも、代襲相続が発生します。

相続法の原則として、相続の開始の時に相続人が存在していることが必要ですが、被相続人と相続人となるべき者が同時に死亡した場合には、一方が死亡した場合には他方はもう存在しないことになるので、相続はできないことになります。また、民法887条2項は、代襲相続の要件として、被相続人の子が、「相続の開始以前に死亡したとき」と規定していますので、同時死亡の場合はこの「相続の開始以前」に含まれることになります。

ii　代襲原因

代襲原因には、被相続人の子、兄弟姉妹が、相続開始以前に死亡した場合のほか、相続欠格（民法891条）、廃除（民法892条）により相続権を失った場合があります。なお、相続放棄をした場合には代襲相続は起こりません。

iii　代襲相続人となれる人

①　相続人の直系卑属《ひぞく》または兄弟姉妹の子であること

代襲相続人になれるのは、相続人の子（民法887条2項）または兄弟姉妹の子（民法889条2項）です。また、代襲相続人が相続開始以前に死亡している場合には、相続人の孫（被相続人の曾孫《ひまご》）も代襲相続人になれますが（民法887条3項）、兄弟姉妹の孫は代襲相続人にはなれません（民法889条2項は887条3項を準用していない）。そして、代襲相続人は被相続人の直系卑属でなければなりません。したがって、被相続人とその養子の養子縁組前に生まれた養子の子は、養親の直系卑属とはならないので代襲相続人にはなりません。

次の図によるとCはAとBが養子縁組する前に生まれた子であるため代襲相続人にはなりません。ただし、養子であるBの配偶者がAの実子である場合には、CはAの直系卑属となりますので、Cは養親（A）より先に死亡した養子（B）を代襲して代襲相続人となるという考えもあります（『登記研究』529号89頁、同803号「実務の視点」94頁）。

（被代襲者の子が養子縁組前に生まれた子の場合）

A②———B①———C（養子縁組前に生まれた子）

養子縁組

＊①②は、死亡した順序です。

②　相続開始時に直系卑属として存在していること

代襲相続人は、相続人となるべき者が相続権を失った時（代襲原因発生時）に存在していなければならないのか、それとも、被相続人が死亡した時（相続開始時）に存在していればよいかですが、相続開始時に存在していればよいというのが現在の通説です。したがって、相続開始時に胎児または被代襲者の直系卑属として存在していればよいことになりますので、相続人となるべき者の死亡後に生まれた子、相続欠格（民法891条）・廃除（民法892条、893条）後に生まれた子も、代襲相続人となれると解されています。

iv　再代襲

被相続人Aの生存中にAの子であるBおよびBの子であるCが死亡したが、Aの死亡時にはCの子（Aの曾孫）であるDが生存している場合には、Dが代襲相続によりAを相続します。これを「再代襲相続」といいます。このことは、被代襲者が相続開始以前に死亡した場合のほか、相続欠格（民法891条）、廃除（民法892条、893条）により相続権を失った場合にも適用があります（民法887条3項）。

	A	B	C	D
ア	③	①	②	
イ	③	②	①	

＊アは、子Bが死亡した後、孫Cが死亡した場合。イは、Cが死亡した後、Bが死亡した場合。いずれの場合でもDは再代襲相続できます。

2　相続分

相続分は被相続人の遺言による指定で決まります（民法902条）が、遺言がない場合には、共同相続人全員の合意で遺産分割協議をして定めることができます（民法907条）。いずれの定めもない場合には、民法の規定による法定相続分によります。

民法900条では、配偶者と相続人が共同相続する場合の法定相続分を次のように定めています。

⑴ 配偶者と子が相続人の場合
── 配偶者2分の1、子2分の1

子が数人いる場合には、子の頭数で分けます。たとえば、子が三人いれば、三人で2分の1を分けることになりますから、各人は6分の1となります。

⑵ 配偶者と直系尊属が相続人の場合
── 配偶者3分の2、直系尊属3分の1

子がいない場合に限って、直系尊属が相続人となります。

直系尊属とは、被相続人の父母や祖父母のことをいいます。父母が死亡している場合には祖父母が相続人となります。被相続人が普通養子の場合には、養親だけではなく実親も直系尊属になります。

⑶ 配偶者と兄弟姉妹が相続人の場合
──配偶者4分の3、兄弟姉妹4分の1

子および直系尊属がいない場合に、兄弟姉妹が相続人となります。

なお、父母の一方のみを同じくする兄弟姉妹の相続分は、父母の双方を同じくする兄弟姉妹の2分の1とされています（民法900条4号ただし書）。

たとえば、被相続人Aには配偶者Bと兄弟姉妹であるCとDがいた場合の相続分は、配偶者は4分の3、Cは12分の2、Dは12分の1となります。

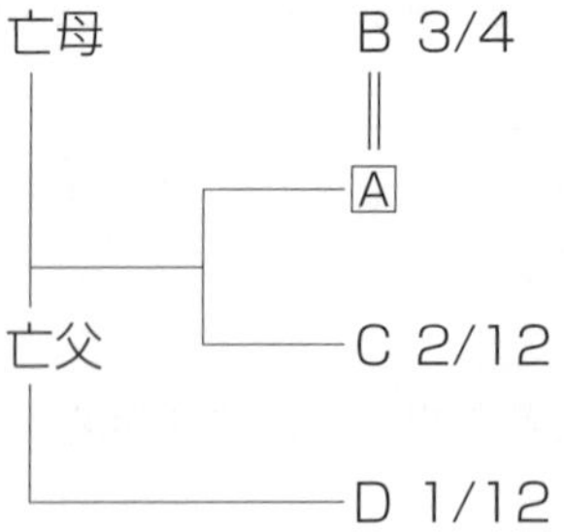

【法定相続分の例】

①昭和 56 年 1 月 1 日以降現在までに相続が開始した場合

相続人	配偶者	子	直系尊属	兄弟姉妹
①配偶者と子	2分の1	2分の1		
②配偶者と直系尊属	3分の2		3分の1	
③配偶者と兄弟姉妹	4分の3			4分の1

＊子、直系尊属、兄弟姉妹が複数いる場合には、各相続分を頭割りで等分します。

②昭和 22 年 5 月 3 日から昭和 55 年 12 月 31 日までに相続が開始した場合

相続人	配偶者	子	直系尊属	兄弟姉妹
①配偶者と子（直系卑属）	3分の1	3分の2		
②配偶者と直系尊属	2分の1		2分の1	
③配偶者と兄弟姉妹	3分の2			3分の1

＊子、直系尊属、兄弟姉妹が複数いる場合には、各相続分を頭割りで等分します。

＊第 1 順位の直系卑属は、昭和 37 年の民法の一部改正により「子」であるとされました。したがって、孫以下の直系卑属は、昭和 37 年の民法の一部改正後は、子を代襲してのみ相続することになりました。

3　申請書の記載事項

相続登記の申請書には、次の事項を記載します。

①　登記の目的（令３条５号）
②　登記原因およびその日付（同条８号）
③　申請人の氏名または名称および住所（令３条１号）
④　添付情報の表示（規則 34 条１項６号）
⑤　登記識別情報の通知の送付を希望する場合には、その旨と送付先（規則 63 条３項）
⑥　登記識別情報の通知を希望しない場合には、その旨（規則 64 条２項）
⑦　申請の年月日（規則 34 条１項７号）
⑧　登記所の表示（同項８号）
⑨　代理人の住所、氏名または名称（令３条３号）

⑩　申請人または代理人の電話番号その他の連絡先（規則34条1項1号）
⑪　課税価格
⑫　登録免許税の額
⑬　不動産の表示（令3条7号）

①　登記の目的（令3条5号）

被相続人が単独で所有している不動産を相続した場合は「所有権移転」とします。持分で所有している場合には被相続人の氏名を記載して「何某持分全部移転」とします。相続による場合には、原則として持分一部移転はないので、持分全部移転となります。

②　登記原因およびその日付（同条6号）

相続は、人の死亡によって開始します（民法882条）ので、登記原因は「相続」とし、その日付は被相続人の死亡の日となります。

③　申請人の氏名または名称および住所（令3条1号）

誰の相続であるかを明らかにするために被相続人の氏名を記載し、相続した者の住所と氏名を記載します。相続した者が2名以上の場合または持分を相続した場合には、その相続した持分も「持分○分○」のように記載します（令3条9号）。

各不動産によって相続した持分が異なる場合には、「持分後記のとおり」と記載して、各不動産の表示の下に相続した持分を記載します。

【被相続人が単独で所有していた不動産を一人が相続した場合】

相続人（被相続人甲某）
　　○市○町何丁目何番何号
　　乙　某

【持分を相続した場合】

相続人（被相続人甲某）
　　○市○町何丁目何番何号
　　持分4分の1
　　乙　某

④　添付情報の表示（規則34条1項6号）

「登記原因証明情報」「住所証明情報」と記載します。代理人に登記申請を委任した場合には、「代理権限証明情報」も付け加えます。その場合、添付情報の通数は記載しません。

登記原因証明情報とは、戸籍謄本、遺産分割協議書、遺言書等のことをいいますが、それらを具体的に記載する必要はありません。

住所証明情報とは、相続人の住所を証明する書面のことであり、住民票の写しまたは戸籍の附票の写しのことです。

代理権限証明情報とは、委任状、法定代理人の証明情報等のことです。

⑤　登記識別情報の通知の送付を希望する場合には、その旨と送付先（規則63条3項）

登記識別情報の通知の送付を希望する場合には、次のように記載します。

「登記完了後に通知される登記識別情報通知書・登記完了証・還付される添付書面は申請人の住所に送付してください。」

代理人あてに送付してもらいたい場合には、「登記完了後に通知される登記識別情報通知書・登記完了証・還付される添付書面は代理人の住所に送付してください。」と記載します。

登記所の窓口で受領する場合には、何も記載する必要はありません。

⑥　登記識別所法の通知を希望しない場合には、その旨（規則64条2項）

たとえば、「登記識別情報の通知を希望しません。」と記載すればよいでしょう。しかし、登記識別情報の通知を希望しない人は、ほとんどおりません。

⑦　申請の年月日（規則34条1項7号）

登記申請する日を記載します。

⑧　登記所の表示（同項8号）

申請する登記所を記載します。登記の申請は管轄する登記所にします。

⑨　代理人の住所、氏名または名称（令3条3号）

代理人によって登記申請をするときは、当該代理人の氏名または名称および住所ならびに代理人が法人であるときはその代表者の氏名を記載します。

⑩　申請人または代理人の電話番号その他の連絡先（規則34条1項1号）

申請書等に不備がある場合には、登記所から連絡がされますので、連絡をとることのできる電話番号を記載します。

⑪　課税価格

固定資産課税台帳に登録されている不動産の価格のうち、1,000円未満を切り捨てた額を記載します。

⑫　登録免許税の額

登録免許税の額を記載します。

⑬　不動産の表示（令3条7号）

不動産の表示は、登記事項証明書のとおり正確に記載してください。その際、不動産番号を記載した場合には、土地の場合は、所在、地番、地目および地積の記載を省略できます。建物（区分建物を除く）の場合は、建物の所在と土地の地番、家屋番号、種類、構造および床面積等の記載を省略できます（令6条）。

4　添付情報

相続は、遺言書がある場合にはそれに従います。遺言書がない場合には、共同相続人全員の合意により遺産分割協議をするのが一般的です。

遺言書もなく、遺産分割協議もしていない場合には、民法で定める法定相続分の割合で相続登記をする例が多いです。そのほかに、特別受益の証明書を添付する場合もあります。

相続登記を申請するには、当該不動産を相続した相続人が登記申請書を登記所に提出します。

相続登記を申請する場合には、登記申請書のほかに次の書類を提出する必要があります。

①　相続証明書およびその他の登記原因証明情報（令別表の22の項添付情報欄）
②　住所証明情報（令別表の30の項添付情報欄ハ）
③　代理権限証明情報

(1)　相続証明書およびその他の登記原因証明情報

相続証明書とは、戸籍謄本、相続放棄申述受理証明書等をいいます。

登記原因証明情報とは、登記の原因となった事実または法律行為およびこれに基づき現に権利変動が生じたことを証する情報をいいます。具体的には、遺言書、遺産分割協議書等をいいます。相続登記の場合は、相続の開始があったことと、誰が当該不動産を相続したか等を証明しなければなりません。そのためには、次のような書類が必要となります。

なお、登記申請書に添付情報として表示する場合には、「登記原因証明情報」とのみ記載すればよいでしょう。

①　相続の開始があったことの証明書
②　登記事項証明書に記録されている人物と戸籍に記録されている人物が同一人であることの証明書
③　他に相続人がいないことの証明書
④　誰が相続したかの証明書
⑤　相続人が相続当時生存していることの証明書

①　相続の開始があったことの証明書

被相続人の死亡の事実が記載されている戸籍全部事項証明書（戸籍謄本）または除籍全部事項証明書（除籍謄本）等です。

②　登記事項証明書に記載されている人物と戸籍に記載されている人物が同一人であることの証明書

被相続人の住民票の除票の写し（本籍の記載のあるもの）または戸籍の附票の写し（戸籍の表示：本籍・筆頭者の記載があるもの）のいずれか一つを提出します。

登記事項証明書には、人物を特定するために所有者の住所と氏名が記載されています。戸籍には、人物を特定するために本籍、筆頭者、生年月日が記載されています。登記事項証明書と戸籍に記載されている事項で一致するのは氏名だけです。これでは、登記事項証明書に記載されている人と戸籍に記載されている人が同一人であることが証明されません。

そこで、住所と本籍が記載されている住民票の除票の写しまたは戸籍の附票の写し（戸籍の表示のあるもの）等を提出すれば登記事項証明書の所有者と戸籍の被相続人が同一人であることがわかるということです。ただし、登記事項証明書に記載されている住所が本籍と一致する場合は、この限りではありません。

③　他に相続人がいないことの証明書

遺言書がない場合には、他に相続人がないことの証明書として、次の戸籍関係書類が必要になります。

ア　相続人が第一順位（配偶者と子）の場合

戸籍の編製年月日が被相続人の生まれた当時のものから死亡するまでの戸籍全部事項証明書、戸籍謄本・改製原戸籍謄本、除籍謄本等が必要となります。

なお、これらは全部事項証明書または謄本が必要となります。一部事項証明書や抄本ではありません。

イ　相続人が第二順位（配偶者と直系尊属の場合）

通常は、上記アの書面で足りますが、両親とも死亡していて祖父母が生存している可能性がある場合には、両親の死亡の事実が記載されている戸籍謄本（抄本）等が必要になります。

ウ　相続人が第三順位（配偶者と兄弟姉妹）の場合

兄弟姉妹が相続する場合には、上記ア・イの書面の他に、他に兄弟姉妹がいないことを証明するために、被相続人の両親が生まれた当時に編製された戸籍（除籍）等から上記ア・イの戸籍（除籍）等までのつながる戸籍（除籍）等の謄本も必要になります。

エ　子または兄弟姉妹が被相続人よりも先に死亡している場合（代襲相続の場合）

子または兄弟姉妹が被相続人よりも先に死亡している場合には、それらの子が代襲相続する場合もありますので、死亡した人の戸籍、除籍等の謄本が必要になります。たとえば、兄弟姉妹が結婚して新たに戸籍を編製したならば、その戸籍（除籍）謄本から死亡するまでの戸籍（除籍）謄本が必要です。

④　誰が相続したかの証明書

法定相続分による相続の登記の場合には、③の書面で足りますが、遺言書がある場合には遺言書、遺産分割協議をした場合には遺産分割協議書、特別受益者がいる場合には特別受益の証明書等が必要になります。

⑤　相続人が相続当時生存していることの証明書

相続人となるためには、被相続人が死亡した時に生存していなければなりませんので、相続人の戸籍全部（または個人）事項証明書が必要となります。この戸籍事項証明書は被相続人が死亡した後に発行されたものが必要となります。

〈法定相続情報一覧図の写し〉

以上の書面の代わりに、「法定相続情報一覧図の写し」と④の書類でもかまいません。

> **Memo**　**相続放棄をした人の戸籍謄本等の提出の要否**
>
> 相続放棄をした人が相続人であることが、提出された戸籍（除籍）謄本、相続放棄申述受理証明書で確認できる場合には不要とされています（『登記研究』127号・238号質疑応答）。

(2)　住所証明情報

当該不動産を相続した人の住所証明情報として、住民票の写し（本籍の記載があり、マイナンバー（個人番号）が記載されていないもの）または戸籍の附票の写し（戸籍の表示のあるもの）等を提供します。この住所証明情報は作成後3か月以内のものでなくてもかまいませんが、なるべく新しいものがよいでしょう。

なお、住民基本台帳法7条13号に規定する住民票コードを申請書に記載したときは、住所証明情報の提供は不要です（令9条、規則36条4項）。当該不動産を相続しない人の住所証明情報は不要です。

(3)　代理権限証明情報

代理人によって登記を申請するときは、その代理人の権限を証する情報を提供します。

たとえば、成年後見人が成年被後見人を代理して申請する場合には、後見登記事項証明書（作成後3か月以内のもの）を添付します。また、登記申請を第三者に委任した場合には、委任状を添付します。

(4)　固定資産評価証明書

そのほかに、「固定資産評価証明書」を添付しているのが実務の取扱いです。登録免許税を計算するのに必要なためです。この証明書は、市区町村で発行しています。

5　登録免許税

相続による所有権移転登記の登録免許税は、固定資産課税台帳に登録された不動産の価格のうち、1,000円未満を切り捨てた額（課税価格）に1,000分の4の税率を掛けて出てきた額の100円未満を切り捨てた額となります。

たとえば、土地または建物の固定資産課税台帳に登録されている不動産の価格が536万7,850円の場合、1,000円未満を切り捨てた536万7,000円が課税価格になります。これに1,000分の4を掛けます。

5,367,000円×4/1,000＝21,468円

この21,468円のうち100円未満を切り捨てた額、21,400円が登録免許税になります。

なお、土地の相続の場合において次の場合には非課税となります。詳細は、第15章登録免許税を参照してください。

① 相続により土地を取得した個人が登記を受ける前に死亡した場合。

② 100万円以下の土地を相続により取得した場合。

戸籍謄本の返却の可否

Q1　戸籍謄本は返却してもらえますか？

A　戸籍謄本、除籍謄本等は、「相続関係説明図」を添付すれば調査完了後に申請人に返却されます（実際には、登記完了後に返却されます）。また、これら戸籍謄本等のコピーを一緒に提出すれば、「相続関係説明図」を添付しなくても戸籍謄本等の原本は返却されます。

なお、遺産分割協議書、遺言書、住所証明情報、特別受益の証明書等は、「相続関係説明図」を添付したのみでは返却されません。これらの原本の返却を希望する場合には、これらのコピーも一緒に提出します。その場合、コピーには「これは原本と相違ありません」と記載し、申請人または代理人が記名押印または署名します。コピーが数枚になる場合には、各ページのつづり目に契印をしてください。

被相続人の住所が変更している場合

Q2　被相続人の住所が移転しているのですが、登記事項証明書には旧住所が記録されている場合、住所移転の登記をする必要がありますか。

A　登記事項証明書に記録されている被相続人の住所が、住所移転等により死亡時の住所と一致しないことはよくありますが、その場合には、住所移転の登記は省略してもかまいません。実際には、住所移転の登記をしていないのが普通です。ただし、その場合には、住所移転の経緯がわかる住民票の除票の写しまたは戸籍の附票の写し等を添付してください。

遺産分割協議の参加者

Q3 遺産分割協議は、全員が参加しないといけないのですか？行方のわからない兄弟がいます。

A 遺産分割は相続人全員の合意が必要ですので（民法907条）、行方不明者を除いて遺産分割の協議をすることはできません。ご質問の場合には、次の方法があります。

1　行方不明者の生死が不明で、失踪宣告の要件を備えている場合には、家庭裁判所に失踪宣告の申立てをする方法があります（民法30条）。失踪宣告がされた場合には、不在者は死亡したものとみなされますので（民法31条）、不在者に相続人がいる場合には、その相続人と遺産分割協議を行います。

2　失踪宣告の要件を充たさない場合等においては、家庭裁判所に不在者財産管理人の選任を申し立てて、その不在者財産管理人と遺産分割協議をする方法があります。その場合、不在者財産管理人は、民法103条に定められた権限を持っていますが、遺産分割協議をすることは、不在者財産管理人の権限を越えていますので、遺産分割協議をするためには、別に家庭裁判所の許可が必要となります（民法25条、28条）。

相続人が遠方に住んでいる場合の遺産分割協議

Q4　遺産分割協議をしたいのですが、兄弟姉妹が遠方に住んでいるため一堂に会することができません。どうすればよいですか？

A　遺産分割協議は、相続人全員が一堂に会して協議するのが望ましいのですが、遺産分割協議が成立するためには、一堂に会する必要はありません。相続人の一人が作成した遺産分割案を持ち回りで全員が承認する方法でもかまいません。また、同一内容の書面を相続人分作成して、それに各自署名押印してもらい、それら全部を合わせて１通の遺産分割協議書とすることもできます。

未成年者と遺産分割協議する場合

Q5　夫が死亡したため、妻である私と未成年の子どもたちとで遺産分割協議をしたいと考えていますが、どのようにすればよいですか？

A　親権者と未成年の子が遺産分割協議をするというのは、お互いの利益が相反する行為（民法826条）となりますので、この場合には、親権者は子のために特別代理人を選任することを家庭裁判所に請求しなくてはなりません。そして、親権者と特別代理人とが遺産分割協議をすることになります。子が複数いる場合には、未成年者一人ごとに別の特別代理人を選任しなければなりません。

特別受益者を除いて遺産分割協議をした場合

Q6 相続人A・B・CのうちAが特別受益者の場合に、Aの「相続分のないことの証明書」とB・Cによる遺産分割協議書を添付して相続登記の申請ができますか。

A 申請できます。特別受益者が相続分の価額と同じかまたは相続分を超える財産の贈与を受けている場合には、特別受益者は相続分を受けることができないので、特別受益者の参加がなくても遺産分割協議をすることができます（『登記研究』348号、398号質疑応答）。

相続分のないことの証明書

Q7 「相続分のないことの証明書」とはなんですか？

A 共同相続人のうち、被相続人から遺贈を受け、または婚姻、養子縁組のため、もしくは生計の資本として贈与を受けた者を特別受益者といいます（民法903条1項）。被相続人より受けた遺贈または贈与の価額が自分の相続分と同じかそれ以上なので、もう自分の相続分はありません、ということを証明したものが、「相続分のないことの証明書」（「特別受益証明書」ともいう）です。この証明書には、証明者の印鑑証明書（作成後3か月以内のものでなくてもよい）を添付します。この印鑑証明書は原本還付することができます。

相続分のないことの証明書見本（特別受益証明書）

相続分のないことの証明書

私は、被相続人からその生存中に相続分以上の贈与を受けておりますので、民法第903条第2項の規定により、相続する相続分のないことを証明します。

令和〇年〇月〇日
〇市〇町〇番〇号
被相続人　甲野太郎
上記相続人
〇市〇町〇番〇号
山田めぐみ　㊞　（注）

（注）　印鑑は実印を押して、印鑑証明書を添付します。

●民法903条（特別受益者の相続分）

1　共同相続人中に、被相続人から、遺贈を受け、又は婚姻若しくは養子縁組のため若しくは生計の資本として贈与を受けた者があるときは、被相続人が相続開始の時において有した財産の価額にその贈与の価額を加えたものを相続財産とみなし、第900条から第902条までの規定により算定した相続分の中からその遺贈又は贈与の価額を控除した残額をもってその者の相続分とする。

2　遺贈又は贈与の価額が、相続分の価額に等しく、又はこれを超えるときは、受遺者又は受贈者は、その相続分を受けることができない。

3、4　（省略）

未成年者の作成した「相続分のないことの証明書」

Q8 未成年者が作成した「相続分のないことの証明書」を相続登記の申請書に添付することができますか？

A 当該未成年者の印鑑証明書を添付できればかまいません。

未成年者の「相続分のないことの証明書」を共同相続人である母親が作成することの可否

Q9 未成年者の作成する「相続分のないことの証明書」を共同相続人である母親が作成できますか？

A 未成年者の子の「相続分のないことの証明書」を共同相続人である母親が作成しても利益相反行為（民法826条）には該当しません（昭和23年12月18日民甲第95号民事局長回答）ので、特別代理人を選任する必要もありません。

なお、「相続分のないことの証明書」には、親権者として母親の実印を押し（『登記研究』179号質疑応答）、印鑑証明書と親権者の代理権限を証する書面として戸籍謄本を添付します。

遺言書と検認

Q10 自筆証書の遺言に基づき相続登記を申請する場合、遺言書は家庭裁判所の検認が必要ですか。

A 検認が必要です。検認を得ていない自筆証書の遺言書を添付して相続登記が申請された場合には却下されます（平成7年12月4日民三第4344号三課長回答（『3訂先例・通達集』139頁））。

受遺者が先に死亡した場合

Q11　祖父が、その所有する不動産を子のＡに相続させる遺言書を作成しました。もしも祖父の死亡前にＡが死亡し、遺言書の変更がなされないまま祖父が死亡した場合、この遺言書は有効でしょうか。Ａには子（Ｂ）がいます。

A　Ａが死亡した場合にはＡに代わってＢに相続させる旨の文言がない限り、遺言は効力を失います。したがって、遺産は遺言者の法定相続人全員に相続されます（昭和62年6月30日民三第3411号第三課長回答（『3訂先例・通達集』138頁））。

所有権一部移転登記の可否

Q12　父が所有していた不動産を子のＡ・Ｂが相続したので、各別に申請書を作成して相続登記の申請をしたいのですが、可能ですか？

A　Ａに対しては「所有権一部移転」、Ｂに対しては「何某持分全部移転」の登記が可能かどうかですが、「相続」を原因として所有権の一部の移転はできないとするのが実務の取扱いですので（昭和30年10月15日民甲第2216号電報回答）、ご質問の場合には、1件の申請書で「所有権移転登記」を申請することになります。

遺産分割協議は10年以内にしておくのがよい

Q13

相続開始後数年が経ちましたが、遺産分割協議は、早めにしておいたほうがよいといわれました。いつ頃までにすればよいでしょうか。

A

遺産分割の協議はなるべく早めにするのがよいですが、遅くとも10年以内にはしておくのがよいのではないでしょうか。なお、相続登記の申請は令和６（2024）年４月１日より義務化されます。

相続人が数人いる場合には、遺産分割をする前は、民法900条から902条までの規定によって算出した相続分（法定相続分または指定相続分）をもって各相続人の共有持分とします（民法898条２項）。しかし、遺産分割協議は特別受益者や被相続人への寄与分を加味して協議をすることができます。

けれども、相続開始の時から10年を経過した後にする遺産分割については、次の①または②の場合を除き民法903条（特別受益者の相続分）から904条の２（寄与分）までの規定は適用されませんので（904条の３）、具体的相続分ではなく、法定相続分（相続分の指定があるときは、指定相続分）により遺産分割協議を行うことになります。

①　相続開始の時から10年を経過する前に、相続人が家庭裁判所に遺産の分割を請求したとき。

②　相続開始の時から始まる10年の期間の満了前６か月以内の間に、遺産の分割を請求することができないやむを得ない事由が相続人にあった場合において、その事由が消滅した時から６か月を経過する前に、当該相続人が家庭裁判所に遺産の分割の請求をしたとき。

申請書見本1（妻と子が法定相続分によって相続した場合）

登　記　申　請　書

登記の目的　所有権移転（注1）

原　　　因　令和〇年〇月〇日相続（注2）

相　続　人　（被相続人甲野太郎）（注3）
〇〇市〇区〇町〇番〇号（住民票コード12345678901）（注4）
持分2分の1　甲　野　ハ　ナ　㊞（注5）
連絡先の電話番号　〇〇－〇〇〇〇－〇〇〇〇（注6）
東京都〇区〇町二丁目3番4号（住民票コード02345678902）（注4）
持分2分の1　山　田　和　子　㊞
連絡先の電話番号　〇〇－〇〇〇〇－〇〇〇〇（注6）

添付情報　登記原因証明情報（注7）　住所証明情報（注8）

令和〇年〇月〇日申請　〇〇地方法務局〇〇支局

課税価格　金〇〇万〇，０００円（注9）
登録免許税　金〇，〇００円（注10）
不動産の表示（注11）
不動産番号　０１０４５６７８９０１２３（注12）
所　　　在　〇市〇町一丁目
地　　　番　２番３
地　　　目　宅地
地　　　積　１００．７８平方メートル

不動産番号　０１０４５６７８９０２２２（注12）
所　　　在　〇市〇町一丁目２番地３
家 屋 番 号　２番３
種　　　類　居宅
構　　　造　木造かわらぶき平家建
床　面　積　７０．４５平方メートル

書式の解説

この申請書は、夫が死亡し、その妻と子が法定相続分に従い相続した場合の見本です。

(注1)　登記の目的は「所有権移転」とします。

(注2)　登記原因は「相続」であり、その日付は被相続人の死亡の日です。

(注3)　誰の相続であるかを明らかにするために被相続人の氏名を記載します。

(注4)　住民票コード（住民基本台帳法7条13号）を記載した場合には、住所証明書としての住民票の写しの添付は省略できます。

(注5)　相続人の住所、氏名を記載します。住所は、省略して書いたりしないで、住民票の写しと同じに正確に記載してください。相続人が複数いる場合には持分を記載します。ここに押す印は認印でもかまいません（令16条1項、規則47条3号ホ、同48条4号）。
なお、登記が完了した後、登記識別情報の通知を登記所窓口で受領する時にはここに押印した印鑑が必要になります。

(注6)　申請書等に不備がある場合には、登記所から連絡がされますので、連絡をとることのできる電話番号を記載してください。

(注7)　登記原因証明情報として、被相続人（死亡した人）の戸籍謄本、除籍謄本、戸籍の附票の写し等を添付します。また、相続人全員の戸籍謄本（または抄本）も添付します。相続人の戸籍謄本（または抄本）は、被相続人が死亡した後に発行されたものであることが必要です。
なお、「相続関係説明図」を提出した場合には、戸籍謄本、除籍謄本は調査完了後（実際には登記完了後）に返却されます。

(注8)　相続した人の住民票の写し等の住所証明情報を提供します。ただし、住民基本台帳法7条13号に規定する住民票コードを記載したときは、住民票の写し等の提供は必要ありません（令9条、規則36条4項）。

(注9)　固定資産課税台帳に登録されている不動産の価格のうち、1,000円未満を切り捨てた額を記載してください。したがって、課税価格を認定する資料として、市区町村で発行している「固定資産評価証明書」を添付するのが実務の取扱いです。

(注10)　相続による所有権移転登記の登録免許税は、課税価格の1,000分の4になります。なお、100円未満の端数は切り捨てます。

(注11)　不動産の表示は、登記事項証明書の記載どおりに正確に記載してください。

(注12)　不動産番号を記載すれば、土地の場合は、土地の所在、地番、地目および地積の記載を省略できます。建物の場合は、建物の所在と土地の地番、家屋番号、建物の種類、構造および床面積等の記載を省略できます（令6条）。

申請書見本2（妻と子が法定相続分によってマンションを相続した場合）

登　記　申　請　書

登記の目的　所有権移転

原　　　因　　令和〇年〇月〇日相続

相　続　人　　（被相続人甲野太郎）
川崎市宮前区〇町〇番〇号
持分２分の１　　　　甲　野　ハ　ナ
東京都〇区〇町二丁目３番４号
持分４分の１　　　　田　中　和　子
埼玉県〇市〇町１番２号
持分４分の１　　　　甲　野　拓　也

添付情報　登記原因証明情報　　住所証明情報
代理権限証明情報（注1）

登記完了後に通知される登記識別情報通知書・登記完了証・還付される添付書面は代理人の住所に送付してください。（注2）

令和〇年〇月〇日申請　〇〇地方法務局〇〇出張所

申請人兼代理人　東京都〇区〇町二丁目３番４号（注3）
田　中　和　子　㊞
連絡先の電話番号　〇〇〇－〇〇〇〇－〇〇〇〇（注4）

課税価格　金〇〇万〇，０００円（注5）
登録免許税　金〇〇，〇００円（注6）
不動産の表示
一棟の建物の表示
所　　在　　〇市〇区〇町一丁目２００番地１
建物の名称　〇〇マンション
専有部分の建物の表示
家屋番号　　〇町一丁目２００番１の４０２
建物の名称　４０２
種　　類　　居宅

構　　造	鉄筋コンクリート造１階建
床 面 積	４階部分　７８．２０平方メートル
敷地権の表示	
土地の符号	１
所在及び地番	○市○区○町２００番１
地　　目	宅地
地　　積	１２３４．５６平方メートル
敷地権の種類	所有権
敷地権の割合	１万分の１２３

書式の解説

この申請書は、敷地権付きのマンションを妻と子が法定相続分に従い相続し、相続人の一人が代理人となった場合の見本です。

(注1)　登記申請を委任した場合には代理権限証明情報として委任状を添付します。

(注2)　登記識別情報の通知の送付を希望する場合には、その旨と送付先を記載します。登記識別情報の通知を希望しない場合には、その旨を記載します（規則63条3項、64条2項）。

(注3)　申請人のうちの一人が代理人となった場合には、申請人兼代理人として、代理人の住所と氏名を記載し、押印します。ここに押す印は認印でもかまいません（令16条1項、規則47条3号ホ、同48条4号）。なお、登記の完了後に登記識別情報の通知を登記所の窓口で受領する時には、ここに押した印鑑が必要になります。

(注4)　申請書等に不備がある場合には、登記所から連絡がされますので、連絡をとることのできる電話番号を記載してください。

(注5)　固定資産課税台帳に登録されている建物と敷地権の課税価格の合計を記載しますが、その場合、敷地権の課税価格は土地の価格に敷地権の割合を掛けた金額となります。そして、建物と敷地権の課税価格を合計した金額の1,000円未満を切り捨てた額を記載します。したがって、課税価格を認定する資料として、市区町村で発行している「固定資産評価証明書」を添付するのが実務の取扱いです。

(注6)　相続による所有権移転登記の登録免許税は、課税価格の1,000分の4になります。なお、100円未満の端数は切り捨てます。

委任状見本１

委　　任　　状

私たちは、東京都○区○町二丁目３番４号　田中和子を代理人と定め、次の権限を委任します。

1　下記の登記に関し、登記申請書を作成すること及び当該登記の申請に必要な書面と共に登記申請書を管轄登記所に提出すること
2　登記完了後に通知される登記識別情報通知書・登記完了証及び還付される添付書面を受領すること
3　登記の申請に不備がある場合に、当該登記の申請を取下げ、又は補正をすること
4　登記に係る登録免許税の還付金を受領すること
5　以上のほか、下記登記の申請に関し必要な一切の権限

令和○年○月○日

川崎市宮前区○町○番○号　　甲野ハナ　㊞
埼玉県○市○町１番２号　　甲野拓也　㊞

記

登記の目的　所有権移転
原　　因　令和○年○月○日相続
相　続　人　（被相続人　甲野太郎）
川崎市宮前区○町○番○号　　持分２分の１　甲野ハナ
東京都○区○町二丁目３番４号　持分４分の１　田中和子
埼玉県○市○町１番２号　　持分４分の１　甲野拓也
不動産の表示
一棟の建物の表示
所　　在　○市○区○町一丁目200番地１
建物の名称　○○マンション
専有部分の建物の表示
家屋番号　○町一丁目200番１の402
建物の名称　402
種　　類　居宅
構　　造　鉄筋コンクリート造１階建

床　面　積　4階部分　78．20平方メートル
敷地権の表示
土地の符号　1
所在及び地番　○市○区○町200番1
地　　目　宅地
地　　積　1234．56平方メートル
敷地権の種類　所有権
敷地権の割合　1万分の123

書式の解説

この委任状は、申請人の一人に登記申請を委任した場合の委任状の見本です。委任状に押す印は認印でもかまいません。

申請書見本３（共有者の一人に相続が発生した場合・代理人申請）

登　記　申　請　書

登記の目的　　甲野太郎持分全部移転（注１）

原　　　因　　令和○年○月○日相続

相　続　人　　（被相続人甲野太郎）

○市○町○番○号

持分３分の２　甲　野　和　子

添付情報　登記原因証明情報　　住所証明情報
　　　　　代理権限証明情報

登記完了後に通知される登記識別情報通知書・登記完了証・還付される添付書面は代理人の住所に送付してください。

令和○年○月○日申請　○○法務局○○出張所

代　理　人　　○市○町○番○号
　　　　　　　甲　野　一　男　㊞
　　　　　　　連絡先の電話番号　○○－○○○○－○○○○（注２）

課税価格　　移転した持分の価格　金○，○○○万円（注３）

登録免許税　金○万○，○００円

不動産の表示
　所　　在　　○市○町三丁目
　地　　番　　１０番３
　地　　目　　宅地
　地　　積　　１２３０．４５㎡

書式の解説

この申請書は、共有者の一人に相続が発生したため、相続登記の申請を代理人に委任した場合の見本です。

(注1) 共有者の一人が死亡して相続が開始した場合には、誰の持分が移転したかを記載します。相続による場合には、原則として被相続人の持分一部移転はないので、持分全部移転となります。

(注2) 代理人によって登記の申請をする場合には、代理人の住所、氏名を記載し、押印します。ここに押す印は認印でかまいません。
なお、登記の完了後に登記識別情報の通知を登記所の窓口で受領する時には、ここに押した印鑑が必要になります。

(注3) 持分の移転の場合には、固定資産課税台帳に登録されている不動産の価格のうち、移転した持分を掛けて出た額の1,000円未満を切り捨てた額を記載してください。

登記が完了すると、以下のような登記がされます。

権　利　部　(甲　区)(所有権に関する事項)			
順位番号	登記の目的	受付年月日・受付番号	権利者その他の事項
2	所有権移転	令和○年○月○日 第○号	原因　令和○年○月○日売買 共有者　○市○町○番○号 　持分3分の2 　甲野太郎 　○市○町○番○号 　3分の1 　甲野和子
3	甲野太郎持分全部移転	令和○年○月○日 第○号	原因　令和○年○月○日相続 所有者　○市○町○番○号 　持分3分の2 　甲野和子

＊共有者の一人である甲野太郎が死亡し、その持分を他の共有者甲野和子が単独で相続した場合の記録例です。その場合、権利者の表記は「所有者」となります。この場合、甲野和子の住所の変更があったにもかかわらず、住所変更の登記をしていない場合には、旧住所の甲野和子と新住所の甲野和子をコンピュータは同名異人とみなしますので、住所の変更がある場合には、住所変更の登記をした後に相続による移転登記をするのがよいでしょう。

委任状見本2

委　　任　　状

私は、○市○町○番○号の甲野一男を代理人と定め、次の権限を委任します。

1　下記の登記に関し、登記申請書を作成すること及び当該登記の申請に必要な書面と共に登記申請書を管轄登記所に提出すること

2　登記完了後に通知される登記識別情報通知書・登記完了証及び還付される添付書面を受領すること（注1）

3　登記の申請に不備がある場合に、当該登記の申請を取下げ、又は補正をすること

4　登記に係る登録免許税の還付金を受領すること

5　以上のほか、下記登記の申請に関し必要な一切の権限

令和○年○月○日

○市○町○番○号

甲　野　和　子　㊞（注2）

記

登記の目的　　甲野太郎持分全部移転

原　　　因　　令和○年○月○日相続

相　続　人　　（被相続人　甲野太郎）

○市○町○番○号

持分3分の2　甲　野　和　子

不動産の表示（注3）

○市○町三丁目　10番3　宅地　１２３０．４５㎡

書式の解説

（注1）　登記識別情報の通知を希望し、その受領を代理人に委任する場合には、その旨を見本のように記載してください。

（注2）　委任者の住所と氏名を記載し、押印します。ここに押す印は実印でなくてもかまいません。

（注3）　不動産の表示は、このように簡略して記載してもかまわないでしょう。

■ 申請書見本４（遺産分割により相続した相続人からの申請）

登　記　申　請　書

登記の目的　　所有権移転（注１）

原　　　因　　令和○年○月○日相続（注２）

相　続　人　　（被相続人甲野太郎）（注３）
○市○町○番○号
甲　野　和　子　㊞（注４）
連絡先の電話番号　○○－○○○○－○○○○（注５）

添付情報
登記原因証明情報（注６）　住所証明情報（注７）

登記完了後に通知される登記識別情報通知書・登記完了証・還付される添付書面は申請人の住所に送付してください。（注８）

令和○年○月○日申請　○○法務局○○出張所

課税価格　　金○○万○，０００円

登録免許税　金○，○００円

不動産の表示
所　　在　　○市○町一丁目２００番地１
家屋番号　　２００番１
種　　類　　居宅
構　　造　　木造かわらぶき２階建
床 面 積　　１階　５０．００㎡
２階　３０．２５㎡

書式の解説

この申請書は、共同相続の登記をする前に共同相続人間で遺産分割協議をして、当該物件を相続した相続人からする場合の見本です。なお、共同相続の登記をした後に、遺産分割をした場合には、「遺産分割」を原因とする登記の申請となります。

（注1）　登記の目的は「所有権移転」と記載します。

（注2）　遺産分割協議による所有権の取得は、相続開始の時に遡って効力を生じます（民法909条）ので、登記原因は「遺産分割」ではなく「相続」となり、その日付は相続開始の日（被相続人死亡の日）になります。

（注3）　誰の相続であるかを明らかにするために被相続人の氏名を記載します。

（注4）　遺産分割協議により当該不動産を相続した人の住所、氏名を記載します。本人が申請する場合には、氏名の横に押印してください。ここに押す印は認印でかまいません。

なお、登記が完了した後、登記識別情報の通知を登記所の窓口で受領する時には、ここに押印した印鑑が必要になります。

（注5）　申請書等に不備がある場合には、登記所から連絡がされますので、連絡をとることのできる電話番号を記載してください。

（注6）　登記原因証明情報として、被相続人（死亡した人）の戸籍謄本、除籍謄本、戸籍の附票の写し等、遺産分割協議書（印鑑証明書付き）を添付します。また、相続人全員の戸籍謄本（または抄本）も添付します。相続人の戸籍謄本（または抄本）は、被相続人が死亡した後に発行されたものであることが必要です。

なお、「相続関係説明図」を提出した場合には、戸籍謄本、除籍謄本は調査完了後（実際には登記完了後）に返却されます。ただし、遺産分割協議書の原本還付を希望する場合には、遺産分割協議書およびそれに添付されている印鑑証明書をコピーして、原本とともに提出しなければなりません。コピーには、「原本と相違ありません」と記載し、記名押印または署名します。

（注7）　相続した人の住民票の写し等の住所証明情報を提供します。ただし、住民基本台帳法7条13号に規定する住民票コードを記載したときは、住民票の写し等の提供は必要ありません（令9条、規則36条4項）。

（注8）　登記識別情報の通知の送付を希望する場合には、その旨と送付先を記載します。登記識別情報の通知を希望しない場合には、その旨を記載します（規則63条3項、64条2項）。

遺産分割協議書の見本

遺産分割協議書

被相続人甲野太郎（本籍　〇市〇町〇番）（注１）は、令和〇年〇月〇日死亡したので、その相続人甲野和子、甲野一郎、乙川恵子は、被相続人の遺産につき次のとおりに分割することを協議した。

１　甲野和子は、次の遺産を相続する。（注２）
所　　在　〇市〇町一丁目２００番地１
家屋番号　２００番１
種　　類　居宅
構　　造　木造かわらぶき２階建
床面積　　１階　５０．００㎡
　　　　　２階　３０．２５㎡

１　乙川恵子は、次の遺産を相続する。
株式会社〇〇銀行〇〇支店の被相続人名義の預金
普通預金　金〇〇万円
定期預金　金〇〇万円

以上のとおり分割協議が成立したので、これを証するため、この証書を３通作成し、各自署名押印して、各１通所持するものである。

令和〇年〇月〇日
〇市〇町〇番〇号
相続人　甲　野　和　子　㊞（注３）
〇市〇町〇番〇号
相続人　甲　野　一　郎　㊞
〇市〇町〇番〇号
相続人　乙　川　恵　子　㊞

書式の解説

遺産分割協議書は、相続人全員が作成しなければなりません。登記所に遺産分割協議書を提出する場合には、遺産分割協議書および印鑑証明書の原本とコピーを提出して、登記完了後に原本を返却してもらうのがよいでしょう。その場合、コピーには、「原本と相違ない」と記載して、申請人が署名または記名捺印します。

(注1)　誰の遺産分割協議なのかを明らかにするために、被相続人を本籍または住所で特定する必要があります。

(注2)　不動産の表示は登記事項証明書と同じに記載します。もし、実際の床面積等が登記事項証明書と相違する場合には、実際の床面積等も併せて記載するのがよいでしょう。

(注3)　相続人は全員、実印を押し、印鑑証明書を添付します。この印鑑証明書は3か月以内に発行されたものでなくてもかまいませんが、なるべく新しいものが望ましいでしょう。

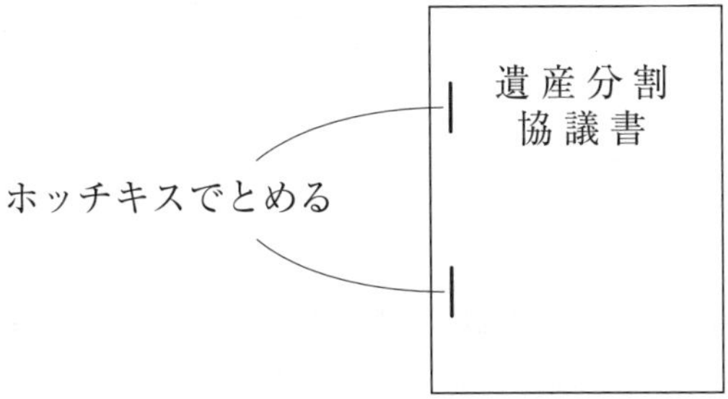

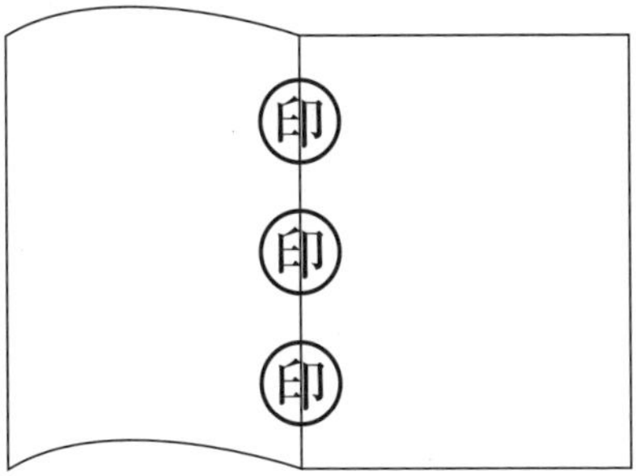

遺産分割協議書が2枚以上になるときは、左側を2か所ホッチキス等でとじたのち、各ページのつづり目に相続人全員で契印をしてください。

相続関係説明図の見本

被相続人　甲野太郎　相続関係説明図

登記簿上の住所　□市□町〇番〇号（注１）
最後の住所　　　〇市〇町〇番〇号
出生　昭和〇年〇月〇日
死亡　令和〇年〇月〇日
（被相続人）
甲野太郎

住所　〇市〇町〇番〇号
出生　昭和〇年〇月〇日
（相続人）
甲野和子

出生　昭和〇年〇月〇日
（分割）（注２）
甲野一郎

出生　平成〇年〇月〇日
（分割）（注２）
乙川恵子

書式の解説

この「相続関係説明図」を提出すれば、提出した戸籍謄本、除籍謄本は調査完了後（実際には登記完了後）に返却されます。

（注１）　登記事項証明書に記録されている住所と死亡時の住所が相違する場合には、見本のように両方を記載するとよいでしょう。

（注２）　（分割）とは、遺産分割協議の結果、財産中の不動産を相続しなかったという意味です。

6　遺言書保管制度

(1)　概　　略

遺言者は自筆証書遺言を作成した場合には、それを法務局で保管してもらうことができます。よって、遺言書の紛失等を防ぐことができます。また、遺言書の保管申請時には、法務局の遺言書保管官（以下「保管官」という）が民法の定める自筆証書遺言の形式に適合するかについて外形的なチェックをしますので、方式が不備で無効になるおそれがありません。ただし、保管官は遺言書の内容についてはチェックしませんし、内容についての相談に応じることもありませんので、遺言書としては有効だけれども登記の申請には使えない、という問題が生じる場合もあります。

そして、法務局で保管された遺言書は、家庭裁判所の検認が不要となります（保管法11条)。なお、法務局で保管されない自筆証書遺言は従前どおり家庭裁判所の検認が必要となります（民法1004条1項)。

(2)　保管申請までの流れ

① 自筆証書遺言書を作成する。
② 法務局のホームページで申請書を作成する。
③ 保管の申請の予約を取る。
④ 遺言者本人が遺言書保管所へ出頭する。
⑤ 保管証を受け取る。

(3)　保管される遺言書の種類

法務局で保管される遺言書は民法968条によって作成された自筆証書遺言に限ります（保管法1条)。したがって、公正証書遺言（民法969条)、秘密証書遺言（民法970条）は保管されません。そして、保管される遺言書は民法968条に定める方式に適合したものであり、かつ、法務省令（保管省令9条）で定める様式に従って作成し、無封でなければなりません（保管法4条2項)。

【自筆証書遺言書の要件】

自筆証書遺言を作成する場合には次の要件を充たさなければなりません。

ア　自筆証書遺言は、その全文、日付および氏名を自筆で記載し、これに押印しなければなりません（民法968条１項）。

作成日付のない遺言は無効です。たとえば、「令和何年何月吉日」のように、日が特定できないものは無効です。

相続人に財産を取得させたい場合には「何某に相続させる。」、相続人以外の第三者に財産を取得させたい場合には「何某に遺贈する。」と具体的に記載するのがよいでしょう。「何某にやる。」「何某に与える。」と記載すると、それが相続なのか遺贈なのか判断が難しくなるからです。

本文に不動産の表示を記載する場合には、登記事項証明書に記載されているように正確に記載してください。たとえば、「私の住んでいる家を妻に相続させる。」と書いても、それが登記されたどの不動産かが特定できず、また、土地も含まれるのか不明となり、結局、その遺言書では登記申請できないということも生じかねません。なお、本文中に財産目録を記載する場合にも、自筆で記載しなければなりません。

イ　遺言書に添付する財産目録等については、パソコン等で作成した目録、銀行通帳のコピー、不動産の登記事項証明書等を添付して遺言書を作成することもできます。その場合、財産目録等の各ページ（自署によらない記載がその両面にある場合には、その両面）に署名押印しなければなりません（同２項）。

ウ　加除その他の変更は、遺言者が、その場所を指示し、これを変更した旨を付記して特にこれに署名し、かつ、その変更の場所に印を押さなければなりません（同３項）。

【その他の特別ルール】

以上の要件に加えて、保管してもらうためには次の様式上のルールがあります（保管省令別記１号）。

ア　用紙はA4サイズとする。

イ　上側5mm、下側10mm、左側20mm、右側5mmの余白を確保する。

ウ　片面のみに記載する。

エ　各ページにページ番号を記載する。1枚のときも 1/1 と記載する。

オ　複数枚でもホチキス等でとじない。封筒も不要。

詳細は法務局のホームページで「業務のご案内」→「遺言書保管」を参照してください。

(4)　申請手続

①　申請場所

遺言書を保管する法務局のことを「遺言書保管所」といい、法務大臣が指定する法務局が行います（保管法2条）。申請は次のいずれかを管轄する遺言書保管所に提出します（保管法4条3項）。管轄については法務局のホームページを参照してください。

＊遺言者の住所地

＊遺言者の本籍地

＊遺言者が所有する不動産の所在地

申請は遺言者本人が必ず出頭しなければなりません（保管法4条6項）。代理人による申請は認められていません。

〈予約が必要〉

申請には予約が必要とされています。当日の予約はできません。

予約方法は以下のとおりです。

- 法務局手続案内予約サービスの専用ホームページでの予約
- 予約を取りたい遺言書保管所への電話または窓口での予約

②　申請書の記載事項

申請書は、法務局のホームページからダウンロードして、直接入力してからプリントアウトするのがよいでしょう。

記載事項は次のとおりです（保管法4条4項、保管省令11条）。

ア　遺言書の作成の年月日

イ　遺言者の氏名、出生の年月日、住所（郵便番号を含む）、本籍（外国人の場合は国籍）および筆頭者の氏名

ウ　遺言書に次に掲げる人の記載があるときは、その氏名または名称および住所

＊受遺者

＊民法1006条1項の規定により指定された遺言執行者

エ　遺言者の電話番号その他の連絡先

オ　申請をする遺言書保管官の所属する遺言書保管所が遺言者の住所地および本籍地を管轄しないとき（次の項の場合を除く）は、遺言者が所有する不動産の所在地（当該遺言書保管所が管轄するものに限る）

カ　遺言者の作成した他の遺言書が現に遺言書保管所に保管されているときは、その旨

キ　遺言書に保管法9条1項2号（イを除く）および3号（イを除く）に掲げる人の記載があるときは、その氏名または名称および住所。この条文上の除かれるイとは、受遺者と遺言執行者のことですが、これらは上記ウにより記載することになっています。

ク　遺言書の総ページ数

ケ　手数料の額

コ　申請の年月日

サ　遺言書保管所の表示

③　添付情報

ア　申請書

申請書には、遺言者の氏名、出生の年月日、住所および本籍（外国人の場合は国籍）を証明する書面を添付します（保管法4条5項)。その他に、遺言者の戸籍の筆頭者の氏名を証明する書類（保管省令12条1項1号)、遺言書が外国語により記載されているときは、日本語による翻訳文（同2号）があります。その場合、翻訳者の押印等は求められていません。

具体的には、次のいずれかを提出します。

＊住民票の写し（本籍・筆頭者の記載があり、マイナンバーの記載のないもの）

＊戸籍の附票の写し（本籍・筆頭者の記載のあるもの）を提出します。なお、令和4年1月11日から、戸籍の附票には生年月日と性別が記載されることになりました

これら官公署が作成した書面は作成後3か月以内のものを提出します（保管省令12条2項)。

イ　遺言書

④　遺言書保管官による遺言書と本人確認

保管の申請があった場合には、保管官は遺言書が民法968条に定め

る方式にあっているかどうかを確認します。具体的には、日付、遺言者の氏名の記載、押印の有無、本文が手書きかどうかを確認します。

保管官は、申請人が本人であるかどうかを確認するため、申請人を特定するために必要な氏名および出生の年月日または住所を示す書類（マイナンバーカード（個人番号カード）、運転免許証等の本人の写真が貼られたものに限る）の提示もしくは提出またはこれらの事項についての説明を求めるものとされています（保管法5条、保管省令13条、14条）。また、有効期限のある身分証明書については、有効期限内のものが必要です。

〈本人確認のための書類例（保管省令13条）〉

＊マイナンバーカード（個人番号カード）

＊運転免許証

＊運転経歴証明書

＊パスポート

＊在留カード

＊特別永住者証明書等

⑤　保管証の交付

保管官は、遺言書の保管を開始したときは、遺言者に対し、保管証を交付します（保管省令15条1項）。

⑥　手 数 料

手数料は次のとおりとなります（保管法12条2項、法務局における遺言書の保管等に関する法律関係手数料令1条）。

納付する人	手 数 料
遺言書の保管の申請をする人	1件につき3,900円
遺言書の閲覧を請求する人	1回につき1,700円
遺言書情報証明書の交付を請求する人	1通につき1,400円
遺言書保管事実証明書の交付を請求する人	1通につき800円

手数料の納付は、手数料納付用紙（保管省令別記12号様式）に手数料の額に相当する収入印紙を貼って納めます。

(5) 相続開始後の手続

① 遺言書保管事実証明書の交付請求

これは、被相続人の遺言書が保管所で保管されているかどうかを確認するためのものです（保管法10条）。交付請求は、遺言者が死亡していれば、誰でもすることができます（同条1項）。しかし、請求者自身が相続人、受遺者、遺言執行者等の関係相続人等に該当する関係遺言書*が、保管所に保管されているかの事実を証明するものですので、全く関係ない人の証明書を請求できるものではありません。

交付請求は、全国どこの遺言書保管所にもできます。また、郵送も可能です。交付請求には予約が必要です（郵送による場合を除く）。

＊関係遺言書とは、保管法9条にいう関係相続人等に該当する遺言書のことをいいます。

〈交付請求できる人（保管法9条、10条）〉

＊相続人、受遺者、遺言執行者等

＊上記の人の親権者や成年後見人等の法定代理人

〈交付請求に必要な書類等〉

遺言書保管事実証明書を窓口で請求するときには、次の書類を持参してください。

㈠ 交付請求書

予め法務省のホームページからダウンロードして作成したものを持参してください。

㈡ 添付書類（保管省令44条）

交付請求に必要な主な添付書類は次のものです。

ア 「法定相続情報一覧図の写し」

イ アの書類がない場合には次の書類を添付します。

・遺言者の死亡の事実が記載されている戸籍（除籍）事項証明書

・相続人または数次相続人であることを確認できる戸籍事項証明書

ウ 請求人の住民票の写しまたは戸籍の附票の写し

ただし、「法定相続情報一覧図の写し」に請求人である相続人の住所が記載されている場合には不要。

運転免許証のコピーでも構いませんが、その場合は、運転免許証の裏表をコピーして、請求人が「原本と相違ない」旨と氏名を記載します。

エ　請求人が法人の場合は、法人の作成後３か月以内の登記事項証明書または代表者事項証明書

オ　法定代理人が請求する場合は、親権者の作成後３か月以内の戸籍謄本または成年後見人等の作成後３か月以内の登記事項証明書

㈢　請求人の顔写真付きの官公署から発行された身分証明書

運転免許証、マイナンバーカード等

有効期限のある身分証明書については、期限内のものが必要です。

㈣　手数料

証明書１通につき、800円

②　遺言書情報証明書の交付請求

相続開始後、相続人、受遺者、遺言執行者等の関係相続人等は、保管官に対し、遺言書情報証明書の交付を請求することができます（保管法９条）。

この遺言書情報証明書は家庭裁判所で検認手続を経た自筆証書遺言と同じように不動産登記手続の添付情報として利用することができます。しかし、この証明書をもって遺言者の死亡を証する書面として取り扱うことはできません（令和２年６月24日民二第436号第二課長通知『3訂先例・通達集』181頁）。

交付請求は、全国どこの遺言書保管所にもできます。また、郵送も可能です。交付請求には予約が必要です（郵送による場合を除く）。

〈交付請求できる人（保管法９条）〉

＊相続人、受遺者、遺言執行者等

＊上記の人の親権者や成年後見人等の法定代理人

〈交付請求に必要な書類等〉

遺言書情報証明書を窓口で請求するときには、次の書類を持参してください。

㈠　交付請求書

予め法務省のホームページからダウンロードして作成したものを持参してください。

㈡　添付書類（保管省令34条）

交付請求に必要な主な添付書類は次のものです。

ア　相続人全員の住所が記載されている発行後３か月以内の「法定相続情報一覧図の写し」（廃除された者がある場合には、「法定相続情報一覧図の写し」およびその者の戸籍の謄本、抄本または記載事項証明書）。

　なお、相続人の住所が記載されていない「法定相続情報一覧図の写し」の場合には、発行後３か月以内である必要はないと考えますが、その場合には、発行後３か月以内の相続人の住民票の写しを添付します。

イ　アの書類がない場合には次の書類を添付します。

・遺言者の出生時から死亡時までの戸籍（除籍）事項証明書
・相続人全員の戸籍事項証明書（相続開始後に発行されたもの）

ウ　相続人全員の住民票の写しまたは戸籍の附票の写し（保管省令34条１項２号）。これらは作成後３か月以内のものに限ります。ただし、３か月以内に発行された「法定相続情報一覧図の写し」に全ての相続人の住所が記載されている場合には不要です。

ウ　請求人が数次相続人（相続人の相続人）の場合は、遺言者の相続人であることが確認できる戸籍事項証明書等

エ　相続人以外の請求人（受遺者、遺言執行人）の住民票の写しまたは戸籍の附票の写し（同３号）

　相続人が請求人となる場合には、ウによって相続人の住民票の写しを添付するので、重ねて同じものを添付する必要はありません。

　運転免許証のコピーでも構いませんが、その場合は、運転免許証の裏表をコピーして、請求人が「原本と相違ない」旨と氏名を記載します。

オ　請求人が法人の場合は、法人の作成後３か月以内の代表者事項証明書

カ　法定代理人が請求する場合は、親権者の作成後３か月以内の戸籍謄本または成年後見人等の作成後３か月以内の登記事項証明書

㈢　請求人の顔写真付きの官公署から発行された身分証明書

運転免許証、マイナンバーカード等

有効期限のある身分証明書については、期限内のものが必要です。

㈣　手数料

証明書1通につき、1,400円

※ただし、既に遺言書情報証明書の交付または関係相続人等による閲覧がされている場合には、上記アからウの書類の添付は要しません（保管省令34条2項）。

7　相続土地国庫帰属制度

相続を機会にやむを得ず土地を相続したが、遠隔地にあるため管理が充分にできないなどの理由で手放したいと思っても、買い手が見つからないなどの理由で放置されたままの土地が増えています。このことが、所有者不明の土地を発生させる要因にもなっています。やむを得ず相続したが手放したいと思っている人たちの要望に応えるために、相続等により取得した土地については国庫への帰属を認めるために「相続等により取得した土地所有権の国庫への帰属に関する法律（以下「帰属法」という）」が制定され、令和5（2023）年4月27日から施行されました。しかし、全ての土地が国庫に帰属されるわけではなく、また、手放す人は審査手数料と一定の負担金を納めなければなりません。

なお、審査に要する期間は、半年から1年程度とされています。

【国庫帰属までの流れ】

①　事前相談
②　申請書の作成・提出
③　要件審査
④　承認・負担金の納付
⑤　国庫帰属

(1) 帰属制度の相談

相談するためには事前予約が必要です。相談ができる法務局は、原則として、国への引渡しを希望する土地の所在する法務局の本局です。ただし、その土地が遠方にある場合には、最寄りの法務局の本局でも相談はすることができますが、具体的な話まではできないのではないかと思います。

相談の際には、土地の登記事項証明書、地積測量図、登記所備え付けの地図または地図に準ずる図面（公図）の写し、所有者が所有する土地に関する書面（境界確定図、境界確認書等）、現地の状況がわかる写真等の参考資料を持参するのがよいでしょう。

(2) 承認申請者

相続等（相続または相続人に対する遺贈）により土地の所有権の全部または一部を取得した人は、法務大臣に対し、その土地の所有権を国庫に帰属させることについての承認を申請することができます（帰属法２条１項）。

土地が共有の場合は、承認申請は共有者全員が共同して行うときに限り、することができます（同条２項）。この場合においては、前項の規定にかかわらず、その有する共有持分の全部を相続等以外の原因により取得した共有者であっても、相続等により共有持分の全部または一部を取得した共有者と共同して、承認申請をすることができます。

(3) 承認申請できない土地

次の土地の場合は、承認申請ができません（帰属法２条３項）。

ア　建物の存する土地（同項１号）。

イ　担保権または使用および収益を目的とする権利が設定されている土地（同項２号）。

ウ　通路その他の他人による使用が予定されている土地として政令で定めるものが含まれる土地（同項３号）。

政令で定める土地は、次の土地です（帰属令２条）。

a　現に通路の用に供されている土地

b　墓地（墓地、埋葬等に関する法律２条５項に規定する墓地をい

う）内の土地

c　境内地（宗教法人法３条に規定する境内地をいう）

d　現に水道用地、用悪水路またはため池の用に供されている土地

エ　土壌汚染対策法２条１項に規定する特定有害物質（法務省令で定める基準を超えるものに限る）により汚染されている土地（帰属法２条３項４号)。法務省令で定める基準とは、土壌汚染対策法施行規則31条１項および２項の基準とされています（帰属規則14条)。

オ　境界が明らかでない土地その他の所有権の存否、帰属または範囲について争いがある土地（同項５号)。

(4)　承認されない土地

次に該当する土地は承認されません（帰属法５条１項)。なお、承認は土地の一筆ごとに行います（同条２項)。

ア　崖（勾配、高さその他の事項について政令で定める基準に該当するものに限る）がある土地のうち、その通常の管理にあたり過分の費用または労力を要するもの（同条１項１号)。

政令で定める基準は、勾配（傾斜がある部分の上端と下端とを含む面の水平面に対する角度をいう）が30度以上であり、かつ、その高さ（傾斜がある部分の上端と下端との垂直距離をいう）が５メートル以上であること（帰属令４条１項)。

イ　土地の通常の管理または処分を阻害する工作物、車両または樹木その他の有体物が地上に存する土地（帰属法５条１項２号)。

ウ　除去しなければ土地の通常の管理または処分をすることができない有体物が地下に存する土地（同項３号)。

エ　隣接する土地の所有者その他の者との争訟によらなければ通常の管理または処分をすることができない土地として政令で定めるもの（同項４号)。

政令で定める土地は、次のとおりです。

a　民法210条１項に規定する他の土地に囲まれて公道に通じない土地または同条２項に規定する事情のある土地であって、現に同条の規定による通行が妨げられているもの（帰属令４条２項１号)。

b　前号に掲げるもののほか、所有権に基づく使用または収益が現に妨害されている土地（その程度が軽微で土地の通常の管理また

は処分を阻害しないと認められるものを除く）（同2号）。

オ　以上に掲げる土地のほか、通常の管理または処分をするにあたり過分の費用または労力を要する土地として政令で定めるもの（帰属法5条1項5号）。

政令で定める土地は、次のとおりです。

a　土砂の崩壊、地割れ、陥没、水または汚液の漏出その他の土地の状況に起因する災害が発生し、または発生するおそれがある土地であって、その災害により当該土地またはその周辺の土地に存する人の生命もしくは身体または財産に被害が生じ、または生ずるおそれがあり、その被害の拡大または発生を防止するために当該土地の現状に変更を加える措置（軽微なものを除く）を講ずる必要があるもの（帰属令4条3項1号）。

b　鳥獣、病害虫その他の動物が生息する土地であって、当該動物により当該土地またはその周辺の土地に存する人の生命もしくは身体、農産物または樹木に被害が生じ、または生ずるおそれがあるもの（その程度が軽微で土地の通常の管理または処分を阻害しないと認められるものを除く）（同2号）。

c　主に森林（森林法2条1項に規定する森林をいう）として利用されている土地のうち、その土地が存する市町村の区域に係る市町村森林整備計画（同法10条の5第1項に規定する市町村森林整備計画をいう）に定められた同条2項3号および4号に掲げる事項に適合していないことにより、当該事項に適合させるために追加的に造林、間伐または保育を実施する必要があると認められるもの（同3号）。

d　帰属法11条1項の規定により所有権が国庫に帰属した後に法令の規定に基づく処分により国が通常の管理に要する費用以外の費用に係る金銭債務を負担することが確実と認められる土地（同4号）。

e　法令の規定に基づく処分により承認申請者が所有者として金銭債務を負担する土地であって、帰属法11条1項の規定により所有権が国庫に帰属したことに伴い国が法令の規定により当該金銭債務を承継することとなるもの（同5号）。

(5)　承認申請手続

①　管轄法務局

承認申請は、承認申請に係る土地の所在地を管轄する法務局または地方法務局の本局に行います（帰属規則1条）。

なお、法務局・地方法務局の支局および出張所では承認申請の受付は行っていません。

②　承認申請書の記載事項

承認申請書には、次の事項を記載し、承認申請者またはその代表者もしくは法定代理人が記名押印しなければなりません。その場合、記名押印した人の印鑑証明書を添付します。ただし、会社法人等番号を有する法人の場合には、会社法人等番号を承認申請書に記載したときは、印鑑証明書の添付は不要です。なお、この印鑑証明書には期限の定めがありませんので、作成後3か月を過ぎたものでもかまいませんがなるべく新しいものを添付するのがよいでしょう。

承認申請書は法務省のホームページからダウンロードして使用するのが便利です。

ア　承認申請者の氏名または名称および住所（帰属法3条1項1号）

イ　承認申請に係る土地の所在、地番、地目および地積（同2号）

ウ　承認申請者が法人であるときは、その代表者の氏名（帰属規則2条1項1号）

エ　法定代理人によって承認申請をするときは、その法定代理人の氏名または名称および住所ならびに法定代理人が法人であるときはその代表者の氏名（同2号）

オ　承認申請に係る土地の表題部所有者または所有権の登記名人の氏名または名称および住所（同3号）

カ　承認申請者または法定代理人の電話番号その他の連絡先（同条2項1号）

キ　手数料の額（同2号）

ク　承認申請の年月日（同3号）

ケ　承認申請を提出する管轄法務局長の表示（同4号）

③　添付書類

承認申請書には、次の書類を添付しなければなりません（帰属規則3条）。

ア　承認申請者が相続または遺贈（相続人に対する遺贈に限る）により承認申請に係る土地の所有権または共有持分を取得した人であるときは、当該者であることを証する書面。ただし、その旨が登記簿に記録されている場合を除きます。

イ　法定代理人によって承認申請するときは、戸籍事項証明書その他その資格を証する書面

ウ　承認申請者が法人であるときは、その法人の代表者の資格を証する書面。ただし、会社法人等番号を承認申請書に記載した場合を除きます。

エ　承認申請に係る土地の位置および範囲を明らかにする図面

オ　承認申請に係る土地の形状が明らかになる写真

カ　承認申請に係る土地と当該土地に隣接する土地との境界点を明らかにする写真

キ　申請者の印鑑証明書（期限の制限はありません）

ただし、次の場合は印鑑証明書の添付は要しません。

・会社法人等番号を有する法人の代表者または代理人が記名押印した者である場合において、その会社法人等番号を承認申請書に記載したとき（帰属規則2条3項1号）。

・承認申請者等が記名押印した承認申請書について公証人またはこれに準ずる認証を受けたとき（同2号）。

・裁判所によって選任された者がその職務上行う承認申請の承認申請書に押印した印鑑に関する証明書であって、裁判所書記官が最高裁判所で定めるところにより作成したものが添付されているとき（同3号）。

ク　承認申請している土地が国庫に帰属した場合には、国が登記権利者となる所有権移転登記を官庁が嘱託することへの承諾書（同3条7号）。ただし、申請書に承諾する旨を記載している場合には承諾書を別に提出する必要はありません。

④　添付書類の原本還付

承認申請者は、添付書類の原本還付の請求をすることができます。ただし、承認申請書に添付した印鑑証明書および嘱託登記をすることの承諾書（帰属規則3条7号）は原本還付できません（帰属規則10条1項）。

⑤　手数料

承認申請者は、承認申請する際には審査のための手数料を納めます。土地１筆当たり 14,000 円です（帰属令３条）。

手数料は、納付後は返還しません（帰属法３条２項、帰属規則５条２項）。

手数料は、収入印紙で納めます（帰属規則５条１項）。

⑥　承認申請書の提出方法

承認申請は、窓口申請も郵送による申請も可能です。

郵送による場合、国庫帰属の申請書が入っていることを記した書留郵便またはレターパックプラスで管轄登記所へ送付してください（帰属規則９条）。

承認申請は、承認申請者または法定代理人が行い（帰属法２条１項および２項）、任意代理は認められていません。ただし、承認申請書類の作成の代行は親族等が行うことは許容されています。また、弁護士、司法書士および行政書士は申請書類の作成代行をすることができます。その場合、承認申請書には作成した資格者の住所、氏名および連絡先を記載します。

(6)　事実の調査

法務大臣は、承認に係る審査をするために必要があると認めるときは、その職員（帰属担当者）に事実の調査をさせることができます（帰属法６条１項）。

職員は、承認申請に係る土地またはその周辺の地域に所在する土地の実地調査をすること、承認申請者その他の関係者からその知っている事実を聴取しまたは資料の提出を求めることその他承認申請に係る審査のために必要な調査をすることができます（同条２項）。

(7)　却　　下

管轄法務局長は、次の場合には、承認申請を却下しなければなりません（帰属法４条１項）。また、却下した場合には、管轄法務局長は添付書類を還付します。ただし、偽造された書面その他の不正な承認申請のために用いられた疑いがある書面については、この限りではありません（帰属規則

6条3項)。

ア　承認申請が申請の権限を有しない人の申請によるもの(帰属法4条1項1号)。

イ　承認申請できない土地について承認申請したとき(同項2号)。

ウ　承認申請者が承認申請書および法務省令で定める添付書類を提出しないとき。

エ　承認申請者が手数料を納めないとき。

オ　承認申請者が、正当な理由がないのに、事実調査に応じないとき。

(8)　国庫に帰属する時期

土地の所有権の国庫への帰属の承認を受けた者が、一定の負担金を国に納付した時点で、土地の所有権が国庫に帰属します(同法11条1項)。土地の所有権が国庫に帰属したときは、法務大臣はその旨を財務大臣または農林水産大臣に通知しなければならないとされていますので(帰属法11条2項)、管轄法務局が管理庁にその旨を通知します(帰属規則22条13号)。

(9)　負 担 金

負担金は国有地の種目ごとにその管理に要する10年分の標準的な費用の額を考慮して政令で定めるところにより算定した額の金銭を納付しなければなりません(帰属法10条1項、帰属令5条)。負担金を算定するための前提として、申請された土地が宅地、農地、森林のどの種目に該当するかは、法務局長が判断します(帰属規則22条18号)。

負担金の算定に用いる申請土地の面積は、登記記録上の地積によるものとされています。もし、承認申請者が登記記録上の地積と異なる現況面積を主張して負担金の算定を求める場合には、原則として、承認申請前に地積更正または地積変更の登記をさせるものとされています。

負担金の納付方法は、法務局等の歳入徴収官が作成した納入告知書によるものとされています(帰属規則19条)。

国庫帰属が承認されますと、法務局から①承認した旨と負担金の額を記載した通知書、②負担金を納付するための納入告知書の書類が送付されますので、通知を受けた日の翌日から起算して30日以内に納入告知書を持って、日本銀行や日本銀行代理店（金融機関（簡易郵便局を除く））の窓口で納付する方法があります。また、インターネットバンキング、モバイルバンキング（携帯電話）、銀行のATMなどの画面上で収納機関番号等を入力することにより、電子納付することもできます。

【負担金の算定】

負担金の額は、次の各号に掲げる土地の区分に応じ、当該各号に定める金額となります。

なお、1,000円未満の端数金額については切り捨てます。

一　宅地（市街化区域・用途地域）

面積にかかわらず20万円。ただし、宅地のうち、都市計画法の市街化区域または用途地域が定められている区域内の土地は、次の表の面積に応じて算定します。

地積の区分	負担金に係る算定金額
50㎡以下のもの	地積に4,070円を乗じて得た額に208,000円を加えて得た額
50㎡を超え100㎡以下のもの	地積に2,720円を乗じて得た額に276,000円を加えて得た額
100㎡を超え200㎡以下のもの	地積に2,450円を乗じて得た額に303,000円を加えて得た額
200㎡を超え400㎡以下のもの	地積に2,250円を乗じて得た額に343,000円を加えて得た額
400㎡を超え800㎡以下のもの	地積に2,110円を乗じて得た額に399,000円を加えて得た額
800㎡を超えるもの	地積に2,010円を乗じて得た額に479,000円を加えて得た額

二　農地（田、畑）

面積にかかわらず20万円。ただし、市街化区域内、農用地区域内または土地改良事業等の施行区域内にある土地は、次の表の面積に応じて算定します。

地積の区分	負担金に係る算定金額
250㎡以下のもの	地積に 1,210 円を乗じて得た額に 208,000 円を加えて得た額
250㎡を超え 500㎡以下のもの	地積に 850 円を乗じて得た額に 298,000 円を加えて得た額
500㎡を超え 1,000㎡以下のもの	地積に 810 円を乗じて得た額に 318,000 円を加えて得た額
1,000㎡を超え 2,000㎡以下のもの	地積に 740 円を乗じて得た額に 388,000 円を加えて得た額
2,000㎡を超え 4,000㎡以下のもの	地積に 650 円を乗じて得た額に 568,000 円を加えて得た額
4,000㎡を超えるもの	地積に 640 円を乗じて得た額に 608,000 円を加えて得た額

三　森林

地積の区分	負担金に係る算定金額
750㎡以下のもの	地積に 59 円を乗じて得た額に 210,000 円を加えて得た額
750㎡を超え 1,500㎡以下のもの	地積に 24 円を乗じて得た額に 237,000 円を加えて得た額
1,500㎡を超え 3,000㎡以下のもの	地積に 17 円を乗じて得た額に 248,000 円を加えて得た額
3,000㎡を超え 6.000㎡以下のもの	地積に 12 円を乗じて得た額に 263,000 円を加えて得た額
6,000㎡を超え 12,000㎡以下のもの	地積に 8 円を乗じて得た額に 287,000 円を加えて得た額
12,000㎡を超えるもの	地積に 6 円を乗じて得た額に 311,000 円を加えて得た額

四　以上の一から三以外の土地（雑種地、原野等）は面積にかかわらず 20 万円。

⑽　嘱託による所有権移転登記

国庫帰属による所有権移転登記は国の機関が嘱託登記をしますので、承認申請者は登記には関与しません。

登記原因は、「相続等により取得した土地所有権の国庫への帰属に関する法律第11条第1項の規定に基づく令和○年○月○日所有権の国庫帰属」とし、登記原因日付は、負担金が納付された日となります。

•••第５章•••
法定相続情報証明制度

1　相続証明書に代わる法定相続情報一覧図

(1)　法定相続情報一覧図の写しとは

「法定相続情報一覧図の写し」（以下、法定相続情報証明書という）は、相続登記を申請する際の市町村長その他の公務員が職務上作成した相続証明書の提供に代えることができます（規則37条の3)。したがって、相続登記を申請する際には、被相続人の出生時からの戸籍、除籍の謄本、全部事項証明書、相続人の戸籍謄抄本または全部（または個人）事項証明書等を登記所に提出していましたが、法定相続情報証明書を提出した場合には、これらの提出は不要となります。

(2)　法定相続情報一覧図の交付申出をできない場合

被相続人が日本国籍を有しないなど戸籍謄本等の全部または一部を添付することができない場合には、法定相続情報証明書は交付されません（平成29年4月17日民二第292号民事局長通達（以下、施行通達という）第2の5(1)（『3訂先例・通達集』156頁））。相続人のうちの一人でも日本国籍を有しない場合も同様と考えられています。

(3)　申出から交付までの手続

①　**戸籍謄本等の収集**

被相続人および相続人の戸籍謄本等を収集します。

②　**一覧図の作成と申出**

相続人またはその代理人は一覧図を作成し、必要な添付書面を添付して管轄する登記所に申出をします。

③　**法定相続情報証明書（一覧図の写し）の交付**

登記所は、申出人が作成した一覧図をスキャナで読み取り、証明文をつけて、数日後に登記所から「法定相続情報一覧図の写し」を発行し、提供された戸籍謄本等を返却します。

申出人が作成したものがそのまま証明書となる感覚ですので、丁寧《ていねい》に書いてください。

④　**申出と受取の方法**

申出は、管轄登記所の窓口に持参するか郵送によってすることができます。法定相続情報証明書の受取は、申出をした登記所の窓口で受け取るかまたは郵送による受取もできます。郵送で受け取る場合には、返信用の切手と封筒を提出してください。その場合、書留郵便でなければならないという規定はありませんが、大切な戸籍謄本等が返却されますので、書留郵便または日本郵便のレターパックプラスを利用するのがよいでしょう。

⑤　**手 数 料**

無料です。

(4)　申出をすることができる人

申出をすることができるのは、被相続人の相続人または当該相続人の地位を相続により承継した人です（規則247条1項）。

相続人の地位を相続により承継した人とは、いわゆる数次相続が生じている場合の相続人のことです（平成29年4月17日民二第292号民事局長通達第2、3、(1)（『3訂先例・通達集』158頁））。

たとえば、父が死亡した後、子が死亡した場合の孫が申出人となる場合です。

(5)　代理人になれる人

申出の手続をすることができる代理人には法定代理人と委任代理人がいます（規則247条2項2号、戸籍法10条の2第3項）。

委任代理人は、親族と資格者代理人に限ります。

①　**法定代理人**

法定代理人とは、たとえば、親権者、未成年後見人、成年後見人、代理権付与の審判のある保佐人・補助人、不在者財産管理人、相続財産管理人などです。

② **委任代理人**

委任代理人になれるのは次の人であり、それ以外の人は代理人にはなれません。

i 親　　族

親族とは次の人をいいます（民法725条）。

ア　6親等内の血族

イ　配偶者

ウ　3親等内の姻族《いんぞく》

ii 資格者代理人

親族以外で委任代理人となれるのは次の資格者代理人に限られます（戸籍法10条の2第3項）。

弁護士・司法書士・土地家屋《とちかおく》調査士・税理士・社会保険労務士・弁理士・海事《かいじ》代理士・行政書士

(6) 申出をすることができる登記所

申出は以下の地を管轄する登記所のいずれかの登記所にできます（規則247条1項本文）。

ア　被相続人の本籍地

イ　被相続人の最後の住所地

ウ　申出人の住所地

エ　被相続人名義の不動産の所在地

※申出は、郵送によることも可能です。

2 申出に必要な書類

申出には申出書と次の書類を提出します。

(1)　必ず必要な書類

i　被相続人（代襲《だいしゅう》相続がある場合には、被《ひ》代襲者《だいしゅうしゃ》を含む）の戸籍謄本（戸籍全部事項証明書）、除籍謄本（除籍全部事項証明書）、改製原戸籍謄本など（規則 247 条３項２号）

被相続人の出生当時に編製されたものから死亡の事実が記録されているもののすべてが必要です。すなわち、被相続人が記載されている戸籍謄本等の全部が必要ということです。

なお、除籍または改製原戸籍の一部が滅失等により、その謄本が添付できない場合は、「除籍等の謄本を交付することができない」旨の市町村長の証明書を添付すればかまいません。

ii　被相続人の最後の住所を証する書面（規則 247 条３項３号）

「住民票の除票《じょひょう》の写し（本籍の記載があるもの）」または「戸籍の附《ふ》票《ひょう》の写し（本籍・筆頭者の記載があるもの）」ですので、どちらかを添付してください。

これらの書面が市区町村において廃棄されているため発行されないときは、添付は要しません。この場合には、申出書および法定相続情報一覧図には、被相続人の最後の住所の記載に代えて被相続人の最後の本籍を記載します。

iii　相続人全員の戸籍謄本（戸籍全部事項証明書）または戸籍抄本（戸籍個人事項証明書）（規則 247 条３項４号）

被相続人が死亡した時点において、相続人が生存していることを証明するものですから、被相続人が死亡した後に交付されたものが必要となります。

＊相続放棄をしている人のものも必要となります。

＊廃除された人のものも必要となります。廃除された人の氏名等は一覧図には記載しませんが、廃除されていることを証明するために必要となります。

iv　申出書記載の申出人の氏名・住所と同一の氏名・住所が記載されている公的書類（規則 247 条３項６号）

次のものが考えられます。その場合、原本の提供はしないで、コピーだけを提出してください。

これらのコピーには、「原本と相違がない」旨を記載し、申出人の署名または記名押印をします。この場合、代理人よって申出をする場合でも、代理人ではなく申出人が署名または記名押印します。ただし、申出人が成年被後見人の場合のような場合には、申出人に代わって代理人がその旨を記載することができるとされています。

ア　運転免許証（表と裏）のコピー

イ　マイナンバーカードの表面のみのコピー

ウ　住民票の写しのコピー

住民票の写しはマイナンバー（個人番号）の記載のないものが必要です。

⑵　必要となる場合がある書類

i　相続人の住所を証する書面（「住民票の写し」または「戸籍の附票の写し」）（規則 247 条 4 項）

「住民票の写し」はマイナンバー（個人番号）の記載のないものが必要です。

法定相続情報一覧図に相続人の住所を記載する場合には必要です*。ただし、法定相続情報一覧図に相続人の住所を記載するかどうかは、相続人の任意です。したがって、一覧図に相続人の住所を記載しない場合には、相続人の住所を証する書面の添付は不要です。

*住所を証する書面に代えて、住民票コードを利用することはできません。

ii　代理権限証明情報

代理人によって申出をするときは、その権限を証する書面を添付しますが（規則 247 条 3 項 7 号）、これらの書面（委任状も含む）は原本還付の手続をすることができます。

ア　法定代理人の場合

それぞれの類型に応じ、次に掲げるものを添付します。

㋐　親権者または未成年後見人

申出人である未成年者に係る戸籍の謄抄本または記載事項証明書

㋑　成年後見人または代理権付与の審判のある保佐人・補助人

申出人である成年被後見人または被保佐人・被補助人に係る

後見登記等ファイルの登記事項証明書（被保佐人・被補助人については、代理権限目録付きのもの）

これらの証明書は作成から3か月以内のものである必要はありません。

なお、成年後見人等に係る後見登記等ファイルの登記事項証明書に代えて、選任に係る審判書および確定証明書が添付された場合は、これを代理人の権限を証する書面として取り扱って差し支えないとされています。

㋒　不在者財産管理人・相続財産管理人

申出人である各管理人の選任に係る審判書

イ　委任代理人の場合

委任状のほかにそれぞれの類型に応じ、次に掲げるものを添付します。

㋐　親族

申出人との親族関係がわかる戸籍の謄抄本または記載事項証明書

ただし、申出書とともに提出した被相続人および相続人の戸籍謄本等で親族関係がわかる場合は添付省略できます。

㋑　資格者代理人

【個人の場合】

資格者代理人団体所定の身分証明書の写し等を添付します。この場合、カード形式の身分証明書はもちろん当該資格者代理人の職印に係る印鑑証明書もコピーのみを提出すればよく、原本還付の手続は不要です。

【法人の場合】

代理人が各士業法の規定を根拠に設立された法人の場合は、その法人の登記事項証明書を添付します。その場合、当該法人の会社法人等番号を申出書に記載されたとしても、当該法人の登記事項証明書の添付を省略することができないとされています。その場合、原本還付を希望する場合には原本還付の手続をします（施行通達第2の5(5)ウ）。

iii　申出人が相続人の地位を相続により承継した者であるときは、これを証する書面（規則 247 条３項５号）

この書面には、当該申出人の戸籍の謄抄本または記載事項証明書が該当しますが、規則 247 条３項２号および４号の書面により申出人が相続人の地位を相続により承継したことを確認することができるときは、添付を要しません。

(3)　申出書の記載事項

申出は、後掲の別記第１号様式またはこれに準ずる様式に次の事項を記載します（規則 247 条２項）。

① 申出人の氏名、住所、連絡先および被相続人との続柄
② 代理人によって申出をするときは、代理人の氏名または名称、住所および連絡先ならびに代理人が法人であるときはその代表者の氏名
③ 利用目的
④ 交付を求める通数
⑤ 被相続人名義の不動産があるときは、不動産の所在事項または不動産番号
⑥ 申出の年月日
⑦ 送付の方法によって一覧図の交付および添付した書面の返却を希望するときはその旨

3　一覧図の作成

一覧図の作成はＡ４サイズの丈夫な用紙で作成します。コピー用紙で充分です。法務局では提供された一覧図をスキャンしてそこに証明文をつけて交付しますので、下部に証明文を記入できるスペース（5～6cm の余白）を確保して作成してください。一覧図を作成する場合には、法務局のホームページを利用すると便利です。

(1)　一覧図に記載する事項

①　被相続人に関する事項

被相続人の氏名・生年月日・死亡年月日・最後の住所・最後の本籍*

一覧図に記載した最後の住所が、登記簿に記載されている被相続人の住所と一致する場合には、相続登記の申請の際には、被相続人の住民票の除票の写しを提供する必要はありません。

＊最後の本籍は必ず記載しなければならないものではないですが、法務局では記載することを推奨していますので記載するのがよいでしょう。なお、最後の住所を証する書面を添付できない場合には最後の本籍は必ず記載しなければなりません（施行通達第２の３(3)コ）。

②　相続人に関する事項

相続開始の時における同順位の相続人の氏名・生年月日・被相続人との続柄

続柄は、被相続人との続柄を戸籍に記載されている続柄を記載します。たとえば、被相続人の配偶者であれば「夫」や「妻」、子であれば「長男」、「長女」、「二男」、「二女」、「養子」などと記載します。

ただし、続柄の記載は、あくまで被相続人との続柄である必要があることから、戸籍に記載されている続柄では表記することができない場合、たとえば被相続人の兄弟姉妹が相続人である場合は「兄」、「姉」、「弟」、「妹」とし、代襲相続がある場合であって被相続人の孫が代襲相続人となるときは「孫」とします。

相続人の住所の記載は任意ですが、記載しておくのがよいでしょう。記載する場合には住所を証する書面として、「住民票記載事項証明書」、「住民票の写し」、「戸籍の附票の写し」等のいずれかを添付します。

一覧図に相続人の住所が記載されている場合には、その写しを相続人の住所証明情報として使えますので、相続登記の申請の際には、あえて相続人の住所証明情報（住民票の写し等）を提供する必要はありません。

〈一覧図に記載する相続人についての注意点〉

＊相続放棄した人および相続欠格者も法定相続人として記載します。

＊廃除された推定相続人は法定相続人としては記載しません。

＊被相続人よりも先に死亡した配偶者は、法定相続人になりませんので氏名等は記載しません。

＊被代襲者の表示はたとえば「被代襲者（何年何月何日死亡）」と記載すれば足ります。

③　作成の年月日等

一覧図には、作成の年月日を記載し、申出人が記名するとともに、一覧図を作成した申出人またはその代理人は住所を記載し、署名または記名押印します（規則247条3項1号）。

なお、作成者が資格者代理人の場合には、住所の代わりに事務所所在地を記載し、その資格の名称（たとえば、司法書士）も記載します。

④　記載する場合の注意事項

作成者が記載したものをスキャナで読み取り、そこに証明文をつけて発行しますので、丁寧に書いてください。なお、手書きのものも認められていますが、鉛筆書きは認められていません。

一覧図は訂正できませんので、記載を間違えた場合には、書き直しすることになります。修正テープで修正したものでも受理されているようですが、見た目が悪いので書き直すのが無難でしょう。

(2)　一覧図の写しの交付

一覧図の写しは、申出をした登記所の窓口で受け取る方法と郵送によって受け取る方法があります。

ア　窓口で受け取る方法

登記官は、窓口において一覧図の写しの交付および添付書面の返却をするときは、交付および返却を受ける人に、申出書に押印した申出人または代理人の印を申出書の「受取」欄に押印してもらうことになっています。

＊印鑑を紛失した場合

印鑑を紛失等により押印できない場合には、申出の際に添付した申出人の住所を証する書面（規則247条3項6号により添付した運転免許証等）の提示を求められます。代理人によって申出をした場合には、申出書に添付した代理人の権限を証する書面（規則247条3項7号）を提示すればかまいません。これらの場合には、申出書の「受取」欄には一覧図の写しの交付および添付書面の返却を受ける人の署名が求められます。

イ　郵送によって受け取る方法

送付（郵送）によっても一覧図の写しを受け取ることができます（規則248条）。送付を希望する場合には、申出人または代理人は、申出書の「必要な写しの通数・交付方法」欄の□郵送にチェックを入れます。

送付した場合、登記官は申出書の所定の欄に一覧図の写しおよび添付書面を送付した旨を記載します。

(3)　再交付の申出

一覧図の保管期間中（5年間）、一覧図の写しの再交付の申出をすることができます。

再交付の申出は、後掲の別記第2号様式またはこれに準ずる様式による申出書によってします。

i　添付書面

再交付申出書には、次の書面を添付します（規則247条7項において準用する同条3項6号および7号）。

㋐　再交付申出書に記載されている申出人の氏名および住所と同一の氏名および住所が記載されている市町村長その他の公務員が職務上作成した証明書（当該申出人が原本と相違がない旨を記載し、署名または記名押印をしたコピーを含む）。

なお、当初の申出において提供された申出書に記載されている申出人の氏名または住所と再交付申出書に記載された再交付申出人の氏名または住所とが異なる場合は、その変更の経緯が明らかとなる書面の添付が必要です。

㋑　代理人によって申出をするときは、代理人の権限を証する書面

ii　再交付の申出の管轄登記所と申出人

当初の一覧図の申出人が一覧図の写しを交付した登記所に対して再交付の申出をします（規則247条7項）。当初の申出人以外の相続人は再交付の申出をすることができません。

再交付の申出を受けた登記官は、再交付申出書に添付された書面と当

初の申出において提供された申出書に記載された申出人の表示とを確認し、申出人が一覧図の写しの再交付の申出をすることができる人であることを確認します。

申出書見本

別記第1号様式

法定相続情報一覧図の保管及び交付の申出書

（補完年月日　令和　　年　　月　　日）

<table>
<tr><td>申出年月日</td><td>令和　年　月　日</td><td>法定相続情報番号</td><td>−　　−</td></tr>
<tr><td>被相続人の表示</td><td colspan="3">氏　　名
最後の住所
生年月日　　　　年　　月　　日
死亡年月日　　　年　　月　　日</td></tr>
<tr><td>申出人の表示</td><td colspan="3">住所
氏名　　　　　　　　　　　㊞
連絡先　　−　　　−
被相続人との続柄（　　　　　　　　）</td></tr>
<tr><td>代理人の表示</td><td colspan="3">住所（事務所）
氏名　　　　　　　　　　　㊞
連絡先　　　　　−　　　　−
申出人との関係　　□法定代理人　　□委任による代理人</td></tr>
<tr><td>利用目的</td><td colspan="3">□不動産登記　　□預貯金の払戻し　　□相続税の申告
□年金等手続
□その他　（　　　　　　　　　　　　　　　　　　　　）</td></tr>
<tr><td>必要な写しの通数・交付方法</td><td colspan="3">　　　通　　（□窓口で受取　　□郵送　）
※郵送の場合、送付先は申出人（又は代理人）の表示欄にある住所（事務所）となる。</td></tr>
<tr><td>被相続人名義の不動産の有無</td><td colspan="3">□有
□無
（有の場合、不動産所在事項又は不動産番号を以下に記載する。）</td></tr>
<tr><td>申出先登記所の種別</td><td colspan="3">□被相続人の本籍地　　　□被相続人の最後の住所地
□申出人の住所地　　　　□被相続人名義の不動産の所在地</td></tr>
<tr><td colspan="4">　上記被相続人の法定相続情報一覧図を別添のとおり提出し、上記通数の一覧図の写しの交付を申出します。交付を受けた一覧図の写しについては、相続手続においてのみ使用し、その他の用途には使用しません。
　申出の日から3か月以内に一覧図の写し及び返却書類を受け取らない場合は、廃棄して差し支えありません。
　　　　　　（地方）法務局　　　　　　　支局・出張所　　　　　　宛</td></tr>
<tr><td colspan="4">※受領確認書類（不動産登記規則第247条第6項の規定により返却する書類に限る。）
戸籍（個人）全部事項証明書（　　通）、除籍事項証明書（　　通）戸籍謄本（　通）
除籍謄本（　通）、改製原戸籍謄本（　通）戸籍の附票の写し（　通）
戸籍の附票の除票の写し（　通）住民票の写し（　通）、住民票の除票の写し（　通）</td></tr>
</table>

受領	確認1	確認2	スキャナ・入力	交付		受取

再交付の申出書見本

別記第２号様式

法定相続情報一覧図の再交付の申出書

再交付申出年月日	令和　年　月　日	法定相続情報番号	－　－
被相続人の表示	氏　　名 最後の住所 生年月日　　　年　　月　　日 死亡年月日　　　年　　月　　日		
申出人の表示	住所 氏名　　　　　　　㊞ 連絡先　－　　－ 被相続人との続柄（　　　　　　）		
代理人の表示	住所（事務所） 氏名　　　　　　　㊞ 連絡先　　　－　　　－ 申出人との関係　□法定代理人　□委任による代理人		
利用目的	□不動産登記　□預貯金の払戻し　□相続税の申告 □年金等手続 □その他　（　　　　　　　　　　）		
必要な写しの通数・交付方法	通　（□窓口で受取　□郵送　） ※郵送の場合、送付先は申出人（又は代理人）の表示欄にある住所（事務所）となる。		

上記通数の一法定相続情報一覧図の写しの再交付を申出します。交付を受けた一覧図の写しについては、相続手続においてのみ使用し、その他の用途には使用しません。３か月以内に一覧図の写しを受け取らない場合は、廃棄して差し支えありません。

（地方）法務局　　　　支局・出張所　　　　宛

受領	確認	交付

受取

■ 委任状見本

委　　任　　状

（代理人）

住　所　　○県○市○町一丁目○番○号

氏　名　　何　某

私は、上記の者に対し、以下の被相続人の相続に係る次の権限を委任する。

1　法定相続情報一覧図を作成すること

2　法定相続情報一覧図の保管及び一覧図の写しの交付の申出をすること（希望する法定相続情報一覧図の写しの交付通数５通）

3　法定相続情報一覧図の写し及び返却される添付書面を受領すること

4　上記１から３までのほか、法定相続情報一覧図の保管及び一覧図の写しの交付の申出に関して必要な一切の権限

被相続人の最後の住所

東京都○区○町一丁目２番３号

被相続人の氏名

甲　野　太　郎

死亡年月日

令和○年○月○日

令和○年○月○日

（委任者）

住　所　　東京都○区○町一丁目２番３号

氏　名　　甲　野　花　子　㊞

■ 一覧図見本１（配偶者と子が相続人の場合）

被相続人　甲野太郎　法定相続情報

最後の住所
東京都○区○町一丁目2番3号
最後の本籍
東京都○区○町一丁目2番地
出生　　昭和○年○月○日
死亡　　令和○年○月○日
（被相続人）
甲　野　太　郎

住所　　東京都○区○町一丁目2番3号
出生　　昭和○年○月○日
（妻）
甲　野　花　子（申出人）

住所　　○県○市○町一丁目2番3号
出生　　昭和○年○月○日
（長男）
甲　野　健

住所　　東京都○区○町一丁目2番3号
出生　　平成○年○月○日
（長女）
乙川夏子

以下余白

作成日：　令和○年○月○日
作成者：　住所　　○県○市○町一丁目○番○号
　　　　　氏名　　何　　某　　㊞

■一覧図見本２（配偶者と姪（代襲者）が相続人の場合）

被相続人　乙川太郎　法定相続情報

住所　〇県〇市〇町一丁目2番3号
出生　昭和〇年〇月〇日
（妻）
乙　川　花　子　（申出人）

最後の住所
〇県〇市〇町一丁目2番3号
最後の本籍
〇県〇市〇町一丁目2番地
出生　昭和〇年〇月〇日
死亡　令和〇年〇月〇日
（被相続人）
乙　川　太　郎

（父）
（母）

住所　〇県〇市〇町一丁目2番3号
出生　平成〇年〇月〇日
（姪・代襲者）
被代襲者　――――　乙川夏子
（平成〇年〇月〇日死亡）

以下余白

作成日：　令和〇年〇月〇日
作成者：　住所　〇県〇市〇町一丁目2番3号
氏名　乙　川　花　子　㊞

＊死亡している父母と被代襲者の氏名等は記載しません。

…第６章…
贈与による所有権移転登記

夫が妻にその不動産を半分贈与するなど、最近は夫婦間の贈与が増えています。もちろん、贈与の相手方は夫婦以外でもかまいません。贈与とは、当事者の一方がある財産を無償で相手方に与える意思を表示し、相手方が受諾することによって効力が生じる契約をいいます（民法549条）。受贈者が多少の義務を負担するが、それが贈与に対する対価というほどのものでない場合には、「負担付き贈与」といいます。また、生前に贈与契約をしておいて、贈与者の死亡によって効力の生ずるものを「死因贈与」といいます。死因贈与と似たものに遺贈がありますが、死因贈与と遺贈との相違点は、遺贈は遺言という単独行為でする点です。

1　申請人

【遺贈の場合】

受遺者（遺贈された人）が登記権利者、遺贈義務者が登記義務者として共同申請します。

登記権利者：受遺者
登記義務者：遺贈義務者

遺贈義務者とは、原則として法定相続人全員です（民法896条）。ただし、遺言執行者がいる場合には、遺言執行者のみが遺贈を履行することができます（民法1012条２項）。

なお、相続人に対する遺贈の場合は、登記権利者が単独で登記申請することができるようになりました（法63条３項）。しかし、このことによって登記権利者と登記義務者による共同申請ができなくなったわけではありません。

【贈与の場合】

受贈者（贈与された人）が登記権利者、贈与者（贈与した人）が登記義務者となり共同で申請します。

登記権利者：受贈者

登記義務者：贈与者

2　申請書の記載事項

申請書には、次の事項を記載します。

① 登記の目的（令3条5号）
② 登記原因およびその日付（令3条6号）
③ 権利者の表示（令3条1号・2号）
④ 義務者の表示（令3条1号・2号）
⑤ 添付情報の表示（規則34条1項6号）
⑥ 登記識別情報の通知受領の有無とその方法
⑦ 登記識別情報または登記済証を提供できない場合には、提供することができない理由（令3条12号）
⑧ 申請の年月日（規則34条1項7号）
⑨ 登記所の表示（規則34条1項8号）
⑩ 代理人の住所、氏名または名称（令3条3号）
⑪ 申請人または代理人の電話番号その他の連絡先（規則34条1項1号）
⑫ 課税価格および登録免許税額（規則189条1項）
⑬ 不動産の表示（令3条7号・8号）

① 登記の目的（令3条5号）

所有権の移転の形態により次のように記載します。

〈一人で所有している場合〉

全部を移転する場合：「所有権移転」

一部を移転する場合：「所有権一部移転」

〈共有している場合〉

共有者全員の持分全部を移転する場合：「共有者全員持分全部移転」

共有者の一人の持分全部を移転する場合：「何某持分全部移転」

共有者の一人の持分の一部を移転する場合：「何某持分一部移転」

② 登記原因およびその日付（令3条6号）

〈遺贈の場合〉

原因は「遺贈」とします。原因の日付は遺贈の効力が生じた日です。通常は遺言者の死亡した日になります（民法985条）。

〈贈与の場合〉

贈与、死因贈与、負担付贈与いずれも原因は「贈与」とします。原因の日付は贈与契約が成立した日です。死因贈与の場合は、通常は贈与者の死亡した日です。

③ 権利者の表示（令3条1号・2号）

個人の場合は住所・氏名を記載します。その他に、住民票コードも記載することができます。ただし、住民票の写しを提出した場合には住民票コードの記載は不要です（令9条、規則36条4項）。

法人の場合は本店（主たる事務所）・商号（名称）・代表者の資格と氏名を記載します。その他に原則として会社法人等番号を記載します（令7条1号イ）。ただし、作成後3か月以内の法人の登記事項証明書を提出した場合には、会社法人等番号の記載は不要です。

④ 義務者の表示（令3条1号・2号）

〈遺贈の場合〉

遺贈者の最後の住所・氏名を記載します。遺贈者の最後の住所・氏名が登記事項証明書に記載されているものと異なる場合には、前提として登記名義人の表示（住所・氏名）変更登記を申請しなければなりません（『登記研究』380号質疑応答）。

ただし、相続人に対する遺贈の場合には、遺贈者の登記事項証明書に記載されている住所から最後の住所への変更の経緯がわかる住民票の写し（本籍の記載があるもの）、住民票の除票の写し（本籍の記載があるもの）、戸籍の附票の写し（戸籍の表示：本籍・筆頭者の記載があるもの）のいずれかを添付すれば住所変更登記の申請は要しません。

その他に遺言執行者がいる場合には、遺言執行者の住所・氏名を記載します。遺言執行者がいない場合には相続人全員が義務者となりますので、相続人全員の住所・氏名を記載します（令3条11号ロ）。

〈贈与の場合〉

贈与した人の住所（本店・主たる事務所）・氏名（商号・名称）を記載します。これらの住所・氏名等が登記事項証明書に記載されているものと異なる場合には、前提として登記名義人の表示（住所・氏名）変更登記を申請しなければなりません。

登記義務者が法人の場合は、原則として会社法人等番号も記載します。ただし、作成後3か月以内の法人の登記事項証明書を提出した場合には、会社法人等番号の記載は不要です。

⑤　添付情報の表示（規則34条1項6号）

添付情報を記載します。その場合、添付情報の通数は記載しません。

⑥　登記識別情報の通知受領の有無とその方法

登記識別情報の通知の送付を希望する場合には、その旨と送付先を記載します。登記識別情報の通知を希望しない場合には、その旨を記載します（規則63条3項、64条2項）。なにも記載がない場合には、登記所の窓口での受領を希望するものとみなされます。

⑦　登記識別情報または登記済証を提供できない場合には、提供することができない理由（令3条12号）

登記識別情報を提供できない場合には、その理由を記載します。「不通知」、「失効」、「失念」、登記識別情報を提供することにより登記識別情報を適切に管理する上で支障が生ずる場合には「管理支障」、登記識別情報を提供したとすれば当該申請に係る不動産の取引を円滑に行うことができないおそれがある場合には「取引円滑障害」と記載すればよいでしょう（準則42条1項）。

登記済証が紛失等で提供できない場合には、その理由を記載します。たとえば、「紛失」、「滅失」、「不交付」などです。

登記識別情報の提供または登記済証の提出がない場合には、第2部第1章を参照してください。

⑧　申請の年月日（規則34条1項7号）

登記申請する日を記載します。

⑨　登記所の表示（規則34条1項8号）

申請する登記所を記載します。登記の申請は管轄する登記所に行います。

⑩　代理人の住所、氏名または名称（令3条3号）

第三者に登記申請を委任した場合には、代理人の住所、氏名および連絡先の電話番号を記載します。代理人が法人である場合には、その代表者の資格および氏名も記載します。権利者が義務者の代理人を兼ねている場合には、「申請人兼義務者の代理人」と記載すればよいでしょう。逆に、義務者が権利者の代理人を兼ねている場合には、「申請人兼権利者の代理人」と記載すればよいでしょう。

⑪ **申請人または代理人の電話番号その他の連絡先（規則34条1項1号）**

申請書等に不備がある場合には、登記所から連絡がされますので、連絡をとることのできる電話番号を記載してください。

⑫ **課税価格と登録免許税額（規則189条1項）**

課税価格および登録免許税額を記載します。

所有権一部移転の場合には、課税価格は移転した持分の価格を例のように記載します。

(例)

課税価格　移転した持分の価格金〇〇万円

⑬ **不動産の表示（令3条7号・8号）**

不動産の表示は、登記事項証明書の記録と符合していることが必要です。ただし、不動産番号を記載すれば、土地の場合は、土地の所在、地番、地目および地積の記載を省略できます。建物の場合は、建物の所在と土地の地番、家屋番号、建物の種類、構造および床面積等の記載を省略できます（令6条）。また、不動産番号を記載すれば、敷地権付き区分建物の場合は、一棟の建物の所在、構造、床面積、一棟の建物の名称、専有部分の建物の家屋番号、建物の名称、建物の種類、構造および床面積、敷地権の目的となる土地の所在する市、区、郡、町、村および字ならびに当該土地の地番、地目および地積の記載を省略できます（令6条）。

3　添付情報

添付情報として、登記識別情報または登記済証、登記原因証明情報、代理権限証明情報、印鑑証明書、住所証明情報、会社法人等番号等が必要です。

① **登記識別情報または登記済証**

遺贈者または贈与者が所有権の保存または移転の登記をして登記名義人となった時に通知された登記識別情報の提供またはオンライン化

前に登記済証の交付を受けている場合には登記済証を提出します。

ただし、相続人に対する遺贈の場合には、登記識別情報の提供または登記済証の提出は必要ありません。

なお、提供された登記識別情報を記載した書面は、登記が完了した後、または請求の審査を終了した後に廃棄されます（規則69条1項）ので、登記識別情報の通知書そのものではなくコピー等を提出するのがよいでしょう。

登記識別情報または登記済証を提供できない場合には、事前通知制度を利用するか、資格者代理人に登記申請を委任して、委任を受けた資格者代理人による本人確認情報を提供するか、または、公証人による本人確認のための認証制度を利用します。資格者代理人とは、権利に関する登記においては、司法書士、弁護士のことをいいます。

② 登記原因証明情報

登記原因証明情報とは、登記の原因となった事実または法律行為およびこれに基づき現に権利変動が生じたことを証する情報をいいます。

〈遺贈の場合に必要な書面〉

・遺言書（公正証書遺言、法務局保管の遺言書以外の自筆証書遺言の場合は家庭裁判所の検認が必要です）

・遺贈者の死亡の事実が記載されている戸籍事項証明書

ただし、家庭裁判所で遺言執行者が選任されている場合には、家庭裁判所で遺言者の死亡年月日が確認されていますので、当該審判書の記載から遺言者の死亡年月日が明らかであれば、死亡を証する戸籍事項証明書の提出は不要とされています（幸良秋夫『新訂設問解説相続法と登記』日本加除出版574頁）。

・遺贈者の住所証明情報

住民票の除票の写し（本籍の記載のあるもの）または戸籍の附票の写し（本籍・筆頭者の記載のあるもの）のことです。

これは、遺贈者の戸籍事項証明書が登記事項証明書に記載されている所有者のものであることを証明するためです。ただし、登記事項証明書に記載されている所有者の住所が本籍と同じ場合には不要です。

〈贈与の場合に必要な書面〉

・贈与の場合は、贈与契約書です。

・死因贈与の場合は、贈与契約書と贈与者の死亡の事実がわかる戸籍事項証明書および遺贈者の住民票の除票の写し（本籍の記載のあるもの）または戸籍の附票の写し（本籍・筆頭者の記載のあるもの）です。ただし、登記事項証明書に記載されている所有者の住所が本籍と同じ場合には住民票の写し等は不要です。

贈与契約書がない場合または提出できない場合には、契約の内容を記載した「報告形式の登記原因証明情報」を提出してください。一般的には契約書を提出する人は少なく、多くはこの報告形式の登記原因証明情報を提出しています。この報告形式の登記原因証明情報は当該申請のためにのみ作成されたものですから原本還付の手続はできません（規則55条1項ただし書）。

報告形式の登記原因証明情報を提出する場合には、登記義務者は必ず提出しなければなりませんが、登記権利者は必ずしも提出する必要はないのですが、なるべく両者のものを提出するのがよいでしょう。

契約書または報告形式の登記原因証明情報に押す印鑑は別段の規定はありませんが、後日の紛争を防ぐために、贈与者の印は実印を押印するのがよいでしょう。

③　代理権限証明情報

代理人によって登記を申請するときは、その代理人の権限を証する書面として委任状を提出します。その他の代理権限証明情報としては次のようなものがあります。

〈遺贈の場合で遺言執行者の選任がある場合〉

i　遺言によって遺言執行者が指定された場合

遺言書と遺贈者の死亡の事実が記載されている戸籍または除籍の事項証明書を提出します（昭和59年1月10日民三第150号第三課長回答『登記研究』434号）。この場合、遺言書と戸籍事項証明書は登記原因証明情報として提出しますので、重ねて同じものを提出する必要はありません。

ii　家庭裁判所が遺言執行者を選任した場合

家庭裁判所が遺言執行者を選任したときは（民法1010条）、選任を証する審判書の謄本を提出します。審判書から当該遺贈する物件が特定できない場合には、遺言書も提出します（昭和44年10月16日民甲第2204号民事局長回答『登記研究』265号）。この場合、遺言書は登記原因証明情報として提出しますので、重ねて同じものを提出する必要はありません。

iii　遺言者が遺言執行者の選任を第三者に委任した場合

遺言書および遺贈者の死亡の事実が記載された戸籍事項証明書のほかに、第三者が遺言執行者を指定したことを証する書面（印鑑証明書付き）を提出します（平成2年12月10日民三第5488号民事局長通達『登記研究』520号）。

〈死因贈与の場合で執行者の指定がある場合〉

執行者の指定のある死因贈与契約書が公正証書の場合はこれをもって執行者の代理権限証明情報とします。

死因贈与契約書が私署証書の場合は、贈与者の印鑑証明書が添付されている場合、または贈与者の相続人全員の作成による奥書証明がされていることが必要と考えられています（藤原勇喜『新訂相続・遺贈の登記』テイハン818頁から820頁）。

④　会社法人等番号（令7条1項1号）

申請人が会社法人等番号を有する法人であるときは、会社法人等番号を提供します（令7条1項1号イ）。ただし、会社法人等番号を有する法人であっても、作成後3か月以内の登記事項証明書を提供したときは、会社法人等番号の提供は要しません（規則36条1項、2項）。会社法人等番号を有しない法人の場合は、当該法人の代表者の資格を証する情報を提供します（令7条1項1号ロ）。

⑤　印鑑証明書

登記義務者である贈与者また遺贈の場合は遺言執行者（遺言執行者の選任がない場合には、登記義務者となる相続人全員）の印鑑証明書を添付します。この印鑑証明書は、作成後3か月以内のものが必要です（令16条3項）。また、原本還付をすることはできません。ただし、登記義務者が法人の場合、会社法人等番号を提供した場合には印鑑証明書の添付は要しないとされています（規則48条1号）。

⑥　住所証明情報

登記権利者の住所証明情報として、個人の場合には住民票の写し（マイナンバー（個人番号）が記載されていないもの）または戸籍の附票の写し等を提出します。法人の場合には、法人の登記事項証明書を提出します。この住所証明情報は作成後3か月以内のものでなくてもかまいませんが、なるべく新しいものがよいでしょう。

なお、住民基本台帳法7条13号に規定する住民票コードまたは会社法人等番号を提供したときは、住所証明情報の提供は不要です（令9条、規則36条4項）。

⑦　**相続証明書**

遺贈（ただし、相続人に対する遺贈の場合を除く）または死因贈与の場合で、相続人が申請人となる場合には（法62条）、法定相続人を特定するため、被相続人の、戸籍の編製年月日が被相続人の生まれた当時のものから死亡するまでの戸籍全部事項証明書、戸籍謄本・改製原戸籍謄本、除籍謄本等が必要となります（令7条1項5号イ）。その他に、被相続人の戸籍事項証明書が登記名義人（所有者）のものであることを証明するために被相続人の最後の住所が記載されている住民票の除票の写し（本籍の記載があるもの）または戸籍の附票の写し（本籍と筆頭者の記載があるもの）が必要となります。

また、相続人全員の現在の戸籍事項証明書が必要となります。この戸籍事項証明書は被相続人が死亡した後に発行されたものが必要となります。

なお、法定相続情報一覧図の写しを提出した場合には戸籍事項証明書等の提出は不要です（規則37条の3）。

⑧　**固定資産評価証明書**

法定の添付情報ではないですが、登録免許税を計算するために提出しているのが実務の取扱いです。

4　登録免許税

遺贈および贈与による所有権移転の登録免許税は、固定資産課税台帳に登録された不動産の価格のうち、1,000円未満を切り捨てた額（課税価格）に1,000分の20の税率を掛けて出てきた額の100円未満を切り捨てた額となります。なお、計算した金額が1,000円に満たない場合には、1,000円となります（登免税法19条）。ただし、遺贈の場合において、受遺者が相続人であるときは、受遺者が相続人であることを証する書面（戸籍謄本等）を添付すれば、税率は相続と同じ1,000分の4になります（平成15年4月1日民二第1022号民事局長通達『登記研究』670号、登免税法17条1項参照）。

■ 申請書見本１　遺贈（遺言執行者が選任されている場合）

登　記　申　請　書

登記の目的　　所有権移転（注 1）

原　　　因　　令和○年５月７日遺贈（注 2）

権　利　者　　甲市○町一丁目２番３号（注 3）
（住民票コード 12345678901）（注 4）
甲　田　花　子　㊞（注 5）
連絡先の電話番号　○○○－○○○○－○○○○（注 6）
義　務　者　　乙市○町二丁目３番４号（注 7）
亡　乙　川　二　郎
上記遺言執行者　○市○町一丁目３番４号（注 8）
丙　田　結　衣　㊞
連絡先の電話番号　○○○－○○○○－○○○○
添付情報
登記原因証明情報（注 9）　登記識別情報（注 10）　印鑑証明書（注 11）
住所証明情報（注 12）　代理権限証明情報（注 13）

令和○年７月１日申請　○○地方法務局○○支局（注 14）

課税価格　　金○○万○，０００円（注 15）

登録免許税　金○，○00円（注 16）

不動産の表示（注 17）
不動産番号　１２３４５６７８９０１２３（注 18）
所　　　在　○市○町一丁目
地　　　番　２番３
地　　　目　宅地
地　　　積　１００．７８平方メートル

書式の解説

この申請書は、相続人以外の人に遺贈した場合であり、かつ、遺言執行者が定められている場合の見本です。

(注1) 登記の目的は「所有権移転」と記載します。
(注2) 原因は、「遺贈」と記載し、その日付は通常は遺贈者が死亡した日を記載します。
(注3) 権利者(受遺者)の住所・氏名を記載します。住所は、住民票の写しに記載されている現在の住所を正確に記載してください。ハイフンで省略して記載しないでください。
(注4) 住民票コードの記載は任意ですが、記載をした場合には、住所証明情報としての住民票の写しの提出は省略できます。
(注5) ここに押す権利者の印は認印でもかまいません(令16条1項、規則47条3号ホ、同48条4号)。
(注6) 申請書等に不備がある場合には、登記所から連絡がされますので、連絡をとることのできる電話番号を記載してください。
(注7) 義務者として、遺贈者の住所氏名を記載します。遺贈者の最後の住所が登記事項証明書に記載されている住所と一致しない場合は、前提として遺贈者の住所変更の登記が必要となります(『登記研究』380号質疑応答)。
(注8) 遺言執行者の住所氏名を記載し、実印を押印します。
申請書等に不備がある場合には、登記所から連絡がされますので、連絡をとることのできる電話番号を記載してください。
(注9) 登記原因証明情報として、遺言書と遺贈者の死亡の事実が記載されている戸籍事項証明書と最後の住所が記載されている住民票の写し(本籍の記載のあるもの)または戸籍の附票の写し(本籍と筆頭者の記載のあるもの)を提出します。ただし、登記事項証明書に記載されている遺贈者の住所が本籍と同じ場合には、住民票の写し等は不要です。
(注10) 遺贈者が当該不動産について所有権の保存または移転登記をしたときに通知を受けた登記識別情報または登記済証を提出します(法22条)。
(注11) 遺言執行者の印鑑証明書を提出します。この印鑑証明書は作成後3か月以内のものが必要です(令16条3項)。
(注12) 権利者(受遺者)の住所証明情報として住民票の写し(マイナンバーの記載のないもの)または戸籍の附票の写しを提出します。
なお、住民票コードを記載したときは、住所証明情報の提出は不要なのでこの記載は不要となります。
(注13) 登記の申請を他人に委任した場合には委任状が必要ですが、その他に遺言執行者の代理権限を証する書面を提出します。詳細は324頁を参照してください。

（注14）申請する年月日と提出先の法務局を記載してください。

（注15）課税価格は、固定資産課税台帳に登録された当該不動産の評価額を記載します。その場合、1,000円未満は切り捨てます。また、その金額が1,000円に満たない場合には、1,000円とします。したがって、市区町村で発行している固定資産評価証明書も提出してください。

（注16）登録免許税は課税価格の1,000分の20になります。なお、100円未満の端数は切り捨てます。ただし、受遺者が相続人であるときは、受遺者が相続人であることを証する戸籍事項証明書を提出した場合には、税率は1,000分の4となります。

（注17）不動産の表示は、登記事項証明書の記載どおりに正確に記載してください。

（注18）不動産番号を記載すれば、土地の場合は、土地の所在、地番、地目および地積の記載を省略できます。建物の場合は、建物の所在と土地の地番、家屋番号、建物の種類、構造および床面積等の記載を省略できます（令6条）。

■申請書見本2　遺贈（相続人に対する遺贈・相続人による単独申請）

登　記　申　請　書

登記の目的　　所有権移転（注1）
原　　　因　　令和○年5月7日遺贈（注2）
権　利　者　　甲市○町一丁目2番3号（注3）
（申請人）　　　甲　田　花　子　㊞
連絡先の電話番号　○○○－○○○○－○○○○（注4）
義　務　者　　乙市○町二丁目3番4号（注5）
乙　川　二　郎
添付情報
登記原因証明情報（注6）　住所証明情報（注7）
令和○年7月1日申請　○○地方法務局○○支局
課税価格　　金○○万○，000円
登録免許税　金○，○00円（注8）
不動産の表示
所　　　在　○市○町一丁目
地　　　番　2番3
地　　　目　宅地
地　　　積　100．78平方メートル

書式の解説

この申請書は、相続人に遺贈した場合です。その場合、相続人は単独で申請することができます。

（注1）　登記の目的は「所有権移転」と記載します。
（注2）　原因は、「遺贈」と記載し、その日付は通常は遺贈者が死亡した日を記載します。
（注3）　権利者（受遺者）の住所・氏名を記載します。住所は、住民票の写しに記載されている現在の住所を正確に記載してください。ハイフンで省略して記載しないでください。ここに押す権利者の印は認印でもかまいません（令16条1項、規則47条3号ホ、同48条4号）。
（注4）　申請書等に不備がある場合には、登記所から連絡がされますので、連絡をとることのできる電話番号を記載してください。
（注5）　義務者として、遺贈者の住所氏名を記載します。遺贈者の最後の住所氏名が登記事項証明書に記載されている住所氏名と一致しない場合は、

住所変更の経緯のわかる住民票の写し（本籍の記載があるもの）、住民票の除票の写し（本籍の記載があるもの）、戸籍の附票の写し（戸籍の表示：本籍・筆頭者の記載があるもの）、氏名変更のわかる戸籍事項証明書を添付します。その場合、義務者の住所氏名の変更登記を申請する必要はありません。なお、住所氏名に変更がある場合において、申請書に記載する住所氏名は登記事項証明書に記載されている住所氏名ではなく、最後の住所氏名を記載します。

（注6）　登記原因証明情報として次のものを提出します。

一　遺言書（公正証書遺言、法務局保管の遺言書以外の自筆証書遺言の場合は家庭裁判所の検認が必要です）

二　義務者（遺贈者）の死亡の事実が記載されている戸籍全部事項証明書または除籍全部事項証明書と最後の住所が記載されている住民票の写し（本籍の記載があるもの）、住民票の除票の写し（本籍の記載があるもの）または戸籍の附票の写し（戸籍の表示：本籍と筆頭者の記載のあるもの）。ただし、登記事項証明書に記載されている遺贈者の住所が本籍と同じ場合には、住民票の写し等は不要です。

三　受遺者が相続人であることのわかる戸籍全部（一部）事項証明書。これは、遺贈者が死亡した後に発行されたものが必要です。なお、前記二の戸籍事項全部証明書等で証明できる場合には、重ねて同じものを提出する必要はありません。

（注7）　権利者（受遺者）の住所証明情報として住民票の写し（マイナンバーの記載のないもの）または戸籍の附票の写しを提出します。

なお、住民票コードを記載したときは、住所証明情報の提出は不要なのでこの記載は不要となります。

（注8）　受遺者が相続人であるときは、受遺者が相続人であることを証する戸籍事項証明書を提出した場合には、登録免許税は課税価格の1,000分の4になります。なお、100円未満の端数は切り捨てます。

■ 申請書見本３（贈与により所有権を移転した場合）

登　記　申　請　書

登記の目的　　所有権移転（注1）

原　　　因　　令和○年４月３日贈与（注2）

権　利　者
　　　　　　　○市○町一丁目２番３号
　　　　　　　甲　野　ハ　ナ　子（注3）
義　務　者　　東京都○区○町一丁目５番６号
　　　　　　　甲　野　太　郎（注4）
添付情報
　登記識別情報　　登記原因証明情報
　印鑑証明書　　住所証明情報　　代理権限証明情報

登記完了後に通知される登記識別情報通知書・登記完了証・還付される添付書面は代理人の住所に送付してください。（注5）

令和○年○月○日申請　○○法務局○○出張所

申請人兼義務者の代理人　　○市○町一丁目２番３号
　　　　　　　　　　　　　甲　野　ハ　ナ　子　㊞（注6）
　　　　　　連絡先の電話番号　○○－○○○○－○○○○（注7）

課税価格　金１，９００万円（注8）

登録免許税　金３８万円（注9）

不動産の表示（注10）
　所　　在　　○市○町一丁目
　地　　番　　４５番
　地　　目　　宅地
　地　　積　　２３０．５８平方メートル

書式の解説

この申請書は、不動産を贈与による所有権移転登記をする場合の見本です。

(注1)　登記の目的は「所有権移転」と記載します。

(注2)　登記原因は「贈与」であり、その日付は贈与契約が成立した日を記載します。

(注3)　贈与を受けた人の住所、氏名または名称を記載します。本件は代理人による登記申請のため、ここには押印しません。

(注4)　贈与した人の登記申請時の住所、氏名または名称を記載します。この住所、氏名は登記事項証明書の記録と一致していなければなりません。住所または氏名または名称が変更している場合には、事前に住所変更または氏名または名称変更の登記が必要となります。本件は代理人による登記申請のため、ここには押印しません。

(注5)　登記識別情報の通知の送付を希望する場合には、その旨と送付先を記載します。登記識別情報の通知を希望しない場合には、その旨を記載します（規則63条3項、64条2項）。

(注6)　権利者である甲野ハナ子が義務者の代理人になっている場合には、見本のように記載してください。ここに押す権利者の印は認印でもかまいません（令16条1項、規則47条3号ホ、同48条4号）。
なお、登記の完了後に登記識別情報の通知を登記所の窓口で受領する時には、ここに押した印鑑が必要になります。

(注7)　申請書等に不備がある場合には、登記所から連絡がされますので、連絡をとることのできる番号を記載してください。

(注8)　固定資産課税台帳に登録されている不動産の価格のうち、1,000円未満を切り捨てた額を記載してください。したがって、課税価格を認定する資料として、市区町村で発行している「固定資産評価証明書」を添付するのが実務の取扱いです。

(注9)　贈与による所有権移転登記の登録免許税は、課税価格の1,000分の20になります。なお、100円未満の端数は切り捨てます。

(注10)　不動産の表示は、登記事項証明書の記載どおりに正確に記載してください。

■ 報告形式の登記原因証明情報の見本

登記原因証明情報

1　当事者及び不動産

⑴　当事者　　権利者　○市○町一丁目２番３号
　　　　　　　　　　　甲　野　ハ　ナ　子
　　　　　　　義務者　東京都○区○町一丁目５番６号
　　　　　　　　　　　甲　野　太　郎

⑵　不動産の表示

所　　在　　○市○町一丁目
地　　番　　４５番
地　　目　　宅地
地　　積　　２３０．５８平方メートル

2　登記の原因となる事実又は法律行為

⑴　甲野太郎は、甲野ハナ子に対し、令和○年４月３日、本件不動産を贈与し、甲野ハナ子はこれを受諾した。

⑵　よって、本件不動産の所有権は、同日、甲野太郎から甲野ハナ子に移転した。

令和○年○月○日　○○法務局○○出張所

上記の登記原因のとおり相違ありません。

（受贈者）　○市○町一丁目２番３号
　　　　　　甲　野　ハ　ナ　子　　㊞　（注）
（贈与者）　東京都○区○町一丁目５番６号
　　　　　　甲　野　太　郎　　　　㊞　（注）

書式の解説

これは、贈与契約書がない場合または提出できない場合に、契約の内容を記載した書面の見本で、「報告形式の登記原因証明情報」といわれています。この書面は原本還付の手続ができません。

（注）　ここに押す印は、別段の規定はありませんが、後日の紛争を防ぐために、贈与者の印は実印を押印するのがよいでしょう。

委任状見本

委　任　状

私は、○市○町一丁目２番３号　甲野ハナ子を代理人と定め、次の権限を委任します

1　下記の登記に関し、登記申請書を作成すること及び当該登記の申請に必要な書面と共に登記申請書を管轄登記所に提出すること

2　登記完了後に通知される登記識別情報通知書・登記完了証及び還付される添付書面を受領すること。

3　登記の申請に不備がある場合に、当該登記の申請を取り下げ、又は補正をすること

4　登記に係る登録免許税の還付金を受領すること

5　以上のほか、下記登記の申請に関し必要な一切の権限

令和○年○月○日（注1）

東京都○区○町一丁目５番６号

甲　野　太　郎　㊞（注2）

記

登記の目的　所有権移転

原　　因　令和○年４月３日贈与

権 利 者　○市○町一丁目２番３号

甲野ハナ子

義 務 者　東京都○区○町一丁目５番６号

甲野太郎

不動産の表示

所　　在　○市○町一丁目

地　　番　４５番

地　　目　宅地

地　　積　２３０．５８平方メートル

書式の解説

（注1）　日付は委任状を作成した日を記載します。

（注2）　義務者が委任する人の場合は、実印を押します。

■ 申請書見本4
(贈与による所有権一部移転登記・マンションの場合)

登　記　申　請　書

登記の目的　所有権一部移転(注)
原　　因　令和○年7月1日贈与
権　利　者
　　○市○町一丁目2番3号
　　持分2分の1　野口あゆみ
義　務　者　東京都○区○町一丁目5番6号
　　　　　　野口太郎
添付情報
　登記識別情報　登記原因証明情報　印鑑証明書
　住所証明情報　代理権限証明情報

令和○年○月○日申請　○○法務局○○出張所
申請人兼義務者の代理人
　　○市○町一丁目2番3号
　　野口あゆみ　㊞
　　連絡先の電話番号　○○－○○○○－○○○○
課税価格　移転した持分の価格金○万○,０００円
登録免許税　金○万○,○００円
不動産の表示
　一棟の建物の表示
　　所　　在　○市○町５６番地1
　　建物の名称　○○マンション
　専有部分の建物の表示
　　家屋番号　○町５６番1の４０２
　　建物の名称　４０２
　　種　　類　居宅
　　構　　造　鉄骨鉄筋コンクリート造1階建
　　床 面 積　７８.００平方メートル
　敷地権の表示
　　土地の符号　1
　　所在及び地番　○市○町５６番1
　　地　　目　宅地
　　地　　積　１０,２３４.００平方メートル
　　敷地権の種類　所有権

敷地権の割合　　**１万分の１２８**

書式の解説

この申請書は、所有権の一部を贈与した場合の見本です。
（注）　登記の目的は「所有権一部移転」とします。

登記が完了すると、以下のような登記がされます。

権　利　部　（甲　区）（所有権に関する事項）			
順位番号	登記の目的	受付年月日・受付番号	権利者その他の事項
２	所有権移転	令和〇年〇月〇日 第〇号	原因　令和〇年〇月〇日売買 所有者　東京都〇区〇町一丁目５番 　６号 　野口太郎
３	所有権一部移 転	令和〇年〇月〇日 第〇号	原因　令和〇年７月１日贈与 共有者　〇市〇町〇一丁目２番３号 　持分２分の１ 　野口あゆみ

＊本件は、所有権の一部を贈与した場合の登記記録例です。

■ 申請書見本５（死因贈与の場合）

登　記　申　請　書

登記の目的　　所有権移転（注１）

原　　　因　　令和○年４月３日贈与（注２）

権　利　者

　　○市○町二丁目３番地４（住民票コード12345678901）（注３）

　　　　　　甲　野　ハ　ナ　子　㊞（注４）

　　　　連絡先の電話番号　○○－○○○○－○○○○

義　務　者（注５）

　　　　　　東京都○区○町一丁目５番６号

　　　　　　亡　甲　野　恵　子

　　上記相続人　東京都○区○町一丁目５番６号

　　　　　　甲　野　太　一　㊞

　　　　連絡先の電話番号　○○－○○○○－○○○○

添付情報

　登記識別情報　　登記原因証明情報　　印鑑証明書（注６）

　住所証明情報　　相続証明書（注７）

令和○年○月○日申請　○○法務局○○出張所

課税価格　　金○○，０００円

登録免許税　金○，○００円

不動産の表示

　所　　在　　○市○町一丁目

　地　　番　　４５番

　地　　目　　宅地

　地　　積　　２３０．５８平方メートル

書式の解説

この申請書は、死因贈与による所有権移転登記の執行者の指定がない場合の見本です。本件の場合、贈与者の相続人全員が登記申請人となります（法62条）。

執行者が指定されている場合には、受贈者と執行者が共同して申請します。その場合、執行者の代理権限証明情報と印鑑証明書を添付します。執行者の代理権限証明情報としては、執行者の指定のある死因贈与契約書が公正証書による場合にはそれで足りますが、私署証書の場合には、贈与者の印鑑証明書が添付されている場合または贈与者の相続人全員の作成による奥書証明が添付されていることが必要と考えられています（藤原勇喜著『新訂相続・遺贈の登記』テイハン818頁から820頁）。

（注1）　登記の目的は「所有権移転」とします。

（注2）　死因贈与の場合にも、原因は「贈与」とします。その日付は贈与者が死亡した日となります。

（注3）　住民票コード（住民基本台帳法7条13号）を記載した場合には、住所証明情報としての住民票の写しの添付は省略できます。

（注4）　権利者として、贈与を受けた人の住所、氏名または名称を記載し、押印します。ここに押す印は認印でもかまいません。

（注5）　義務者として、贈与者の死亡時の住所、氏名を記載し、贈与者の相続人である旨と贈与者の相続人全員の住所、氏名を記載し、実印を押します。

なお、贈与者の死亡時の住所が登記事項証明書に記録されているものと相違しているときは、住所変更の登記を要するものとされています（『登記研究』380号質疑応答参照。この質疑応答の事例は遺贈者の住所が変更している事例ですが、死因贈与者の場合にも同じ取扱いでよいと考えます）。

（注6）　相続人全員の印鑑証明書が必要です。この印鑑証明書は、作成後3か月以内のものが必要です。

（注7）　326頁⑦相続証明書を参照してください。

•••第７章•••
売買による所有権移転登記

売買とは、売主がある財産権を買主に与えることを約し、買主がこれに代金を払うことを約することによって成立する契約です（民法555条）。

不動産を買った買主は、売主と共同で所有権移転登記の申請ができます（法60条）。

売買の形態としては、売主が不動産を単独で所有している場合には、その全部を移転する場合と一部のみを移転する場合があります。また、売主が共有で不動産を所有している場合には、共有者全員が持分全部を移転する場合と、共有者の一部の人だけが持分全部を移転する場合、持分一部を移転する場合があります。また、買う側としても、単独で買う場合もあるし、共同で買う場合もあります。

＊売主は、買主に対し、登記、登録その他の売買の目的である権利の移転についての対抗要件を備えさせる義務を負います（民法560条）。

1　申 請 人

売買による所有権移転登記申請は、買主が登記権利者となり、売主が登記義務者となって共同で申請するのが原則です（法60条）。当事者の一方が登記に協力しない場合には、登記手続をすることを命ずる確定判決によって、当事者の一方は単独で登記申請をすることができます（法63条1項）。

2　申請書の記載事項

申請書には、次の事項を記載します。

① 登記の目的（令3条5号）
② 登記原因およびその日付（令3条6号）
③ 権利者の表示（令3条1号・2号）
④ 義務者の表示（令3条1号・2号）
⑤ 添付情報の表示（規則34条1項6号）
⑥ 登記識別情報の通知受領の有無とその方法
⑦ 登記識別情報または登記済証を提供できない場合には、提供することができない理由（令3条12号）
⑧ 申請の年月日（規則34条1項7号）
⑨ 登記所の表示（規則34条1項8号）
⑩ 代理人の住所、氏名または名称（令3条3号）
⑪ 申請人または代理人の電話番号その他の連絡先（規則34条1項1号）
⑫ 課税価格と登録免許税額（規則189条1項）
⑬ 不動産の表示（令3条7号・8号）

① 登記の目的（令3条5号）

一人で所有している場合の登記の目的は、「所有権移転」とします。所有権の一部を移転する場合には「所有権一部移転」とします。

共有の場合、共有者全員の持分を全部移転する場合には「共有者全員持分全部移転」とします。共有者のうち、一人の持分の全部を移転する場合には「何某持分全部移転」とします。そして、共有者のうち、一人の持分の一部を移転する場合には「何某持分一部移転」とします。

② 登記原因およびその日付（令3条6号）

原因は「売買」とし、その日付は通常は売買契約成立の日です。ただし、所有権移転の時期について特約があれば、その特約に従います。たとえば、売買代金受領の日に所有権が移転する旨の特約がある場合には、売買代金受領の日が登記原因の日となります。

③ 権利者の表示（令3条1号・2号）

権利者として、買主が個人の場合には住所・氏名・住民票コード、法人の場合には本店（または主たる事務所）・商号（または名称）・会社法人等番号・代表者の資格および氏名を記載します。これらは住所証明情報または法人の登記事項証明書の記載と一致していなければなりません。ただし、住所証明情報（住民票の写し等）または作成後3か月以内の法人の登記事項証明書を提供した場合には、住民票コードおよび会社法人等番号の記載は不要です。そのほかに、権利者が二人以上の場合は、新たに取得した持分も記載します（令3条9号）。

④　義務者の表示（令3条1号・2号）

義務者として、売主が個人の場合には住所・氏名、法人の場合には本店（または主たる事務所）・商号（または名称）・会社法人等番号・代表者の資格および氏名を記載します。ただし、作成後3か月以内の法人の登記事項証明書を提供した場合には、会社法人等番号の記載は不要です。

義務者の表示は登記申請時のものを記載します。もし、登記事項証明書に記録されている義務者の表示と相違する場合には、前提として所有権登記名義人の表示変更登記を申請しなければなりません。なお、義務者の移転した持分は記載しません。

⑤　添付情報の表示（規則34条1項6号）

添付情報を記載します。その場合、添付情報の通数は記載しません。

⑥　登記識別情報の通知受領の有無とその方法

登記識別情報の通知の送付を希望する場合には、その旨と送付先を記載します。登記識別情報の通知を希望しない場合には、その旨を記載します（規則63条3項、64条2項）。なにも記載がない場合には、登記所の窓口での受領を希望するものとみなされます。

⑦　登記識別情報または登記済証を提供できない場合には、提供することができない理由（令3条12号）

登記識別情報を提供できない場合には、その理由を記載します。「不通知」、「失効」、「失念」、登記識別情報を提供することにより登記識別情報を適切に管理する上で支障が生ずる場合には「管理支障」、登記識別情報を提供したとすれば当該申請に係る不動産の取引を円滑に行うことができないおそれがある場合には「取引円滑障害」と記載すればよいでしょう（準則42条1項）。

登記済証が紛失等で提出できない場合には、その理由を記載します。たとえば、「紛失」、「滅失」、「不交付」などです。

登記識別情報の提供または登記済証の提出がない場合には、第2部第1章を参照してください。

⑧　申請の年月日（規則34条1項7号）

登記申請する日を記載します。

⑨　登記所の表示（規則34条1項8号）

申請する登記所を記載します。登記の申請は管轄する登記所に行います。

⑩　代理人の住所、氏名または名称（令3条3号）

第三者に登記申請を委任した場合には、代理人の住所、氏名または名称および連絡先の電話番号を記載します。代理人が法人の場合には、その代表者の資格および氏名も記載します。権利者が義務者の代理人を兼ねている場合には、「申請人兼義務者の代理人」と記載すればよいでしょう。逆に、義務者が権利者の代理人を兼ねている場合には、「申請人兼権利者の代理人」と記載すればよいでしょう。

⑪　申請人または代理人の電話番号その他の連絡先（規則34条1項1号）

申請書等に不備がある場合には、登記所から連絡がされますので、連絡をとることのできる電話番号を記載してください。

⑫　課税価格と登録免許税額（規則189条1項）

課税価格及び登録免許税額を記載します。

所有権一部移転の場合には、課税価格は移転した持分の価格を例のように記載します。

（例）

課税価格　移転した持分の価格金〇〇万円

⑬　不動産の表示（令3条7号・8号）

不動産の表示は、登記事項証明書の記録と符合していることが必要です。ただし、不動産番号を記載すれば、土地の場合は、土地の所在、地番、地目および地積の記載を省略できます。建物の場合は、建物の所在と土地の地番、家屋番号、建物の種類、構造および床面積等の記載を省略できます（令6条）。また、不動産番号を記載すれば、敷地権付き区分建物の場合は、一棟の建物の所在、構造、床面積、一棟の建物の名称、専有部分の建物の家屋番号、建物の名称、建物の種類、構造および床面積、敷地権の目的となる土地の所在する市、区、郡、町、村および字ならびに当該土地の地番、地目および地積の記載を省略できます（令6条）。

3 添付情報

添付情報として、登記識別情報または登記済証、登記原因証明情報、代理権限証明情報、印鑑証明書、住所証明情報、会社法人等番号等が必要です。

① 登記識別情報または登記済証

登記義務者が所有権の保存または移転の登記をして登記名義人となった時に通知された登記識別情報の提供またはオンライン化前に登記済証の交付を受けている場合には、登記済証を提出します。

なお、提出された登記識別情報を記載した書面は登記が完了した後または請求の審査を終了した後に廃棄されますので（規則69条1項)、登記識別情報の通知書そのものではなくコピー等を提出するのがよいでしょう。

② 登記原因証明情報

登記原因証明情報とは、登記の原因となった事実または法律行為およびこれに基づき現に権利変動が生じたことを証する情報をいいます。売買の場合は、売買契約書がこれに当たります。

なお、契約書がない場合または提供できない場合には、契約の内容を記載した書面を提供してください。これを、「報告形式の登記原因証明情報」といいます。この書面は、当該申請のためにのみ作成された書面ですので、原本還付の手続ができません（規則55条1項ただし書)。

報告形式の登記原因証明情報は、登記義務者作成のものは必ず提供しなければなりませんが、登記権利者は必ずしも作成しなくてもよいとされています。しかし、なるべく両者が作成するのがよいでしょう。

契約書および報告形式の登記原因証明情報に押す印鑑は、別段の規定はありませんが、後日の紛争を防ぐために、登記義務者である売主の印は実印を押印するのがよいでしょう。

③ 代理権限証明情報（令7条1項2号）

代理人によって登記を申請するときは、その代理人の権限を証する情報を提供します。

たとえば、支配人が法人を代理して申請する場合には、その法人の作成後3か月以内の登記事項証明書を添付します。ただし、会社法人等番号を提供したときは、この登記事項証明書の提供は不要です（令7条1項2号、規則36条3項）。また、登記申請を第三者に委任した場合には、委任状を添付します。

④　会社法人等番号（令7条1項1号）

申請人が会社法人等番号を有する法人であるときは、会社法人等番号を提供します（令7条1項1号イ）。ただし、会社法人等番号を有する法人であっても、作成後3か月以内の登記事項証明書を提供したときは、会社法人等番号の提供は要しません（規則36条1項、2項）。会社法人等番号を有しない法人の場合は、当該法人の代表者の資格を証する情報を提供します（令7条1項1号ロ）。

⑤　印鑑証明書

登記義務者である売主の印鑑証明書を添付します。登記義務者が個人の場合は、市区町村長が作成した印鑑証明書を添付します。登記義務者が法人の場合は、登記所発行の法人代表者の印鑑証明書を添付します。

なお、これらの印鑑証明書は作成後3か月以内のものが必要です。また、原本還付をすることができません。ただし、登記義務者が法人の場合、会社法人等番号を提供した場合には印鑑証明書の添付は要しないとされています（規則48条1号）。

⑥　住所証明情報

登記権利者の住所証明情報として、個人の場合には住民票の写し（マイナンバー（個人番号）が記載されていないもの）または戸籍の附票の写し等を提出します。法人の場合には、法人の登記事項証明書を提出します。この住所証明情報は作成後3か月以内のものでなくてもかまいませんが、なるべく新しいものがよいでしょう。

なお、住民基本台帳法7条13号に規定する住民票コードまたは会社法人等番号を提供したときは、住所証明情報の提供は不要です（令9条、規則36条4項）。

⑦　固定資産評価証明書

法定の添付情報ではないですが、登録免許税を計算するために提出しているのが実務の取扱いです。

4 登録免許税

売買による所有権移転の登録免許税は、課税価格の1,000分の20の税率（注）を掛けて、100円未満を切り捨てた額となります。なお、計算した金額が1,000円に満たない場合には、1,000円となります（登免税法19条)。

住宅用家屋の場合、租税特別措置法の適用がある場合には、税率は軽減されます。詳細は526頁を参照してください。

（注）個人または法人が土地の売買による所有権移転登記を受ける場合には、租税特別措置法72条1項により、次のように税率が軽減されます。

申　請　期　間	税　率
平成25年4月1日から令和8年（2026年）3月31日までの間	1,000分の15

＊令和8年4月1日以降の税率については、最寄りの法務局にお問合せください。

登記済証を紛失した場合

Q1　登記済証を紛失した場合、所有権移転登記はどのようにすればよいですか？

A　不動産登記法の改正により保証書制度が廃止され、代わりに改正前の通知制度をより充実させた事前通知制度が制定されました。また、資格者代理人による本人確認情報の提供の制度もできましたので、これらの制度を利用すれば登記済証がなくても登記申請は可能です。詳細は、125頁以下の第２部第１章**2**(2)〜(7)を参照してください。

売主が死亡した場合

Q2　不動産を買いましたが、その所有権移転登記をしないでいたら売主が死亡してしまいました。登記の申請はどのようにすればよいですか？

A　売主の相続人全員が登記義務者となり、買主と共同で所有権移転登記を申請します。その場合、売主の死亡による相続の登記は必要ありません。なぜなら、所有権が買主に移転した後に死亡したのですから、その不動産は相続の対象にならないからです。

買主が死亡した場合

Q3　父が不動産を買いましたが、所有権移転登記をしないうちに、先日亡くなってしまいました。登記手続はどのようにすればよいですか？

A　売主と買主の相続人により「売買」を登記原因とする所有権移転登記をして、お父様名義にすることができます。相続人は全員でなくても、そのうちの一人からでも申請できます。この場合、添付情報として相続証明書を添付します。相続証明書は、被相続人の死亡の事実が記載されている戸籍（除籍）の謄本または抄本と、相続人の戸籍の謄本または抄本を添付します。そのほかには、被相続人の住所証明書として住民票の除票の写し等を添付します。その後、相続の登記をすることになります。

一部移転の場合の申請書の書き方

Q4　所有権の一部移転をした場合、申請書には義務者の表示として持分も記載するのですか？

A　義務者（売主）の表示には移転する持分は記載しません。権利者（買主）の表示に、権利者が今回取得した持分を記載します。

■ 申請書見本１（売買による所有権移転）

登　記　申　請　書

登記の目的　　所有権移転（注１）

原　　　因　　令和○年７月３日売買（注２）

権　利　者
　○市○町二丁目３番地４（住民票コード12345678901）（注３）
　　　　甲　野　ハ　ナ　子（注４）

義　務　者　　東京都○区○町一丁目５番６号
　　　　野　口　太　郎（注５）

添付情報
　登記識別情報　　登記原因証明情報　　印鑑証明書
　住所証明情報　　代理権限証明情報

登記完了後に通知される登記識別情報通知書・登記完了証・還付される添付書面は代理人の住所に送付してください。（注６）

令和○年○月○日申請　○○地方法務局○○出張所

代　理　人　　○市○町○番○号
　　　　乙　川　二　郎　㊞（注７）
　　連絡先の電話番号　○○－○○○○－○○○○（注８）

課税価格　金１，２００万円（注９）

登録免許税　金２４０，０００円（注10）

不動産の表示（注11）
　不動産番号　０１０４５６７８９０１２３（注12）
　所　　　在　○市○町一丁目２３番地３
　家屋番号　２３番３の４
　種　　　類　居宅
　構　　　造　木造亜鉛メッキ鋼板ぶき平家建
　床　面　積　６１．１５平方メートル

書式の解説

この申請書は、単独で所有している建物の売買による所有権移転登記の見本です。

(注1) 単独で所有している不動産の移転の場合、登記の目的は「所有権移転」とします。

(注2) 原因は「売買」とし、その日付は売買契約が成立した日です。ただし、所有権移転時期の留保の特約がある場合は、その特約の条件が成就した日となります。

(注3) 住民票コード（住民基本台帳法7条13号）を記載した場合には、住所証明情報の提供は省略できます。

(注4) 権利者として、買主の住所、氏名または名称を記載します。この住所は、住所証明情報の記載と一致していなければなりません。買主が法人の場合は、法人の本店（主たる事務所）、商号（名称）、代表者の資格および氏名を記載し、法人が会社法人等番号を有する法人であるときは会社法人等番号も記載します。ただし、作成後3か月以内の法人の登記事項証明書を添付した場合には、会社法人等番号の記載は不要です。

(注5) 義務者として、売主の登記申請時の住所、氏名または名称を記載します。売主が法人の場合は、法人の本店（主たる事務所）、商号（名称）、代表者の資格および氏名を記載し、法人が会社法人等番号を有する法人であるときは会社法人等番号も記載します。ただし、作成後3か月以内の法人の登記事項証明書を添付した場合には、会社法人等番号の記載は不要です。この記載は、当該不動産の登記事項証明書に記載されている所有者の住所、氏名、商号、名称、本店、主たる事務所等と一致していなければなりません。住所、氏名等が変更している場合には、事前に住所変更または氏名変更等の登記が必要となります。

(注6) 登記識別情報の通知の送付を希望する場合には、その旨と送付先を記載します。登記識別情報の通知を希望しない場合には、その旨を記載します（規則63条3項、64条2項）。なにも記載がない場合は、登記所の窓口での受領を希望するものとみなされます。

(注7) 代理人によって登記の申請をする場合には、代理人の住所、氏名または名称を記載し、押印します。ここに押す印は認印でもかまいません。また、代理人が法人の場合は、その代表者の資格および氏名も記載します。

なお、登記の完了後に登記識別情報の通知を登記所の窓口で受領する時には、ここに押した印鑑が必要になります。

(注8) 申請書等に不備がある場合には、登記所から連絡がされますので、連絡をとることのできる電話番号を記載してください。

(注9) 課税価格は、固定資産課税台帳に登録された当該不動産の評価額を記

載します。その場合、1,000円未満は切り捨てます。また、その金額が1,000円に満たない場合には、1,000円とします。したがって、市区町村で発行している固定資産評価証明書も添付します。

（注10）売買による所有権移転登記の登録免許税は、課税価格の1,000分の20になります。なお、100円未満の端数は切り捨てます。
土地の場合には、軽減の規定があるので注意してください。

（注11）不動産の表示は、登記事項証明書の記載どおりに正確に記載してください。

（注12）不動産番号を記載すれば、土地の場合は、土地の所在、地番、地目および地積の記載を省略できます。建物の場合は、建物の所在と土地の地番、家屋番号、建物の種類、構造および床面積等の記載を省略できます（令6条）。

委任状見本

委　任　状

私は、○市○町○番○号　乙川二郎を代理人と定め、次の権限を委任します。

1　下記の登記に関し、登記申請書を作成すること及び当該登記の申請に必要な書面と共に登記申請書を管轄登記所に提出すること

2　登記完了後に通知される登記識別情報通知書・登記完了証及び還付される添付書面を受領すること。

3　登記の申請に不備がある場合に、当該登記の申請を取下げ、又は補正をすること

4　登記に係る登録免許税の還付金を受領すること

5　以上のほか、下記登記の申請に関し必要な一切の権限

令和○年○月○日（注1）

東京都○区○町一丁目5番6号

野　口　太　郎　㊞（注2）

記

登記の目的　所有権移転

原　　　因　令和○年7月3日売買

権　利　者　○市○町一丁目3番地4

甲野ハナ子

義　務　者　東京都○区○町一丁目5番6号

野口太郎

不動産の表示

所　　　在　○市○町一丁目23番地3

家屋番号　23番3の4

種　　　類　居宅

構　　　造　木造亜鉛メッキ鋼板ぶき平家建

床　面　積　61．15平方メートル

書式の解説

（注1）　日付は委任状を作成した日を記載します。
（注2）　義務者が委任する人の場合は、実印を押します。

■ 報告形式の登記原因証明情報の見本 1

登記原因証明情報

1　当事者及び不動産

(1)　当事者　　権利者　○市○町二丁目3番地4（注1）

甲　野　ハ　ナ　子

義務者　東京都○区○町一丁目5番6号

野　口　太　郎（注1）

(2)　不動産の表示（注2）

所　　在　　○市○町一丁目23番地3

家屋番号　　23番3の4

種　　類　　居宅

構　　造　　木造亜鉛メッキ鋼板ぶき平家建

床 面 積　　61．15平方メートル

2　登記の原因となる事実又は法律行為

(1)　野口太郎は、甲野ハナ子に対し、令和○年7月3日、本件不動産を売りました。

(2)　よって、本件不動産の所有権は、同日、野口太郎から甲野ハナ子に移転しました。

令和○年○月○日　○○法務局○○出張所

上記の登記原因のとおり相違ありません。

（買主）　○市○町二丁目3番地4

甲　野　ハ　ナ　子　　㊞（注3）

（売主）　東京都○区○町一丁目5番6号

野　口　太　郎　　㊞（注3）

書式の解説

これは、売買契約書がない場合または提出できない場合に、契約の内容を記載した書面の見本で、「報告形式の登記原因証明情報」といわれています。この書面は、当該申請のためにのみ作成された書面ですので、原本還付の手続ができません。

(注1)　権利者および義務者の住所と氏名または名称を記載します。
(注2)　不動産の表示として申請物件を記載します。
(注3)　ここに押す印鑑は、別段の規定はありませんが、後日の紛争を防ぐために、売主の印は実印で押印するのがよいでしょう。

■報告形式の登記原因証明情報の見本2（代金支払時に移転する特約がある場合）

登記原因証明情報

1　当事者及び不動産

(1)　当事者　　権利者　〇市〇町二丁目3番地4
甲　野　ハ　ナ　子（注1）
義務者　東京都〇区〇町一丁目5番6号
野　口　太　郎（注1）

(2)　不動産の表示（注2）

所　　在　　〇市〇町一丁目23番地3
家屋番号　　23番3の4
種　　類　　居宅
構　　造　　木造亜鉛メッキ鋼板ぶき平家建
床 面 積　　61．15平方メートル

2　登記の原因となる事実又は法律行為

(1)　甲野ハナ子と野口太郎は、令和〇年6月5日、本件不動産の売買契約をしました。

(2)　(1)の売買契約には、本件不動産の所有権は売買代金の支払いが完了した時に移転する旨の特約が付されています。

(3)　甲野ハナ子は、野口太郎に対し、令和〇年7月3日、売買代金を支払い、野口太郎は、これを受領しました。

(4)　よって、本件不動産の所有権は、同日、野口太郎から甲野ハナ子に移転しました。

令和〇年〇月〇日　〇〇法務局〇〇出張所
上記の登記原因のとおり相違ありません。
（買主）　〇市〇町二丁目3番地4
甲　野　ハ　ナ　子　　㊞（注3）
（売主）　東京都〇区〇町一丁目5番6号
野　口　太　郎　　　㊞（注3）

書式の解説

これは、売買代金の支払い時に所有権が移転する、という特約のある場合の報告形式の登記原因証明情報の見本です。

売買契約書がない場合または提出できない場合に、契約の内容を記載した書面（報告形式の登記原因証明情報）を添付します。この書面は、当該申請のためにのみ作成された書面ですので、原本還付の手続ができません。

（注１）　権利者および義務者の住所と氏名または名称を記載します。
（注２）　不動産の表示として申請物件を記載します。
（注３）　ここに押す印鑑は、別段の規定はありませんが、後日の紛争を防ぐために、売主の印は実印で押印するのがよいでしょう。

■ 申請書見本2（単独所有の不動産の売買・買主が二人の場合）

登　記　申　請　書

登記の目的　　所有権移転（注1）

原　　　因　　令和○年8月3日売買（注2）

権　利　者
　　○市○町二丁目3番地4
　　　　持分3分の2　甲　野　ハ　ナ　子（注3）
　　○市○町二丁目3番地4
　　　　持分3分の1　甲　野　三　郎（注3）
義　務　者　　東京都○区○町一丁目5番6号
　　　　　　　　　　　野　口　太　郎（注4）
添付情報
　登記識別情報　　登記原因証明情報　　印鑑証明書
　住所証明情報　　代理権限証明情報

登記完了後に通知される登記識別情報通知書・登記完了証・還付される添付書面は代理人の住所に送付してください。（注5）

令和○年○月○日申請　○○法務局○○出張所

代　理　人　　○市○町○番○号
　　　　　　　　　　　乙　川　二　郎　㊞（注6）
　　　　　　　連絡先の電話番号　○○－○○○○－○○○○（注7）

課税価格　　金○○，０００円

登録免許税　金○○，○００円
　　　　　　租税特別措置法７２条１項１号（注8）
不動産の表示
　所　　在　　○市○町二丁目
　地　　番　　４５番
　地　　目　　宅地
　地　　積　　２３０．５８平方メートル

書式の解説

この申請書は、売主が一人、買主が二人の場合の見本です。

(注1)　単独で所有している不動産の移転の場合、登記の目的は「所有権移転」とします。

(注2)　原因は「売買」とし、その日付は売買契約が成立した日です。ただし、所有権移転時期の留保の特約がある場合は、その特約の条件が成就した日となります。

(注3)　権利者として、買主の住所、氏名または名称と取得した持分を記載します（令3条9号）。この住所は、住所証明情報の記載と一致していなければなりません。

買主が法人の場合は、法人の本店（主たる事務所）、商号（名称）、代表者の資格および氏名を記載し、法人が会社法人等番号を有する法人であるときは会社法人等番号も記載します。ただし、作成後3か月以内の法人の登記事項証明書を添付した場合には、会社法人等番号の記載は不要です。

(注4)　義務者として、売主の登記申請時の住所、氏名または名称を記載します。売主が法人の場合は、法人の本店（主たる事務所）、商号（名称）、代表者の資格および氏名を記載し、法人が会社法人等番号を有する法人であるときは会社法人等番号も記載します。ただし、作成後3か月以内の法人の登記事項証明書を添付した場合には、会社法人等番号の記載は不要です。この記載は、当該不動産の登記事項証明書に記載されている所有者の住所、氏名、商号、名称、本店、主たる事務所等と一致していなければなりません。住所、氏名等が変更している場合には、事前に住所変更または氏名変更等の登記が必要となります。

(注5)　登記識別情報の通知の送付を希望する場合には、その旨と送付先を記載します。登記識別情報の通知を希望しない場合には、その旨を記載します（規則63条3項、64条2項）。なにも記載がない場合には、登記所の窓口での受領を希望するものとみなされます。

(注6)　代理人によって登記の申請をする場合には、代理人の住所、氏名または名称を記載し、押印します。ここに押す印は認印でかまいません。なお、登記の完了後に登記識別情報の通知を登記所の窓口で受領する時には、ここに押した印鑑が必要になります。

(注7)　申請書等に不備がある場合には、登記所から連絡がされますので、連絡をとることのできる電話番号を記載してください。

(注8)　登録免許税が軽減される場合には、軽減の根拠となる法令の条項を記載します。

■申請書見本3（登記識別情報の提供ができない場合・マンション）

登　記　申　請　書

登記の目的　　所有権移転（注1）

原　　　因　　令和○年8月3日売買（注2）

権　利　者
　　　　　　　東京都○区○町二丁目3番4号
　　　　　　　　　　野　口　あ　ゆ　み（注3）

義　務　者　　○市○町一丁目5番6号
　　　　　　　　　　甲　野　太　郎（注4）

添付情報
　登記原因証明情報　　印鑑証明書　　住所証明情報　　代理権限証明情報

登記識別情報を提供することができない理由（注5）
　失念のため

令和○年○月○日申請　○○地方法務局○○出張所

代　理　人　　○市○町○番○号
　　　　　　　　　　乙　川　二　郎　㊞（注6）
　　　　　　　連絡先の電話番号　○○－○○○○－○○○○（注7）

課税価格　建　物　金○，○○○，０００円（注8）
　　　　　敷地権　金○，○○○，０００円

登録免許税　建物　金○○，○○○円（注9）
　　　　　　　　　租税特別措置法７３条（注10）
　　　　　敷地権　金○○，○○○円
　　　　　　　　　租税特別措置法７２条１項１号（注10）
　　　　　　　合計　金○，○００円（注11）

不動産の表示（注12）
　不動産番号　　０１０４５６７８９０２２２
　敷地権の表示
　土地の符号　　１
　敷地権の種類　所有権
　敷地権の割合　１万分の１２８

書式の解説

この申請書は、登記識別情報を提供できない場合の見本です。登記識別情報を提供できない場合には、登記官は原則として登記義務者に事前通知をすることになっています（法23条1項）。通知をした日から2週間以内（登記義務者の住所が外国にある場合には4週間以内）に当該申請の内容が真実であることの申出がない限り、登記をすることができません。期間内に申出がない場合には、申請は却下されます。

なお、資格者代理人による本人確認情報の提供がある場合（法23条4項1号）または公証人による本人確認の認証がされた場合（法23条4項2号）において、登記官がそれらの内容を相当と認めたときは事前通知をする必要はありません。

（注1）　単独で所有している不動産の移転の場合、登記の目的は「所有権移転」とします。

（注2）　原因は「売買」とし、その日付は売買契約が成立した日です。ただし、所有権移転時期の留保の特約がある場合は、その特約の条件が成就した日となります。

（注3）　権利者として、買主の住所、氏名または名称を記載します。この住所は、住所証明情報の記載と一致していなければなりません。買主が法人の場合は、法人の本店（主たる事務所）、商号（名称）、代表者の資格および氏名を記載し、法人が会社法人等番号を有する法人であるときは会社法人等番号も記載します。ただし、作成後3か月以内の法人の登記事項証明書を添付した場合には、会社法人等番号の記載は不要です。

（注4）　義務者として、売主の登記申請時の住所、氏名または名称を記載します。売主が法人の場合は、法人の本店（主たる事務所）、商号（名称）、代表者の資格および氏名を記載し、法人が会社法人等番号を有する法人であるときは会社法人等番号も記載します。ただし、作成後3か月以内の法人の登記事項証明書を添付した場合には、会社法人等番号の記載は不要です。この記載は、当該不動産の登記事項証明書に記載されている所有者の住所、氏名、商号、名称、本店、主たる事務所等と一致していなければなりません。住所、氏名等が変更している場合には、事前に住所変更または氏名変更等の登記が必要となります。

（注5）　登記識別情報または登記済証を提供できない場合には、提供することができない理由を記載します（令3条12号）。詳細は第2部第7章**2**申請書の記載事項⑦（342頁）を参照してください。

（注6）　代理人によって登記の申請をする場合には、代理人の住所、氏名または名称を記載し、押印します。ここに押す印は認印でかまいません。

なお、登記の完了後に登記識別情報の通知を登記所の窓口で受領する時には、ここに押した印鑑が必要になります。

(注7) 申請書等に不備がある場合には、登記所から連絡がされますので、連絡をとることのできる電話番号を記載してください。

(注8) 課税価格は、固定資産課税台帳に登録された当該不動産の評価額を記載します。その場合、1,000円未満は切り捨てます。また、その金額が1,000円に満たない場合には、1,000円とします。したがって、市区町村で発行している固定資産評価証明書も添付します。

本件の場合は、建物と敷地権について税率が異なるため各別に課税価格を記載します。

(注9) 租税特別措置法73条に該当する場合には、税率が1,000分の3となりますので、建物の課税価格に1,000分の3を掛けた結果の金額を1円単位まで記載します。

(注10) 登録免許税の軽減の理由を記載します。

(注11) 建物と敷地権の登録免許税を合計した後、端数処理をします。すなわち、合計金額の100円未満を切り捨てた金額を記載します。

なお、土地の売買の場合には軽減の規定があります。

(注12) 不動産番号を記載した場合の敷地権付き区分建物の不動産の表示方法です。

申請書見本４（売買による所有権一部移転）

登　記　申　請　書

登記の目的　　所有権一部移転（注１）

原　　　因　　令和○年８月３日売買（注２）

権　利　者　　埼玉県○市○町二丁目３番地４
　　　　　　　持分３分の１　新　島　久　雄（注３）

義　務　者　　東京都○区○町一丁目５番６号
　　　　　　　株式会社　Ａ　Ｂ　不　動　産
　　　　　　　(会社法人等番号１２３４－５６－７８９０１２)
　　　　　　　代表取締役　○○○○（注４）

添付情報
　登記識別情報　　登記原因証明情報　　印鑑証明書
　住所証明情報　　代理権限証明情報　　会社法人等番号（注５）

令和○年○月○日申請　○○法務局○○出張所

代　理　人　　○市○町○番○号
　　　　　　　　　　　乙　川　二　郎　㊞
　　　　　　　連絡先の電話番号　○○－○○○○－○○○○

課税価格　移転した持分の価格　金○○○，０００円（注６）

登録免許税　金○，○００円
　　　　　　租税特別措置法７２条１項１号

不動産の表示
　所　　在　　○市○町一丁目
　地　　番　　４５番
　地　　目　　宅地
　地　　積　　２３００．５８平方メートル

書式の解説

この申請書は、所有権の一部を移転した場合の見本です。

(注1) 登記の目的は、「所有権一部移転」とします。

(注2) 原因は「売買」とし、その日付は売買契約が成立した日です。ただし、所有権移転時期の留保の特約がある場合は、その特約の条件が成就した日となります。

(注3) 権利者として、買主の住所、氏名または名称と取得した持分を記載します。この住所は、住所証明情報の記載と一致していなければなりません。買主が法人の場合は、法人の本店(主たる事務所)、商号(名称)、代表者の資格および氏名を記載し、法人が会社法人等番号を有する法人であるときは会社法人等番号も記載します。ただし、作成後3か月以内の法人の登記事項証明書を添付した場合には、会社法人等番号の記載は不要です。

(注4) 義務者として、売主の登記申請時の住所、氏名または名称を記載します。売主が法人の場合は、法人の本店(主たる事務所)、商号(名称)、代表者の資格および氏名を記載し、法人が会社法人等番号を有する法人であるときは会社法人等番号も記載します。ただし、作成後3か月以内の法人の登記事項証明書を添付した場合には、会社法人等番号の記載は不要です。この記載は、当該不動産の登記事項証明書に記載されている所有者の住所、氏名、商号、名称、本店、主たる事務所等と一致していなければなりません。住所、氏名等が変更している場合には、事前に住所変更または氏名変更等の登記が必要となります。

(注5) 申請人欄に会社法人等番号を記載した場合には、「会社法人等番号」と記載します。作成後3か月以内の会社の登記事項証明書を添付した場合には「登記事項証明書」と記載します。

(注6) 一部移転の場合には、移転した持分の課税価格を記載します。その場合、1,000円未満は切り捨てます。また、その金額が1,000円に満たない場合には、1,000円とします。

申請書見本５（共有者の一人の持分全部を移転した場合）

登　記　申　請　書

登記の目的　　甲野太郎持分全部移転（注１）

原　　　因　　令和○年８月３日売買

権　利　者　　○市○町二丁目３番地４
　　　　　　　持分３分の１　甲　野　ハ　ナ　子（注２）

義　務　者　　東京都○区○町一丁目５番６号
　　　　　　　　　　甲　野　太　郎（注３）

添付情報
　登記識別情報　　登記原因証明情報　　印鑑証明書
　住所証明情報　　代理権限証明情報

令和○年○月○日申請　○○法務局○○出張所

申請人兼義務者の代理人　○市○町二丁目３番地４
　　　　　　　　　　　　甲　野　ハ　ナ　子　㊞（注４）
　　　　　　　連絡先の電話番号　○○－○○○○－○○○○

課税価格　　移転した持分の価格　金○○○万円

登録免許税　金○○，○００円

不動産の表示
　所　　　在　　○市○町一丁目４５番地
　家屋番号　　４５番
　種　　　類　　居宅
　構　　　造　　木造かわらぶき２階建
　床　面　積　　１階　７３．０５平方メートル
　　　　　　　　２階　２６．００平方メートル

書式の解説

この申請書は、不動産を数人で共有している場合に、共有者の一人の持分全部を移転した場合の見本です。

（注１）　登記の目的は、誰の持分を移転するのかがわかるように、「甲野太郎持分全部移転」とします。

（注２）　権利者として、買主の住所、氏名または名称と取得した持分を記載します。この住所は、住所証明情報の記載と一致していなければなりません。買主が法人の場合は、法人の本店（主たる事務所）、商号（名称）、代表者の資格および氏名を記載し、法人が会社法人等番号を有する法人であるときは会社法人等番号も記載します。ただし、作成後３か月以内の法人の登記事項証明書を添付した場合には、会社法人等番号の記載は不要です。

（注３）　義務者として、売主の登記申請時の住所、氏名または名称を記載し、売主が法人の場合は、法人の本店（主たる事務所）、商号（名称）、代表者の資格および氏名を記載し、法人が会社法人等番号を有する法人であるときは会社法人等番号も記載します。ただし、作成後３か月以内の法人の登記事項証明書を添付した場合には、会社法人等番号の記載は不要です。この記載は、当該不動産の登記事項証明書に記載されている所有者の住所、氏名、商号、名称、本店、主たる事務所等と一致していなければなりません。住所、氏名等が変更している場合には、事前に住所変更または氏名変更等の登記が必要となります。

（注４）　権利者である甲野ハナ子が義務者の代理人になっている場合には、見本のように記載してください。ここに押す権利者の印は認印でもかまいません。

登記が完了すると、以下のような登記がされます。

権　利　部　（甲　区）（所有権に関する事項）			
順位番号	登記の目的	受付年月日・受付番号	権利者その他の事項
1	所有権保存	令和○年○月○日 第○○号	共有者　○市○町○番○号 持分３分の２　乙川二郎 東京都○区○町一丁目５番６号 ３分の１　甲野太郎
2	甲野太郎持分全部移転	令和○年○月○日 第○○号	原因　令和○年８月３日売買 共有者　○市○町二丁目３番地４ 持分３分の１ 甲野ハナ子

申請書見本６（共有者全員の持分全部を移転した場合）

登　記　申　請　書

登記の目的　　共有者全員持分全部移転（注１）

原　　　因　　令和○年８月３日売買（注２）

権　利　者　　○区○町一丁目２番３号
株式会社　Ａ不動産（注３）
（会社法人等番号 1234-56-789012）
代表取締役　不　働　健　三

義　務　者　　○区○町一丁目５番６号
甲　野　太　郎（注４）
○区○町一丁目５番６号
甲　野　恵　子

添付情報
登記識別情報　　登記原因証明情報　　印鑑証明書
住所証明情報　　代理権限証明情報　　会社法人等番号

登記完了後に通知される登記識別情報通知書・登記完了証・還付される添付書面は代理人の住所に送付してください。（注５）

令和○年○月○日申請　東京法務局○○出張所

代　理　人　　○市○町○番○号
乙　川　二　郎　㊞（注６）
連絡先の電話番号　○○－○○○○－○○○○

課税価格　金○○，０００円

登録免許税　金○○，○００円
租税特別措置法７２条１項１号

不動産の表示
所　　在　　○区○町一丁目
地　　番　　４５番
地　　目　　宅地
地　　積　　２３０．５８平方メートル

書式の解説

この申請書は、共有者全員の持分全部を移転した場合の見本です。

（注1）　登記の目的は、「共有者全員持分全部移転」とします。

（注2）　原因は「売買」とし、その日付は売買契約が成立した日です。ただし、所有権移転時期の留保の特約がある場合は、その特約の条件が成就した日となります。

（注3）　権利者として、買主の住所、氏名または名称を記載します。この住所は、住所証明情報の記載と一致していなければなりません。買主が法人の場合は、法人の本店（主たる事務所）、商号（名称）、代表者の資格および氏名を記載し、法人が会社法人等番号を有する法人であるときは会社法人等番号も記載します。ただし、作成後3か月以内の法人の登記事項証明書を添付した場合には、会社法人等番号の記載は不要です。

（注4）　義務者として、売主の登記申請時の住所、氏名または名称を記載します。売主が複数の場合でも、その持分は記載しません。売主が法人の場合は、法人の本店（主たる事務所）、商号（名称）、代表者の資格および氏名を記載し、法人が会社法人等番号を有する法人であるときは会社法人等番号も記載します。ただし、作成後3か月以内の法人の登記事項証明書を添付した場合には、会社法人等番号の記載は不要です。この記載は、当該不動産の登記事項証明書に記載されている所有者の住所、氏名、商号、名称、本店、主たる事務所等と一致していなければなりません。住所、氏名等が変更している場合には、事前に住所変更または氏名変更等の登記が必要となります。

（注5）　登記識別情報の通知の送付を希望する場合には、その旨と送付先を記載します。登記識別情報の通知を希望しない場合には、その旨を記載します（規則63条3項、64条2項）。なにも記載がない場合には、登記所の窓口での受領を希望するものとみなされます。

（注6）　代理人によって登記の申請をする場合には、代理人の住所、氏名または名称を記載し、押印します。ここに押す印は認印でもかまいません。また、代理人が法人の場合は、その代表者の資格および氏名も記載します。

なお、登記の完了後に登記識別情報の通知を登記所の窓口で受領する時には、ここに押した印鑑が必要になります。

■ 申請書見本７（共有者の各持分の一部を移転した場合）

登　記　申　請　書

登記の目的　　甲野恵子持分６分の１、山田めぐみ持分６分の１移転（注１）

原　　　因　　令和〇年８月３日売買（注２）

権　利　者　　〇市〇町二丁目３番地４
（住民票コード12345678901）（注３）
持分６分の２　甲　野　太　郎（注４）

義　務　者　　東京都〇区〇町一丁目５番６号
甲　野　恵　子（注５）
東京都〇区〇町一丁目５番６号
山　田　め　ぐ　み（注５）

添付情報
登記識別情報　　登記原因証明情報　　印鑑証明書
住所証明情報　　代理権限証明情報

令和〇年〇月〇日申請　〇〇法務局〇〇出張所

代　理　人　　〇市〇町〇番〇号
乙　川　二　郎　㊞
連絡先の電話番号　〇〇－〇〇〇〇－〇〇〇〇

課税価格　　移転した持分の価格　金〇〇，０００円

登録免許税　金〇〇，〇００円
租税特別措置法７２条１項１号

不動産の表示
所　　在　　〇市〇町二丁目
地　　番　　４５番
地　　目　　宅地
地　　積　　２３０．５８平方メートル

書式の解説

この申請書は、共有者の各持分の一部を移転した場合の見本です。

(注1)　登記の目的は、誰の持分をいくら移転するかを見本のように記載します。

(注2)　原因は「売買」とし、その日付は売買契約が成立した日です。ただし、所有権移転時期の留保の特約がある場合は、その特約の条件が成就した日となります。

(注3)　住民票コード（住民基本台帳法7条13号）を記載した場合には、住所証明書としての住民票の写しの提供は省略できます。

(注4)　権利者として、買主の住所、氏名または名称と取得した持分を記載します。この住所は、住所証明情報の記載と一致していなければなりません。買主が法人の場合は、法人の本店（主たる事務所）、商号（名称）、代表者の資格および氏名を記載し、法人が会社法人等番号を有する法人であるときは会社法人等番号も記載します。ただし、作成後3か月以内の法人の登記事項証明書を添付した場合には、会社法人等番号の記載は不要です。

(注5)　義務者として、売主の登記申請時の住所、氏名または名称を記載します。売主が法人の場合は、法人の本店（主たる事務所）、商号（名称）、代表者の資格および氏名を記載し、法人が会社法人等番号を有する法人であるときは会社法人等番号も記載します。ただし、作成後3か月以内の法人の登記事項証明書を添付した場合には、会社法人等番号の記載は不要です。この記載は、当該不動産の登記事項証明書に記載されている所有者の住所、氏名、商号、名称、本店、主たる事務所等と一致していなければなりません。住所、氏名等が変更している場合には、事前に住所変更または氏名変更等の登記が必要となります。

登記が完了すると、以下のような登記がされます。

権　利　部　（甲　区）（所有権に関する事項）			
順位番号	登記の目的	受付年月日・受付番号	権利者その他の事項
1	所有権保存	令和〇年〇月〇日 第〇〇号	共有者　東京都〇区〇町一丁目5番6号 持分2分の1　甲野恵子 東京都〇区〇町一丁目5番6号 2分の1　山田めぐみ
2	甲野恵子持分6分の1、山田めぐみ持分6分の1移転	令和〇年〇月〇日 第〇〇号	原因　令和〇年8月3日売買 共有者　〇市〇町二丁目3番地4 持分6分の2 甲野太郎

•••第８章•••
財産分与による所有権移転登記

最近は離婚する夫婦が増えて、財産分与《ざいさんぶんよ》を原因とする所有権移転登記が増えています。財産分与とは、離婚した者の一方が配偶者に対して財産を分与することですが、その法律上いかなる性質を有するかははっきりしません。しかし、財産分与は、夫婦財産関係の清算および離婚後の扶養を含むとされていますが、離婚による慰謝料を含むかどうかについては争いがあります。

民法768条１項では、「協議上の離婚をした者の一方は、相手方に対して財産の分与を請求することができる。」と規定していますが、協議上の離婚に限定されず裁判上の離婚の場合にも財産分与の請求はできます（民法771条）。

離婚をする当事者は、その協議によって財産分与をするかどうか決めますが、協議が調《ととの》わないとき、または協議をすることができないときは、当事者は、家庭裁判所に対して協議に代わる処分（調停・審判）を請求することができます（民法768条２項本文）。ただし、離婚の時から２年を経過した時はこの限りではありません。

＊財産分与と税
財産分与した場合には、分与者に譲渡所得税を課すのが課税当局の立場であり、最高裁の判例もこれを認めています（最判昭和50年５月27日）。

1 申請人

財産分与した人が登記義務者となり、財産分与によって不動産を取得した人が登記権利者となって、共同で申請します。

2 申請書の記載事項

申請書には次の事項を記載します。

① 登記の目的（令３条５号）
② 登記原因およびその日付（令３条６号）
③ 権利者の表示（令３条１号・２号）
④ 義務者の表示（令３条１号・２号）
⑤ 添付情報の表示（規則34条１項６号）
⑥ 登記識別情報の通知受領の有無とその方法
⑦ 登記識別情報または登記済証を提供できない場合には、提供することができない理由（令３条12号）
⑧ 申請の年月日（規則34条１項７号）
⑨ 登記所の表示（規則34条１項８号）
⑩ 代理人の住所、氏名または名称（令３条３号）
⑪ 申請人または代理人の電話番号その他の連絡先（規則34条１項１号）
⑫ 課税価格と登録免許税額（規則189条１項）
⑬ 不動産の表示（令３条７号・８号）

① 登記の目的（令３条５号）

一人で所有している場合は「所有権移転」とします。

所有権の一部を移転する場合には「所有権一部移転」とします。

共有の場合、共有者の一人の持分全部を移転する場合には「何某持分全部移転」とします。そして、共有者のうち、一人の持分の一部を移転する場合には「何某持分一部移転」とします。

② 登記原因およびその日付（令３条６号）

原因は「財産分与」とし、その日付は財産分与契約成立の日です。この日付は、離婚と同時の日または離婚後の日付となります。

なお、財産分与の審判がされ、あるいは調停が成立した場合は、審判の確定日あるいは調停成立の日となります。

③ 権利者の表示（令３条１号・２号）

財産分与により不動産の譲渡を受けた人の住所・氏名・住民票コー

ドを記載します。住所は住所証明情報の記載と一致していなければなりません。ただし、住所証明情報（住民票の写し等）を提供した場合には、住民票コードの記載は不要です。そのほか、持分の取得の場合には、新たに取得した持分も記載します。

④　義務者の表示（令3条1号・2号）

財産分与により不動産を譲渡した義務者の住所・氏名を記載します。義務者の住所・氏名は登記申請時のものを記載します。もし、登記事項証明書に記録されている義務者の住所または氏名と相違する場合には、前提として所有権登記名義人の表示変更登記を申請しなければなりません。なお、義務者の移転した持分は記載しません。

⑤　添付情報の表示（規則34条1項6号）

添付情報を記載します。この場合、添付情報の通数は記載しません。

⑥　登記識別情報の通知受領の有無とその方法（規則63条3項、64条2項）

登記識別情報の通知の送付を希望する場合には、その旨と送付先を記載します。登記識別情報の通知を希望しない場合には、その旨を記載します。なにも記載がない場合には、登記所の窓口での受領を希望するものとみなされます。

⑦　登記識別情報または登記済証を提供できない場合には、提供することができない理由（令3条12号）

登記識別情報を提供できない場合には、その理由を記載します。「不通知」、「失効」、「失念」、登記識別情報を提供することにより登記識別情報を適切に管理する上で支障が生ずる場合には「管理支障」、登記識別情報を提供したとすれば当該申請に係る不動産の取引を円滑に行うことができないおそれがある場合には「取引円滑障害」と記載すればよいでしょう（準則42条1項）。

登記済証が紛失等で提供できない場合には、その理由を記載します。たとえば、「紛失」、「滅失」、「不交付」などです。

登記識別情報または登記済証の提供がない場合には、第2部第1章を参照してください。

⑧　申請の年月日（規則34条1項7号）

登記申請する日を記載します。

⑨　登記所の表示（規則34条1項8号）

申請する登記所を記載します。登記の申請は管轄する登記所に行います。

⑩　**代理人の住所、氏名または名称（令3条3号）**

第三者に登記申請を委任した場合には、代理人の住所、氏名または名称および連絡先の電話番号を記載します。代理人が法人の場合には、その代表者の資格および氏名も記載します。権利者が義務者の代理人を兼ねている場合には、「申請人兼義務者の代理人」と記載すればよいでしょう。逆に、義務者が権利者の代理人を兼ねている場合には、「申請人兼権利者の代理人」と記載すればよいでしょう。

⑪　**申請人または代理人の電話番号その他の連絡先（規則34条1項1号）**

申請書等に不備がある場合には、登記所から連絡がされますので、連絡をとることのできる電話番号を記載してください。

⑫　**課税価格と登録免許税額（規則189条1項）**

課税価格および登録免許税額を記載します。

所有権一部移転の場合には、課税価格は移転した持分の価格を例のように記載します。

（例）

課税価格　移転した持分の価格金○○万円

⑬　**不動産の表示（令3条7号・8号）**

不動産の表示は、登記事項証明書の記録と符合していることが必要です。ただし、不動産番号を記載すれば、土地の場合は、土地の所在、地番、地目および地積の記載を省略できます。建物の場合は、建物の所在と土地の地番、家屋番号、建物の種類、構造および床面積等の記載を省略できます（令6条）。また、不動産番号を記載すれば、敷地権付き区分建物の場合は、一棟の建物の所在、構造、床面積、一棟の建物の名称、専有部分の建物の家屋番号、建物の名称、建物の種類、構造および床面積、敷地権の目的となる土地の所在する市、区、郡、村および字ならびに当該土地の地番、地目および地積の記載を省略できます（令6条）。

3　添付情報

次の添付情報を提供します。

① 登記識別情報または登記済証

登記義務者が所有権の保存または移転の登記をして登記名義人となった時に通知された登記識別情報の提供またはオンライン化前に登記済証の交付を受けている場合には、登記済証を提出します。

なお、提供された登記識別情報を記載した書面は登記が完了した後または請求の審査を終了した後に廃棄されますので（規則69条1項）、登記識別情報の通知書そのものではなくコピー等を提出するのがよいでしょう。

② 登記原因証明情報

登記原因証明情報とは、登記の原因となった事実または法律行為およびこれに基づき現に権利変動が生じたことを証する情報をいいます。財産分与の場合は、財産分与契約書がこれに当たります。

なお、契約書がない場合または提供できない場合には、契約の内容を記載した書面を提供してください。これを、「報告形式の登記原因証明情報」といいます。この書面は、当該申請のためにのみ作成された書面ですので、原本還付の手続きができません（規則55条1項ただし書）。ただし、離婚前に作成した契約書だけでは登記原因証明情報にならないため、報告形式の登記原因証明情報を添付するのが一般的です。

なお、離婚を証する書面として戸籍謄本等の提出は要しません。

③ 代理権限証明情報

代理人によって登記を申請するときは、その代理人の権限を証する情報を提供します。たとえば、登記申請を第三者に委任した場合には委任状を添付します。

④ 印鑑証明書

登記義務者の市区町村長が作成した印鑑証明書を添付します。この印鑑証明書は作成後３か月以内のものが必要です。

⑤ 住所証明情報

登記権利者の住民票の写し（マイナンバー（個人番号）が記載されていないもの）または戸籍の附票の写し等を提供します。この住所証明情報は作成後3か月以内のものでなくてもかまいませんが、なるべく新しいものがよいでしょう。

なお、住民基本台帳法7条13号に規定する住民票コードを提供したときは、住所証明情報の提供は不要です。

⑥　**固定資産評価証明書**

法定の添付情報ではないですが、登録免許税を計算するために提出しているのが実務の取扱いです。

4　登録免許税

財産分与による所有権移転の登録免許税は、課税価格の1,000分20の税率を掛けて、100円未満を切り捨てた額となります。

申請書見本（財産分与による所有権移転）

登　記　申　請　書

登記の目的　所有権移転（注1）

原　　因　令和○年○月○日財産分与（注2）

権 利 者　○市○町○番○号（住民票コード12345678901）（注3）
　甲　野　花　子

義 務 者　○市○町○番○号（注4）
　甲　野　太　郎

添付情報
　登記識別情報　登記原因証明情報　印鑑証明書
　住所証明情報　代理権限証明情報

登記完了後に通知される登記識別情報通知書・登記完了証・還付される添付書面は代理人の住所に送付してください。（注5）

令和○年○月○日申請　○○地方法務局○○出張所

申請人兼義務者の代理人　○市○町○番○号
　甲　野　花　子　㊞（注6）
　連絡先の電話番号　○○－○○○○－○○○○

課税価格　金○○，０００円

登録免許税　金○○，○００円

不動産の表示（注7）
　不動産番号　1234567890123（注8）
　所　　在　○市○町○一丁目２０３番地1
　家屋番号　２０３番1
　種　　類　居宅
　構　　造　木造スレートぶき２階建
　床 面 積　1階　７０．８０㎡
　　　　　　2階　６０．００㎡

書式の解説

この書式は、単独で所有していた不動産を財産分与による所有権移転登記をする場合の見本です。

(注1) 登記の目的は、「所有権移転」と記載します。

(注2) 原因は「財産分与」とし、その日付は財産分与契約成立の日です。この日付は離婚と同時の日または離婚後の日付となります。

(注3) 財産分与により不動産の譲渡を受けた人の住所・氏名・住民票コードを記載します。ただし、住所証明情報(住民票の写し等)を提供した場合には、住民票コードの記載は不要です。そのほか、持分の取得の場合には、新たに取得した持分も記載します。

(注4) 財産分与により不動産を譲渡した義務者の住所・氏名を記載します。義務者の住所・氏名は登記申請時のものを記載します。

(注5) 登記識別情報の通知の送付を希望する場合には、その旨と送付先を記載します。登記識別情報の通知を希望しない場合には、その旨を記載します。なにも記載がない場合には、登記所の窓口での受領を希望するものとみなされます。

(注6) 第三者に登記申請を委任した場合には、代理人の住所、氏名または名称および連絡先の電話番号を記載します。本件は権利者が義務者の代理人を兼ねていますので、「申請人兼義務者の代理人」と記載しています。ここに押す権利者の印は認印でもかまいません(令16条1項、規則47条3号ホ、同48条4号)。

(注7) 不動産の表示は、登記事項証明書の記載どおりに正確に記載してください。

(注8) 不動産番号を記載すれば、土地の場合は、土地の所在、地番、地目および地積の記載を省略できます。建物の場合は、建物の所在と土地の地番、家屋番号、建物の種類、構造および床面積等の記載を省略できます(令6条)。

報告形式の登記原因証明情報の見本

登記原因証明情報

1　当事者及び不動産

⑴　当事者　　権利者　○市○町○番○号（注１）

　　　　　　　　　　　甲　野　花　子

　　　　　　　義務者　○市○町○番○号

　　　　　　　　　　　甲　野　太　郎

⑵　不動産の表示（注２）

所　　在　○市○町○一丁目２０３番地１

家屋番号　２０３番１

種　　類　居宅

構　　造　木造スレートぶき２階建

床 面 積　　１階　７０．８０㎡

　　　　　　２階　６０．００㎡

2　登記の原因となる事実又は法律行為

⑴　甲野花子と甲野太郎は、令和○年○月○日、協議により離婚しました。（注３）

⑵　甲野花子と甲野太郎は、令和○年○月○日、甲野太郎が甲野花子に対し、本件不動産を分与する旨の協議を成立させました。

⑶　よって、本件不動産は、同日、甲野太郎から甲野花子へ移転しました。

令和○年○月○日、 ○○地方法務局○○出張所

上記の登記原因のとおり相違ありません。

（権利者）　○市○町○番○号

　　　　　　甲　野　花　子　㊞（注４）

（義務者）　○市○町○番○号

　　　　　　甲　野　太　郎　㊞（注４）

書式の解説

これは、財産分与契約書がない場合または提出できない場合に、契約の内容を記載した書面の見本で、「報告形式の登記原因証明情報」といわれています。この書面は、当該申請のためにのみ作成された書面ですので、原本還付の手続ができません。

（注1）　権利者および義務者の住所と氏名を記載します。
（注2）　不動産の表示として申請物件を記載します。
（注3）　財産分与は離婚を前提としていますので、いつ離婚したかを記載します。
（注4）　ここに押す印鑑は、別段の規定はありませんが、後日の紛争を防ぐために、義務者の印は実印で押印するのがよいでしょう。

…第9章…

抵当権設定登記

抵当権は、金銭を借りた場合などに担保として債務者または第三者の不動産に設定されます。借主が借りた金銭を返さない場合、つまり債務者が債務不履行の場合、債権者は担保物を競売し、その競売代金から優先的に弁済を受けることができます。

抵当権設定契約の当事者は、通常は債権者（抵当権者）と債務者（抵当権設定者）ですが、抵当権設定者は必ずしも債務者とは限りません。債務者以外の第三者でもよく、この第三者のことを「物上《ぶつじょう》保《ほ》証人《しょうにん》」といいます。

抵当権の目的となるものとしては、不動産および地上権、永小作権が民法で定められており（民法369条）、そのほかに船舶や各種財団等も認められています。なお、賃借権には抵当権は設定できません。したがって、敷地権が賃借権の場合の敷地権付き区分建物に抵当権の設定登記をする場合は、区分建物のみを目的とする抵当権の設定となります。

抵当権によって担保される債権は、金銭債権が多いのですが、金銭債権以外の債権でもかまいません。しかし、これを登記する場合には被担保債権を金銭に算定して登記することが必要です（法83条1項1号）。

1 申請人

債権者である抵当権者が登記権利者となり、当該物件の所有者（所有権の登記名義人。登記事項証明書に所有者として記載されている人）である債務者または物上保証人が抵当権設定者となって、共同で申請します（地上権または永小作権が抵当権の目的の場合には、地上権者または永小作権者が抵当権設定者となりますが、特に断りのない場合には、本章においては所有権を目的とした場合で説明を進めます）。

権利者　＝　抵当権者
義務者　＝　所有者（所有権の登記名義人）

2　申請書の記載事項

抵当権の設定登記を申請する場合には、以下の抵当権の申請情報と一般的な申請情報を申請書に記載します。

〈抵当権の申請情報〉
①　登記の目的（令3条5号）
②　登記原因およびその日付（令3条6号）
③　債権額（法83条1項1号）
④　本邦通貨で表示した担保限度額（法83条1項5号）
⑤　利息（令別表の55の項申請情報欄ロ、法88条1項1号）
⑥　損害金（令別表の55の項申請情報欄ロ、法88条1項2号）
⑦　債権に条件を付したときはその条件（令別表の55の項申請情報欄ロ、法88条1項3号）
⑧　民法370条ただし書の別段の定めがあるときは、その定め（令別表の55の項申請情報欄ロ、法88条1項4号）
⑨　債務者の表示（法83条1項2号）
⑩　抵当権者の表示（令3条1号）
⑪　抵当証券発行の定めがあるときは、その定め（令別表の55の項申請情報欄ロ、法88条1項5号）
⑫　抵当証券発行の定めがある場合において元本または利息の弁済期または支払場所の定めがあるときは、その定め（令別表の55の項申請情報欄ロ、法88条1項6号）
⑬　所有権以外の権利を目的とするときは、その目的となる権利（法83条1項3号）
⑭　二つ以上の不動産に関する権利を目的とするときは、当該二つ以上の不動産および当該権利（法83条1項4号）
⑮　一つまたは二つ以上の不動産に関する権利を目的とする抵当権の設定の登記をした後、同一の債権の担保として他の一または二つ以

上の不動産に関する権利を目的とする抵当権の設定の登記を申請するときは、前の登記に係る事項（令別表の 55 の項申請情報欄ハ）

〈その他一般的な申請情報〉
① 抵当権設定者の表示（令３条１号）
② 代理人の住所、氏名または名称（令３条３号）
③ 申請人または代理人の電話番号その他の連絡先（規則 34 条１項１号）
④ 添付情報の表示（規則 34 条１項６号）
⑤ 登記識別情報の通知受領の有無とその方法
⑥ 登記識別情報または登記済証を提供できない場合には、提供することができない理由（令３条 12 号）
⑦ 申請の年月日（規則 34 条１項７号）
⑧ 登記所の表示（規則 34 条１項８号）
⑨ 課税価格と登録免許税額（規則 189 条１項）
⑩ 不動産の表示（令３条７号・８号）

⑴ 抵当権の申請情報

① 登記の目的（令３条５号）

登記の目的としては、通常は「抵当権設定」としますが、不動産の所有の形態と抵当権設定の形態により、登記の目的は以下のとおりになります。

ア　不動産をＡが単独で所有している場合

登記の目的は「抵当権設定」とします。

なお、所有権の一部および共有持分の一部を目的とした抵当権設定は原則としてできません（昭和 35 年６月１日民甲第 1340 号通達）。したがって、「Ａ持分２分の１抵当権設定」というような登記の申請はできません。ただし、後記エの場合を除きます。

イ　不動産をＡ・Ｂが共有している場合

Ａの持分について抵当権を設定した場合の登記の目的は「Ａ持分抵当権設定」となります。

共有者全員であるＡ・Ｂの持分について抵当権を設定した場合

は、単に「抵当権設定」とします。

ウ　不動産をA・B・Cが共有している場合

共有者の一部であるAとBの持分について抵当権を設定した場合は、「A、B持分抵当権設定」とします。

エ　同一名義人につき、数個の持分取得の登記がある場合

たとえば、Aが順位2番と順位7番で持分を取得してその旨の登記をした場合において、順位7番で登記した持分を目的とする抵当権設定登記の目的は、「A持分一部（順位7番で登記した持分）の抵当権設定」とします（昭和58年4月4日民三第2252号通達）。

オ　単独所有の不動産と共有している不動産のAの持分についてのみ設定し、その旨の登記を1件の申請書でする場合

登記の目的は「抵当権設定およびA持分抵当権設定」とします。

②　登記原因およびその日付（令3条6号）

登記の原因として、被担保債権の発生原因とその日付および抵当権設定契約の成立日を記載します。もし、債権の一部について抵当権を設定した場合には、債権全部の金額とそのうちの一部の金額についての抵当権の設定契約である旨を記載します。

なお、抵当権設定契約書には、債権の内容として「令和○年○月○日付け○○契約」と記載しているのが多いのですが、その場合でも、申請書には「付け」の文字は記載しません。

【登記原因の主な記載例】

(1)金銭債権を担保する場合

「令和○年○月○日金銭消費貸借令和○年○月○日設定」

⇨この場合、前の「令和○年○月○日金銭消費貸借」が被担保債権の発生原因とその日付であり、後の「令和○年○月○日設定」が抵当権の設定契約の日です。なお、「金銭消費貸借」の場合には、抵当権設定契約書に「金銭消費貸借契約」と記載されていても「契約」の文字を記載しないのが実務の取扱いです。

(2)将来発生する予定のある金銭債権を担保する場合

「令和○年○月○日金銭消費貸借予約令和○年○月○日設定」

(3)債権の一部を担保する場合

「令和○年○月○日金銭消費貸借金10億円のうち金5億円令和○年○月○日設定」

⇨この場合、債務者が4億円を弁済したときも抵当権によって担保される債権額は依然として5億円とされています。

＊昭和30年4月8日民甲第683号民事局長通達

⑷更改契約により発生した新債務を担保する場合

「令和○年○月○日債務更改契約令和○年○月○日設定」

＊昭和41年8月3日民甲第2368号民事局長回答

⑸売買代金を担保する場合

「令和○年○月○日売買代金の令和○年○月○日設定」

＊『登記研究』436号103頁

⑹保証委託契約に基づく保証人の求償債権を担保する場合

「令和○年○月○日保証委託契約による求償債権令和○年○月○日設定」

＊昭和48年11月1日民三第8118号民事局長通達

＊『登記研究』345号79頁

⑺保証人の保証債務を担保する場合

「令和○年○月○日保証契約令和○年○月○日設定」

＊『登記研究』441号116頁

⑻賃貸借契約に定める保証金返還請求権を担保する場合

「令和○年○月○日賃貸借契約の保証金返還債権の令和○年○月○日設定」

＊昭和51年10月15日民三第5414号三課長回答

⑼交通事故による損害賠償などの場合

「令和○年○月○日損害賠償債権の令和○年○月○日設定」

＊『登記研究』355号89頁

⑽協議離婚による養育費および慰謝料を担保する場合

「令和○年○月○日養育費、慰謝料債権の令和○年○月○日設定」

＊『登記研究』355号89頁

⑾民法420条の損害賠償予定契約に定める予定賠償請求権を担保する場合

「令和○年○月○日損害賠償予定契約令和○年○月○日設定」

＊『登記研究』450号127頁、466号114頁

⑿債権譲渡された無担保債権を被担保債権とする場合

「令和○年○月○日債権譲渡（譲渡人○○）にかかる債権の令和○年○月○日設定」

⇨なお、被担保債権が多数の無担保債権の中の特定の債権である場合には、次のような記載でもかまわないとされています。

「令和〇年〇月〇日（原契約令和〇年〇月〇日金銭消費貸借・譲渡人〇〇株式会社）にかかる債権の平成〇年〇月〇日設定」

＊『登記研究』624号168頁

③　**債権額（法83条1項1号）**

債権額として当該抵当権で担保する債権額を記載します（ただし、一定の金額を目的としない債権については、その価額を記載します）。したがって、債権額が1,000万円ある場合でも、当該抵当権で担保する金額が800万円の場合は、800万円を債権額として記載します。

④　**本邦通貨で表示した担保限度額（法83条1項5号）**

外国通貨で債権額を指定した債権を担保する抵当権の登記にあっては、本邦通貨で表示した担保限度額を記載します。

⑤　**利息（令別表の55の項申請情報欄ロ、法88条1項1号）**

利息に関する定めがある場合には記載します。利息について無利息と定められている場合には、「無利息」と記載します（『登記研究』470号98頁）。

年利の利息について、もし1か月に満たない端数期間を生ずるときに、365日の日割計算とする旨の定めがある場合には、これも登記できます（昭和40年6月25日民甲第1431号民事局長回答）。その場合の記載例は次のようになります。

「利息　年５．０％（年３６５日日割計算）」

契約書に「利率」「利子」と記載されていても、申請書には「利息」と記載します（『登記研究』288号75頁）。

⑥　**損害金（令別表の55の項申請情報欄ロ、法88条1項2号）**

民法375条2項に規定する損害賠償額の定めがあるときには記載します。

年に満たない分の損害金の計算を日歩によるとした場合には、ただし書として端数期間分に対する日歩を登記することができます。その場合の記載例は次のようになります。

「損害金　年１４．０％　ただし、年未満の期間は日歩〇〇」

⑦　**債権に条件を付したときはその条件（令別表の55の項申請情報欄ロ、法88条1項3号）**

たとえば、「債権者が死亡した時に債権は消滅する」という特約です。

⑧　民法370条ただし書の別段の定めがあるときは、その定め（令別表の55の項申請情報欄ロ、法88条1項4号）

たとえば、「立木には抵当権の効力は及ばない」という特約です。

＊民法370条　抵当権は、抵当地の上に存する建物を除き、その目的である不動産（以下「抵当不動産」という。）に付加して一体となっている物に及ぶ。ただし、設定行為に別段の定めがある場合及び債務者の行為について第424条第3項に規定する詐害行為取消請求をすることができる場合は、この限りでない。

⑨　債務者の表示（法83条1項2号）

債務者の住所、氏名を記載します。債務者が法人の場合は、本店または主たる事務所と商号または名称を記載します。その際、法人の代表者の氏名は記載しません。代表者の氏名を記載するのは、申請人が法人の場合です。抵当権設定登記の場合の申請人とは、抵当権者と設定者のことです。

⑩　抵当権者の表示（令3条1号）

申請人である抵当権者の住所、氏名を記載します。申請人が法人の場合は、本店または主たる事務所と商号または名称、代表者の資格および氏名を記載します。法人が会社法人等番号を有する法人の場合には会社法人等番号も記載します。ただし、作成後3か月以内の法人の登記事項証明書を添付した場合には、会社法人等番号の記載は不要です。

⑪　抵当証券発行の定めがあるときは、その定め（令別表の55の項申請情報欄ロ、法88条1項5号）

抵当証券発行の定めがあるときは、その定めを記載します。

⑫　抵当証券発行の定めがある場合において元本または利息の弁済期または支払場所の定めがあるときは、その定め（令別表の55の項申請情報欄ロ、法88条1項6号）

⑪の場合において、元本または利息の弁済期または支払場所の定めがあるときは、その定めを記載します。

⑬　所有権以外の権利を目的とするときは、その目的となる権利（法83条1項3号）

所有権以外の権利を目的とするときは、その目的となる権利を記載します。たとえば「1番地上権抵当権設定」のように記載します。

⑭　二つ以上の不動産に関する権利を目的とするときは、当該二つ以上の不動産および当該権利（法83条1項4号）

他の登記所の管轄区域内にある不動産に関するものがあるときは、当該不動産についての表示も記載します。その場合、不動産番号と他の管轄の登記所の表示を記載すれば、不動産の表示の記載を省略することができます（令6条2項、令3条7号・8号、規則34条3項）。

⑮　一つまたは二つ以上の不動産に関する権利を目的とする抵当権の設定の登記をした後、同一の債権の担保として他の一つまたは二つ以上の不動産に関する権利を目的とする抵当権の設定の登記を申請するときは、前の登記に係る事項（令別表の55の項申請情報欄ハ）

ア　土地にあっては、当該土地の所在する市、区、郡、町、村および字ならびに当該土地の地番

イ　建物にあっては、当該建物の所在する市、区、郡、町、村および字および土地の地番ならびに当該建物の家屋番号

ウ　順位事項

この規定は、追加担保の場合の規定ですが、ここで注意しなければならないのは、申請を受ける登記所に当該前の登記に係る共同担保目録がある場合には、共同担保目録の記号および目録番号を記載すれば足りるということです。したがって、前の登記が他の管轄登記所にある不動産の場合においては、他の管轄の共同担保目録の記号および番号を記載しても他の管轄登記所に属する不動産に関する上記ア、イおよびウの記載は省略できないということであり、旧法の時とは取扱いを異にします。ただし、不動産番号と他の管轄の登記所の表示を記載すれば、上記アおよびイの記載は省略できます（令6条2項7号・8号）。

(2)　その他一般的な申請情報

①　抵当権設定者の表示（令3条1号）

申請人である抵当権設定者（所有権の登記名義人）の登記申請時の住所、氏名を記載します。申請人が法人の場合は、本店または主たる事務所と商号または名称、代表者の資格および氏名を記載します。法人が会社法人等番号を有する法人の場合には会社法人等番号も記載します。ただし、作成後3か月以内の法人の登記事項証明書を添付した

場合には、会社法人等番号の記載は不要です。これらの表示は、登記事項証明書の記載と一致していることが必要です。住所等が変更している場合には、あらかじめ住所等の変更登記をする必要があります。

② 代理人の住所、氏名または名称（令3条3号）

代理人によって登記を申請するときは、当該代理人の氏名または名称および住所を記載します。代理人が法人である場合には、その代表者の資格および氏名も記載します。

③ 申請人または代理人の電話番号その他の連絡先（規則34条1項1号）

申請書等に不備がある場合には、登記所から連絡がされますので、連絡をとることのできる電話番号を記載してください。

④ 添付情報の表示（規則34条1項6号）

添付情報を記載します。その場合、通数の記載は必要ありません。

⑤ 登記識別情報の通知受領の有無とその方法

登記識別情報の通知の送付を希望する場合には、その旨と送付先を記載します。登記識別情報の通知を希望しない場合には、その旨を記載します（規則63条3項、64条2項）。なにも記載がない場合には、登記所の窓口での受領を希望するものとみなされます。

⑥ 登記識別情報または登記済証を提供できない場合には、提供することができない理由（令3条12号）

登記識別情報を提供できない場合には、その理由を記載します。「不通知」、「失効」、「失念」、登記識別情報を提供することにより登記識別情報を適切に管理する上で支障が生ずる場合には「管理支障」、登記識別情報を提供したとすれば当該申請に係る不動産の取引を円滑に行うことができないおそれがある場合には「取引円滑障害」と記載すればよいでしょう（準則42条1項）。

登記済証が紛失等で提出できない場合には、その理由を記載します。たとえば、「紛失」、「滅失」、「不交付」などです。

登記識別情報の提供または登記済証の提出がない場合には、第2部第1章を参照してください。

⑦ 申請の年月日（規則34条1項7号）

登記申請する日を記載します。郵送による申請の場合は、発送する日を記載すればよいでしょう。

⑧　登記所の表示（規則34条1項8号）

申請する登記所を記載します。登記の申請は管轄する登記所に行います。

⑨　課税価格と登録免許税額（規則189条1項）

課税価格は、債権額のうち、1,000円未満を切り捨てた額を記載します（国税通則法118条1項）。

登録免許税額は、課税価格に1,000分の4の税率を掛けた金額のうち、100円未満を切り捨てた額を記載します（国税通則法119条1項）。

⑩　不動産の表示（令3条7号・8号）

不動産の表示は、登記事項証明書と同じに記載します。ただし、不動産番号を記載すれば、土地の場合は、土地の所在、地番、地目および地積の記載を省略できます。建物の場合は、建物の所在と土地の地番、家屋番号、建物の種類、構造および床面積等の記載を省略できます（令6条）。

3　添付情報

①　登記識別情報または登記済証（法22条、法附則6条3項、令附則2条3項）

登記義務者である抵当権設定者の権利に関する登記識別情報を提供します。すなわち、抵当権設定者が所有権取得（保存または移転）の登記をした時に通知を受けた登記識別情報を提供します。所有権の取得の登記がオンライン化前の場合には、交付を受けた登記済証を提出します。

②　登記原因証明情報（法61条、令7条1項5号ロ）

登記原因証明情報とは、登記の原因となった事実または法律行為およびこれに基づき現に権利変動が生じたことを証する情報をいいます。

抵当権設定登記の場合の登記原因証明情報としては、抵当権設定契約書または報告形式の登記原因証明情報があります。これらの書面には、不動産の所在事項、登記の目的および登記原因その他の申請に係る登記を特定することができる事項を記載します。

抵当権設定契約書は原本還付ができますが、報告形式の登記原因証明情報は、原本還付ができません。この場合、報告形式の登記原因証明情報に他の管轄の不動産の記載があっても還付はできないとされています。

③　印鑑証明書（令16条2項）

所有権を目的とする抵当権設定の登記を申請する場合、登記義務者である抵当権設定者（所有権の登記名義人）は、申請書または委任状に記名押印しなければなりません（令16条1項、18条1項）。その場合、申請書または委任状には、登記義務者の印鑑証明書（市区町村長の作成のもの）を添付します（令16条2項、規則47条3号イ(1)）。この印鑑証明書は、作成後3か月以内のものでなければなりません。また、原本還付の手続はできません。ただし、抵当権設定者が法人の場合、会社法人等番号を提供した場合には印鑑証明書の添付は要しないとされています（規則48条1号）。

④　代理権限証明情報（令7条1項2号）

代理人によって登記を申請するときは、その代理人の権限を証する書面を添付します。

たとえば、支配人が法人を代理して申請する場合には、その法人の作成後3か月以内の登記事項証明書を添付します。ただし、会社法人等番号を提供したときは、この登記事項証明書の提供は不要です（令7条1項2号、規則36条3項）。また、登記申請を第三者に委任した場合には、委任状を添付します。

⑤　会社法人等番号（令7条1項1号）

申請人が会社法人等番号を有する法人であるときは、会社法人等番号を提供します（令7条1項1号イ）。ただし、会社法人等番号を有する法人であっても、作成後3か月以内の登記事項証明書を提供したときは、会社法人等番号の提供は要しません（規則36条1項、2項）。会社法人等番号を有しない法人の場合は、当該法人の代表者の資格を証する情報を提供します（令7条1項1号ロ）。

4　登録免許税

課税価格である債権額の1,000分の4が登録免許税となります。1件の申請書でする場合には、不動産が一個でも、共同抵当のように不動産が数個でも、登録免許税の額は同じです。

なお、租税特別措置法75条の適用がある場合（住宅取得資金の貸付け等に係る抵当権の設定登記の場合）には、登録免許税額は債権額の1,000分の1となります。その場合には、市区町村が発行する「住宅用家屋証明書」を添付します。

また、A不動産に既に抵当権設定登記がされている場合に、今度、B不動産に同一債権を担保するために抵当権を追加設定する場合（「追加担保」の場合）には、登録免許税法施行規則11条の書類を添付した場合には、登録免許税額は追加する不動産に関する権利の件数1件について1,500円となります（登免税法13条2項）。

登録免許税法施行規則11条の書類（前登記証明書）として、同一債権を担保する抵当権の登記を既に受けた旨の記載のある登記事項証明書（準則125条1項）または準則の別記第90号様式による申出書に登記官が証明した登記証明書（準則125条2項）があります。

ただし、抵当権追加設定する不動産が既に抵当権が設定されている不動産を管轄する登記所と同一の場合には、前登記証明書は不要ですが、その場合には申請書に「前登記証明書（省略）」と記載します。

申請書見本１（金銭消費貸借の場合）

登　記　申　請　書

登記の目的　　抵当権設定（注1）
原　　　因　　令和○年○月○日金銭消費貸借同日設定（注2）
債　権　額　　金２，０００万円（注3）
利　　　息　　年２．５％（年３６５日日割計算）（注4）
損　害　金　　年１４．５％（注5）
債　務　者　　埼玉県○市○町二丁目○番○号
　　　　　　　　　甲　野　太　郎（注6）
抵当権者　　　東京都○区○○一丁目２番３号
　　　　　　　　　株式会社　○○ローン（注7）
　　　　　　　　　（会社法人等番号１２３４－５６－７８９０１２）
　　　　　　　　　代表取締役　○○○○
設　定　者　　埼玉県○市○町二丁目○番○号
　　　　　　　　　甲　野　太　郎（注8）
添付情報
　　登記識別情報　　登記原因証明情報　　印鑑証明書
　　代理権限証明情報（注9）　　会社法人等番号
登記完了後に通知される登記識別情報通知書・登記完了証・還付される添付書面は代理人の住所に送付してください。（注10）

令和○年○月○日申請　　東京法務局○○出張所
代　理　人　　○市○町○番○号
　　　　　　　　　○　○　○　○　　㊞（注11）
　　　　　　連絡先の電話番号　○○－○○○○－○○○○（注12）
課税価格　　金２，０００万円（注13）
登録免許税　金８万円（注14）
不動産の表示（注15）
　不動産番号　０１０４５６７８９０１２３（注16）
　所　　在　　○区○○一丁目１０番地７
　家屋番号　　１０番７
　種　　類　　居宅
　構　　造　　木造かわらぶき２階建
　床面積　　　１階　８０．５５平方メートル
　　　　　　　２階　６７．００平方メートル

書式の解説

これは、金銭消費貸借を担保するための抵当権設定登記申請書の見本です。

(注1) 登記の目的として、「抵当権設定」と記載します。
(注2) 原因として、被担保債権の発生原因とその日付および抵当権を設定した旨とその契約成立日を記載します。
(注3) 債権額として、被担保債権額を記載します。
(注4) 利息に関する定めがあるときは記載します。
(注5) 損害金の定めがある場合には記載します。
(注6) 債務者の住所、氏名または名称を記載します。債務者は申請人ではないので、債務者が法人の場合でも代表者の氏名は記載しません。
(注7) 抵当権者の住所、氏名または名称を記載します。申請人が法人の場合は、本店または主たる事務所と商号または名称、代表者の資格および氏名を記載します。法人が会社法人等番号を有する法人の場合には会社法人等番号も記載します。ただし、作成後3か月以内の法人の登記事項証明書を添付した場合には、会社法人等番号の記載は不要です。
(注8) 抵当権設定者として、当該不動産の所有者（所有権の登記名義人）の住所、氏名または名称を記載します。申請人が法人の場合は、本店または主たる事務所と商号または名称、代表者の資格および氏名を記載します。法人が会社法人等番号を有する法人の場合には会社法人等番号も記載します。ただし、作成後3か月以内の法人の登記事項証明書を添付した場合には、会社法人等番号の記載は不要です。
(注9) 登記申請を第三者に委任した場合には委任状を添付します。抵当権設定者の委任状には、実印を押します。
(注10) 登記識別情報の通知の送付を希望する場合には、その旨と送付先を記載します。登記識別情報の通知を希望しない場合には、その旨を記載します（規則63条3項、64条2項）。なにも記載がない場合には、登記所の窓口での受領を希望するものとみなされます。
(注11) 代理人によって登記の申請をする場合には、代理人の住所、氏名または名称を記載し、押印します。ここに押す印鑑は認印でもかまいません。また、代理人が法人の場合は、その代表者の資格および氏名も記載します。
なお、登記の完了後に登記識別情報の通知を登記所の窓口で受領する時は、ここに押した印鑑が必要になります。
(注12) 申請書等に不備がある場合には、登記所から連絡がされますので、連絡をとることのできる電話番号を記載してください。
(注13) 課税価格として債権額を記載します。その場合、1,000円未満の端数は切り捨てます。また、その金額が1,000円に満たない場合には1,000円

となります。

(注14)　登録免許税は課税価格の1,000分の4ですので、その金額のうち100円未満を切り捨てた額を記載します。

(注15)　不動産の表示は、登記事項証明書の記載どおりに正確に記載してください。

(注16)　不動産番号を記載すれば、土地の場合は、土地の所在、地番、地目および地積の記載を省略できます。建物の場合は、建物の所在と土地の地番、家屋番号、建物の種類、構造および床面積等の記載を省略できます（令6条）。

登記が完了すると、以下のような登記がされます。

権　利　部　（乙　区）（所有権以外の権利に関する事項）			
順位番号	登記の目的	受付年月日・受付番号	権利者その他の事項
1	抵当権設定	令和○年○月○日 第○号	原因　令和○年○月○日金銭消費貸借同日設定 債権額　金2,000万円 利息　年2・5％（年365日日割計算） 損害金　年14・5％ 債務者　埼玉県○市○町二丁目○番○号 甲野太郎 抵当権者　東京都○区○○一丁目2番3号 株式会社○○ローン

■ 申請書見本2（二個以上の債権を担保する場合）

登　記　申　請　書

登記の目的　　抵当権設定（注1）
原　　　因　　（あ）令和○年○月○日金銭消費貸借（注2）
　　　　　　　（い）令和○年○月○日金銭消費貸借令和○年○月○日
　　　　　　　　　　設定
債　権　額　　金2，000万円（注3）
　内　訳　　　（あ）金1，200万円
　　　　　　　（い）金800万円
利　　　息　　年2．5％（年365日日割計算）（注4）
損　害　金　　年14．5％（注5）
債　務　者　　埼玉県○市○町二丁目○番○号
　　　　　　　　　　甲　野　太　郎（注6）
抵当権者　　　東京都○区○○一丁目2番3号
　　　　　　　　　　株式会社○○銀行（注7）
　　　　　　　　　　（取扱店　九段支店）
　　　　　　　　　　（会社法人等番号1234－56－789012）
　　　　　　　　　　代表取締役　○○○○
設　定　者　　埼玉県○市○町二丁目○番○号
　　　　　　　　　　甲　野　太　郎
添付情報
　　登記識別情報　　登記原因証明情報　　印鑑証明書
　　代理権限証明情報　　会社法人等番号

令和○年○月○日申請　　東京法務局○○出張所
代　理　人　　○市○町○番○号
　　　　　　　　　　○　○　○　○　㊞
　　　　　　連絡先の電話番号　○○－○○○○－○○○○
課税価格　　金2，000万円
登録免許税　金8万円
不動産の表示
　不動産番号　0104567890123
　所　　在　　○区○○一丁目
　地　　番　　10番7
　地　　目　　宅地
　地　　積　　234．56平方メートル

書式の解説

この申請書は、債権者（抵当権者）を同じくする数個の債権を担保する場合の見本です。この場合、債務者は１名でも複数でもよいです。

（注１）登記の目的として、「抵当権設定」と記載します。
（注２）数個の債権を併せて担保する場合は、記載例のように債権の発生原因を連記し、それらの債権を担保する抵当権の設定契約成立日を記載します。
（注３）債権額として、数個の債権額の合計と内訳を記載します。
（注４）利息に関する定めがあるときは記載します。
（注５）損害金の定めがある場合には記載します。
（注６）債務者の住所、氏名または名称を記載します。
（注７）抵当権者の住所、氏名または名称を記載します。申請人が法人の場合は、本店または主たる事務所と商号または名称、代表者の資格および氏名を記載します。法人が会社法人等番号を有する法人の場合には会社法人等番号も記載します。ただし、作成後３か月以内の法人の登記事項証明書を添付した場合には、会社法人等番号の記載は不要です。

登記が完了すると、以下のような登記がされます。

権　利　部　（乙　区）（所有権以外の権利に関する事項）			
順位番号	登記の目的	受付年月日・受付番号	権利者その他の事項
1	抵当権設定	令和〇年〇月〇日 第〇号	原因　（あ）令和〇年〇月〇日金銭消費貸借（い）令和〇年〇月〇日金銭消費貸借令和〇年〇月〇日設定 債権額　金 2,000 万円 内訳（あ）金 1,200 万円 （い）金 800 万円 利息　年 2・5％（年 365 日日割計算） 損害金　年 14・5% 債務者　埼玉県〇市〇町二丁目〇番〇号 甲野太郎 抵当権者　東京都〇区〇〇一丁目 2 番 3 号 株式会社〇〇銀行 （取扱店　九段支店）

＊この記録例は、同一の債権者と債務者の間の数個の債権を一括して担保するために抵当権が設定された例です。

•••第 10 章•••
抵当権の抹消登記

ローンの返済が終わった場合には、抵当権設定登記の抹消申請ができます。抵当権が抹消される場合というのには、債務の弁済のほかにも、抵当権の解除とか放棄などもあります。

ローンの返済が終わって、抵当権が抹消されると、通常は金融機関から登記識別情報の通知書（または登記済証）、解除証書（または弁済証書）、委任状、会社法人等番号等が渡されますので、それに基づいて登記手続をします。

1 申請人

抵当権抹消登記は、抵当物件である土地、建物の所有者（現在の所有権の登記名義人）が登記権利者となり、抵当権者が登記義務者となって申請します。

たとえば、玉川太郎さんがA銀行から住宅資金を借りて建物を購入し、その建物にA銀行を抵当権者とする抵当権設定登記をしたが、その後、住宅ローンの返済が終わった場合、この抵当権の抹消登記の申請人は、登記義務者はA銀行、登記権利者は玉川太郎さんとなります。

登記権利者＝玉川太郎（所有者）
登記義務者＝A銀行（抵当権者）

玉川太郎さんがBさんに建物を売却して、所有権移転登記をしている場合には、Bさんが登記権利者となります。

所有者が複数いて、所有者全員の持分に対して抵当権が設定されている場合には、所有者全員が登記権利者となります（申請書には権利者として所有者全員の住所、氏名を記載します）が、申請はそのうちの一人からもすることができます。

【後順位の抵当権者は登記権利者になれるか？】

たとえば、第１順位の抵当権の抹消登記において後順位の抵当権者が権利者になり、第１順位の抵当権者が登記義務者となって抹消登記の申請ができるかですが、先例では後順位抵当権者は登記権利者になれるとされています（昭和31年12月24日民事甲2916号民事局長電報回答）。しかし、法２条12号では、登記権利者とは、「登記上、直接に利益を受ける者」であり「間接に利益を受ける者を除く」とされていますので、後順位の抵当権者は間接的に利益を受ける者にすぎませんので登記権利者にはなれません（『新基本コンメンタール　不動産登記法』日本評論社・14頁、幾代通・徳本伸一補訂『不動産登記法』第四版・有斐閣・82頁）。

2　申請書の記載事項

申請書を正しく書くためには、あらかじめ抹消登記をする物件の登記事項証明書を用意しておくことをお勧めします。

申請書には、次の事項を記載してください。申請書はＡ４サイズの用紙に横書きで書くのが標準です。とじ方は、左側をとじてください。用紙の裏面は使用しません。

①　登記の目的（令３条５号）
②　登記原因およびその日付（令３条６号）
③　抹消すべき登記
④　権利者の表示（令３条１号・２号）
⑤　義務者の表示（令３条１号・２号）
⑥　添付情報の表示（規則34条１項６号）
⑦　登記識別情報または登記済証を提供できない場合には、提供することができない理由（令３条12号）
⑧　申請の年月日（規則34条１項７号）
⑨　登記所の表示（規則34条１項８号）
⑩　代理人の住所、氏名または名称（令３条３号）
⑪　申請人または代理人の電話番号その他の連絡先（規則34条１項

1号）
⑫　登録免許税額（規則189条1項）
⑬　不動産の表示（令3条7号・8号）

① 登記の目的（令3条5号）

登記の目的としては、「抵当権抹消」または「何番抵当権抹消」と記載します。

② 登記原因およびその日付（令3条6号）

抵当権者が作成した「解除証書」または「弁済証書」に原因とその日付が記載されていますので、それを記載します。

抵当権の被担保債権の弁済による消滅の場合には、「令和○年○月○日弁済」とします。抵当権が放棄または解除により消滅した場合には、「令和○年○月○日放棄」または「令和○年○月○日解除」とします。

なお、この場合の放棄とは、民法376条1項の抵当権の放棄とは異なるので注意してください。

③ 抹消すべき登記

抹消する登記を登記事項証明書に記載されている当該抵当権の受付年月日および受付番号で特定するのがよいでしょう。

④ 権利者の表示（令3条1号・2号）

権利者として、現在の所有権の登記名義人（登記事項証明書に所有者として記載されている人）の登記申請時の住所と氏名または名称を記載します。申請人が法人の場合は、本店または主たる事務所と商号または名称、代表者の資格および氏名を記載します。法人が会社法人等番号を有する法人の場合には会社法人等番号も記載します。ただし、作成後3か月以内の法人の登記事項証明書を添付した場合には、会社法人等番号の記載は不要です。これらの表示は、登記事項証明書の記載と一致していることが必要です。住所等が変更している場合には、あらかじめ住所等の変更登記をする必要があります。

⑤ 義務者の表示（令3条1号・2号）

義務者として、抵当権者の登記申請時の住所、氏名または名称を記載します。申請人が法人の場合は、本店または主たる事務所と商号または名称、代表者の資格および氏名を記載します。法人が会社法人等番号を有する法人の場合には会社法人等番号も記載します。ただし、作成後3か月以内の法人の登記事項証明書を添付した場合には、会社法人等番号の記載は不要です。抵当権者の住所、氏名、名称等に変更がある場合には、変更を証する情報を提供してください。

⑥　添付情報の表示（規則 34 条 1 項 6 号）

添付情報を記載します。この場合、添付情報の通数は記載しません。

⑦　登記識別情報または登記済証を提供できない場合には、提供することができない理由（令 3 条 12 号）

登記識別情報を提供できない場合には、その理由を記載します。「不通知」、「失効」、「失念」、登記識別情報を提供することにより登記識別情報を適切に管理する上で支障が生ずる場合には「管理支障」、登記識別情報を提供したとすれば当該申請に係る不動産の取引を円滑に行うことができないおそれがある場合には「取引円滑障害」と記載すればよいでしょう（準則 42 条 1 項）。

登記済証が紛失等で提出できない場合には、その理由を記載します。たとえば、「紛失」、「滅失」、「不交付」等です。

登記識別情報の提供または登記済証の提出がない場合には、登記官によって事前に登記義務者である抵当権者に通知がされます（法 23 条）。ただし、資格者代理人が当該登記の申請代理人となり、当該代理人による本人確認情報が提供されたとき、または、公証人による本人確認の認証がされた場合においては、登記官がそれらの内容を相当と認めたときは、事前通知をする必要はありません（法 23 条 4 項 1 号）。

⑧　申請の年月日（規則 34 条 1 項 7 号）

登記申請をする日を記載します。郵送による申請の場合は、発送する日を記載すればよいでしょう。

⑨　登記所の表示（規則 34 条 1 項 8 号）

申請する登記所を記載します。登記の申請は管轄する登記所に行います。

⑩　代理人の住所、氏名または名称（令 3 条 3 号）

代理人によって登記を申請するときは、当該代理人の住所、氏名または名称を記載し、押印します。ここに押す印鑑は認印でもかまいません。本人が抵当権者の代理人となって申請する場合には、「申請人兼義務者の代理人」として記載すればよいでしょう。

⑪　**申請人または代理人の電話番号その他の連絡先（規則34条1項1号）**

申請書等に不備がある場合には、登記所から連絡がされますので、申請人または代理人の電話番号を記載します。

⑫　**登録免許税額（規則189条1項）**

登録免許税は、抹消する物件一個につき1,000円ですので、その金額を記載します。同一の不動産に抹消する抵当権が複数ある場合でも、物件一個につき1,000円となります。

⑬　**不動産の表示（令3条7号・8号）**

不動産の表示は、登記事項証明書と同じに記載します。ただし、不動産番号を記載すれば、土地の場合は、土地の所在、地番、地目および地積の記載を省略できます。建物の場合は、建物の所在と土地の地番、家屋番号、建物の種類、構造および床面積等の記載を省略できます（令6条）。

3　添付情報

抵当権抹消登記には、「登記原因証明情報」「登記識別情報または登記済証」「代理権限証明情報」「会社法人等番号」等の情報の提供が必要となります。抵当権者の住所、氏名または名称、商号、本店の変更がある場合には、変更を証する情報も提供します。

①　**登記識別情報または登記済証（法22条、法附則6条3項、令附則2条3項）**

抵当権設定登記をした際に抵当権者に通知された登記識別情報の提供またはオンライン化前に交付を受けた登記済証を提出します。

なお、登記識別情報の提供または登記済証の提出ができない場合には、抵当権者の作成後3か月以内の印鑑証明書を添付します（規則47条3号ハ、48条5号）。ただし、抵当権者が法人の場合、会社法人等番号を提供した場合には印鑑証明書の添付は要しないとされています（規則48条1号）。

②　**登記原因証明情報**

登記原因証明情報とは、登記の原因となった事実または法律行為およびこれに基づき現に権利変動が生じたことを証する情報をいいます。抵当権抹消登記の場合は、抵当権者が作成した解除証書や弁済証書等があります。

なお、解除証書等を提出できない場合は、解除証書等の内容を記載した書面（報告形式の登記原因証明情報）を作成してください。この書面には、不動産所在事項、登記の目的および登記原因その他の申請に係る登記を特定することができる事項を記載します。この報告形式の登記原因証明情報の原本は還付されません。

③　代理権限証明情報（令７条１項２号）

代理人によって登記を申請するときは、当該代理人の権限を証する書面を添付します。

たとえば、支配人が法人を代理して申請する場合には、当該法人の作成後３か月以内の登記事項証明書を添付します。また、登記申請を第三者に委任した場合には、委任状を添付します。

④　会社法人等番号（令７条１項１号）

申請人が会社法人等番号を有する法人であるときは、会社法人等番号を提供します（令７条１項１号イ）。ただし、会社法人等番号を有する法人であっても、作成後３か月以内の登記事項証明書を提供したときは、会社法人等番号の提供は要しません（規則36条１項、２項）。会社法人等番号を有しない法人の場合は、当該法人の代表者の資格を証する情報を提供します（令７条１項１号ロ）。

⑤　変更証明情報

抵当権者の住所に変更がある場合には、変更を証する情報として、住民票の写しまたは戸籍の附票の写しを添付します。氏名に変更がある場合には、戸籍謄本または抄本と住民票の写し（本籍の記載があるもの）または戸籍の附票の写し（本籍・筆頭者の記載があるもの）を添付します。

抵当権者が法人の場合において、本店の変更がある場合には、変更事項の記載のある登記事項証明書を添付します。商号が変更している場合も同様です。ただし、会社法人等番号を有する法人の場合には、会社法人等番号を提供すれば、法人の登記事項証明書の添付は不要となりますが、その場合には本店または商号の変更の経緯が確認することができるものでなければなりません。

ただし、変更事項が何回もあったりすると、閉鎖登記簿謄本もとらないとわからない場合もあります。

4　登録免許税

抹消する物件一個について1,000円です。ただし、同一の申請書により20個を超える不動産についての抹消登記の場合には、申請件数1件につき2万円となります（登免税法別表第一の一の(十二))。

抵当権者の本店が移転している場合

Q1 抵当権者の本店が移転していて、会社の登記事項証明書にはその旨の変更登記もしています。この場合、抵当権者の本店移転の登記をしないと抵当権の抹消登記は申請できませんか。

A 抵当権者の本店移転の変更登記をしなくても抹消登記は可能です。しかし、その場合には、変更証明情報として、登記事項証明書に記載されている本店から現在の本店へ移転したことが記載されている会社の登記事項証明書（登記所で発行）を添付します。ただし、会社法人等番号を有する会社の場合には、会社法人等番号を提供すれば、会社の登記事項証明書の添付は不要となりますが、その場合には、本店移転の経緯を確認することができるものでなければなりません。

抵当権者の会社が合併した場合

Q2 抵当権者であるＡ会社がＢ会社に合併されて消滅した場合には、合併による抵当権の移転登記をしなくては抹消登記の申請ができませんか。

A 抵当権者の合併前に抵当権が消滅した場合には、抹消登記の前提としての合併に基づく抵当権移転登記はしなくてもかまいません。その場合には、合併を証する書面（Ｂ会社の登記事項証明書）を添付して、Ｂ会社を登記義務者の承継会社として申請します。ただし、会社法人等番号を有する会社の場合には、会社法人等番号を提供すれば、会社の登記事項証明書の添付は不要となりますが、その場合には合併事項を確認することができるものでなければなりません。

合併後に抵当権が消滅した場合には、合併による抵当権の移転登記が必要になります。

所有者の住所が変更している場合

Q3　所有者の住所が移転している場合には、住所移転の登記をしないと抹消登記はできませんか。

A　登記事項証明書に記載されている申請人となる所有者の住所が登記申請時の住所と相違する場合には、住所移転の登記をする必要があります。たとえ住所移転を証する書面を添付しても、住所移転の登記を省略することはできません。

設定者の死亡後に債務を弁済した場合

Q4　父の名義になっている土地に抵当権が設定されています。父が死亡したので、私が債務を弁済して抵当権を抹消しました。土地の相続登記をしないと抵当権抹消登記は申請できないでしょうか。

A　土地の所有権の登記名義人であるお父様が死亡した後に弁済していますので、土地についての相続登記を先にする必要があります。

解散した会社の抵当権抹消登記手続

Q5　解散して清算人の所在が判明しない会社の抵当権に関する登記について簡易に抹消登記が申請できるようになったと聞きましたがどのような方法でしょうか。

A　登記権利者は、共同して登記の抹消の申請をすべき法人が解散し、法70条2項に規定する方法（相当の調査が行われたと認められるものとして法務省令で定める方法）により調査を行ってもなおその法人の清算人の所在が判明しないためその法人と共同して抵当権等に関する登記の抹消を申請することができない場合において、被担保債権の弁済期から30年を経過し、かつ、その法人の解散の日から30年を経過したときは、単独で登記の抹消を申請することができるようになりました（法70条の2）。

要件は次のとおりです。

① 法人が解散していること。

② 解散の日から30年が経過していること。

③ 法70条2項に規定する方法により相当な調査を行ってもなおその法人の清算人の所在が判明しないこと。

④ 被担保債権の弁済期から30年が経過していること。

〈法70条2項の相当の調査とは〉

法70条2項の相当の調査とは、次の措置をとる方法です（規則152条の2第2項）。

i 共同して登記の抹消の申請をすべき法人（以下単に「登記義務者」という）の調査として次の①および②に掲げる措置

① 登記義務者の法人の登記簿を備えると思料される登記所の登記官に対する登記義務者の登記事項証明書の交付請求

② ①の措置により登記義務者が合併により解散していることが判明した場合には、登記義務者の合併後存続し、または合併により設立された法人についてとる①に掲げる措置

ii iの措置により法人の登記簿に登記義務者の代表者（登記義務者が合併以外の事由により解散した法人である場合には、その清算人または破産管財人。以下同じ）として登記されている者が判明した場合には、当該代表者の調査として当該代表者が記録されている住民基本台帳等を備えると思料される市町村の長に対する当該代表者の住民票の写し等の交付の請求

なお、当該法人の清算人が死亡していることが判明した場合には、後記iv②の「当該代表者が所在すると思料される場所が判明した場合」には該当しないものとし、法70

条の2の「法人の清算人の所在が判明しない」場合に該当するものとします。

また、当該法人の清算人の住民票の除票等が廃棄等されているために、調査報告書に住民票の写し等を添付することができない場合には、不在住証明書や不在籍証明書等を調査報告書に添付するものとし、これらの証明書等の交付を受けることができない場合には、その旨を調査報告書に記載することになります。

iii　登記義務者の所在の調査として書留郵便その他配達を試みたことを証明することができる方法による次の①および②に掲げる措置

① 登記義務者の不動産の登記簿上の住所に宛ててする登記義務者に対する書面の送付（ｉの措置により登記義務者が合併により解散していることおよび登記義務者が所在すると思料される場所が判明した場合を除く）

② ｉの措置により登記義務者が所在すると思料される場所が判明した場合には、その場所に宛ててする当該者に対する書面の送付

iv　ｉおよびiiの措置により登記義務者の代表者が判明した場合には、当該代表者の所在の調査として書留郵便その他配達を試みたことを証明することができる方法による次の①および②に掲げる措置

① 登記義務者の登記簿上の代表者の住所に宛ててする当該代表者に対する書面の送付

② ｉおよびiiの措置により当該代表者が所在すると思料される場所が判明した場合には、その場所に宛ててする当該代表者に対する書面の送付

〈登記原因証明情報〉

登記原因証明情報として次の情報を提供します（別表の26の項添付情報欄ホ）

① 被担保債権の弁済期を証する情報

金銭消費貸借契約書、弁済猶予証書、債権の弁済期の記載がある不動産の閉鎖登記簿謄本等

② 登記義務者の解散の日を証する情報
　登記義務者の登記事項証明書等

③ 法70条2項に規定する方法により調査を行ってもなお登記義務者の清算人の所在が判明しないことを証する情報
　法70条2項に規定する方法による調査の結果を記載した調査報告書（登記義務者およびその清算人の調査の過程で収集した書類並びにこれらの者の所在調査に係る郵便記録等を添付したものをいう）

〈登記原因〉

法70条の2項の規定により登記権利者が単独でする抵当権抹消登記を申請する場合において申請書に記載する登記原因は「不動産登記法第70条の2の規定による抹消」とし、登記原因の日付の記載はしません（令和5年3月28日民二第538号民事局長通達）。

申請書見本１（弁済による抹消の場合）

登　記　申　請　書

登記の目的　　抵当権抹消（注1）
原　　　因　　令和○年○月○日弁済（注2）
　抹消すべき登記　平成○年○月○日受付第○○○○号（注3）
権　利　者　　○市○町一丁目○番○号（注4）
　　　　　　　玉川太郎
義　務　者　　○市○町○番○号（注5）
　　　　　　　株式会社Ａ銀行
　　　　　　　（会社法人等番号１２３４－５６－７８９０１２）
　　　　　　　代表取締役○○○○
添付情報
　登記識別情報　　登記原因証明情報　　会社法人等番号
　代理権限証明情報

令和○年○月○日申請　○○地方法務局○○出張所（注6）
申請人兼義務者の代理人（注7）
　　　　　　　○市○町一丁目○番○号
　　　　　　　玉　川　太　郎　㊞（注8）
　　　　　　　連絡先の電話番号　○○－○○○○－○○○○（注9）
登録免許税　　金２，０００円（注10）
不動産の表示（注11）
一棟の建物の表示
　所　　　在　　○市○町一丁目２０３番地１
　建物の名称　　メゾン○○
専有部分の建物の表示
　不動産番号　　０１０４５６７８９０１２３（注12）
　家屋番号　　○町一丁目２０３番１の９１３
　建物の名称　　９１３
　種　　　類　　居宅
　構　　　造　　鉄筋コンクリート造１階建
　床　面　積　　９階部分　７３．２２㎡
敷地権の表示
　土地の符号　　１
　所在及び地番　○市○町一丁目２０３番１
　地　　　目　　宅地

地　　積　１２３４．０５㎡
敷地権の種類　所有権
敷地権の割合　１００００分の７３０

書式の解説

この申請書は、敷地権付区分建物（マンション）に設定されていた抵当権が債務の弁済により抹消された場合の見本です。

（注1）　登記の目的として、「抵当権抹消」と記載します。または、「何番抵当権抹消」と順位番号何番の抵当権を抹消するかを記載する方法もあります。抹消する登記の特定の方法としては、注3のような記載の仕方もあります。

（注2）　原因と債務の弁済の日を記載します。

（注3）　抹消すべき登記を受付年月日と受付番号で特定します。登記の目的で「何番抵当権抹消」と、抹消すべき登記を特定した場合には、記載する必要はありません。

（注4）　権利者として、当該物件の所有者（所有権の登記名義人）の登記申請時の住所、氏名または名称を記載します。申請人が法人の場合は、本店または主たる事務所と商号または名称、代表者の資格および氏名を記載します。法人が会社法人等番号を有する法人の場合には会社法人等番号も記載します。ただし、作成後3か月以内の法人の登記事項証明書を添付した場合には、会社法人等番号の記載は不要です。

（注5）　義務者として、抵当権者の住所、氏名または名称（または本店、商号等）を記載します。申請人が法人の場合は、本店または主たる事務所と商号または名称、代表者の資格および氏名を記載します。法人が会社法人等番号を有する法人の場合には会社法人等番号も記載します。ただし、作成後3か月以内の法人の登記事項証明書を添付した場合には、会社法人等番号の記載は不要です。
この記載が登記事項証明書の記載と一致していない場合は、変更を証する情報として法人等の登記事項証明書を添付します。

（注6）　登記の申請日と申請する登記所を記載します。

（注7）　権利者が義務者の代理人を兼ねている場合には、見本のように記載します。

（注8）　申請人兼義務者の代理人の住所、氏名を記載し、署名または記名押印します。押印する印鑑は、認印でもかまいません（令16条1項、規則47条3号、同48条5号）。

（注9）　申請書等に不備がある場合には、登記所から連絡がされますので、連絡をとることのできる電話番号を記載してください。

（注10）登録免許税は、抹消する物件一個について1,000円です。本件の場合、専有部分一個と敷地一個ですので、2,000円になります。

（注11）不動産の表示は、登記事項証明書の記載どおりに正確に記載してください。

（注12）不動産番号を記載すれば、敷地権付き区分建物の場合は、一棟の建物の所在、構造、床面積、一棟の建物の名称、専有部分の建物の家屋番号、建物の名称、建物の種類、構造および床面積、敷地権の目的となる土地の所在する市、区、郡、町、村および字ならびに当該土地の地番、地目および地積の記載を省略できます（令6条）。

（不動産番号を記載した場合の不動産の表示）

不動産の表示	
不動産番号	０１０４５６７８９０１２３
敷地権の表示	
土地の符号	１
敷地権の種類	所有権
敷地権の割合	１００００分の７３０

■ 申請書見本２（解除による抹消の場合）

登　記　申　請　書

登記の目的　　抵当権抹消
原　　　因　　令和〇年〇月〇日解除（注１）
抹消すべき登記　平成２０年1月２６日受付第１２３４号（注２）
権　利　者　　〇市〇町二丁目〇番〇号
　　　　　　　玉川太郎
義　務　者　　〇市〇町〇番〇号
　　　　　　　〇〇信用金庫
　　　　　　　(会社法人等番号１２３４－５６－７８９０１２)
　　　　　　　代表理事　〇〇〇〇
添付情報
　　登記識別情報　　登記原因証明情報　　会社法人等番号
　　代理権限証明情報

令和〇年〇月〇日申請　〇〇地方法務局〇〇出張所
申請人兼義務者の代理人
　　　　　　　〇市〇町二丁目〇番〇号
　　　　　　　玉　川　太　郎　㊞
　　　　　　　連絡先の電話番号　〇〇－〇〇〇〇－〇〇〇〇
登録免許税　　金１，０００円
不動産の表示
　所　　　在　　〇市〇町二丁目
　地　　　番　　１１番２７
　地　　　目　　宅地
　地　　　積　　１１５．０６㎡

書式の解説

この申請書は、抵当権の解除により当該物件に設定されていた抵当権が抹消された場合の見本です。

（注1）　抵当権を解除した旨とその日を記載します。

（注2）　抹消すべき登記を受付年月日と受付番号で特定します。登記の目的で「何番抵当権抹消」と、抹消すべき登記を順位番号で特定した場合には、記載する必要はありません。

委任状見本

委　任　状

私は、○市○町一丁目○番○号玉川太郎を代理人と定め、下記登記申請に関する一切の権限を委任する。

記

1　登記原因証明情報たる令和○年○月○日付け抵当権解除証書記載のとおりの抵当権の抹消登記申請に関する件

2　登記に係る登録免許税の還付金を受領すること

令和○年○月○日

○市○町○番○号

○○信用金庫

代表理事　○○○○　㊞（注）

書式の解説

（注）　ここに押す印については規定がありませんので、認印でもかまいません。

■ 抵当権解除証書見本

抵　当　権　解　除　証　書

平成２０年１月２６日〇〇地方法務局〇〇出張所受付第１２３４号をもって登記された下記の不動産に対する抵当権を解除します。

解除原因　令和〇年〇月〇日解除（注1）

令和〇年〇月〇日

〇市〇町〇番〇号
〇〇信用金庫
代表理事　〇〇〇〇　㊞（注2）

不動産の表示

〇市〇町二丁目１１番２７の宅地、１１５．０６㎡（注3）

書式の解説

（注1）原因は、「解除」のほかに「弁済」「放棄」等もあります。
（注2）ここに押す印については規定がありませんので、認印でもかまいません。
（注3）不動産の表示は、簡易な記載方法も認められています。

第11章
根抵当権設定登記

「根《ね》抵当権《ていとうけん》」とは、債権者と債務者が継続して取引をする場合などに、それらの債権を一定の額を限度として担保しようという抵当権の一種です。抵当権ですと金銭を借りるたびに抵当権の設定をしなくてはなりませんが、根抵当権を設定すれば、あらかじめ担保する一定の限度額を決めておいて、その範囲で何回でも取引をすることができます。この担保する一定の限度額を「極《きょく》度《ど》額《がく》」といいます。民法398条の2第1項では、根抵当権とは「一定の範囲に属する不特定の債権を極度額の限度において担保する」抵当権であると表現しています。

根抵当権の被担保債権となりうる債権は、取引によって生じた債権その他一定のものに限られますが、民法398条の2第2項、第3項では、根抵当権の被担保債権となりうるものを次のものに限定しています。

① 債権者と債務者間の特定の継続的取引契約によって生じる債権

　特定の継続的取引とは、債権者と債務者との間に締結された具体的な継続的な取引契約のことをいいます。

② 債権者と債務者間の一定の種類の取引によって生じる債権

　一定の種類の取引というのは、担保する債権の範囲を限定的に画することができて、かつ、第三者が取引の範囲を明確に認識できるものでなくてはなりません。

③ 特定の原因に基づき債権者と債務者間に継続して生じる債権

　これは、債権者と債務者間との取引によって生ずる債権以外の債権であって、かつ、特定の原因に基づき債務者との間に継続して生ずるものをいうとされています。

④ 手形上もしくは小切手上の請求権

　これは、債務者が振出、裏書、保証等をした手形または小切手を債権者が第三者との取引によって取得した場合の債権、いわゆる回り手形（小切手）上の債権のことです。

⑤ 電子記録債権

根抵当権の設定契約は、債権者である根抵当権者と根抵当権の目的である不動産の所有者や地上権者等の間で結ばれます。

1 申 請 人

根抵当権設定登記の申請は、根抵当権者が登記権利者となり、担保に供する不動産の所有者（または地上権者、永小作権者）が登記義務者となって、共同で申請することになります。

権利者＝根抵当権者
義務者＝所有者（所有権の登記名義人）

2 申請書の記載事項

根抵当権の設定登記を申請する場合には、以下の根抵当権の申請情報と一般的な申請情報を申請書に記載します。

〈根抵当権の申請情報〉

① 登記の目的（令3条5号）
② 登記原因およびその日付（令3条6号）
③ 極度額（令別表の56の項申請情報欄ロ、法88条2項1号）
④ 債権の範囲（令別表の56の項申請情報欄ロ、法88条2項1号）
⑤ 確定期日（令別表の56の項申請情報欄ロ、法88条2項3号）
⑥ 債務者の表示（令別表の56の項申請情報欄イ、法83条1項2号）
⑦ 根抵当権者の表示（令3条1号・2号）
⑧ 所有権以外の権利を目的とするときは、その目的となる権利（法83条1項3号）
⑨ 二つ以上の不動産に関する権利を目的とするときは、当該二つ以上の不動産および当該権利（法83条1項4号）

⑩　民法370条ただし書の別段の定めがあるときは、その定め（法88条2項2号）
⑪　民法398条の14第1項ただし書の定めがあるときは、その定め（法88条2項4号）
⑫　共同根抵当権の登記である旨（令別表の56の項申請情報欄ハ）
⑬　追加担保の登記を申請するときは、前の登記に係る事項（令別表の56の項申請情報欄ニ）

〈その他一般的な申請情報〉
①　根抵当権設定者の表示（令3条1号・2号）
②　代理人の住所、氏名または名称（令3条3号）
③　申請人または代理人の電話番号その他の連絡先（規則34条1項1号）
④　添付情報の表示（規則34条1項6号）
⑤　登記識別情報の通知受領の有無とその方法
⑥　登記識別情報または登記済証を提供できない場合には、提供することができない理由（令3条12号）
⑦　申請の年月日（規則34条1項7号）
⑧　登記所の表示（規則34条1項8号）
⑨　課税価格と登録免許税額（規則189条1項）
⑩　不動産の表示（令3条7号・8号）

(1)　根抵当権の申請情報

①　登記の目的（令3条5号）

登記の目的は、「根抵当権設定」とします。不動産を共有している場合において、その共有者の持分を目的とする場合には、「何某持分根抵当権設定」とします。

たとえば、Aさんが2分の1、Bさんが2分の1を所有している土地があって、Aさんの持分にだけ根抵当権を設定した場合には、「A持分根抵当権設定」とします。AさんとBさんの両方の持分に根抵当権を設定する場合には、所有権全部に根抵当権が設定されますので、「A、B持分根抵当権設定」とはしないで、単に「根抵当権設定」とします。しかし、A・B・Cの三人が共有している不動産のうち、AおよびBの持分について根抵当権を設定する場合には、「A、B持分根抵当権設定」とします。

② 登記原因およびその日付（令3条6号）

「令和○年○月○日設定」と、根抵当権設定契約の成立した日を記載します。

③ 極度額（令別表の56の項申請情報欄ロ、法88条2項1号）

「極度額金何円」と記載します。

極度額には民法375条の適用がなく、確定した元本ならびに利息、損害金等の全部について、極度額を限度として優先弁済を受けることになります（民法398条の3第1項）。

④ 債権の範囲（令別表の56の項申請情報欄ロ、法88条2項1号）

〈特定の継続的取引契約によって生じる債権を定めた場合〉

認められる例

「令和○年○月○日石油販売特約店契約」（注1）
「令和○年○月○日リース取引契約」（注2）
「令和○年○月○日当座貸越契約」（注1）
「令和○年○月○日手形割引（貸付）契約」（注1）
「令和○年○月○日電気製品供給契約」（注1）
「令和○年○月○日特約販売契約」（注3）
「令和○年○月○日フランチャイズ契約」（注4）
「令和○年○月○日総合商社取引契約」（注5）

（注1） 昭和46年10月4日民甲第3230号通達
（注2） 『登記研究』324号75頁
（注3） 昭和47年4月21日民三第390号回答
（注4） 昭和62年1月23日民甲第230号回答
（注5） 『根抵当登記実務1問1答』金融財政事情研究会1頁

〈一定の種類の取引によって生じる債権を定めた場合〉

認められる例

委託取引、委任取引（注6）、請負取引（注6）、運送取引（注3）
加工委託取引（注6）、寄託取引（注3）、銀行取引（注1）、金銭消費貸借取引、交換取引（注6）
証書貸付取引、消費貸借取引（注3）、使用貸借取引（注6）、商品供給取引（注1）、信託取引（注7）、信用金庫取引（注2）、信用組合取引（注2）、商品売買取引、石油供給取引（注1）、石油類販売取引（注4）
立替払委託取引（注3）、賃貸借取引（注3）、手形貸付取引（注1）、手形割引取引、電気製品売買取引（注1）、当座貸越取引（注1）
売買取引（注1）、売買委託取引（注6）、物品加工委託取引（注3）、保証取引（注3）、保証委託取引（注1）
前受業務保証金供託委託取引（注10）
輸出入業務委託取引（注3）
労働金庫取引（注13）

認められない例

委託加工取引（注5、注7）、委託販売取引（注7）、運転資金融資取引（注4）、営業用資金及び営業用設備資金貸付取引（注8）
金融取引、小切手貸付取引（注9）、口座貸越取引（注14）
債務引受取引（注6）、準消費貸借取引（注5、注7）、商業デザイン企画制作取引（注11）、商社取引（注2）、商取引（注2）、商品委託取引（注12）、商品取引、信用保証取引、信用保証協会取引、新聞広告取引（注11）、信用保証委託取引
手形・小切手取引（注6）、取次取引（注5）、問屋取引（注6）、仲立取引（注5）
根抵当取引（注2）、農業共同組合取引（注2）
不動産の運営委託及び賃貸借取引（注4）、保証債務取引（注9）
リース取引（注7）

（注1）　昭和46年10月4日民甲第3230号通達
（注2）　昭和46年12月27日民三第960号依命通知
（注3）　昭和47年4月4日民三第301号通知
（注4）　昭和47年7月28日民三第664号回答

（注５） 昭和47年８月２日民甲第3299号回答
（注６） 昭和47年８月４日民三第608号通知
（注７） 昭和48年１月11日民三第273号通知
（注８） 昭和48年３月５日民三第1938号通知
（注９） 昭和48年11月14日民三第8573号回答
（注10） 昭和48年11月22日民三第8632号回答
（注11） 昭和49年８月17日民三第4780号回答
（注12） 昭和51年９月８日民三第4982号通知
（注13） 昭和63年１月22日民三第379号回答
（注14）『登記研究』470号98頁

〈特定の原因に基づいて継続して生じる債権を定めた場合〉

認められる例

「甲工場の排液による損害賠償債権」

「軽油の取引による軽油取引税債権」

「乙工場からの清酒移出による酒税債権」

認められない例

「債務者何某の不法行為に基づく損害賠償債権」

⇨どのような不法行為債権を担保するのか不明であるため認められないとされています（『根抵当登記実務１問１答』金融財政事情研究会14頁）。

〈手形上もしくは小切手上の請求権〉

手形上もしくは小切手上の請求権（民法398条の２第３項）を根抵当権の担保すべき債権と定めた場合は、単に「手形債権」「小切手債権」と記載します。

〈電子記録債権〉

電子記録債権法２条１項に規定する電子記録債権をいいます。

⑤　確定期日（令別表の56の項申請情報欄ロ、法88条２項３号）

設定契約において担保すべき元本の確定すべき期日を定めた場合に、「確定期日　令和○年○月○日」と記載します。この期日は、これを定めた日または変更した日より５年以内であることを要します（民法398条の６第３項）。

実際には、確定期日を定めた事例はほとんどありません。

⑥　債務者の表示（令別表の56の項申請情報欄イ、法83条１項２号）

債務者の住所、氏名または名称を記載します。債務者が法人の場合でも、代表者の氏名は記載しません。

⑦　根抵当権者の表示（令3条1号・2号）

申請人である根抵当権者の住所、氏名または名称を記載します。申請人が法人の場合は、本店または主たる事務所と商号または名称、代表者の資格および氏名を記載します。法人が会社法人等番号を有する法人の場合には会社法人等番号も記載します。ただし、作成後3か月以内の法人の登記事項証明書を添付した場合には、会社法人等番号の記載は不要です。

⑧　所有権以外の権利を目的とするときは、その目的となる権利（法83条1項3号）

所有権以外の権利を目的とするときは、その目的となる権利を記載します。たとえば、「1番地上権根抵当権設定」のように記載します。

⑨　二つ以上の不動産に関する権利を目的とするときは、当該二つ以上の不動産および当該権利（法83条1項4号）

担保権が二つ以上の不動産に関する権利を目的とするときは（共同担保）、これを明らかにするため二つ以上の不動産をおよびその権利を明らかにします。

⑩　民法370条ただし書の別段の定めがあるときは、その定め（法88条2項2号）

たとえば「立木には根抵当権の効力は及ばない」という特約です。

⑪　民法398条の14第1項ただし書の定めがあるときは、その定め（法88条2項4号）

根抵当権の共有者は、それぞれの債権額の割合に応じて弁済を受けますが、元本の確定前に、これと異なる割合を定め、またはある者が他の根抵当権者に優先して弁済を受けることができることを定めたときは、それを記載します。

⑫　共同根抵当権の登記である旨（令別表の56の項申請情報欄ハ）

民法398条の16の登記（共同根抵当権の登記）である場合にはその旨を記載します。

⑬　追加担保の登記を申請するときは、前の登記に係る事項（令別表の56の項申請情報欄ニ）

前の登記を特定するために次の事項を記載します。

ア　土地にあっては当該土地の所在する市、区、郡、町、村および字ならびに当該土地の地番

イ　建物にあっては当該建物の所在する市、区、郡、町、村および字

および土地の地番ならびに当該建物の家屋番号

ウ　順位事項

エ　申請を受ける登記所に共同担保目録があるときは、その記号および目録番号

ただし、不動産番号と他の管轄の登記所の表示を記載すれば、上記アおよびイの記載を省略することができます（令6条2項7・8号、規則34条3項）。

(2)　その他一般的な申請情報

①　根抵当権設定者の表示（令3条1号・2号、7条1項1号）

申請人である根抵当権設定者（所有権の登記名義人）の登記申請時の住所、氏名または名称を記載します。申請人が法人の場合は、本店または主たる事務所と商号または名称、代表者の資格および氏名を記載します。法人が会社法人等番号を有する法人の場合には会社法人等番号も記載します。ただし、作成後3か月以内の法人の登記事項証明書を添付した場合には、会社法人等番号の記載は不要です。これらの表示は登記事項証明書の記載と一致していることが必要です。住所等が変更している場合には、あらかじめそれらの変更の登記をする必要があります。

②　代理人の住所、氏名または名称（令3条3号）

代理人によって登記申請をするときは、当該代理人の住所、氏名または名称を記載します。代理人が法人の場合は、その代表者の資格および氏名も記載します。

③　申請人または代理人の電話番号その他の連絡先（規則34条1項1号）

申請書等に不備がある場合には、登記所から連絡がされますので、連絡をとることのできる電話番号を記載してください。

④　添付情報の表示（規則34条1項6号）

添付情報を記載します。その場合、通数は記載しません。

⑤　登記識別情報の通知受領の有無とその方法

登記識別情報の通知の送付を希望する場合には、その旨と送付先を記載します。登記識別情報の通知を希望しない場合には、その旨を記載します（規則63条3項、64条2項）。なにも記載がない場合には、

登記所の窓口での受領を希望するものとみなされます。

⑥　登記識別情報または登記済証を提供できない場合には、提供することができない理由（令3条12号）

登記識別情報を提供できない場合には、その理由を記載します。「不通知」、「失効」、「失念」、登記識別情報を提供することにより登記識別情報を適切に管理する上で支障が生ずる場合には「管理支障」、登記識別情報を提供したとすれば当該申請に係る不動産の取引を円滑に行うことができないおそれがある場合には「取引円滑障害」と記載すればよいでしょう（準則42条1項）。

登記済証が紛失等で提出できない場合には、その理由を記載します。たとえば、「紛失」、「滅失」、「不交付」等です。

登記識別情報の提供または登記済証の提出がない場合には、第2部第1章を参照してください。

⑦　申請の年月日（規則34条1項7号）

登記申請する日を記載します。郵送による申請の場合は、発送する日を記載すればよいでしょう。

⑧　登記所の表示（規則34条1項8号）

申請する登記所を記載します。登記の申請は管轄する登記所に行います。

⑨　課税価格と登録免許税額（規則189条1項）

課税価格は、極度額のうち、1,000円未満を切り捨てた額を記載します（国税通則法118条）。

登録免許税は、課税価格に1,000分の4を掛けた金額のうち100円未満を切り捨てた額を記載します。

⑩　不動産の表示（令3条7号・8号）

不動産の表示は、登記事項証明書と同じに記載します。ただし、不動産番号を記載すれば、土地の場合は、土地の所在、地番、地目および地積の記載を省略できます。建物の場合は、建物の所在と土地の地番、家屋番号、建物の種類、構造および床面積等の記載を省略できます（令6条）。

3 添付情報

① 登記識別情報または登記済証（法22条、法附則6条3項、令附則2条3項）

登記義務者である根抵当権設定者の権利に関する登記識別情報を提供します。すなわち、根抵当権設定者が所有権取得（保存または移転）の登記をした時に通知を受けた登記識別情報を提供します。所有権の取得の登記がオンライン化前の場合には、交付を受けた登記済証を提出します。

② 登記原因証明情報（法61条、令7条1項5号ロ）

登記原因証明情報とは、登記の原因となった事実または法律行為およびこれに基づき現に権利変動が生じたことを証する情報をいいます。

根抵当権設定登記の場合の登記原因証明情報としては、根抵当権設定契約書または報告形式の登記原因証明情報があります。これらの書面には、不動産の所在事項、登記の目的および登記原因その他の申請に係る登記を特定することができる事項を記載します。

根抵当権設定契約書は原本還付ができますが、報告形式の登記原因証明情報は、原本還付ができません（規則55条1項ただし書）。この場合、報告形式の登記原因証明情報に他の管轄の不動産の記載があっても還付はできないとされています。

③ 印鑑証明書（令16条2項）

所有権を目的とする根抵当権の設定の登記を申請する場合には、登記義務者である根抵当権設定者（所有権の登記名義人）は、申請書または委任状に記名押印しなければなりません（令16条1項、18条1項）。その場合、申請書または委任状には、登記義務者の印鑑証明書（市区町村長の作成のもの）を添付します（令16条2項、規則47条3号イ(1)）。この印鑑証明書は、作成後3か月以内のものでなければなりません（令16条3項、18条3項）。また、原本還付の手続はできません。

登記義務者が法人の場合、会社法人等番号を提供した場合には印鑑証明書の添付は要しないとされています（規則48条1号）。

④　**代理権限証明情報（令7条1項2号）**

代理人によって登記を申請するときは、その代理人の権限を証する情報を提供します。

たとえば、支配人が法人を代理して申請する場合には、その法人の作成後3か月以内の登記事項証明書を添付します。ただし、会社法人等番号を提供したときは、この登記事項証明書の提供は不要です（令7条1項2号、規則36条3項）。また、登記申請を第三者に委任した場合には、委任状を添付します。

⑤　**会社法人等番号（令7条1項1号）**

申請人が会社法人等番号を有する法人であるときは、会社法人等番号を提供します（令7条1項1号イ）。ただし、会社法人等番号を有する法人であっても、作成後3か月以内の登記事項証明書を提供したときは、会社法人等番号の提供は要しません（規則36条1項、2項）。会社法人等番号を有しない法人の場合は、当該法人の代表者の資格を証する情報を提供します（令7条1項1号ロ）。

⑥　**前登記証明書（令別表の56の項添付情報欄ロ）**

根抵当権を追加設定する場合に、前の登記に他の登記所の管轄区域内にある不動産に関するものがあるときは、当該前の登記に関する登記事項証明書を添付します。

4　登録免許税

課税価格である極度額の1,000分の4が登録免許税となります。その場合、1件の申請書でする場合には、物件が一個でも数個でも登録免許税の額は同じです。

なお、根抵当権の場合には、租税特別措置法75条の軽減（住宅取得資金の貸付け等に係る抵当権の設定登記の税率の軽減）の適用はありません。

A不動産に既に根抵当権が設定されている場合に、今度、B不動産に同一債権を担保するために根抵当権を追加設定する場合（「追加担保」の場合）には、登録免許税法施行規則11条の書類を添付した場合には、追加する不動産に関する権利の件数1件について1,500円となります（登免税法13条2項）。

登録免許税法施行規則11条の書類（前登記証明書）として、同一債権を担保する根抵当権の登記を既に受けた旨の記載のある登記事項証明書（準則125条1項）または準則の別記第90号様式による申出書に登記官が証明した登記証明書（準則125条2項）があります。

ただし、根柢当権追加設定する不動産が既に根抵当権が設定されている不動産を管轄する登記所と同一の場合には前登記証明書は不要です。

追加設定と根抵当権者の本店変更について

Q1　追加設定をする場合において、前登記証明書に記載されている根抵当権者の本店が変更前のものである場合、本店の変更事項が記載されている登記事項証明書を添付すれば追加設定はできますか。

A　既登記の根抵当権者の本店変更登記をした後に、追加設定登記を申請します（『登記研究』422号104頁）。

追加設定と債務者の住所移転

Q2　追加担保による根抵当権の設定登記を申請したいと考えていますが、既に登記されている根抵当権の債務者の住所が移転しています。その場合、既に登記されている根抵当権について債務者の表示の変更登記をしないと追加設定はできないでしょうか。

A　根抵当権の場合には、既登記と追加設定する根抵当権の記載が一致していることを要しますので、既に登記されている根抵当権について、債務者の住所移転による変更登記が必要になります（『登記研究』325号72頁）。

債務者が死亡した場合

Q3　債務者が死亡しましたが、その旨の登記をしたほうがよいといわれました。どうしてでしょう。

A　元本の確定前に債務者が死亡した場合には、根抵当権は、相続開始の時に存する債務のほか、根抵当権者と根抵当権設定者との合意により定めた相続人が、相続の開始後に負担する債務を担保させることができます（民法398条の8第1

項)。この合意の登記を相続開始後6か月以内にしなければ、元本は相続開始の時において確定したものとみなされます(民法398条の8第4項)。

したがって、根抵当権者との取引の継続を望むのでしたら、債務者の相続の登記と指定債務者の合意の登記を相続開始後6か月以内にしておく必要があります。

共同根抵当権の設定の仮登記について

Q4 共同根抵当権設定の仮登記は受理されますか。

A 受理されません。

登記の実務では、共同根抵当権設定の仮登記は受理すべきでないとされています(昭和47年11月25日民甲第4945号民事局長回答)。

根抵当権は、根抵当権設定の登記と同時に共同担保である旨の登記をした場合に限って、共同担保関係が認められています(民法398条の16)。そして、仮登記は予備的な登記であり対抗力を有しないので、民法398条の16でいう登記には該当しないとされています。

申請書見本１（物件が一個の場合）

登　記　申　請　書

登記の目的　　根抵当権設定（注1）
原　　　因　　令和〇年〇月〇日設定（注2）
極　度　額　　金２，０００万円（注3）
債権の範囲　　金銭消費貸借取引　売買取引
　　　　　　　手形債権　小切手債権（注4）
債　務　者　　千葉県〇市〇町〇丁目〇番〇号
　　　　　　　株式会社　甲商会（注5）
根抵当権者　　東京都〇区〇町〇丁目〇番〇号
　　　　　　　株式会社　乙販売（注6）
　　　　　　　（会社法人等番号１２３４－５６－７８９０１２）
　　　　　　　代表取締役　〇〇〇〇
設　定　者　　千葉県〇市〇町〇丁目〇番〇号
　　　　　　　甲　野　太　郎（注7）
添付情報
　　登記原因証明情報　　登記識別情報　　印鑑証明書
　　代理権限証明情報　　会社法人等番号
登記識別情報の通知書は代理人の住所に送付願います。（注8）

令和〇年〇月〇日申請　〇〇地方法務局〇〇支局（注9）
代　理　人　　東京都〇区〇町〇丁目〇番〇号
　　　　　　　〇　〇　〇　〇　㊞（注10）
　　　　　　　連絡先の電話番号　〇〇－〇〇〇〇－〇〇〇〇（注11）
課税価格　　金２，０００万円（注12）
登録免許税　　金８万円（注13）
不動産の表示（注14）
　不動産番号　０１０４５６７８９０１２３（注15）
　所　　在　〇区〇〇三丁目
　地　　番　１２３番２
　地　　目　宅地
　地　　積　３４５．６７平方メートル

書式の解説

(注１) 登記の目的として、「根抵当権設定」と記載します。
(注２) 原因として、根抵当権を設定した旨とその契約成立日を記載します。
(注３) 極度額を記載します。
(注４) 債権の範囲を記載します。
(注５) 債務者の住所、氏名または名称を記載します。
(注６) 根抵当権者の住所、氏名または名称を記載します。申請人が法人の場合は、本店または主たる事務所と商号または名称、代表者の資格および氏名を記載します。法人が会社法人等番号を有する法人の場合には会社法人等番号も記載します。ただし、作成後３か月以内の法人の登記事項証明書を添付した場合には、会社法人等番号の記載は不要です。
(注７) 根抵当権設定者として、当該物件の所有者（所有権の登記名義人）の住所、氏名または名称を記載します。申請人が法人の場合は、本店または主たる事務所と商号または名称、代表者の資格および氏名を記載します。法人が会社法人等番号を有する法人の場合には会社法人等番号も記載します。ただし、作成後３か月以内の法人の登記事項証明書を添付した場合には、会社法人等番号の記載は不要です。
(注８) 登記識別情報の通知の送付を希望する場合には、その旨と送付先を記載します。登記識別情報の通知を希望しない場合には、その旨を記載します（規則63条３項、64条２項）。なにも記載がない場合には、登記所の窓口での受領を希望するものとみなされます。
(注９) 登記の申請日と申請する登記所を記載します。
(注10) 代理人によって登記の申請をする場合には、代理人の住所、氏名または名称を記載し、押印します。ここに押す印は認印でもかまいません。また、代理人が法人の場合は、その代表者の資格および氏名も記載します。
(注11) 申請書等に不備がある場合には、登記所から連絡がされますので、連絡をとることのできる電話番号を記載してください。
(注12) 課税価格として極度額を記載します。
(注13) 登録免許税は課税価格の1,000分の４ですので、その金額を記載します。
(注14) 不動産の表示は、登記事項証明書の記載どおりに正確に記載してください。
(注15) 不動産番号を記載すれば、土地の場合は、土地の所在、地番、地目および地積の記載を省略できます。建物の場合は、建物の所在と土地の地番、家屋番号、建物の種類、構造および床面積等の記載を省略できます（令６条）。

■ 申請書見本２（共同根抵当権設定の追加設定の場合）

登　記　申　請　書

登記の目的　　共同根抵当権設定（追加）（注１）
原　　　因　　令和○年○月○日設定
極　度　額　　金２，０００万円
債権の範囲　　銀行取引　手形債権　小切手債権
債　務　者　　千葉県○市○町○丁目○番○号
　　　　　　　株式会社　甲商会
根抵当権者　　東京都○区○町○丁目○番○号
　　　　　　　株式会社　Ａ銀行
　　　　　　　　　　（取扱店　○○支店）
　　　　　　　（会社法人等番号１２３４－５６－７８９０１２）
　　　　　　　代表取締役　○○○○
設　定　者　　千葉県○市○町○丁目○番○号
　　　　　　　甲　野　太　郎
添付情報
　　登記識別情報　　登記原因証明情報　　印鑑証明書
　　代理権限証明情報　　会社法人等番号
　　前登記証明書（添付省略）（注２）
登記識別情報の通知書は代理人の住所に送付願います。

令和○年○月○日申請　○○地方法務局○○支局
代　理　人　　東京都○区○町○丁目○番○号
　　　　　　　○　○　○　○　㊞
　　　　　　　連絡先の電話番号　○○－○○○○－○○○○
登録免許税　　金１，５００円
　　　　　　　登録免許税法１３条２項による（注３）
不動産の表示
　不動産番号　０１０４５６７８９０１２３
　所　　在　　○区○○三丁目
　地　　番　　１２３番２
　地　　目　　宅地
　地　　積　　３４５．６７平方メートル
前に受けたる登記の表示（注４）
　○市○区○○三丁目１２２番３の土地　（順位番号１番）
　同所同番地３　家屋番号１２２番３の建物　（順位番号１番）
　共同担保目録（あ）第○号

書式の解説

この申請書は、同一の登記所に既に共同担保として根抵当権の登記がしてある場合に、同一の債権を担保するために追加設定する場合の見本です。同一の債権を担保するためには、債権の範囲、債務者、極度額、根抵当権者が、既に登記されている事項と同じでなければなりません。

(注1) 登記の目的として、「共同根抵当権設定（追加)」と、共同根抵当権であることおよび追加設定であることがわかるように記載します（令別表の56の項申請情報欄ハ)。

(注2) 追加設定する場合において、前の根抵当権とその内容（債権の範囲、債務者、極度額、根抵当権者等）が同じでなければなりません。したがって、それを確認するために、前の登記に他の登記所の管轄区域内にある不動産に関するものがあるときは、当該前の登記に関する登記事項証明書を添付します（令別表の56の項添付情報欄ロ)。その場合、他の登記所の管轄区域内にある不動産が二つ以上あるときであっても、他の登記所ごとに登記事項証明書（共同担保目録に記録された事項の記載があるものに限る）を1通提供すれば足ります（準則112条)。これらの登記事項証明書は、登録免許税法13条2項の適用を受けるための前登記証明書にもなります。

なお、登録免許税法13条2項の適用を受けるためには前登記証明書を添付しなければなりませんが、同一登記所において追加設定する場合には、前登記証明書を添付する必要はありません。その場合には、「前登記証明書（添付省略)」と記載します（『登記研究』414号78頁)。

(注3) 登録免許税法施行規則11条の書類（前登記証明書）を添付した場合には、登録免許税は当該設定登記に係る不動産等に関する権利の件数1件につき1,500円となります。すなわち、追加する不動産一個につき1,500円ということです。

(注4) 追加設定する場合には、前の登記に係る事項として次の事項を記載します（令別表の56の項申請情報欄ニ)。

① 土地にあっては所在する市、区、郡、町、村および字ならびに地番

② 建物にあっては所在する市、区、郡、町、村、字および土地の地番ならびに家屋番号

③ 順位事項

④ 申請を受ける登記所に共同担保目録があるときは、共同担保目録の記号と番号

登記が完了すると、以下のような登記がされます。

権　利　部（乙　区）（所有権以外の権利に関する事項）			
順位番号	登記の目的	受付年月日・受付番号	権利者その他の事項
1	根抵当権設定	令和○年○月○日 第○○号	原因　令和○年○月○日設定 極度額　金2,000万円 債権の範囲　銀行取引　手形債権 　小切手債権 債務者　千葉県○市○町○丁目○番 　○号 　株式会社甲商会 根抵当権者　東京都○区○町○丁目 　○番○号 　株式会社A銀行 　　（取扱店　○○支店） 共同担保　目録（あ）第○号

共　同　担　保　目　録			
記号及び番号	（あ）第○号	調製	令和○年○月○日
番　号	担保の目的である権利の表示	順位番号	予　　　備
1	○区○○三丁目　122番3の土地	1	余白
2	○区○○三丁目　122番地3 家屋番号　122番3の建物	1	余白
3	○区○○三丁目　123番2の土地	1	令和○年○月○日受付第○号追 　加

…第 12 章…

賃借権に関する登記

賃借権とは、賃貸借契約に基づき、賃料を支払うことおよび引き渡しを受けた物を契約が終了したときに返還することを約することによって、その効力を生ずる権利です（民法 601 条）。賃借権は、所有権だけではなく、地上権、永小作権、不動産質権を目的として設定することができます。

なお、本章においては所有権を目的とした場合で説明します。

賃借権は、物権と異なり、賃貸人が登記に応ずる旨の特約がない限り、賃借人は賃借権設定の登記請求権を有しないものと解されています。また、不動産の一部および共有持分については、賃借権の登記はすることができないとされています（昭和 30 年 5 月 21 日民甲 972 号局長通達）。したがって、敷地権付き区分建物の場合、敷地は持分取得となるため建物に設定した賃借権の登記は敷地には及ばないことになります。

不動産の賃貸借は、登記をすれば、その後その不動産について物権を取得した者に対しても効力を有するとされています（民法 605 条）。

1 申請人

賃借権設定の登記は、賃借権者が登記権利者となり、不動産の所有者（所有権の登記名義人）が登記義務者となって、共同で申請します。

2 申請書の記載事項

賃借権の設定登記を申請する場合には、以下の賃借権の登記事項と一般的な申請情報を申請書に記載します。

〈賃借権の登記事項〉
①　登記の目的（令3条5号）（注1）
②　登記原因およびその日付（令3条6号）（注2）
③　賃料（法81条1号）（注3）
④　存続期間または賃料の支払時期の定めがあるときは、その定め（法81条2号）（注4）
⑤　賃借権の譲渡または賃借物の転貸を許す旨の定めがあるときは、その定め（法81条3号）
⑥　敷金があるときは、その旨（法81条4号）
⑦　賃貸人が財産の処分につき行為能力の制限を受けた者または財産の処分の権限を有しない者であるときは、その旨（法81条5号）
⑧　土地の賃借権設定の目的が建物の所有であるときは、その旨（法81条6号）
⑨　前号に規定する場合において建物が借地借家法23条1項または2項に規定する建物であるときは、その旨（法81条7号）
⑩　借地借家法22条1項前段、23条1項、38条1項前段もしくは39条1項、高齢者の居住の安定確保に関する法律52条1項または大規模な災害の被災地における借地借家に関する特別措置法7条1項の定めがあるときは、その定め（法81条8号）
⑪　賃借権者の表示（令3条1号・2号）（注5）

〈その他一般的な申請情報〉
①　義務者の表示（令3条1号・2号）（注6）
②　添付情報の表示（規則34条1項6号）（注7）
③　登記識別情報の通知受領の有無とその方法（注8）
④　登記識別情報または登記済証を提供できない場合には、提供することができない理由（令3条12号）（注9）
⑤　申請の年月日（規則34条1項7号）（注10）
⑥　登記所の表示（規則34条1項8号）（注11）
⑦　代理人の住所、氏名または名称（令3条3号）（注12）
⑧　申請人または代理人の電話番号その他の連絡先（規則34条1項1号）（注13）

⑨　**課税価格と登録免許税額（規則189条1項）**（注14）
⑩　**不動産の表示（令3条7号・8号）**（注15）

（注1）　登記の目的は「賃借権設定」とします。
（注2）「令和○年○月○日設定」と、賃貸借契約の成立した日を記載します。
（注3）　賃料は必ず記載します。たとえば、「1月何万円」または「1平方メートル1月何万円」のように記載します。
　なお、賃料を「固定資産税評価額の何パーセント」とすることは可能とされています（昭和31年7月13日民甲第1597号民事局長通達、『登記研究』173号）。
　しかし、「何番の土地、何番の土地、合計金何円」と数筆を合わせて賃料を定めた賃借権設定登記は受理されません（昭和54年4月4日民三課長電信回答）。
（注4）　賃貸借の存続期間は50年を超えることができません（民法604条1項）。ただし、建物の所有を目的とする土地の賃借権の場合は、借地借家法によってこれより長い期間を定めています。
（注5）　権利者として賃借権者の住所、氏名または名称を記載します。
　申請人が法人の場合は、本店または主たる事務所と商号または名称、代表者の資格および氏名を記載します。法人が会社法人等番号を有する法人の場合には会社法人等番号も記載します。ただし、作成後3か月以内の法人の登記事項証明書を添付した場合には、会社法人等番号の記載は不要です。
（注6）　登記義務者として、不動産の所有者（所有権の登記名義人）の登記申請時の住所、氏名または名称を記載します。
　申請人が法人の場合は、本店または主たる事務所と商号または名称、代表者の資格および氏名を記載します。法人が会社法人等番号を有する法人の場合には会社法人等番号も記載します。ただし、作成後3か月以内の法人の登記事項証明書を添付した場合には、会社法人等番号の記載は不要です。これらの表示は登記事項証明書の記載と一致していることが必要です。住所等が変更している場合には、あらかじめこれらの変更の登記をする必要があります。
（注7）　添付情報を記載します。その場合、通数の記載は必要ありません。
（注8）　第2部第7章**2**申請書の記載事項⑥（342頁）を参照してくださ

い。

（注9）　第2部第7章**2**申請書の記載事項⑦（342頁）を参照してください。

（注10）登記申請する日を記載します。郵送による申請の場合は、発送する日を記載すればよいでしょう。

（注11）申請する登記所を記載します。登記の申請は管轄する登記所に行います。

（注12）代理人によって登記申請をするときは、当該代理人の住所、氏名または名称を記載します。代理人が法人の場合は、その代表者の資格および氏名も記載します。

（注13）申請書等に不備がある場合には、登記所から連絡がされますので、連絡をとることのできる電話番号を記載してください。

（注14）課税価格は、当分の間、固定資産課税台帳に登録された不動産の価格のうち1,000円未満を切り捨てた額を記載します。

　登録免許税は、課税価格に1,000分の10を掛けた金額のうち、100円未満を切り捨てた額を記載します。

（注15）不動産の表示は、登記事項証明書と同じに記載します。ただし、不動産番号を記載すれば、土地の場合は、土地の所在、地番、地目および地積の記載を省略できます。建物の場合は、建物の所在と土地の地番、家屋番号、建物の種類、構造および床面積等の記載を省略できます（令6条）。

3　添付情報

添付情報として、次の情報を提供します。

① 登記識別情報または登記済証（法22条、附則6条3項）
② 登記原因証明情報（法61条、令7条1項5号ロ）
③ 印鑑証明書（令16条2項）
④ 代理権限証明情報（令7条1項2号）
⑤ 会社法人等番号（令7条1項1号）
⑥ 固定資産評価証明書

① 登記識別情報または登記済証（法22条、附則6条3項）

登記義務者である賃借権設定者（所有権の登記名義人）の権利に関する登記識別情報を提供します。すなわち、賃借権設定者が所有権取得（保存または移転）の登記をした時に通知を受けた登記識別情報を提供します。所有権の取得の登記がオンライン化前の場合には、交付を受けた登記済証を提出します。

② 登記原因証明情報（法61条、令7条1項5号ロ、令別表38の項添付情報欄）

登記原因証明情報とは、登記の原因となった事実または法律行為およびこれに基づき現に権利変動が生じたことを証する情報をいいます。

賃借権設定登記の場合の登記原因証明情報としては、賃借権設定契約書または報告形式の登記原因証明情報があります。これらの書面には、不動産の所在事項、登記の目的および登記原因その他の申請に係る登記を特定することができる事項を記載します。

次の賃借権設定の登記の場合は、以下の情報が必要です。

〈一般定期借地権の場合〉

借地借家法22条1項前段の定めがある賃借権の設定にあっては、同条後段の公正証書による等書面およびその他の登記原因を証する情報（登記原因を証する情報として執行力のある確定判決の判決書の正本が提出されたときを除く）

〈事業用定期借地権の場合〉

借地借家法23条1項または2項に規定する借地権に当たる賃借権の設定にあっては、同条3項の公正証書の謄本（登記原因を証する情報として執行力のある確定判決の判決書の正本が提出されたときを除く）

〈定期建物賃借権の場合〉

借地借家法38条1項前段の定めがある賃借権の設定にあっては、同項前段の公正証書による等書面（登記原因を証する情報として執行力のある確定判決の判決書の正本が提出されたときを除く）

〈終身建物賃借権の場合〉

高齢者の居住の安定確保に関する法律（平成13年法律第26号）52条1項の定めがある賃借権の設定にあっては、同条の公正証書による等書面（登記原因を証する情報として執行力のある確定判決の判決書

の正本が提出されたときを除く）

〈取壊し予定の建物の賃借権の場合〉

借地借家法39条1項の規定による定めのある賃借権の設定にあっては、同条2項の建物を取り壊すべき事由を記載した書面およびその他の登記原因を証する情報（登記原因を証する情報として執行力のある確定判決の判決書の正本が提供されたときを除く）

賃借権設定契約書等は原本還付できますが、報告形式の登記原因証明情報は、原本還付できません（規則55条1項ただし書）。この場合、報告形式の登記原因証明情報に他の管轄の不動産の記載があっても還付はできないとされています。

③　印鑑証明書（令16条2項）

所有権を目的とする賃借権設定の登記を申請する場合には、登記義務者である所有権者（所有権の登記名義人）は、申請書または委任状に記名押印しなければなりません（令16条1項、18条1項）。その場合、申請書または委任状には登記義務者の印鑑証明書（市区町村長の作成のもの）を添付します（令16条2項、規則47条3号イ(1)）。

この印鑑証明書は、作成後3か月以内のものでなければなりません。また、原本還付の手続はできません。

登記義務者が法人の場合、会社法人等番号を提供した場合には印鑑証明書の添付は要しないとされています（規則48条1号）。

④　代理権限証明情報（令7条1項2号）

代理人によって登記を申請するときは、その代理人の権限を証する情報を提供します。

たとえば、支配人が法人を代理して申請する場合には、その法人の作成後3か月以内の登記事項証明書を添付します。ただし、会社法人等番号を提供したときは、この登記事項証明書の提供は不要です（令7条1項2号、規則36条3項）。また、登記申請を第三者に委任した場合には、委任状を添付します。

⑤　会社法人等番号（令7条1項1号）

申請人が会社法人等番号を有する法人であるときは、会社法人等番号を提供します（令7条1項1号イ）。ただし、会社法人等番号を有する法人であっても、作成後3か月以内の登記事項証明書を提供したときは、会社法人等番号の提供は要しません（規則36条1項、2項）。会社法人等番号を有しない法人の場合は、当該法人の代表者の資格を証する情報を提供します（令7条1項1号ロ）。

⑥　**固定資産評価証明書**

法定の添付情報ではないですが、登録免許税を計算するために提出するのが実務の取扱いです。

4　登録免許税

賃借権設定の登録免許税は、課税価格に1,000分の10を掛けた金額のうち100円未満を切り捨てた額です。

申請書見本１（通常の賃借権設定）

登 記 申 請 書

登記の目的　　賃借権設定（注1）

原　　因　　令和○年７月８日設定（注2）

賃　　料　　１月○○○○円（注3）

支払時期　　毎月末日（注4）

存続期間　　２０年（注5）

敷　　金　　金○○○○円（注6）

特　　約　　譲渡、転貸ができる（注7）

賃借権者　　千葉県○○市○町○番○号

甲 野 太 郎（注8）

設 定 者　　○区○○一丁目○番○号

乙 川 啓 一（注9）

添付情報

登記識別情報　　登記原因証明情報　　印鑑証明書

代理権限証明情報

令和○年○月○日申請　東京法務局○○出張所（注10）

代 理 人　　千代田区○町三丁目○番○号

○ ○ ○ ○ ㊞（注11）

連絡先の電話番号　○○－○○○○－○○○○（注12）

課税価格　　金○○，０００円（注13）

登録免許税　　金○，○００円（注14）

不動産の表示

不動産番号　０１０４５６７８９０１２３

所　　在　　○区○○一丁目

地　　番　　１２３番１０

地　　目　　宅地

地　　積　　３００．００平方メートル

書式の解説

この申請書は、通常の賃借権設定の見本です。

（注１）　登記の目的は「賃借権設定」とします。
（注２）　原因は「設定」とし、その日付は、賃貸借契約成立の日です。
（注３）　賃料は必ず記載します。
（注４）　賃料の支払時期の定めがあるときは記載します。
（注５）　存続期間の定めがあるときは記載します。
（注６）　敷金の定めがあるときは記載します。
（注７）　賃借権の譲渡または賃借物の転貸を許す旨の定めがあるときは記載します。
（注８）　賃借権者の住所、氏名または名称を記載します。申請人が法人の場合は、本店または主たる事務所と商号または名称、代表者の資格および氏名を記載します。法人が会社法人等番号を有する法人の場合には会社法人等番号も記載します。ただし、作成後３か月以内の法人の登記事項証明書を添付した場合には、会社法人等番号の記載は不要です。
（注９）　設定者として、当該物件の所有権の登記名義人の住所、氏名または名称を記載します。この記載は、登記事項証明書の記載と一致していなければなりません。住所等が変更している場合には、あらかじめ住所等の変更登記をする必要があります。申請人が法人の場合は、本店または主たる事務所と商号または名称、代表者の資格および氏名を記載します。法人が会社法人等番号を有する法人の場合には会社法人等番号も記載します。ただし、作成後３か月以内の法人の登記事項証明書を添付した場合には、会社法人等番号の記載は不要です。
（注10）　登記の申請日と申請する登記所を記載します。
（注11）　代理人によって登記の申請をする場合には、代理人の住所、氏名または名称を記載し、押印します。ここに押す印は認印でもかまいません。また、代理人が法人の場合は、その代表者の資格および氏名も記載します。
（注12）　申請書等に不備がある場合には、登記所から連絡がされますので、連絡をとることのできる電話番号を記載してください。
（注13）　課税価格は、固定資産課税台帳に登録された当該不動産の評価額を記載します。その場合、1,000円未満は切り捨てます。また、その金額が1,000円に満たない場合には、1,000円とします。したがって、市区町村で発行している固定資産評価証明書も添付します。
（注14）　登録免許税は、課税価格に1,000分の10の税率を掛けた金額のうち、100円未満を切り捨てた額となります。

5　定期借地権

定期借地権設定の登記をするには、土地について、地上権設定または賃借権設定の登記をします。

定期借地権を設定するためには、次の要件が必要です。

① **存続期間が50年以上であること**
　普通の借地権の存続期間は30年が原則ですが（借地借家法3条）、定期借地権を設定するためには、50年以上の存続期間を定めることが必要です（借地借家法22条）。

② **契約の更新がない旨の特約をすること**

③ **建物の築造による存続期間の延長に関する規定（借地借家法7条）の適用がない旨の特約をすること**

④ **建物買取請求権に関する規定（借地借家法13条）の適用がない旨の特約をすること**

⑤ **以上の②③④の特約をすべて同時に行っていること**
　たとえば、②の特約はするが③の特約はしない、というわけにはいきません。

⑥ **以上の特約を公正証書による等の書面ですること**
　公正証書というのは例示的なもので、書面の種類には制限がありませんが、必ず書面で特約をしなければなりません。

●借地借家法22条（定期借地権）

存続期間を50年以上として借地権を設定する場合においては、第9条及び第16条の規定にかかわらず、契約の更新（更新の請求及び土地の使用の継続によるものを含む。次条第1項において同じ。）及び建物の築造による存続期間の延長がなく、並びに第13条の規定による買取りの請求をしないこととする旨を定めることができる。この場合においては、その特約は、公正証書による等書面によってしなければならない。

（2項省略）

■ 登記記録例（定期借地権としての賃借権の設定）

権　利　部　（乙　区）（所有権以外の権利に関する事項）			
順位番号	登記の目的	受付年月日・受付番号	権利者その他の事項
2	賃借権設定	令和○年○月○日 第○○号	原因　令和○年7月8日設定 目的　建物所有 賃料　1月○○○○円 支払時期　毎月末日 存続期間　50年 特約　譲渡、転貸ができる 　借地借家法第22条の特約 賃借権者　○市○町○番○号 　甲野太郎

6　事業用定期借地権

事業用定期借地権とは、もっぱら事業用の建物（居住の用に供するものを除く）を建てることを目的としたものですが、存続期間が30年以上50年未満のもの（借地借家法23条1項）と、存続期間が10年以上30年未満のもの（借地借家法23条2項）があります。

存続期間が30年以上50年未満とする場合は、契約の更新がないこと、建物の築造による存続期間の延長がないことおよび建物等の買取りの請求をしないことを内容とする特約をすることができることとされました。

この借地借家法23条1項の事業用定期借地権の設定の登記については、借地権の設定の登記の目的は「借地借家法第23条第1項の建物所有」とし、特約は「借地借家法第23条第1項の特約」とします。

借地借家法23条2項の事業用定期借地権は、その存続期間が10年以上30年未満に延長されたほかは、改正前の借地借家法24条の事業用借地権と基本的には同じです。なお、改正前の存続期間は10年以上20年以下でした。

この事業用定期借地契約をしますと、借地借家法3条から8条までの規定（存続期間、更新、建物再築による期間の延長に関する規定）、同法13条の建物買取請求権、同法18条で定める借地契約更新後の建物再築許可の規定は適用されません。その結果、存続期間満了時には、借地権は確定的に消滅することになります。

この借地借家法23条2項の事業用定期借地権の設定の登記については、借地権の設定の登記の目的は「借地借家法第23条第2項の建物所有」とします。

事業用定期借地権は、もっぱら事業の用に供する建物の所有を目的とするものですから、一部でも居住用建物の存する建物については適用はありません。ここでいう事業とは、営利事業に限らず、公益法人や公法人などの事業も含まれます。また、事業の用に供するものであっても、賃貸マンションのように居住用のものであってはいけません。

これらの借地権の契約は、公正証書でしなければなりません（借地借家法23条3項）。

なお、事業用定期借地権の登記をするには、土地について、地上権設定または賃借権設定の登記をします。

●借地借家法23条（事業用定期借地権等）

1　専ら事業の用に供する建物（居住の用に供するものを除く。次項において同じ。）の所有を目的とし、かつ、存続期間を30年以上50年未満として借地権を設定する場合においては、第9条及び第16条の規定にかかわらず、契約の更新及び建物の築造による存続期間の延長がなく、並びに第13条の規定による買取りの請求をしないこととする旨を定めることができる。

2　専ら事業の用に供する建物の所有を目的とし、かつ、存続期間を10年以上30年未満として借地権を設定する場合には、第3条から第8条まで、第13条及び第18条の規定は、適用しない。

3　前二項に規定する借地権の設定を目的とする契約は、公正証書によってしなければならない。

■ 登記記録例（借地借家法23条1項の事業用定期借地権）

権　利　部　（乙　区）（所有権以外の権利に関する事項）			
順位番号	登記の目的	受付年月日・受付番号	権利者その他の事項
2	賃借権設定	令和○年○月○日 第○○号	原因　令和○年7月8日設定 目的　借地借家法第23条第1項の建物所有 賃料　1月○○○○円 支払時期　毎月末日 存続期間　45年 特約　譲渡、転貸ができる 借地借家法第23条第1項の特約 賃借権者　○市○町○番○号 甲野太郎

■ 登記記録例（借地借家法23条2項の事業用定期借地権）

権　利　部　（乙　区）（所有権以外の権利に関する事項）			
順位番号	登記の目的	受付年月日・受付番号	権利者その他の事項
2	賃借権設定	令和○年○月○日 第○○号	原因　令和○年○月○日設定 目的　借地借家法第23条第2項の建物所有 賃料　1月○○○○円 支払時期　毎月末日 存続期間　25年 特約　譲渡、転貸ができる 賃借権者　○市○町○番○号 甲野太郎

7　定期建物賃借権

期間の定めがある建物の賃借権において、契約の更新がないことの特約がある場合です。この契約は、公正証書による等書面でしなければなりません（借地借家法38条1項）。したがって、定期建物賃借権設定登記の申請書には、公正証書の謄本等の書面または執行力のある確定判決の判決書の正本を添付します（令別表の38の項添付情報欄ハ）。

●借地借家法38条1項（定期建物賃貸借）

期間の定めがある建物の賃貸借をする場合においては、公正証書による等書面によって契約をするときに限り、第30条の規定にかかわらず、契約の更新がないこととする旨を定めることができる。この場合には、第29条第1項の規定を適用しない。（2項〜9項省略）

■ 登記記録例（定期建物賃借権の設定）

権　利　部　（乙　区）（所有権以外の権利に関する事項）			
順位番号	登記の目的	受付年月日・受付番号	権利者その他の事項
2	賃借権設定	令和○年○月○日 第○○号	原因　令和○年○月○日設定 賃料　1月○○○○円 支払時期　毎月末日 存続期間　令和○年○月○日から何年（または令和○年○月○日から令和○年○月○日まで） 特約　譲渡、転貸ができる 契約の更新がない 賃借権者　○市○町○番○号 甲野太郎

8　取壊し予定の建物賃借権

法令または契約により一定の期間を経過した後に建物を取り壊すことが明らかな場合において建物の賃貸借をするときは、存続期間の定めとは別に、建物を取り壊すこととなる時に賃貸借が終了する旨の特約をすることができます（借地借家法39条1項）。

特約の記載は、「建物を取り壊すこととなる時に賃貸借終了」とします（平成4年7月7日民三第3930号民事局長通達第4、2(1)）。

取壊し予定建物の賃借権の設定登記には、借地借家法39条2項に規定する書面およびその他の登記原因を証する情報を提供します。ただし、登記原因を証する情報として執行力のある確定判決の判決書の正本が提供されたときはこの限りではありません（令別表の38の項添付情報欄ニ）。

借地借家法39条2項に規定する書面には、建物を取り壊すべき事由として、土地収用法等の法令または定期借地権もしくは事業用借地権の設定契約等の契約に基づき一定の期間を経過した後に建物を取り壊すべきことが記載されていることが必要です（同通達第4、2(2)）。

しかし、建物所有者が建築業者との間で古くなった建物を一定の期間後に取り壊す契約をしても、ここでいう契約には該当しません。

●借地借家法39条（取壊し予定の建物の賃貸借）

1　法令又は契約により一定の期間を経過した後に建物を取り壊すべきことが明らかな場合において、建物の賃貸借をするときは、第30条の規定にかかわらず、建物を取り壊すこととなる時に賃貸借が終了する旨を定めることができる。

2　前項の特約は、同項の建物を取り壊すべき事由を記載した書面によってしなければならない。

（3項省略）

●借地借家法30条（強行規定）

この節の規定に反する特約で建物の賃借人に不利なものは、無効とする。

■ 登記記録例（取壊し予定の建物の賃借権の設定）

権　利　部　（乙　区）（所有権以外の権利に関する事項）			
順位番号	登記の目的	受付年月日・受付番号	権利者その他の事項
2	賃借権設定	令和○年○月○日 第○○号	原因　令和○年○月○日設定 賃料　1月○○○○円 支払時期　毎月末日 存続期間　何年（または建物取壊し時まで） 特約　譲渡、転貸ができる 建物を取り壊すこととなる時に賃貸借終了 賃借権者　○市○町○番○号 甲野太郎

9　終身建物賃借権

終身建物賃借権とは、賃借人が死亡した時に終了する旨の特約のある賃借権です。

その場合の賃借人は、自ら居住するため住宅を必要とする高齢者（60歳以上の者であって、賃借人となる者以外に同居する者がないものまたは同居する者が配偶者もしくは60歳以上の親族（配偶者を除く）であるものに限る）または当該高齢者と同居するその配偶者です。

当該賃借人の終身にわたって住宅を賃貸する事業を行おうとする者（以下「終身賃貸事業者」という）は、当該事業について都道府県知事（独立行政法人都市再生機構または都道府県が終身賃貸事業者である場合にあっては、国土交通大臣）の認可を受けた場合には、借地借家法30条の規定にかかわらず、当該事業に係る建物の賃借権について、賃借人が死亡した時に終了する旨の特約をすることができます。ただし、その場合、公正証書による等書面によって契約をする必要があります（高齢者の居住の安定確保に関する法律52条）。

登記記録は、特約として「賃借人の死亡時に賃貸借終了」とします。

■ 登記記録例（終身建物賃借権の設定）

権　利　部　（乙　区）　（所有権以外の権利に関する事項）			
順位番号	登記の目的	受付年月日・受付番号	権利者その他の事項
2	賃借権設定	令和○年○月○日 第○○号	原因　令和○年○月○日設定 賃料　1月○○○○円 支払時期　毎月末日 存続期間　賃借人の死亡時まで 特約　賃借人の死亡時に賃貸借終了 賃借権者　○市○町○番○号 　甲野太郎

10　期間付死亡時終了建物賃借権

終身賃貸事業者は、期間の定めがある建物を賃貸借する際に、賃借人となろうとする者から特に申出があった場合においては、公正証書による等書面によって契約をするときに限り、借地借家法38条1項の規定により契約の更新がないこととする旨の特約をし、かつ、賃借人が死亡した時に終了する旨の特約をすることができます（高齢者の居住の安定確保に関する法律57条）。

この場合の存続期間の記載は、「令和○年○月○日から○年又は賃借人の死亡時までのうち、いずれか短い期間」または「令和○年○月○日から令和○年○月○日まで又は賃借人の死亡時までのうち、いずれか短い期間」とします。

特約の記載は、「契約の更新がない」および「賃借人の死亡時に賃貸借終了」とします。

■ 登記記録例（期間付死亡時終了建物賃借権の設定）

権　利　部　（乙　区）（所有権以外の権利に関する事項）			
順位番号	登記の目的	受付年月日・受付番号	権利者その他の事項
2	賃借権設定	令和○年○月○日 第○○号	原因　令和○年○月○日設定 賃料　1月○○○○円 支払時期　毎月末日 存続期間　令和○年○月○日から何年（または令和○年○月○日から令和○年○月○日まで）又は賃借人の死亡時までのうち、いずれか短い期間 特約　契約の更新がない 賃借人の死亡時に賃貸借終了 賃借権者　○市○町○番○号 甲野太郎

申請書見本２（定期借地権としての賃借権の設定）

登　記　申　請　書

登記の目的　賃借権設定（注1）
原　　　因　令和○年７月８日設定（注2）
目　　　的　建物所有（注3）
賃　　　料　１月○○○○円（注4）
支払時期　毎月末日（注5）
存続期間　５０年（注6）
特　　　約　譲渡、転貸ができる
借地借家法第２２条の特約（注7）
賃借権者　○市○町○番○号
甲　野　太　郎（注8）

設　定　者　○区○○一丁目○番○号
乙　川　啓　一（注9）

添付情報
登記識別情報　登記原因証明情報（注10）　印鑑証明書
代理権限証明情報
登記完了後に通知される登記識別情報通知書・登記完了証・還付される添付書面は代理人の住所に送付してください。（注11）

令和○年○月○日申請　東京法務局○○出張所
代　理　人　千代田区○町三丁目○番○号
○　○　○　○　㊞
連絡先の電話番号　○○－○○○○－○○○○
課税価格　金○○，０００円
登録免許税　金○，○００円
不動産の表示
不動産番号　０１０４５６７８９０１２３
所　　在　○区○○一丁目
地　　番　１２３番１０
地　　目　宅地
地　　積　３００．００平方メートル

書式の解説

この申請書は、定期借地権を賃借権設定登記でする場合の見本です。

(注1) 登記の目的は、「賃借権設定」とします。
(注2) 原因は「設定」とし、その日付は、賃貸借契約成立の日です。
(注3) 土地の賃借権設定の目的が建物であるときは「建物所有」とします。
(注4) 賃料は必ず記載します。
(注5) 賃料の支払時期の定めがあるときは記載します。
(注6) 存続期間は50年以上ですので、その期間を記載します。
(注7) 賃借権の移転もしくは賃借物の転貸を許したときは、その旨を記載します。また、定期借地権としての特約も、「借地借家法第22条の特約」と記載します。
(注8) 登記権利者として、賃借権者の住所、氏名または名称を記載します。申請人が法人の場合は、本店または主たる事務所と商号または名称、代表者の資格および氏名を記載します。法人が会社法人等番号を有する法人の場合には会社法人等番号も記載します。ただし、作成後3か月以内の法人の登記事項証明書を添付した場合には、会社法人等番号の記載は不要です。
(注9) 登記義務者として、設定者の住所、氏名または名称を記載します。これらは、当該不動産の登記事項証明書に記載されているものと一致していなければなりません。住所等に変更がある場合は、これらの変更登記を先にする必要があります。申請人が法人の場合は、本店または主たる事務所と商号または名称、代表者の資格および氏名を記載します。法人が会社法人等番号を有する法人の場合には会社法人等番号も記載します。ただし、作成後3か月以内の法人の登記事項証明書を添付した場合には、会社法人等番号の記載は不要です。
(注10) 登記原因証明情報として、借地借家法22条の特約のある賃貸借契約書を添付します。この特約は、公正証書による等書面によってしなければなりません。
(注11) 登記識別情報の通知の送付を希望する場合には、その旨と送付先を記載します。登記識別情報の通知を希望しない場合には、その旨を記載します（規則63条3項、64条2項）。なにも記載がない場合には、登記所の窓口での受領を希望するものとみなされます。

■申請書見本３（借地借家法23条１項の事業用定期借地権設定）

登　記　申　請　書

登記の目的　　賃借権設定（注1）
原　　　因　　令和○年７月８日設定（注2）
目　　　的　　借地借家法第２３条第１項の建物所有（注3）
賃　　　料　　１月○○○○円（注4）
支払時期　　毎月末日（注5）
存続期間　　４５年（注6）
特　　　約　　譲渡、転貸ができる
　　　　　　　借地借家法第２３条第１項の特約
賃借権者　　○市○町○番○号
　　　　　　　甲　野　太　郎（注7）
設　定　者　　○区○○一丁目○番○号
　　　　　　　乙　川　啓　一（注8）
添付情報
　登記識別情報　　登記原因証明情報（注9）　　印鑑証明書
　代理権限証明情報

令和○年○月○日申請　東京法務局○○出張所
代　理　人　　千代田区○町三丁目○番○号
　　　　　　　○　○　○　○　㊞
　　　　　　　連絡先の電話番号　○○－○○○○－○○○○
課税価格　　金○○，０００円
登録免許税　　金○，○００円
不動産の表示
　不動産番号　０１０４５６７８９０１２３
　所　　在　○区○○一丁目
　地　　番　１２３番１０
　地　　目　宅地
　地　　積　３００．００平方メートル

書式の解説

この申請書は、借地借家法23条1項の事業用定期借地権を賃借権設定登記でする場合の見本です。

(注1)　登記の目的は、「賃借権設定」とします。
(注2)　原因は「設定」とし、その日付は、賃貸借契約成立の日です。
(注3)　目的は、「借地借家法第23条第1項の建物所有」とします。
(注4)　賃料は必ず記載します。
(注5)　賃料の支払時期の定めがあるときは記載します。
(注6)　存続期間は30年以上50年未満ですので、その期間を記載します。
(注7)　登記権利者として賃借権者の住所、氏名または名称を記載します。申請人が法人の場合は、本店または主たる事務所と商号または名称、代表者の資格および氏名を記載します。法人が会社法人等番号を有する法人の場合には会社法人等番号も記載します。ただし、作成後3か月以内の法人の登記事項証明書を添付した場合には、会社法人等番号の記載は不要です。
(注8)　登記義務者として、設定者（所有権の登記名義人）の住所、氏名または名称を記載します。これらは、当該不動産の登記事項証明書に記載されているものと一致していなければなりません。住所等に変更があれば、これらの変更登記を先にする必要があります。申請人が法人の場合は、本店または主たる事務所と商号または名称、代表者の資格および氏名を記載します。法人が会社法人等番号を有する法人の場合には会社法人等番号も記載します。ただし、作成後3か月以内の法人の登記事項証明書を添付した場合には、会社法人等番号の記載は不要です。
(注9)　登記原因証明情報として、事業用定期借地権の契約書は公正証書でしなければなりませんので、公正証書の謄本を添付します。ただし、登記原因を証する情報として執行力のある確定判決の判決書の正本が提供されたときを除きます。

•••第 13 章•••
配偶者居住権

1 配偶者居住権について

被相続人が死亡した場合、その配偶者は住み慣れた建物に住み続けたいと思うのが一般的ですが、それを権利として認めたのが配偶者居住権です。

(1) 配偶者居住権の成立要件

i 配偶者居住権が成立するための要件

① 配偶者は、相続開始の時に被相続人と法律上の婚姻をしていること

② 配偶者は、相続開始の時に被相続人所有の建物に居住していること

ii 配偶者居住権が成立するための法律行為

配偶者居住権は、居住建物について配偶者に配偶者居住権を取得させる旨の①遺産分割、②遺贈、③死因贈与がされたことによって成立します（民法 1028 条 1 項、同 554 条）。

iii 配偶者居住権が成立しない場合

次の場合には、配偶者居住権は成立しませんので、配偶者居住権の設定登記は申請できません。

① 被相続人が相続開始の時に居住建物を配偶者以外の者と共有していた場合（民法 1028 条 1 項ただし書）

② 居住建物の一部を客体として配偶者居住権の設定登記はできない

なお、配偶者が相続開始の時に居住建物の一部に居住していた場合であっても配偶者居住権は成立し、その効力は居住建物の全部に及ぶとされています。

iv 経過措置

① 配偶者居住権に関する規定は、その施行日（令和2年4月1日）以後に開始した相続に適用される（民法附則10条1項）

② 配偶者居住権に関する規定は、施行日以前にされた遺贈については適用しない（同条2項）

(2) 審判による配偶者居住権の取得

遺産分割の請求を受けた家庭裁判所は、次に掲げる場合に限り、配偶者が配偶者居住権を取得する旨を定めることができるとされました（民法1029条柱書）

一 共同相続人間に配偶者が配偶者居住権を取得することについて合意が成立しているとき（同条1号）。

二 配偶者が家庭裁判所に対して配偶者居住権の取得を希望する旨を申し出た場合において、居住建物の所有者の受ける不利益の程度を考慮してもなお配偶者の生活を維持するために特に必要があると認めるとき（前記一に掲げる場合を除く）（同条2号）。

(3) 配偶者居住権の登記の効力

配偶者居住権は、これを登記したときは、その後にその不動産について物権を取得した者その他の第三者に対抗することができます（民法1031条2項、同605条）。

2 申 請 人

権利者は、配偶者居住権を取得した配偶者です。

義務者は、権利者が居住している建物の所有者となります。

なお、配偶者居住権の設定の登記の申請は、居住建物の所有者を登記義務者としますので、配偶者居住権の設定の登記を申請するに当たっては、その前提として、被相続人が所有権の登記名義人である居住建物について、相続や遺贈を原因とする所有権の移転の登記がされている必要があります。遺贈を原因とする場合等であって、遺言執行者があるときは、当該遺言執行者は、登記義務者の立場から、その資格において当該登記を申請することができます。この登記申請において提供する遺言執行者の資格を証する情報（代理権限証明情報）としては、遺言執行者として指定されたことを証する適法な遺言書または家庭裁判所で選任されたことを証する書面の提供が必要です（令和2年3月30日民二第324号民事局長通達『3訂先例・通達集』247頁）。

ア　配偶者が遺贈によって配偶者居住権を取得した場合において、遺言執行者があるときは、当該遺言執行者は、配偶者居住権の設定の登記について、登記義務者の立場から、その資格において当該登記を申請できるものと解されています。この登記申請には、遺言執行者の資格を証する情報（代理権限証明情報）として、遺言執行者として指定されたことを証する適法な遺言書または家庭裁判所で選任されたことを証する書面の提供を要するとされています。

イ　死因贈与契約において、その履行のため、執行者が指定されている場合は、当該執行者は、遺言執行者と同様の権限を有すると解されていることから、配偶者居住権の死因贈与契約において指定を受けた執行者は、前記の遺言執行者と同様に、配偶者居住権の設定の登記を申請することができると考えられています（『登記研究』872号36頁）。

3　申請書の記載事項

配偶者居住権の申請書の記載事項としては、次のとおりとされています。

①　登記の目的（令3条5号）
②　登記の原因およびその日付（令3条6号）
③　存続期間（法81条の2第1号）
④　第三者に居住建物（民法1028条1項に規定する建物をいう）の使用または収益をさせることを許す旨の定めがあるときは、その定め（法81条の2第2号
⑤　権利者の表示（令3条1号・2号）
⑥　義務者の表示（令3条1号・2号）
⑦　添付情報の表示（規則34条1項6号）

⑧　登記識別情報の通知の受領の有無とその方法
⑨　登記識別情報または登記済証を提供できない場合には、提供することができない理由（令3条12号）
⑩　申請の年月日（規則34条1項7号）
⑪　登記所の表示（規則34条1項8号）
⑫　代理人の住所・氏名または名称（令3条3号）
⑬　申請人または代理人の電話番号その他の連絡先（規則34条1項1号）
⑭　課税価格と登録免許税額（規則189条1項）
⑮　不動産の表示（令3条8号）

①　登記の目的（令3条5号）

登記の目的は「配偶者居住権設定」とします。

②　登記の原因およびその日付（令3条6号）

ア　登記原因が「遺産分割」の場合

「年月日遺産分割」とし、その日付は遺産分割の協議もしくは調停の成立した年月日または審判の確定した年月日です。

イ　登記原因が「遺贈」の場合

「年月日遺贈」とし、その日付は遺贈の効力の生じた年月日です。

ウ　登記原因が「死因贈与」の場合

「年月日死因贈与」とし、その日付は贈与者の死亡の年月日です。ただし、登記簿の記録は「贈与」として登記されます。

③　存続期間（法81条の2第1号）

配偶者居住権の存続期間は登記事項とされていますが、存続期間について別段の定めがない場合には、配偶者の終身の間が存続期間となります（民法1030条本文）。

（存続期間の記載例）

ア　存続期間の定めがない場合の例

「存続期間　配偶者居住権者の死亡時まで」

または

「存続期間　年月日から配偶者居住権者の死亡時まで」

イ　存続期間の定めがある場合の例

「存続期間　年月日から何年又は配偶者居住権者の死亡時までのうち、いずれか短い期間」

または

「存続期間　年月日から年月日まで又は配偶者居住権者の死亡時までのうち、いずれか短い期間」

④　第三者に居住建物（民法1028条1項に規定する建物をいう）の使用または収益をさせることを許す旨の定めがあるときは、その定め（法81条の2第2号）

配偶者居住権を取得した配偶者は、居住建物の所有者の承諾を得なければ、第三者に居住建物の使用または収益をさせることができないとされているところ（民法1032条3項）、第三者に居住建物の使用または収益をさせることを許す旨の定めがあるときは、その定めをあらかじめ登記することができるとされました（法81条の2第2号）。

その場合の記載例は次のようになります。

「特約　第三者に居住建物の使用又は収益をさせることができる。」

⑤　権利者の表示（令3条1号・2号）

配偶者居住権を取得した配偶者の住所・氏名を記載します。なお、権利者の住所証明情報の提供は不要です。

⑥　義務者の表示（令3条1号・2号）

義務者である登記名義人の住所と氏名を記載します。

もし、登記名義人が被相続人の場合には、前提として相続または遺贈を原因とする所有権移転の登記を申請する必要があります。

⑦　添付情報の表示（規則34条1項6号）

添附情報を記載します。その場合、添付情報の通数は記載しません。

⑧　登記識別情報の通知の受領の有無とその方法

登記識別情報の通知の送付を希望する場合には、その旨と送付先を記載します（規則63条3項、64条2項）。なにも記載がない場合には、登記所の窓口での受領を希望するものとみなされます。

⑨　登記識別情報または登記済証を提供できない場合には、提供することができない理由（令3条12号）

登記識別情報を提供できない場合には、その理由を記載します。詳細は第2部第1章を参照してください。

⑩　**申請の年月日（規則34条1項7号）**

登記申請する日を記載します。

⑪　**登記所の表示（規則34条1項8号）**

申請する登記所を記載します。登記の申請は管轄する登記所に行います。

⑫　**代理人の住所・氏名または名称（令3条3号）**

第三者に登記申請を委任した場合には、代理人の住所、氏名または名称および連絡先の電話番号を記載します。代理人が法人の場合には、その代表者の資格および氏名も記載します。権利者が義務者の代理人を兼ねている場合には、「申請人兼義務者の代理人」と記載すればよいでしょう。逆に、義務者が権利者の代理人を兼ねている場合には、「申請人兼権利者の代理人」と記載すればよいでしょう。

⑬　**申請人または代理人の電話番号その他の連絡先（規則34条1項1号）**

申請書等に不備がある場合には、登記所から連絡がされますので、連絡をとることのできる電話番号を記載してください。

⑭　**課税価格と登録免許税額（規則189条1項）**

課税価格と登録免許税額を記載します。

⑮　**不動産の表示（令3条8号）**

配偶者が居住している建物の表示を記載してください。不動産の表示は、登記事項証明書の記録と符合していることが必要です。ただし、不動産番号を記載すれば、建物の所在と土地の地番、家屋番号、建物の種類、構造および床面積等の記載を省略できます。

4　添付情報

①　**登記識別情報**

登記義務者が所有権の登記をして、登記名義人となった時に通知された登記識別情報を提供します。

②　**登記原因証明情報**

登記原因証明情報とは、登記の原因となった事実または法律行為およびこれに基づき現に権利変動が生じたことを証する情報をいいます。

配偶者居住権が成立するためには、配偶者が被相続人所有の建物に相続開始の時に居住していること、相続開始時に法律上被相続人と婚姻していることが要件ですが、これらを証する住民票の写し、被相続人の住民票の除票の写し等の提出を要せず、提出された報告形式の登記原因証明情報中にその旨が明らかになっていれば差し支えないとされています。

なお、配偶者居住権の設定の登記の申請は、その前提としてされる所有権移転の登記の申請と、いわゆる連件で申請されることが多いと考えられるので、前件の所有権移転の登記の申請で提供した登記原因証明情報（住民票の写し、戸籍事項証明書等）をもって、後件の配偶者居住権の設定の登記の申請における居住要件および婚姻要件の登記原因証明情報の提供を省略することができます（規則37条）。

③　代理権限証明情報

代理人によって登記を申請するときは、その代理人の権限を証する情報として委任状等を提供します。

④　印鑑証明書

登記義務者の印鑑証明書を提供します（令16条2項、規則47条3号イ(1)）。この印鑑証明書は作成後3か月以内のものが必要です。また、原本還付をすることができません。

⑤　固定資産評価証明書

法定の添付情報ではないですが、登録免許税を計算するために提出しているのが実務の取扱いです。

5　登録免許税

配偶者居住権の設定の登記の登録免許税は、不動産の価額の1,000分の2です。配偶者居住権の設定の仮登記の登録免許税は、不動産の価額の1,000分の1です。

■申請書見本１（遺産分割による場合）

登　記　申　請　書

登記の目的　　配偶者居住権設定（注１）
原　　　因　　令和２年７月８日遺産分割（注２）
存続期間　　令和２年６月１日から配偶者居住権者の死亡時まで（注３）
特　　　約　　第三者に居住建物の使用又は収益をさせることができる（注４）
権　利　者　　○市○町一丁目２番３号（注５）
　　甲　野　ハ　ル

義　務　者　　○市○町二丁目３番４号（注６）
　　甲　野　二　郎

添付情報
　登記識別情報　　登記原因証明情報（注７）　印鑑証明書
　代理権限証明情報
登記完了後に通知される登記識別情報通知書・登記完了証・還付される添付書面は代理人の住所に送付してください。（注８）

令和○年○月○日申請　○○地方法務局○○出張所
代　理　人　　○市○町○番○号
　　乙　川　五　郎　㊞
　　連絡先の電話番号　○○○－○○○○－○○○○

課税価格　　金３，０００，０００円
登録免許税　　金６，０００円

不動産の表示
　不動産番号　　１２３４５６７８９０１２３（注９）
　所　　　在　　○市○町一丁目２０番地５
　家屋番号　　２０番５
　種　　　類　　居宅
　構　　　造　　木造かわらぶき平家建
　床　面　積　　７３．０５平方メートル

書式の解説

(注1)　登記の目的は、「配偶者居住権設定」とします。

(注2)　原因は、「遺産分割」とし、その日付は遺産分割協議が成立した日を記載します。

(注3)　見本は、存続期間の定めがない場合の例です。存続期間の定めがない場合には「存続期間　配偶者居住権者の死亡時まで（または年月日から配偶者居住権者の死亡時まで)」と記載します。
存続期間の定めがない場合の、存続期間の始期（配偶者居住権の成立日）は、登記原因の日付をもって存続期間の始期として扱われるため、あえて具体的な日付を記載する必要はないのですが、登記原因の日付が存続期間の始期とならないような場合には、本見本のように具体的な日付を記載します。

(注4)　権利者と義務者との間で定めた、権利者が第三者に居住建物の使用または収益をさせることを許す旨の定めがあるときは、その定めを記載します。

(注5)　配偶者居住権を取得した配偶者の住所・氏名を記載します。なお、権利者の住所証明情報の提供は不要です。

(注6)　義務者の住所・氏名を記載します。なお、建物の所有者が被相続人（死亡した方）の登記名義のままとなっている場合は、配偶者居住権の設定の登記を申請する前に、相続による所有権移転の登記を申請する必要があります。

(注7)　報告形式の登記原因証明情報のほか、次の書面を添付します。詳細は第2部第4章の4添付情報（256頁）を参照してください。
①　被相続人の、生まれてから死亡までの戸籍・除籍謄本
②　相続人全員の戸籍謄本または抄本（被相続人が死亡後に作成されたもの)
③　被相続人の住民票の除票または戸籍の附票の写し
④　遺産分割協議書（相続人全員の印鑑証明書付き)
なお、「相続関係説明図」を提出した場合には、①と②の戸籍謄本等は登記完了後に返却されます。

(注8)　登記識別情報の通知の送付を希望する場合には、その旨と送付先を記載します。登記識別情報の通知を希望しない場合には、その旨を記載します。なにも記載がない場合には、登記所の窓口での受領を希望するものとみなされます。

(注9)　不動産番号を記載すれば、建物の場合は、建物の所在と土地の地番、家屋番号、建物の種類、構造および床面積等の記載を省略できます（令6条)。

■委任状見本１（遺産分割による場合）

委　　任　　状

私は、○市○町○番○号　乙川五郎を代理人と定め、次の権限を委任します。

1　下記の登記に関し、登記申請書を作成すること及び当該登記の申請に必要な書面と共に登記申請書を管轄登記所に提出すること
2　登記完了後に通知される登記識別情報通知書・登記完了証及び還付される添付書面を受領すること
3　登記の申請に不備がある場合に、当該登記の申請を取下げ、又は補正をすること
4　登記に係る登録免許税の還付金を受領すること
5　以上のほか、下記登記の申請に関し必要な一切の権限

令和○年○月○日（注1）

○市○町一丁目２番３号
甲　野　ハ　ル　㊞
○市○町二丁目３番４号
甲　野　二　郎　㊞（注2）

記

登記の目的	配偶者居住権設定
原　　因	令和２年７月８日遺産分割
存続期間	令和２年６月１日から配偶者居住権者の死亡時まで
特　　約	第三者に居住建物の収用又は収益をさせることができる
権利者	○市○町一丁目２番３号 甲　野　ハ　ル
義務者	○市○町二丁目３番４号 甲　野　二　郎

不動産の表示

所　在	○市○町一丁目２０番地５
家屋番号	２０番５
種　類	居宅
構　造	木造かわらぶき平家建
床面積	７３．０５平方メートル

書式の解説

（注1）　日付は委任状を作成した日を記載します。
（注2）　義務者は、実印を押します（令16条1項・2項）。

■報告形式の登記原因証明情報の見本１（遺産分割による場合）

登記原因証明情報

1　登記申請情報の要項

(1)　登記の目的　　配偶者居住権設定（注1）

(2)　登記の原因　　令和２年７月８日遺産分割（注1）

(3)　当事者　　権利者（甲）　○市○町一丁目２番３号
甲　野　ハ　ル
義務者（乙）　○市○町二丁目３番４号
甲　野　二　郎

(4)　不動産の表示

所　　在　　○市○町一丁目２０番地５

家屋番号　　２０番５

種　　類　　居宅

構　　造　　木造かわらぶき平家建

床 面 積　　７３．０５平方メートル

2　登記の原因となる事実又は法律行為

(1)　被相続人甲野大輔（住所　○市○町一丁目２番３号）は、令和２年６月１日に死亡し、同日、相続が開始した。

(2)　被相続人甲野大輔の相続人は、配偶者甲野ハル、子甲野二郎、子東山みどりの３名である。

(3)　権利者（甲）は、令和２年７月８日付け遺産分割協議書のとおり、本件建物について、配偶者居住権を取得した。取得した配偶者居住権の成立日は、被相続人甲野大輔の死亡日である令和２年６月１日である。

なお、本件配偶者居住権については、権利者（甲）と義務者（乙）との間で定めた、権利者（甲）が第三者に本件建物の使用又は収益をさせることを許す旨の定めがある。

(4)　権利者（甲）は、被相続人甲野大輔が所有していた本件建物に相続の開始の時に居住していた。（注2）

令和○年○月○日　○○法務局○○出張

上記登記原因のとおり相違ありません。

権利者（甲）　○市○町一丁目２番３号
甲　野　ハ　ル　㊞　（注3）
義務者（乙）　○市○町二丁目３番４号
甲　野　二　郎　㊞　（注3）

書式の解説

（注1）「登記の目的」および「登記の原因」は、記載しても記載しなくてもかまいません。他の章の見本では記載していませんが、法務省のホームページの見本では、配偶者居住権に関する見本には記載されていますのでそれにならいました。

（注2）配偶者居住権が成立するためには、配偶者が被相続人所有の建物に相続開始の時に居住していたことを要しますが、その要件に係る登記原因を証する情報としては、当該配偶者の住民票の写し等の提供をしなくても、登記原因証明情報の中にその旨が明らかにしていれば差し支えないとされています。

（注3）ここに押す印鑑については、別段の規定はありませんが、後日の紛争を防ぐために、義務者の印は実印でするのがよいでしょう。

■ 申請書見本2（遺贈・遺言執行者のいる場合）

登　記　申　請　書

登記の目的　　配偶者居住権設定
原　　　因　　令和2年6月1日遺贈（注1）
存続期間　　配偶者居住権者の死亡時まで
特　　　約　　第三者に居住建物の使用又は収益をさせることができる
権　利　者　　○市○町一丁目2番3号
　　　　　　　　甲　野　ハ　ル
義　務　者　　○市○町二丁目3番4号（注2）
　　　　　　　　甲　野　二　郎

添付情報
　　登記識別情報（注3）　登記原因証明情報（注4）　印鑑証明書（注5）
　　承諾証明情報（注6）　代理権限証明情報（注7）
登記完了後に通知される登記識別情報通知書・登記完了証・還付される添付書面は代理人の住所に送付してください。

令和○年○月○日申請　○○地方法務局○○出張所
権利者代理人兼遺言執行者　　○市○町○番○号
　　　　　　　　　　　　　　　西　川　恵　子　㊞（注8）
連絡先の電話番号　○○○－○○○○－○○○○

課税価格　　　金○，○○○，０００円
登録免許税　　金○，○００円

不動産の表示
　不動産番号　1234567890123
　所　　　在　○市○町一丁目20番地5
　家屋番号　　20番5
　種　　　類　居宅
　構　　　造　木造かわらぶき2階建
　床　面　積　1階　73．05平方メートル
　　　　　　　2階　30．00平方メートル

書式の解説

（注1）　遺贈の効力が生じた日記載します。通常は、遺言者（被相続人）が死亡した日となります。

（注2）　被相続人から遺贈等によって建物の所有者となった者の住所・氏名を記載します。したがって、登記事項証明書の所有者の名義が遺言者の名義のままである場合には、配偶者居住権の設定の登記を申請する前提として、遺贈等による所有権移転の登記をする必要があります。

（注3）　登記義務者が所有権の登記をして登記名義人となったときの登記識別情報を提供します。

（注4）　登記原因証明情報として、報告形式の登記原因証明情報のほかに、遺言書および遺言者の死亡の事実が記載されている戸籍または除籍の謄本または抄本を提供する必要があります。そのほかに、登記簿に記載されている遺言者の住所が本籍と異なる場合には、戸籍の人物と登記簿上の遺言者が同一人物であることを証するために、遺言者の住民票の除票の写し（本籍の記載のあるもの）または戸籍の附票の写し（本籍・筆頭者の記載があるもの）を添付します。

（注5）　遺言執行者の作成後3か月以内の印鑑証明書を添付します。この印鑑証明書は原本還付をすることができません。

（注6）　第三者に居住建物の収用または収益をさせることができる旨の定めを設ける場合には、義務者の承諾書（印鑑証明書付き）が必要となりますので、その承諾書を添付します。この印鑑証明書は作成後3か月以内のものでなくてもかまいません。

（注7）　委任状、遺言執行者の代理権限を証する情報を添付します。
遺言執行者の代理権限を証する情報として次のものがあります。

①　遺言によって遺言執行者に指定された場合には、遺言書と遺贈者の死亡の事実が記載されている戸籍または除籍の謄本を添付します。
なお、登記原因証明情報として添付するものと重複する場合には、重ねて添付する必要はありません。

②　家庭裁判所が遺言執行者を選任したときは、その選任を証する審判書の謄本を添付します。

（注8）　権利者代理人兼遺言執行者として、遺言執行者の住所、氏名を記載し、実印で押印します。

■報告形式の登記原因証明情報の見本２（遺贈・遺言執行者のいる場合）

登記原因証明情報

１　登記申請情報の要項

(1)　登記の目的　　配偶者居住権設定

(2)　登記の原因　　令和２年６月１日遺贈

(3)　当事者　　権利者（甲）　○市○町一丁目２番３号
　　　　　　　　　　　　　　甲　野　ハ　ル
　　　　　　　義務者（乙）　○市○町二丁目３番４号
　　　　　　　　　　　　　　甲　野　二　郎

(4)　不動産の表示

所　　在　　○市○町一丁目２０番地５
家屋番号　　２０番５
種　　類　　居宅
構　　造　　木造かわらぶき２階建
床 面 積　　１階　７３．０５平方メートル
　　　　　　２階　３０．００平方メートル

２　登記の原因となる事実又は法律行為

(1)　遺言者甲野大輔（住所　○市○町一丁目２番３号）は、令和２年４月５日付け遺言書のとおり、本件建物について、権利者（甲）に配偶者居住権を遺贈する旨及び遺言執行者を西川恵子（住所　○市○町○丁目○番○号）に指定する旨の遺言をした。

(2)　遺言者甲野大輔は、令和２年６月１日死亡し、同日上記(1)の遺言の効力が生じた。

(3)　権利者（甲）は、同日、配偶者居住権を取得した。

　なお、本件配偶者居住権については、令和２年７月１日付け承諾書のとおり、義務者（乙）が承諾した、権利者（甲）が第三者に本件建物の使用又は収益をさせることを許す旨の定めがある。

(4)　権利者（甲）は、遺言者（被相続人）甲野大輔が所有していた本件建物に相続の開始の時に居住していた。（注１）

(5)　権利者（甲）は、相続開始の時に法律上遺言者（被相続人）甲野大輔と婚姻関係にあった。（注２）

令和○年○月○日　○○法務局○○出張所

上記登記原因のとおり相違ありません。

　　　　　　権利者（甲）　○市○町一丁目２番３号
　　　　　　　　　　　　　甲　野　ハ　ル　㊞
　　　　　　遺言執行者　　○市○町○丁目○番○号
　　　　　　　　　　　　　西　川　恵　子　㊞　（注３）

書式の解説

（注1）　配偶者居住権が成立するためには、配偶者が被相続人所有の建物に相続開始の時に居住していたことを要するが（民法1028条1項）、これを証するための住民票の写し等の添付は要せず、本見本のようにその旨を記載すれば足りるとされています（令和2年3月30日民二第324号民事局長通達）。

（注2）　配偶者居住権を取得することができる配偶者は、相続開始の時に法律上、被相続人と婚姻をしていた者に限られますが、これを証する書面として被相続人の住民票の除票の写し、戸籍謄本等の添付を要せず、本見本のようにその旨を記載すれば足りるとされています。

（注3）　義務者ではなくて、遺言執行者の住所、氏名を記載して押印します。

■ 申請書見本３（遺贈・代理人申請）

登　記　申　請　書

登記の目的　配偶者居住権設定
原　　　因　令和○年○月○日遺贈
存続期間　配偶者居住権者の死亡時まで
特　　　約　第三者に居住建物の使用又は収益をさせることができる
権　利　者　○市○町一丁目２番３号
　　　　　　　甲　野　ハ　ル
義　務　者　○市○町二丁目３番４号
　　　　　　　甲　野　二　郎

添付情報
　登記識別情報　登記原因証明情報　印鑑証明書
　代理権限証明情報
登記完了後に通知される登記識別情報通知書・登記完了証・還付される添付書面は代理人の住所に送付してください。

令和○年○月○日申請　○○地方法務局○○出張所
代　理　人　○市○町○番○号
　　　　　　　南　夏子　㊞
連絡先の電話番号　○○○－○○○○－○○○○

課税価格　金○，○○○，０００円
登録免許税　金○，○００円

不動産の表示
　不動産番号　１２３４５６７８９０１２３
　所　　　在　○市○町一丁目２０番地５
　家屋番号　２０番５
　種　　　類　居宅
　構　　　造　木造かわらぶき２階建
　床　面　積　１階　７３．０５平方メートル
　　　　　　　２階　３０．００平方メートル

委任状見本２（遺贈・代理人申請）

委　　任　　状

私は、○市○町○番○号　南夏子を代理人と定め、次の権限を委任します。

1　下記の登記に関し、登記申請書を作成すること及び当該登記の申請に必要な書面と共に登記申請書を管轄登記所に提出すること

2　登記完了後に通知される登記識別情報通知書・登記完了証及び還付される添付書面を受領すること

3　登記の申請に不備がある場合に、当該登記の申請を取下げ、又は補正をすること

4　登記に係る登録免許税の還付金を受領すること

5　以上のほか、下記登記の申請に関し必要な一切の権限

令和○年○月○日（注1）

○市○町一丁目２番３号
甲　野　ハ　ル　㊞
○市○町二丁目３番４号
甲　野　二　郎　㊞（注）

記

登記の目的　配偶者居住権設定
原　　　因　令和○年○月○日遺贈
存 続 期 間　配偶者居住権者の死亡時まで
特　　　約　第三者に居住建物の使用又は収益をさせることができる
権　利　者　○市○町一丁目２番３号
　　　　　　甲　野　ハ　ル
義　務　者　○市○町二丁目３番４号
　　　　　　甲　野　二　郎

不動産の表示
所　　在　○市○町一丁目２０番地５
家屋番号　２０番５
種　　類　居宅
構　　造　木造かわらぶき２階建
床 面 積　１階　７３．０５平方メートル
　　　　　２階　３０．００平方メートル

書式の解説

（注）　義務者は、実印を押します。

報告形式の登記原因証明情報の見本３（遺贈・代理人申請）

登記原因証明情報

1　登記申請情報の要項

(1)　登記の目的　　配偶者居住権設定

(2)　登記の原因　　令和〇年〇月〇日遺贈

(3)　当事者　　権利者（甲）　〇市〇町一丁目２番３号
甲　野　ハ　ル

義務者（乙）　〇市〇町二丁目３番４号
甲　野　二　郎

(4)　不動産の表示

所　　在　　〇市〇町一丁目２０番地５
家屋番号　　２０番５
種　　類　　居宅
構　　造　　木造かわらぶき２階建
床 面 積　　１階　７３．０５平方メートル
　　　　　　２階　３０．００平方メートル

2　登記の原因となる事実又は法律行為

(1)　遺言者甲野大輔（住所　〇市〇町一丁目２番３号）は、令和〇年〇月〇日付け遺言書のとおり、本件建物について、権利者（甲）に配偶者居住権を遺贈する旨の遺言をした。

(2)　遺言者甲野大輔は、令和〇年〇月〇日死亡し、同日上記(1)の遺言の効力が生じた。

(3)　権利者（甲）は、同日、配偶者居住権を取得した。
　なお、本件配偶者居住権については、権利者（甲）と義務者（乙）との間で定めた、権利者（甲）が第三者に本件建物の使用又は収益をさせることを許す旨の定めがある。

(4)　権利者（甲）は、遺言者（被相続人）甲野大輔が所有していた本件建物に相続の開始の時に居住していた。

(5)　権利者（甲）は、相続開始の時に法律上遺言者（被相続人）甲野大輔と婚姻関係にあった。

令和〇年〇月〇日　〇〇法務局〇〇出張所

上記登記原因のとおり相違ありません。

権利者（甲）　〇市〇町一丁目２番３号
甲　野　ハ　ル　㊞

義務者（乙）　〇市〇町二丁目３番４号
甲　野　二　郎　㊞

■ 申請書見本４（死因贈与の場合）

登　記　申　請　書

登記の目的　　配偶者居住権設定
原　　　因　　令和〇年〇月〇日死因贈与
存 続 期 間　　配偶者居住権者の死亡時まで
特　　　約　　第三者に居住建物の使用又は収益をさせることができる
権　利　者　　〇市〇町一丁目２番３号
　　　　　　　　甲　野　ハ　ル
義　務　者　　〇市〇町二丁目３番４号
　　　　　　　　甲　野　二　郎

添付情報
　　登記識別情報　　登記原因証明情報（注）　印鑑証明書
　　代理権限証明情報
登記完了後に通知される登記識別情報通知書・登記完了証・還付される添付書面は代理人の住所に送付してください。

令和〇年〇月〇日申請　〇〇地方法務局〇〇出張所
代　理　人　　〇市〇町〇番〇号
　　　　　　　　乙　川　五　郎　㊞
連絡先の電話番号　〇〇〇－〇〇〇〇－〇〇〇〇

課税価格　　　金〇，〇〇〇，０００円
登録免許税　　金〇，〇００円

不動産の表示
　不動産番号　１２３４５６７８９０１２３
　所　　　在　〇市〇町一丁目２０番地５
　家屋番号　　２０番５
　種　　　類　居宅
　構　　　造　木造かわらぶき２階建
　床　面　積　１階　７３．０５平方メートル
　　　　　　　２階　３０．００平方メートル

書式の解説

（注）　報告形式の登記原因証明情報のほか、死因贈与契約書および贈与者の死亡の事実が記載されている戸籍または除籍の謄本（抄本）を添付します。そのほかに、登記簿に記載されている贈与者の住所が本籍と異なる場合には、戸籍の人物と登記簿上の贈与者が同一人物であることを証するために、贈与者の住民票の除票の写し（本籍の記載のあるもの）または戸籍の附票の写し（本籍・筆頭者の記載があるもの）を添付します。

■ 報告形式の登記原因証明情報の見本４（死因贈与の場合）

登記原因証明情報

1　登記申請情報の要項

(1)　登記の目的　　配偶者居住権設定

(2)　登記の原因　　令和○年○月○日死因贈与

(3)　当事者　　権利者（甲）　○市○町一丁目２番３号
甲　野　ハ　ル
義務者（乙）　○市○町二丁目３番４号
甲　野　二　郎

(4)　不動産の表示

所　　在　　○市○町一丁目２０番地５
家屋番号　　２０番５
種　　類　　居宅
構　　造　　木造かわらぶき２階建
床 面 積　　１階　７３．０５平方メートル
２階　３０．００平方メートル

2　登記の原因となる事実又は法律行為

(1)　贈与者甲野大輔（住所　○市○町一丁目２番３号）は、令和○年○月○日付け死因贈与契約書のとおり、本件建物について、贈与者甲野大輔の死亡時を始期として、権利者（甲）に配偶者居住権を贈与する意思表示し、権利者（甲）は受諾した。

(2)　贈与者甲野大輔は、令和○年○月○日に死亡し、同日上記(1)の死因贈与の効力が生じた。

(3)　権利者（甲）は、同日、配偶者居住権を取得した。

なお、本件配偶者居住権については、権利者（甲）と義務者（乙）との間で定めた、権利者（甲）が第三者に本件建物の使用又は収益をさせることを許す旨の定めがある。

(4)　権利者（甲）は、贈与者（被相続人）甲野大輔が所有していた本件建物に相続の開始の時に居住していた。

(5)　権利者（甲）は、相続開始の時に法律上贈与者（被相続人）甲野大輔と婚姻関係にあった。

令和○年○月○日　○○法務局○○出張

上記登記原因のとおり相違ありません。

権利者（甲）　○市○町一丁目２番３号
甲　野　ハ　ル　㊞
義務者（乙）　○市○町二丁目３番４号
甲　野　二　郎　㊞

■ 申請書見本５（仮登記の場合）

登　記　申　請　書

登記の目的　　始期付配偶者居住権設定仮登記
原　　　因　　令和○年○月○日贈与（始期　甲野大輔の死亡）（注１）
存続期間　　配偶者居住権者の死亡時まで
特　　　約　　第三者に居住建物の使用又は収益をさせることができる
権　利　者　　○市○町一丁目２番３号
　　　　　　　　甲　野　ハ　ル
義　務　者　　○市○町一丁目２番３号
　　　　　　　　甲　野　大　輔

添付情報
　　登記原因証明情報　　印鑑証明書　　代理権限証明情報

令和○年○月○日申請　○○地方法務局○○出張所
代　理　人　　○市○町○番○号
　　　　　　　　乙　川　五　郎　㊞
連絡先の電話番号　○○○－○○○○－○○○○

課税価格　　　金４，５００，０００円
登録免許税　　金４，５００円（注２）

不動産の表示
　不動産番号　１２３４５６７８９０１２３
　所　　　在　○市○町一丁目２０番地５
　家屋番号　　２０番５
　種　　　類　居宅
　構　　　造　木造かわらぶき２階建
　床　面　積　１階　７３．０５平方メートル
　　　　　　　２階　３０．００平方メートル

書式の解説

（注1）　死因贈与契約が成立した日を記載します。

（注2）　仮登記の登録免許税は、課税価格の1,000分の1となり、100円未満の端数は切り捨てます。その金額が1,000円未満の場合には、1,000円とします。

■報告形式の登記原因証明情報の見本５（仮登記の場合）

登記原因証明情報

１　登記申請情報の要項

⑴　登記の目的　　始期付配偶者居住権設定仮登記

⑵　登記の原因　　令和〇年〇月〇日贈与（始期　甲野大輔の死亡）

⑶　当事者　　権利者（甲）　〇市〇町一丁目２番３号
　　　　　　　　　　　　　　甲　野　ハ　ル
　　　　　　　義務者（乙）　〇市〇町二丁目３番４号
　　　　　　　　　　　　　　甲　野　大　輔

⑷　不動産の表示

所　　在　〇市〇町一丁目２０番地５
家屋番号　２０番５
種　　類　居宅
構　　造　木造かわらぶき２階建
床 面 積　１階　７３．０５平方メートル
　　　　　２階　３０．００平方メートル

２　登記の原因となる事実又は法律行為

⑴　権利者（甲）と義務者（乙）は、本件建物について、義務者（乙）の死亡の時を始期として、義務者（乙）が権利者（甲）に配偶者居住権を贈与する旨の死因贈与契約を令和〇年〇月〇日に締結した。

⑵　本件仮登記の申請内容としている、権利者（甲）が第三者に本件建物の使用又は収益をさせることを許す旨の定めについては、別途、本件建物の所有権の死因贈与契約における受贈者が、これを設けることを承諾している。

令和〇年〇月〇日　〇〇法務局〇〇出張

上記登記原因のとおり相違ありません。

権利者（甲）　〇市〇町一丁目２番３号
　　　　　　　甲　野　ハ　ル　㊞
義務者（乙）　〇市〇町二丁目３番４号
　　　　　　　甲　野　大　輔　㊞

■ 申請書見本6（仮登記の本登記の場合）

登　記　申　請　書

登記の目的　配偶者居住権設定（何番仮登記の本登記）
原　　　因　令和○年○月○日死因贈与
存 続 期 間　配偶者居住権者の死亡時まで
特　　　約　第三者に居住建物の使用又は収益をさせることができる
権　利　者　○市○町一丁目２番３号
　　　　　　　甲　野　ハ　ル
義　務　者　○市○町二丁目３番４号（注１）
　　　　　　　甲　野　二　郎

添付情報
　登記識別情報　登記原因証明情報（注２）印鑑証明書
　代理権限証明情報

令和○年○月○日申請　○○地方法務局○○出張所
代　理　人　○市○町○番○号
　　　　　　　乙　川　五　郎　㊞
連絡先の電話番号　○○○－○○○○－○○○○

課税価格　　金４，５００，０００円
登録免許税　金４，５００円（注３）

不動産の表示
　不動産番号　１２３４５６７８９０１２３
　所　　在　○市○町一丁目２０番地５
　家屋番号　２０番５
　種　　類　居宅
　構　　造　木造かわらぶき２階建
　床 面 積　１階　７３．０５平方メートル
　　　　　　２階　３０．００平方メートル

書式の解説

（注1）　建物の所有者の住所・氏名を記載します。なお、建物の所有者が贈与者（死亡した方）の登記名義のままになっている場合には、前提として死因贈与等による所有権移転の登記を申請する必要があります。

（注2）　報告形式の登記原因証明情報のほか、贈与者の死亡の事実が記載されている戸籍または除籍の謄本（抄本）を添付します。そのほかに、登記簿に記載されている贈与者の住所が本籍と異なる場合には、戸籍の人物と登記簿上の贈与者が同一人物であることを証するために、贈与者の住民票の除票の写し（本籍の記載のあるもの）または戸籍の附票の写し（本籍・筆頭者の記載があるもの）を添付します。

（注3）　仮登記の本登記の登録免許税は、課税価格の1,000分の1となり、100円未満の端数は切り捨てます。その金額が1,000円未満の場合には、1,000円とします。

■ 報告形式の登記原因証明情報の見本6（仮登記の本登記の場合）

登記原因証明情報

1　登記申請情報の要項
(1)　登記の目的　　配偶者居住権設定（何番仮登記の本登記）
(2)　登記の原因　　令和○年○月○死因日贈与
(3)　当事者　　権利者（甲）　○市○町一丁目2番3号
甲　野　ハ　ル
義務者（乙）　○市○町二丁目3番4号
甲　野　二　郎
(4)　不動産の表示
所　　在　　○市○町一丁目20番地5
家屋番号　　20番5
種　　類　　居宅
構　　造　　木造かわらぶき2階建
床 面 積　　1階　73．05平方メートル
2階　30．00平方メートル

2　登記の原因となる事実又は法律行為
(1)　権利者（甲）と贈与者甲野大輔（住所　○市○町一丁目2番3号）は、本件建物について、贈与者甲野大輔の死亡時を始期として、贈与者甲野大輔が権利者（甲）に配偶者居住権を贈与する旨の死因贈与契約を令和○年○月○日に締結した。
(2)　権利者（甲）と贈与者甲野大輔は、上記(1)の死因贈与契約に基づき、始期付配偶者居住権設定仮登記（令和○年○月○日受付第○○○○号）を経由した。
(3)　贈与者甲野大輔は、令和○年○月○日に死亡し、同日上記(1)の死因贈与の効力が生じた。
(4)　権利者（甲）は、同日、配偶者居住権を取得した。
なお、本件配偶者居住権については、義務者（乙）が承諾した、権利者（甲）が第三者に本件建物の使用又は収益をさせることを許す旨の定めがある。
(5)　権利者（甲）は、贈与者（被相続人）甲野大輔が所有していた本件建物に相続の開始の時に居住していた。
(6)　権利者（甲）は、相続開始の時に法律上贈与者（被相続人）甲野大輔と婚姻関係にあった。

令和○年○月○日　○○法務局○○出張

上記登記原因のとおり相違ありません。

権利者（甲）　○市○町一丁目2番3号
甲　野　ハ　ル　㊞

義務者（乙）　○市○町二丁目3番4号
甲　野　二　郎　㊞

■ 申請書見本7（配偶者居住権の合意消滅による抹消の場合）

登　記　申　請　書

登記の目的　　配偶者居住権抹消
原　　　因　　令和〇年〇月〇日合意消滅（注1）
権　利　者　　〇市〇町二丁目3番4号
　　　　　　　　甲　野　二　郎
義　務　者　　〇市〇町一丁目2番3号
　　　　　　　　甲　野　ハ　ル

添付情報
　　登記識別情報　　登記原因証明情報　　承諾証明情報（注2）
　　代理権限証明情報

令和〇年〇月〇日申請　〇〇地方法務局〇〇出張所

代　理　人　　〇市〇町〇番〇号
　　　　　　　　乙　川　五　郎　㊞
連絡先の電話番号　〇〇〇－〇〇〇〇－〇〇〇〇

登録免許税　　金1，000円
不動産の表示
　不動産番号　1234567890123
　所　　　在　〇市〇町一丁目20番地5
　家屋番号　　20番5
　種　　　類　居宅
　構　　　造　木造かわらぶき2階建
　床　面　積　1階　73．05平方メートル
　　　　　　　2階　30．00平方メートル

書式の解説

（注１）　当事者の合意による消滅の場合の原因は「合意消滅」と記載し、その日付は配偶者居住権者および居住建物の所有者の合意した日を記載します。

（注２）　登記上の利害関係を有する第三者があるときは（たとえば、賃借権の登記*のされている配偶者居住権の登記を抹消するとき）、その第三者が作成し、押印した承諾書または当該第三者（賃借権者）に対抗することができる裁判があったことを証する書面を添付します。承諾書には、記名押印した者の印鑑証明書の添付が必要です。この印鑑証明書は作成後３か月以内のものでなくてもかまいません。なお、承諾者が会社法人等番号を有する法人の場合において会社法人等番号を提供した場合には印鑑証明書の添付は省略できます。

＊具体的には、当該配偶者居住権の設定の登記に付記登記で「何番配偶者居住権の賃借権設定」として登記されます。

■ 報告形式の登記原因証明情報の見本７
（配偶者居住権の合意消滅による抹消の場合）

登記原因証明情報

１　登記申請情報の要項
⑴　登記の目的　　配偶者居住権抹消
⑵　登記の原因　　令和〇年〇月〇日合意消滅
⑶　当事者　　権利者（甲）　〇市〇町一丁目２番３号
甲　野　二　郎
義務者（乙）　〇市〇町二丁目３番４号
甲　野　ハ　ル
⑷　不動産の表示
所　　在　　〇市〇町一丁目２０番地５
家屋番号　　２０番5
種　　類　　居宅
構　　造　　木造かわらぶき２階建
床 面 積　　1階　７３．０５平方メートル
2階　３０．００平方メートル

２　登記の原因となる事実又は法律行為
⑴　令和〇年〇月〇日受付第〇〇号の配偶者居住権は、令和〇年〇月〇日、権利者（甲）と義務者（乙）との合意により消滅しました。

令和〇年〇月〇日　〇〇法務局〇〇出張

上記登記原因のとおり相違ありません。
権利者（甲）　〇市〇町一丁目２番３号
甲　野　二　郎　㊞
義務者（乙）　〇市〇町二丁目３番４号
甲　野　ハ　ル　㊞

■ 申請書見本8（配偶者居住権者の死亡による抹消の場合）

登　記　申　請　書

登記の目的　　配偶者居住権抹消
原　　　因　　令和〇年〇月〇日死亡による消滅（注1）
権利者（申請人）　〇市〇町二丁目3番4号
　　　　　　　　　甲　野　二　郎
配偶者居住権者　　〇市〇町一丁目2番3号（注2）
　　　　　　　　　甲　野　ハ　ル

添付情報
　登記原因証明情報（注3）　承諾証明情報　　代理権限証明情報

令和〇年〇月〇日申請　〇〇地方法務局〇〇出張所

代　理　人　　〇市〇町〇番〇号
　　　　　　　乙　川　五　郎　㊞
連絡先の電話番号　〇〇〇－〇〇〇〇－〇〇〇〇

登録免許税　　金1，000円
不動産の表示
　不動産番号　1234567890123
　所　　在　〇市〇町一丁目20番地5
　家屋番号　20番5
　種　　類　居宅
　構　　造　木造かわらぶき2階建
　床 面 積　1階　73．05平方メートル
　　　　　　2階　30．00平方メートル

書式の解説

配偶者居住権が配偶者居住権者の死亡によって消滅した場合には、法69条の規定に基づき、登記権利者（居住建物の所有者）は、単独で配偶者居住権の登記の抹消を申請することができます。

（注1）　原因は「死亡による消滅」と記載し、その日付は配偶者居住権者が死亡した日を記載します。

（注2）　配偶者居住権者（死亡した方）の住所および氏名を記載します。

（注3）　配偶者居住権者の死亡の事実が記載されている戸籍または除籍の謄本（抄本）を添付します。そのほかに、登記簿に記載されている配偶者居住権者の住所が本籍と異なる場合には、戸籍の人物と登記簿上の人物が同一人物であることを証するために、配偶者居住権者の住民票の除票の写し（本籍の記載のあるもの）または戸籍の附票の写し（本籍・筆頭者の記載があるもの）を添付します。

•••第14章•••
仮　登　記

仮登記《かりとうき》とは、法105条の規定に基づいてなされる登記であり、将来なされる本登記のために順位を保全するための登記です。

●法105条（仮登記）

仮登記は、次に掲げる場合にすることができる。

一　第3条各号に掲げる権利について保存等があった場合において、当該保存等に係る登記の申請をするために登記所に対し提供しなければならない情報であって、第25条第9号の申請情報と併せて提供しなければならないものとされているもののうち法務省令で定めるものを提供することができないとき。

二　第3条各号に掲げる権利の設定、移転、変更又は消滅に関して請求権（始期付き又は停止条件付きのものその他将来確定することが見込まれるものを含む。）を保全しようとするとき。

●規則178条（法第105条第1号の仮登記の要件）

法第105条第1号に規定する法務省令で定める情報は、登記識別情報又は第三者の許可、同意若しくは承諾を証する情報とする。

1　仮登記の設定

(1)　仮登記をすることができる場合

仮登記をすることができるのは、次の場合です。

i　法105条1号仮登記の場合

「条件不備の仮登記」とも呼ばれているもので、登記すべき権利変動が既に生じているが、登記申請に必要な要件が備わらない場合です。

この法105条1号仮登記が認められる例として、次に掲げるものがあります。

① 登記識別情報を提供できないときまたは登記義務者の権利に関する登記済証を添付できないとき（規則178条）。

② 登記原因について第三者の許可、同意等を要する場合（令7条1項5号ハ）に、許可または同意を得ているがその許可書等を添付できないとき（規則178条）。

③ 登記の抹消または抹消された登記の回復について、登記上利害の関係を有する第三者の承諾書を添付できないとき（規則178条）。

④ 登記義務者が登記申請に協力しないとき（法108条）。

法105条1号仮登記が認められない例としては、次のようなものがあります。

① 登記義務者の印鑑証明書の提出ができない場合（昭和29年10月5日民甲第2022号民事局長通達）

② 住所証明書の提出ができない場合（昭和32年6月27日民甲第1230号）

③ 本登記の登録免許税の支払いができない場合（昭和4年10月7日民事第8689号民事局長回答）

ii　法105条2号仮登記の場合

2号仮登記は、当事者間にまだ登記すべき権利変動が生じていないが、将来その権利変動を生じさせる請求権が法律上発生している場合、たとえば、売買予約に基づく所有権移転請求権、停止条件付きの所有権移転請求権などを保全するためなどに認められます。

(2)　仮登記の申請手続

仮登記の申請方法には、次の方式があります。

i　共同申請

仮登記権利者と仮登記義務者による共同申請です。

ii 判決による仮登記権利者の単独申請（法63条1項）

判決によって法105条1号の仮登記請求を求めることができるかについては、法105条1号の場合には既に権利変動があるのだから、直ちに本登記を請求すべきであって、仮登記を請求すべきではないとされています*。

法105条2号の仮登記の場合において、仮登記義務者が仮登記の申請に協力しない場合には、判決を得て仮登記権利者が単独で申請できます。しかし、仮登記仮処分命令によるのが簡便ですから、判決による仮登記は実際には少ないでしょう。

＊1号仮登記の要件は、登記識別情報または第三者の許可、同意もしくは承諾を証する情報を提供することができないときであるが、これら要件は、いずれも本登記を命じる判決を得ることによって充足されるから、自己の権利を保全する方法としては、直接的に、本登記申請手続を訴求すれば足りるのであって、それをしないで、仮登記の申請手続を訴求することは訴えの利益を欠き、許されないと解すべきである（新井克己『判決による不動産登記の理論と実務』テイハン30頁）。

なお、判決に準ずる裁判上の和解、調停等よる場合でも、1号仮登記は認められないものと考えます。

iii 仮登記権利者が仮登記義務者の承諾書を添付して行う単独申請

仮登記権利者は、仮登記義務者の仮登記を申請することの承諾書を添付して、単独で仮登記申請ができます（法107条）。この承諾書には、実印を押して印鑑証明書を添付します。この印鑑証明書の有効期限はありませんので、作成後3か月以内のものでなくてもかまいませんが、なるべく新しいものが望ましいでしょう。

iv 仮登記仮処分命令の正本を添付して行う仮登記権利者の単独申請

仮登記権利者は、裁判所の仮登記仮処分命令の決定書の正本を添付して、単独で仮登記申請ができます（法107条、令7条1項5号ロ(2)）。

(3) 添付情報

添付情報として、次の情報を提供します。

〈共同申請の場合〉
① 登記原因証明情報
② 印鑑証明書（規則47条3号イ(1)）
③ 代理権限証明情報
④ 会社法人等番号（令7条1項1号）

〈判決によって仮登記権利者が単独申請する場合〉
① 執行力のある確定判決の判決書の正本（令7条1項5号ロ(1)）
② 代理権限証明情報

〈仮登記義務者の承諾書を添付して仮登記権利者が単独申請する場合〉
① 登記原因証明情報（令別表の68の項添付情報欄イ）
② 仮登記義務者の承諾書（令別表の68の項添付情報欄ロ）
③ 代理権限証明情報

〈仮登記仮処分命令決定書の正本を添付して仮登記権利者が単独申請する場合〉
① 仮登記を命ずる処分の決定書の正本（令7条1項5号ロ(2)）
② 代理権限証明情報

i 共同申請の場合

① 登記原因証明情報

登記原因証明情報とは、登記の原因となった事実または法律行為およびこれに基づき現に権利変動が生じたことを証する情報をいいます。

② 印鑑証明書

所有権を目的とする仮登記の場合には、登記義務者である所有権の登記名義人の市区町村長等の作成した印鑑証明書（令16条2項、規則47条3号イ(1)）

所有権の登記名義人が個人の場合には、市区町村長作成の印鑑証明書を添付します。この印鑑証明書は作成後3か月以内のものでなければなりません。また、原本還付の手続はできません。登記義務者が法人の場合、会社法人等番号を提供した場合には印鑑証明書の添付は要しないとされています（規則47条3号ハ、同48条1号）。

③ **代理権限証明情報**

登記申請を第三者に委任した場合には、委任状を添付します（令7条1項2号）。

④ **会社法人等番号**

申請人が会社法人等番号を有する法人であるときは、会社法人等番号を提供します（令7条1項1号イ）。ただし、会社法人等番号を有する法人であっても、作成後3か月以内の登記事項証明書を提供したときは、会社法人等番号の提供は要しません（規則36条1項、2項）。会社法人等番号を有しない法人の場合は、当該法人の代表者の資格を証する情報を提供します（令7条1項1号ロ）。

ii 判決によって2号仮登記権利者が単独申請する場合

① **執行力のある確定判決の判決書の正本（令7条1項5号ロ(1)）**

執行力のある確定判決とは、登記手続をすべきことを命ずる確定判決でなければなりません。たとえば、仮登記義務者の意思表示が反対給付との引換えに係るときは、執行文の付与が必要となります。

② **代理権限証明情報**

登記申請を第三者に委任した場合には、委任状を添付します（令7条1項2号）。

iii 仮登記義務者の承諾書を添付して仮登記権利者が単独申請する場合

① **登記原因証明情報（令別表の68の項添付情報欄イ）**

登記原因証明情報とは、登記の原因となった事実または法律行為およびこれに基づき現に権利変動が生じたことを証する情報をいいます。

② **仮登記義務者の承諾書（令別表の68の項添付情報欄ロ）**

承諾書には、仮登記義務者が個人の場合には実印、法人の場合は登記所に届けている代表者印を押印し（令19条1項）、個人の場合は市区町村長作成の印鑑証明書、法人の場合は登記所作成の法人代表者の印鑑証明書を添付します（令19条2項）。この印鑑証明書の有効期限はありませんが、なるべく新しいものが望ましいでしょう。ただし、仮登記義務者が法人の場合、会社法人等番号を提供した場合には印鑑証明書の添付は要しないとされています（規則48条1号）。

なお、この承諾書および承諾書に添付した印鑑証明書は原本還付されません（令19条、規則55条1項）。

③　**代理権限証明情報**

登記申請を第三者に委任した場合には、委任状を添付します（令7条1項2号）。

iv　仮登記仮処分命令決定書の正本を添付して仮登記権利者が単独申請する場合

①　**仮登記を命ずる処分の決定書の正本（令7条1項5号ロ(2)）**

仮登記権利者がその目的不動産の所在地を管轄する地方裁判所に仮登記仮処分命令を申請し、仮登記権利者が仮登記の原因となる事実を疎明《そめい》した場合には、裁判所は仮登記を命ずる処分をすることができます（法108条）。

仮登記権利者は、この仮登記仮処分命令の正本を添付して、単独で仮登記を申請することができます。

②　**代理権限証明情報**

登記申請を第三者に委任した場合には、委任状を添付します（令7条1項2号）。

●法107条（仮登記の申請方法）

1　仮登記は、仮登記の登記義務者の承諾があるとき及び次条に規定する仮登記を命ずる処分があるときは、第60条の規定にかかわらず、当該仮登記の登記権利者が単独で申請することができる。

2　仮登記の登記権利者及び登記義務者が共同して仮登記を申請する場合については、第22条本文の規定は、適用しない。

●法108条（仮登記を命ずる処分）

1　裁判所は、仮登記の登記権利者の申立てにより、仮登記を命ずる処分をすることができる。

2　前項の申立てをするときは、仮登記の原因となる事実を疎明しなければならない。
3　第1項の申立てに係る事件は、不動産の所在地を管轄する地方裁判所の管轄に専属する。
4　第1項の申立てを却下した決定に対しては、即時抗告をすることができる。
5　（省略）

●法60条（共同申請）

権利に関する登記の申請は、法令に別段の定めがある場合を除き、登記権利者及び登記義務者が共同してしなければならない。

■申請書見本１（売買による所有権移転仮登記・共同申請）

登　記　申　請　書

登記の目的　所有権移転仮登記
原　　　因　令和○年８月１日売買
権　利　者　○区○町三丁目１０番１２号
株式会社　甲野商事
（会社法人等番号１２３４－５６－７８９０１２）
代表取締役　甲野太郎

義　務　者　○区○町一丁目２番３号
乙　川　花　子

添付情報
登記原因証明情報（注１）　印鑑証明書（注２）　会社法人等番号（注３）
代理権限証明情報（注４）
登記完了後に通知される登記識別情報通知書・登記完了証・還付される添付書面は申請人の住所に送付してください。（注５）

令和○年８月２日申請　東京法務局○○出張所
代　理　人　○県○市○町○番○号
○　○　○　○　㊞
連絡先の電話番号　○○－○○○○－○○○○

課税価格　金○○○，０００円（注６）
登録免許税　金○，○００円（注７）

不動産の表示
不動産番号　０１０４５６７８９０１２３
所　　在　○区○町三丁目
地　　番　１２３番４
地　　目　宅地
地　　積　１００．７８平方メートル

書式の解説

この申請書は、法105条1号の所有権移転仮登記を権利者と義務者で共同申請する場合の見本です。

(注1) 登記原因証明情報として、売買契約書を添付します。売買契約書がない場合には、契約の内容を記載した書面（報告形式の登記原因証明情報）を添付します。

(注2) 所有権の登記名義人が登記義務者として申請しますので、登記義務者の印鑑証明書を添付します（規則47条3号イ(1)）。この印鑑証明書は、作成後3か月以内のものでなければなりません（令16条3項、18条3項）。また、原本還付の手続はできません。ただし、登記義務者が法人の場合、会社法人等番号を提供した場合には印鑑証明書の添付は要しないとされています（規則48条1号）。

(注3) 申請人が会社法人等番号を有する法人であるときは、会社法人等番号を提供します（令7条1項1号イ）。ただし、会社法人等番号を有する法人であっても、作成後3か月以内の登記事項証明書を提供したときは、会社法人等番号の提供は要しません（規則36条1項、2項）。会社法人等番号を有しない法人の場合は、当該法人の代表者の資格を証する情報を提供します（令7条1項1号ロ）。

(注4) 登記申請を代理人に委任した場合には委任状を添付します。委任状には、申請人またはその代表者は記名押印しなければなりません（令18条1項）。仮登記義務者が作成する委任状には、仮登記義務者が個人の場合には実印、仮登記義務者が法人の場合は登記所に届けている代表者の印を押します（令18条2項参照）。
仮登記権利者が作成する委任状に押す印鑑については別段の規定がありませんので、認印でもかまいません。

(注5) 登記識別情報の通知の送付を希望する場合には、その旨と送付先を記載します。登記識別情報の通知を希望しない場合には、その旨を記載します（規則63条3項、64条2項）。なにも記載がない場合には、登記所の窓口での受領を希望するものとみなされます。

(注6) 課税価格は、固定資産課税台帳に登録された当該不動産の価格のうち、1,000円未満を切り捨てた額を記載します。

(注7) 課税価格に1,000分の10を掛けた額のうち100円未満を切り捨てた額を記載します。

報告形式の登記原因証明情報の見本

登記原因証明情報

1　当事者及び不動産

(1)　当事者　　権利者　〇区〇町三丁目１０番１２号
　　　　　　　　　　　株式会社　甲野商事
　　　　　　　義務者　〇区〇町一丁目２番３号
　　　　　　　　　　　乙　川　花　子

(2)　不動産の表示

所　在　　〇区〇町三丁目
地　番　　１２３番4
地　目　　宅地
地　積　　１００．７８平方メートル

2　登記の原因となる事実又は法律行為

(1)　売主乙川花子は、令和〇年８月１日、本件不動産を買主株式会社甲野商事に売りました。

(2)　よって、本件不動産の所有権は、同日、乙川花子から株式会社甲野商事に移転しました。

(3)　仮登記の合意
　義務者たる乙川花子の権利に関する登記済証が見当たらないため、所有権移転仮登記手続をすることに、株式会社甲野商事と乙川花子は合意しました。

令和〇年〇月〇日　東京法務局〇〇出張所

上記登記原因のとおり相違ありません。
(買主) 〇区〇町三丁目１０番１２号
　　　　　　　　　株式会社　甲野商事
　　　　　　　　　代表取締役　甲野太郎　㊞
(売主) 〇区〇町一丁目２番３号
　　　　　　　　　乙　川　花　子　㊞

■申請書見本２
（売買による所有権移転仮登記・仮登記義務者の承諾書添付）

登　記　申　請　書

登記の目的　所有権移転仮登記
原　　　因　令和〇年８月１日売買
権　利　者　〇区〇町三丁目１０番１２号
（申 請 人）　株式会社　甲野商事
（会社法人等番号１２３４－５６－７８９０１２）
代表取締役　甲野太郎　㊞
連絡先の電話番号　〇〇－〇〇〇〇－〇〇〇〇

義　務　者　〇区〇町一丁目２番３号
乙　川　花　子

添付情報
登記原因証明情報（注１）　承諾書（注２）　会社法人等番号（注３）

令和〇年８月２日申請　東京法務局〇〇出張所

課税価格　金〇〇〇，０００円（注４）
登録免許税　金〇，〇００円（注５）

不動産の表示
不動産番号　０１０４５６７８９０１２３
所　　在　〇区〇町三丁目
地　　番　１２３番４
地　　目　宅地
地　　積　１００．７８平方メートル

書式の解説

この申請書は、法105条1号の仮登記を仮登記権利者が仮登記義務者（所有権の登記名義人）の承諾書を添付して単独で申請する場合の見本です。

（注1）　登記原因証明情報として、売買契約書を添付します。売買契約書がない場合には、契約の内容を記載した書面（報告形式の登記原因証明情報）を添付します。

（注2）　仮登記義務者である所有権の登記名義人の承諾書を添付します（令別表の68の項添付情報欄ロ）。

この承諾書には、作成者が記名押印し、作成者の印鑑証明書を添付します（令19条1項・2項）。この印鑑証明書は、作成後3か月以内のものでなくてもかまいませんが、なるべく新しいものが望ましいでしょう。

ただし、仮登記義務者が法人の場合、会社法人等番号を提供した場合には印鑑証明書の添付は要しないとされています（規則48条1号）。

（注3）　申請人が会社法人等番号を有する法人であるときは、会社法人等番号を提供します（令7条1項1号イ）。ただし、会社法人等番号を有する法人であっても、作成後3か月以内の登記事項証明書を提供したときは、会社法人等番号の提供は要しません（規則36条1項、2項）。会社法人等番号を有しない法人の場合は、当該法人の代表者の資格を証する情報を提供します（令7条1項1号ロ）。

（注4）　課税価格は、固定資産課税台帳に登録された当該不動産の価格のうち、1,000円未満を切り捨てた額を記載します。

（注5）　課税価格に1,000分の10を掛けた額のうち、100円未満を切り捨てた額を記載します。

仮登記義務者の承諾書見本

承　　諾　　書

私は、仮登記権利者である、〇区〇町三丁目１０番１２号株式会社甲野商事が下記記載の仮登記を申請することを承諾します。

記

後記不動産についての所有権移転仮登記
原　因　令和〇年８月１日売買

不動産の表示
所　在　〇区〇町三丁目
地　番　１２３番４
地　目　宅地
地　積　１００．７８平方メートル

令和〇年８月１日

〇区〇町一丁目２番３号
乙　川　花　子　㊞　（注）

書式の解説

（注）仮登記義務者が個人の場合は実印を押して、市区町村長作成の印鑑証明書を添付します。仮登記義務者が法人の場合は、登記所に届けている代表者印を押し、登記所発行の代表者の印鑑証明書と、資格証明書として法人の代表者事項証明書または法人の登記事項証明書を添付します。
なお、会社法人等番号を提供したときは、代表者事項証明書および印鑑証明書の提供に代えることができます。
印鑑証明書の有効期限はありませんが、なるべく新しいものを添付するのが望ましいです。
なお、承諾書および承諾書に添付した印鑑証明書は原本還付されません。

申請書見本３
（売買予約による所有権移転請求権仮登記・共同申請）

登　記　申　請　書

登記の目的　　所有権移転請求権仮登記

原　　　因　　令和〇年８月１日売買予約（注1）

権　利　者　　〇区〇町三丁目１０番１２号
　　　　　　　甲　野　太　郎

義　務　者　　〇区〇町一丁目２番３号
　　　　　　　乙　川　花　子

添付情報
　登記原因証明情報　　印鑑証明書（注2）　　代理権限証明情報（注3）

令和〇年８月２日申請　東京法務局〇〇出張所

申請人兼義務者の代理人　　〇区〇町三丁目１０番１２号
　　　　　　　　　　　　　甲　野　太　郎　㊞（注4）
　　　　　　連絡先の電話番号　〇〇－〇〇〇〇－〇〇〇〇

課税価格　　金〇〇〇，０００円（注5）

登録免許税　金〇，〇００円（注6）

不動産の表示

一棟の建物の表示
　所　　　在　　〇区〇町三丁目５番地４
　建物の名称　　〇〇マンション

専有部分の建物の表示
　不動産番号　　０１０４５６７８９０１２３
　家 屋 番 号　　〇町三丁目５番４の２０１
　建物の名称　　２０１
　種　　　類　　居宅
　構　　　造　　鉄骨鉄筋コンクリート造１階建
　床　面　積　　２階部分　７７．２２㎡

敷地権の表示
　土地の符号　　　１
　所在及び地番　　〇区〇町三丁目５番４
　地　　　　目　　宅地
　地　　　　積　　６２４０．０１㎡
　敷地権の種類　　所有権
　敷地権の割合　　３３４５６分の７７００

書式の解説

この申請書は、法105条2号の所有権移転請求権仮登記を権利者と義務者で共同申請する場合の見本です。

（注1）　登記原因として、所有権移転請求権の発生原因である売買予約の旨と、その契約成立の日を記載します。

（注2）　所有権の登記名義人が登記義務者として申請しますので、登記義務者の印鑑証明書を添付します（規則47条3号イ(1)）。ただし、登記義務者が法人の場合、会社法人等番号を提供した場合には印鑑証明書の添付は要しないとされています（規則48条1号）。

（注3）　登記申請を代理人に委任した場合には、委任状を添付します。委任状には、申請人またはその代表者は記名押印しなければなりません（令18条1項）。仮登記義務者が作成する委任状には、仮登記義務者が個人の場合には実印、仮登記義務者が法人の場合は登記所に届けている代表者の印を押します（令18条2項参照）。

（注4）　登記権利者が登記義務者から登記の委任を受けて登記申請する場合には、見本のように記載し、記名押印します。ここに押す印は認印でもかまいません。

（注5）　課税価格は、固定資産課税台帳に登録された当該不動産の価格のうち、1,000円未満を切り捨てた額を記載します。

（注6）　課税価格に1,000分の10を掛けた額のうち、100円未満を切り捨てた額を記載します。

委任状見本

委　任　状

私は、〇区〇町三丁目１０番１２号甲野太郎を代理人と定め、下記登記申請に関する一切の権限を委任する。

記

1　登記の目的　所有権移転請求権仮登記
　原　　因　令和〇年8月1日売買予約
　権 利 者　〇区〇町三丁目１０番１２号
　　　　　　甲　野　太　郎
　義 務 者　〇区〇町一丁目2番3号
　　　　　　乙　川　花　子

1　不動産の表示（注1）
　〇区〇町三丁目5番地4
　家屋番号　〇町三丁目5番4の２０１の区分建物
　敷地権の表示
　土地の符号　1
　〇区〇町三丁目5番4
　敷地権の種類　所有権
　敷地権の割合　３３４５６分の７７００

1　登記識別情報の通知の受領に関する件（注2）

令和〇年8月1日

〇区〇町一丁目2番3号
乙　川　花　子　㊞（注3）

書式の解説

（注1）　不動産の表示は、見本のように簡略した記載でもよいでしょう。
（注2）　登記識別情報の通知を希望し、その通知の受領を代理人に委任した場合には、その旨も記載します。
（注3）　所有権の登記名義人である仮登記義務者が作成する委任状には、実印を押します。

■申請書見本４（抵当権設定仮登記・共同申請）

登　記　申　請　書

登記の目的　抵当権設定仮登記（注1）

原　　因　令和○年○月○日金銭消費貸借同日設定（注2）

債 権 額　金２，０００万円（注3）

利　　息　年２．５％（注4）

損 害 金　年１４．５％（年365日日割計算）（注5）

債 務 者　埼玉県○市○町二丁目○番○号

甲　野　太　郎（注6）

権 利 者　東京都○○区○○一丁目２番３号

株式会社○○銀行（注7）

（会社法人等番号１２３４－５６－７８９０１２）

代表取締役　○○○○

設 定 者　埼玉県○市○町二丁目○番○号

甲　野　太　郎（注8）

添付情報

登記原因証明情報（注9）　印鑑証明書（注10）

代理権限証明情報（注11）　会社法人等番号（注12）

登記完了後に通知される登記識別情報通知書・登記完了証・還付される添付書面は代理人の住所に送付してください。（注13）

令和○年○月○日申請　東京法務局○○出張所

代 理 人　○市○町○番○号

○　○　○　○　㊞（注14）

連絡先の電話番号　○○－○○○○－○○○○（注15）

登録免許税　金１，０００円（注16）

不動産の表示

不動産番号　０１０４５６７８９０２２２

所　　在　○区○○一丁目

地　　番　１０番7

地　　目　宅地

地　　積　２３４．５６平方メートル

書式の解説

この申請書は、法105条1号の抵当権設定仮登記を権利者と義務者で共同申請する場合の見本です。

(注1) 登記の目的として、「抵当権設定仮登記」と記載します。
(注2) 原因として、被担保債権の発生原因とその日付および抵当権の設定をした旨とその契約成立日を記載します。
(注3) 債権額として、被担保債権額を記載します。
(注4) 利息に関する定めがあるときは記載します。
(注5) 損害金の定めがある場合には記載します。
(注6) 債務者の住所、氏名または名称を記載します。
(注7) 権利者として、抵当権者の住所、氏名または名称を記載します。申請人が法人の場合は、本店または主たる事務所と商号または名称、代表者の資格および氏名を記載します。法人が会社法人等番号を有する法人の場合には会社法人等番号も記載します。ただし、作成後3か月以内の法人の登記事項証明書を添付した場合には、会社法人等番号の記載は不要です。
(注8) 抵当権設定者として、当該物件の所有者(所有権の登記名義人)の登記申請時の住所、氏名または名称を記載します。申請人が法人の場合は、本店または主たる事務所と商号または名称、代表者の資格および氏名を記載します。法人が会社法人等番号を有する法人の場合には会社法人等番号も記載します。ただし、作成後3か月以内の法人の登記事項証明書を添付した場合には、会社法人等番号の記載は不要です。これらの表示は登記事項証明書の記載と一致していることが必要です。住所等が変更している場合には、あらかじめこれらの変更の登記をする必要があります。
(注9) 登記原因証明情報として、抵当権設定契約書または登記原因を証する情報を記載した書面(報告形式の登記原因証明情報)を添付します。
(注10) 登記義務者である抵当権設定者の印鑑証明書を添付します。この印鑑証明書は、作成後3か月以内のものです。また、原本還付できません。
(注11) 登記申請を委任した場合には、委任状を添付します。
(注12) 申請人が会社法人等番号を有する法人であるときは、会社法人等番号を提供します(令7条1項1号イ)。ただし、会社法人等番号を有する法人であっても、作成後3か月以内の登記事項証明書を提供したときは、会社法人等番号の提供は要しません(規則36条1項、2項)。会社法人等番号を有しない法人の場合は、当該法人の代表者の資格を証する情報を提供します(令7条1項1号ロ)。
(注13) 登記識別情報の通知の送付を希望する場合には、その旨と送付先を記載します。登記識別情報の通知を希望しない場合には、その旨を記載

します（規則63条3項、64条2項）。なにも記載がない場合には、登記所の窓口での受領を希望するものとみなされますが、なるべく通知の受領の有無とその方法を記載するのがよいでしょう。

（注14） 代理人の住所、氏名または名称を記載し、押印します。ここに押す印は認印でもかまいません。

（注15） 申請書等に不備がある場合には、登記所から連絡がされますので、連絡をとることのできる電話番号を記載してください。

（注16） 登録免許税は不動産一個につき1,000円ですので、その金額を記載します。

■ 申請書見本5（通常の賃借権設定仮登記・共同申請）

登　記　申　請　書

登記の目的　　賃借権設定仮登記（注1）
原　　因　　令和○年7月8日設定
目　　的　　建物所有
賃　　料　　1月○○○○円
支払時期　　毎月末日
存続期間　　20年
敷　　金　　金○○○○円
特　　約　　譲渡、転貸ができる
権 利 者　　千葉県○○市○町○番○号
　　　　　　甲 野 太 郎
設 定 者　　○区○○一丁目○番○号
　　　　　　乙 川 啓 一
添付情報
　登記原因証明情報　　印鑑証明書（注2）
　代理権限証明情報

令和○年○月○日申請　東京法務局○○出張所

代 理 人　　千代田区○町三丁目○番○号
　　　　　　○ ○ ○ ○ ㊞
　　　　　　連絡先の電話番号　○○－○○○○－○○○○
課税価格　　金○○，０００円（注3）
登録免許税　金○，○００円（注4）
不動産の表示
　不動産番号　0104567890123
　所　　在　○区○○一丁目
　地　　番　123番10
　地　　目　宅地
　地　　積　300.00平方メートル

書式の解説

この申請書は、法105条1号の賃借権設定仮登記を権利者と義務者で共同申請する場合の見本です。

(注1)　登記の目的として、「賃借権設定仮登記」と記載します。

(注2)　登記義務者である所有権の登記名義人である設定者の印鑑証明書を添付します。この印鑑証明書は作成後3か月以内のものです。また、原本還付できません。ただし、登記義務者が法人の場合、会社法人等番号を提供した場合には印鑑証明書の添付は要しないとされています（規則48条1号）。

(注3)　課税価格は、固定資産課税台帳に登録された当該不動産の価格のうち、1,000円未満を切り捨てた額を記載します。

(注4)　課税価格に1,000分の5を掛けた額のうち、100円未満を切り捨てた額を記載します。

2 仮登記の抹消

(1) 仮登記の抹消手続

仮登記は、仮登記された権利が消滅した場合、仮登記の原因がはじめから不成立または無効の場合など、その本登記をする必要がなくなった場合には抹消することになります。

仮登記の抹消手続は、通常の登記手続のほかに簡単な方法ですることもできます（法110条）。

●法110条（仮登記の抹消）

仮登記の抹消は、第60条の規定にかかわらず、仮登記の登記名義人が単独で申請することができる。仮登記の登記名義人の承諾がある場合における当該仮登記の登記上の利害関係人も、同様とする。

i 共同申請による場合

仮登記名義人が登記義務者となり、仮登記義務者が登記権利者となって共同で申請します。

たとえば、甲所有の不動産について甲から乙へ所有権移転仮登記がされている場合、仮登記名義人である乙が登記義務者となり、仮登記義務者である甲が登記権利者となって、抹消登記申請をします。

なお、次ページの登記記録例のように、甲から丙へ所有権が移転している場合には、現在の所有権の登記名義人である丙も登記権利者になれると解されています（木村三男・藤谷定勝編著『改訂仮登記の理論と実務』日本加除出版407頁）。

【添付情報】

① 登記識別情報または登記済証
② 登記原因証明情報
③ 印鑑証明書（所有権の仮登記抹消の場合には、所有権に関する仮登記の登記名義人の印鑑証明書を添付します。この印鑑証明書は作成後3か月以内のものです。この印鑑証明書は原本還付できませ

ん）ただし、法人の場合、会社法人等番号を提供した場合には印鑑証明書の添付は要しないとされています（規則48条1号）。

④　会社法人等番号

■ 登記記録例

権　利　部（甲　区）（所有権に関する事項）			
順位番号	登記の目的	受付年月日・受付番号	権利者その他の事項
1	所有権保存	令和○年○月○日 第○○号	所有者　○市○町○番○号 甲
2	所有権移転仮登記	令和○年○月○日 第○○号	原因　令和○年○月○日売買 権利者　○市○町○番○号 乙
	余白	余白	余白
3	所有権移転	令和○年○月○日 第○○号	原因　令和○年○月○日売買 所有者　○市○町○番○号 丙

ii　仮登記名義人の単独申請による場合

仮登記名義人は、仮登記をして通知を受けた登記識別情報を提供して仮登記の抹消を単独で申請することができます（法110条、法22条、令8条1項9号）。

【添付情報】

①　登記識別情報または登記済証

②　登記原因証明情報

③　印鑑証明書

所有権の仮登記抹消の場合には所有権に関する仮登記の登記名義人の印鑑証明書を添付します。この印鑑証明書は作成後3月以内のものです。この印鑑証明書は原本還付できません。

④　会社法人等番号

申請人が会社法人等番号を有する法人であるときは、会社法人等番号を提供します（令7条1項1号イ）。ただし、会社法人等番号を有する法人であっても、作成後3か月以内の登記事項証明書を提供したときは、会社法人等番号の提供は要しません（規則36条1

項、2項)。会社法人等番号を有しない法人の場合は、当該法人の代表者の資格を証する情報を提供します(令7条1項1号ロ)。

iii　登記上の利害関係人が仮登記名義人の承諾書またはこれに対抗できる裁判の謄本を添付して単独申請する場合

登記上の利害関係人は、仮登記名義人の承諾を証する情報(印鑑証明書付きの承諾書)またはこれに対抗することができる裁判があったことを証する情報(判決謄本)を提供して、仮登記の抹消を単独で申請できます(法110条後段)。

なお、当該仮登記について登記上の利害関係を有する第三者があるときは、当該第三者の承諾を証する当該第三者が作成した情報または当該第三者に対抗することができる裁判があったことを証する情報も提供します(令別表の70の項添付情報欄ハ)。

登記上の利害関係人とは、仮登記義務者およびその仮登記に基づいて本登記をした場合に自己の権利が否定されるかまたは不利益を受ける者および法109条2項の規定によりその登記が抹消される者をいいます。

＊「登記上の利害関係人」としているのは、共同申請で抹消する場合の仮登記の抹消の登記権利者を含む趣旨です(清水響編著『Q＆A不動産登記法』商事法務329頁)。

【添付情報】

① 登記原因証明情報

② 仮登記名義人の承諾書(印鑑証明書付き)または当該登記名義人に対抗することができる裁判があったことを証する情報

なお、この印鑑証明書は作成後3か月以内のものでなくてもかまいません。承諾書と印鑑証明書は原本還付できません。

③ 登記上の利害関係を有する第三者があるときは、当該第三者の承諾書または当該第三者に対抗することができる裁判があったことを証する情報

④ 会社法人等番号

申請人が会社法人等番号を有する法人であるときは、会社法人等番号を提供します(令7条1項1号イ)。ただし、会社法人等番号を有する法人であっても、作成後3か月以内の登記事項証明書を提供したときは、会社法人等番号の提供は要しません(規則36条1

項、2項)。会社法人等番号を有しない法人の場合は、当該法人の代表者の資格を証する情報を提供します(令7条1項1号ロ)。

iv 判決による場合

仮登記名義人が仮登記の抹消申請に協力しない場合には、一般の登記申請と同様、登記権利者が仮登記の抹消を命ずる判決を得て仮登記の抹消を単独で申請できます(法63条1項)。

【添付情報】

① 抹消登記を命ずる確定判決
② 会社法人等番号
　申請人が会社法人等番号を有する法人であるときは、会社法人等番号を提供します(令7条1項1号イ)。ただし、会社法人等番号を有する法人であっても、作成後3か月以内の登記事項証明書を提供したときは、会社法人等番号の提供は要しません(規則36条1項、2項)。会社法人等番号を有しない法人の場合は、当該法人の代表者の資格を証する情報を提供します(令7条1項1号ロ)。

(2) 登録免許税

仮登記の抹消の登録免許税は、不動産一個について1,000円です。

■ 申請書見本6（所有権移転仮登記抹消・共同申請）

登　記　申　請　書

登記の目的　〇番所有権仮登記抹消
原　　　因　令和〇年〇月〇日解除
権　利　者　〇区〇町一丁目2番3号
乙川花子

義　務　者　〇区〇町三丁目１０番１２号
株式会社　甲野商事
(会社法人等番号１２３４－５６－７８９０１２)
代表取締役　甲野太郎

添付情報　登記識別情報　登記原因証明情報　印鑑証明書（会社法人等番号何番）（注1）　会社法人等番号
代理権限証明情報
令和〇年9月5日申請　東京法務局〇〇出張所
申請人兼義務者の代理人　〇区〇町一丁目2番3号
乙　川　花　子　㊞（注2）
連絡先の電話番号　〇〇－〇〇〇〇－〇〇〇〇

登録免許税　金１，０００円（注3）

不動産の表示
不動産番号　０１０４５６７８９０１２３
所　　在　〇区〇町三丁目
地　　番　１２３番4
地　　目　宅地
地　　積　１００．７８平方メートル

書式の解説

この申請書は、仮登記の抹消登記を権利者と義務者で共同申請する場合の見本です。

（注1） 所有権の仮登記名義人が登記義務者となるときは、登記義務者の印鑑証明書を添付します。この印鑑証明書は、作成後3か月以内のものに限ります。ただし、登記義務者が法人の場合、会社法人等番号を提供した場合には印鑑証明書の添付は要しないとされています（規則48条1号）。その場合、申請書には添付情報の表示として「印鑑証明書（会社法人等番号何番）」の例により記載します。

（注2） 権利者が登記義務者の代理人を兼ねているときには、見本のように記載し、署名または記名押印します。ここに押す印は認印でもかまいません。

（注3） 登録免許税は、抹消する不動産の個数一個につき1,000円ですので、その金額を記載します。

■ 申請書見本7
（条件付所有権移転仮登記抹消・権利者兼利害関係人の単独申請）

登　記　申　請　書

登記の目的　　○番条件付所有権仮登記抹消
原　　　因　　令和○年○月○日放棄

義　務　者　　○区○町三丁目10番12号
　　　　　　　株式会社　甲野商事
　　　　　　　（会社法人等番号1234－56－789012）
　　　　　　　代表取締役　甲野太郎
申　請　人　　　　　　　○区○町一丁目2番3号
（権利者兼利害関係人）　乙　川　花　子　㊞
　　　　　　　　　　連絡先の電話番号　○○－○○○○－○○○○

添付情報　　登記原因証明情報　　仮登記名義人の承諾書（注）

令和○年9月5日申請　東京法務局○○出張所

登録免許税　金1，000円

不動産の表示
　所　　在　　○区○町三丁目
　地　　番　　123番4
　地　　目　　宅地
　地　　積　　100．78平方メートル

書式の解説

この申請書は、権利者が仮登記名義人の承諾書を添付して、権利者が単独で申請する場合の見本です（法110条後段）。

（注）抹消すべき仮登記名義人の承諾書を添付します。承諾書には印鑑証明書を添付しますが、この印鑑証明書は作成後3か月以内のものでなくてもかまいません。

■ 仮登記名義人の抹消登記をすることの承諾書見本

承　諾　書

〇区〇町一丁目2番3号
乙 川 花 子 殿

令和〇年〇月〇日受付第〇〇号で、後記不動産について条件付所有権移転仮登記をしたが、上記登記に対して令和〇年〇月〇日放棄を原因とする抹消登記を申請することを承諾します。

令和〇年〇月〇日
〇区〇町１０番１２号
株式会社　甲野商事
(会社法人等番号１２３４－５６－７８９０１２)
代表取締役　甲野太郎　㊞（注）

不動産の表示
所　在　〇区〇町三丁目
地　番　１２３番４
地　目　宅地
地　積　１００．７８平方メートル

書式の解説

（注）承諾者が会社または法人の場合には、登記所に届けてある代表者印を押し、登記所発行の印鑑証明書を添付します。承諾者が個人の場合には、いわゆる実印を押して、市区町村長の作成する印鑑証明書を添付します。これらの印鑑証明書は、いずれも3か月以内のものでなくてもかまいません。また、承諾者が法人の場合には、資格証明書として、法人の代表者事項証明書または法人の登記事項証明書を添付します。ただし、会社法人等番号を提供したときは、代表者事項証明書および印鑑証明書の提供に代えることができます。
なお、承諾書および承諾書に添付した印鑑証明書は原本還付されません。

■ 申請書見本８（賃借権仮登記抹消・仮登記名義人の単独申請）

登　記　申　請　書

登記の目的　　○番賃借権仮登記抹消
原　　　因　　令和○年○月○日解除
権　利　者　　○区○○一丁目○番○号
　　　　　　　乙　川　啓　一
申　請　人　　　○県○市○町○番○号
（仮登記名義人）　甲　野　太　郎

添付情報　　登記原因証明情報（注１）　登記識別情報（注２）
令和○年９月５日申請　東京法務局○○出張所
代　理　人　　○市○町○番○号
　　　　　　　○　○　○　○　㊞
　　　　　　　連絡先の電話番号　○○－○○○○－○○○○

登録免許税　　金１，０００円（注３）
不動産の表示
　不動産番号　０１０４５６７８９０１２３
　所　　　在　○区○町一丁目
　地　　　番　１２３番１０
　地　　　目　宅地
　地　　　積　３００．００平方メートル

書式の解説

この申請書は、仮登記名義人が登記識別情報を提供して単独で申請する場合の見本です。

（注１）　登記原因証明情報としては、解除証書等を添付します。
（注２）　仮登記名義人が当該仮登記をした時に登記所から通知を受けた登記識別情報を提供します。
（注３）　登録免許税は、抹消する不動産の個数一個につき1,000円ですので、その金額を記載します。

•••第 15 章•••
登録免許税

1　登録免許税の計算方法

(1)　課税標準

不動産に関する登記を申請するためには、登録免許税法に基づいて登録免許税を納めます。登録免許税の課税標準を分類すると、およそ次の三つに分けることができます。

① 不動産の価額による場合

所有権の保存、移転の登記、地上権、永小作権、賃借権、配偶者居住権、採石権の設定、転貸、移転の登記などです。

② 債権金額または極度金額または不動産工事費用の予算金額による場合

先取特権の保存、質権、抵当権、根抵当権の設定または移転登記などです。

③ 不動産の個数による場合

抹消登記、登記名義人表示変更登記などです。

④ 抵当権等の件数による場合

抵当権の順位の変更登記などです。

(2)　不動産の価額

不動産の価額というのは、当該登記の申請時における不動産の価額によります。たとえば、10 年前に相続した不動産を登記する場合の不動産の価額というのは、10 年前の不動産の価額をいうのではなく、登記する現在の価額ということになります（登免税法 10 条 1 項）。

不動産の価額は、登記を申請する時の不動産の時価を原則とします。しかし、登記を迅速に処理することなどから、当分の間はその登記の申請日の属する年の前年12月31日現在、またはその申請日の属する年の1月1日現在において、地方税法341条9号に掲げる固定資産課税台帳に登録された不動産価格が、課税標準の不動産価額となります（登免税法附則7条）。具体的には、市町村で発行している「固定資産評価証明書」に記載されている不動産の評価額がそれに当たります。東京都の特別区の場合は都税事務所で発行しています。

登記の申請日がその年の1月1日から3月31日までの期間内であるものはその前年の12月31日現在において固定資産課税台帳に登録された当該不動産の価格、登記の申請日がその年の4月1日から12月31日までの期間内のものはその年の1月1日現在において固定資産課税台帳に登録された当該不動産の価格とされています（登免税法施行令附則3項）。

登記申請日	不動産価格の基準日
1月1日～3月31日	前年の12月31日現在の不動産価格
4月1日～12月31日	その年の1月1日現在の不動産価格

たとえば、令和5年4月1日から令和6年3月31日までの間に登記申請をする場合には、令和5年度の固定資産評価証明書を添付します。

(3)　課税標準の金額（課税価格）の計算方法

i　不動産の価額または債権金額の課税標準を計算する場合

不動産の価額または債権金額の課税標準を計算する場合、その金額に1,000円未満の端数があるときは、その端数は切り捨てます（国税通則法118条1項）。

たとえば、不動産価格が1,523,450円とすれば、課税価格は1,523,000円となります。

課税標準の額が1,000円に満たない場合は、一律に1,000円とします（登免税法15条）。

●登録免許税法15条（課税標準の金額の端数計算）

別表第一に掲げる登記又は登録に係る課税標準の金額を計算する場合において、その全額が1,000円に満たないときは、これを1,000円とする。

ii　同一の申請書で同時に数個の物件の登記をする場合

同一の申請書で同時に数個の物件の登記をする場合、各個の不動産の価額を合算した後に端数計算をします（昭和42年7月26日民三第794号三課長通知）。

(4)　登録免許税額の計算方法

登録免許税の額は、課税価格に登録免許税法別表第一に定める税率を掛けた金額のうち、100円未満の端数を切り捨てた金額となります（国税通則法119条1項）。

また、計算した結果算出された登録免許税の額が1,000円に満たない場合には、税額は1,000円となります（登免税法19条）。

数個の物件で軽減措置の適用があるものとそうでないものがある場合には、各物件の課税価格に所定の各税率を掛けて計算し、その額を合算した後に、国税通則法119条1項の規定による端数計算をします。

●国税通則法119条（国税の確定金額の端数計算等）

国税（自動車重量税、印紙税及び附帯税を除く。以下この条において同じ。）の確定金額に100円未満の端数があるとき、又はその全額が100円未満であるときは、その端数金額又はその全額を切り捨てる。

（2項から4項省略）

(5)　登録免許税の納付方法

登録免許税の納付方法としては、現金納付と印紙納付があります。

i　現金納付

登録免許税は、原則として現金納付の方法によるとされています（登免税法21条）。しかし、現金納付といっても、直接、登記所に現金を納めるわけではありません。日本銀行本店、支店もしくは代理店（銀行、信用金庫等）、税務署または郵便局に、一定の納付書に登録免許税額相当額を添えて納付します。そして、その領収証書を登記申請書に貼り付けて申請します（同法21条)。

ii　印紙納付

登録免許税が3万円以下の場合その他政令で定める場合には、収入印紙による納付も認められています（登免税法22条)。実際には、ほとんどの場合、収入印紙で納付しているのが実情です。多くの登記所内には印紙売り場がありますので、それを利用すると便利でしょう。その際、注意することは、印紙は割印をしないことです。割印をすると使用済みの印紙とみなされます。

2　建物を取得したときの軽減措置

個人が住宅用建物を新築または取得した場合に、その所有権の保存登記または移転登記等をする際にある一定の条件を満たせば、登録免許税が軽減されます。それを定めた法律を「租税特別措置法」といいます。

この特例は、その登記申請書に、その家屋の所在する市区町村長の「住宅用家屋証明書」等の財務省令で定めた証明書を添付した場合に限って適用されます。共有の家屋について共有者全員が軽減措置を受ける場合には、住宅用家屋証明書に共有者全員の氏名を記載する必要があります。

なお、登記完了後にはこの特例は受けられませんので、注意してください。

(1)　所有権保存登記の場合

建物の所有権保存登記を受ける場合には、その建物の不動産の価額に1,000分の4の税率を掛けて計算した金額に相当する登録免許税が課税されますが、租税特別措置法72条の2の要件を満たせば、その税率は1,000分の1.5に軽減されます。

特定認定長期優良住宅の場合は、租税特別措置法74条1項の要件を満たせば、その税率は1,000分の1に軽減されます。

(2)　所有権移転登記の場合

建物の所有権移転登記を受ける場合には、その建物の不動産の価額に登記原因が売買の場合には1,000分の20の税率を掛けて計算した金額に相当する登録免許税が課税されますが、租税特別措置法73条の要件を満たせば、その税率は1,000分の3に軽減されます。

特定認定長期優良住宅の場合は、租税特別措置法74条2項の要件を満たせば、その税率は1,000分の1（一戸建ての特定認定長期優良住宅にあっては1,000分の2）に軽減されます。

(3)　抵当権設定登記の場合

不動産を目的とする抵当権設定登記をする場合には、債権額に1,000分の4の税率を掛けて計算した金額に相当する金額の登録免許税が課税されますが、特定の住宅新築資金の貸付け等に係る抵当権の設定登記については、租税特別措置法75条の要件を満たせば、その税率は1,000分の1に軽減されます。

3　土地の売買による所有権移転登記等の軽減措置

個人または法人が、令和8年3月31日までの間に、土地の売買による所有権移転登記をする場合には、税率は1,000分の15に、土地の所有権の信託登記をする場合には、1,000分の3に軽減されます（租税特別措置法72条1項）。

4　土地の相続に係る所有権移転登記の免税措置

相続（相続人に対する遺贈も含む）により土地の所有権を取得した場合において、その人がその相続による土地の所有権の移転の登記を受ける前に死亡したときは、平成30年（2018年）4月1日から令和7年（2025年）3月31日*までの間にその人をその土地の所有権の登記名義人とするために受ける登記については、登録免許税が課されないことになりました（租税特別措置法84条の2の3第1項)。

その場合、免税措置の適用を受けるための特段の証明書を添付する必要はありませんが、申請書には、「租税特別措置法第84条の2の3第1項により非課税」と記載します。この記載がない場合には非課税となりません。

なお、生存する相続人との共同相続または土地と建物の相続登記を1件の申請書でする場合には、申請書には「租税特別措置法第84条の2の3第1項により一部非課税」と記載します。

＊令和7年3月31日以降については最寄りの登記所に確認してください。

なお、登記の原因が「遺産分割」を原因とする場合にも本条の適用があるとされています(『登記研究』859号質疑応答)。

5　100万円以下の土地を相続した場合の免税措置

個人が令和7年3月31日までの間に、土地について所有権の保存の登記(法2条10号に規定する表題部所有者の相続人が受けるものに限る)または相続(相続人に対する遺贈を含む)による所有権の移転の登記を受ける場合において、これらの登記に係る登録免許税法10条1項の課税標準たる不動産の価額が100万円以下であるときは、これらの登記については、登録免許税は課されません(租税特別措置法84条の2の3第2項)。共有持分の移転の場合は、不動産の価額に持分の割合を掛けた額が100万円以下であれば免税となります(『登記研究』851号質疑応答)。なお、登記の原因が「遺産分割」を原因とする場合にも本条の適用があるとされています(『登記研究』859号質疑応答)。

免税措置の適用を受けるために特段の証明書の添付は不要ですが、申請書には、登録免許税の欄に下記の例のように記載してください。一部の土地だけが非課税になる場合には、どの土地が非課税になるのかわかるように記載例を参考に記載してください。

(申請書の記載例(一部省略))

登録免許税　**租税特別措置法第８４条の２の３第２項により非課税**
不動産の表示
　(以下省略)

（一部の土地が非課税の場合の記載例（一部省略））

登録免許税	金２万円 一部の土地（○○市○町一丁目１５番の土地）について 租税特別措置法第８４条の２の３第２項により非課税
不動産の表示	
所　　在	○○市○町一丁目
地　　番	１４番
地　　目	宅地
地　　積	１００．５０平方メートル
所　　在	○○市○町一丁目
地　　番	１５番
地　　目	雑種地
地　　積	１２平方メートル
（租税特別措置法第８４条の２の３第２項により非課税）	

住宅用家屋証明書

住宅用家屋証明書

租税特別措置法施行令
(イ) 第41条
特定認定長期優良住宅以外
(A) 新築されたもの
(B) 建築後使用されたことのないもの
特定認定長期優良住宅
(A) 新築されたもの
(B) 建築後使用されたことのないもの
(ロ) 第42条第1項 (建築後使用されたことのあるもの)

の規定に基づき、下記の家屋 令和　年　月　日 (ハ) 新築 (ニ) 取得 が

この規定に該当するものである旨を証明します。

申請者の住所	
申請者の氏名	
家屋の所在地	
取得の原因 (移転登記の場合)	

令和　年　月　日

市 (区町村) 長　㊞

書式の解説

本書式例は、租税特別措置法72条の2（所有権の保存）、同法73条（所有権の移転登記）、同法75条（抵当権の設定登記）および同法74条（特定認定長期優良住宅の所有権の保存・移転）の軽減措置を受けるための証明書の見本です。証明書の様式は地方自治体によって相違する場合があります。

数個の不動産を１件の申請書で申請する場合の登録免許税

Q1 二個の建物について売買による所有権移転登記をするのですが、１件の申請書でする場合の登録免許税の計算はどのようにしますか。

A 同一の申請書で数個の不動産について登記を申請する場合に、当該登記に係る登録免許税が不動産の価額を課税標準とするものであるときは、登録免許税の課税標準の額は、当該登記に係る不動産の価額の合計額とされています（登免税法施行令７条)。したがって、ご質問の場合、二個の建物の評価額を合算した後に、1,000 円未満を切り捨てた額に売買による税率（1,000 分の 20）を掛けてください。それによって計算された金額のうち、100 円未満を切り捨てた額が登録免許税となります。

所有権の持分移転の場合の課税価格とは

Q2 所有権の持分移転の課税価格の計算は、不動産の評価額に移転した持分を掛けてから 1,000 円未満を切り捨てるのですか。それとも、1,000 円未満を切り捨てた額に移転した持分を掛けるのですか。

A 課税価格は当分の間、固定資産課税台帳に登録された額（評価額）とされ、そのうちの 1,000 円未満を切り捨てた額とされています。また、持分移転の場合には、移転した持分に相当する金額が課税標準となりますので（登免税法 10 条２項)、評価額に移転する持分を掛けた後、1,000 円未満を切り捨てることになるものと思われます（『登記研究』481 号質疑応答参照)。

軽減措置を受ける建物の種類

Q3 店舗または事務所も軽減措置を受けることができますか。

A 受けることはできません。軽減措置の適用があるのはもっぱら個人が居住の用に供する専用住宅で、登記事項証明書に建物の種類として「居宅」と記録されている場合です。ただし、店舗併用住宅の場合でも、その家屋の床面積の90％を超える部分が居宅の場合には適用があるとされています。その場合、適用があるのは90％の部分だけではなく、建物全部について適用があります。

租税特別措置法73条の適用を受けられる登記原因

Q4 租税特別措置法73条の規定は、相続によって取得した場合にも適用がありますか。

A 適用はありません（平成9年12月4日民三第2156号第三課長回答）。適用があるのは、売買または競落の場合です（租税特別措置法施行令42条3項）。

根抵当権と租税特別措置法75条

Q5 租税特別措置法75条でいう抵当権には、根抵当権も含まれますか。

A 根抵当権は含まれません。

登録免許税表

登記事項及び登記原因	課税標準	税　率
所有権保存		
1　通常の所有権保存登記	不動産の価額	1,000分の4
2　租税特別措置法72条の2の適用がある場合	不動産の価額	1,000分の1.5
3　同法74条の適用がある特定認定長期優良住宅の場合	不動産の価額	1,000分の1
所有権移転登記		
1　相続（相続人に対する遺贈を含みます。以下同じ）または法人の合併による移転	不動産の価額	1,000分の4
2　共有物の分割による移転の登記（登免税法施行令9条による価額が減少する部分）	不動産の価額	1,000分の4
3　共有物の分割による移転の登記（価額が減少しない部分）	不動産の価額	1,000分の20
4　その他の原因による移転の登記 遺贈（相続人に対する遺贈を除く）、売買[*1]、贈与、代物弁済、交換、現物出資、譲渡担保、残余財産の分配、営業譲渡、財産分与、持分放棄、時効取得、真正な登記名義の回復、委任の終了、信託[*2]等	不動産の価額	1,000分の20
5　租税特別措置法73条の適用がある場合	不動産の価額	1,000分の3
6　同法74条の適用がある特定認定長期優良住宅の場合	不動産の価額	1,000分の1 （一戸建の特定認定長期優良住宅にあっては1,000分の2）
地上権、永小作権、賃借権または採石権の設定、転貸または移転の登記		
1　設定または転貸の登記	不動産の価額	1,000分の10
2　相続または法人の合併による移転の登記	不動産の価額	1,000分の2
3　共有に係る権利の分割による移転の登記	不動産の価額	1,000分の2
4　その他の原因による移転の登記	不動産の価額	1,000分の10
配偶者居住権の設定の登記	不動産の価額	1,000分の2
地役権の設定の登記	承役地の不動産の個数	一個につき1,500円

先取特権、抵当権、質権の設定 1　先取特権の保存、質権、抵当権の設定 2　抵当権の設定で租税特別措置法 75 条の適用がある場合	 債権金額または不動産工事費用の予算金額 債権金額	 1,000 分の 4 1,000 分の 1
先取特権、抵当権、質権の移転 1　相続または法人の合併 2　その他の原因	 債権金額 債権金額	 1,000 分の 1 1,000 分の 2
根抵当権設定	極度金額	1,000 分の 4
根抵当権移転 1　相続または法人の合併 2　全部譲渡 3　分割譲渡 4　一部譲渡または法人の分割 5　その他の原因	 極度金額 極度金額 分割譲渡した極度金額 一部譲渡または分割後の共有者の数で極度金額を除して計算した金額 極度金額	 1,000 分の 1 1,000 分の 2 1,000 分の 2 1,000 分の 2 1,000 分の 2
抵当権の順位変更	抵当権の件数	1 件につき 1,000 円
賃借権の先順位抵当権に優先する同意の登記	賃借権及び抵当権の件数	1 件につき 1,000 円
信託の登記 1　所有権の信託の登記[*3] 2　先取特権、質権または抵当権の信託の登記 3　その他の権利の信託の登記	 不動産の価額 債権金額または極度金額 不動産の価額	 1,000 分の 4 1,000 分の 2 1,000 分の 2
相続財産の分離の登記 1　所有権の分離の登記 2　所有権以外の権利の分離の登記	 不動産の価額 不動産の価額	 1,000 分の 4 1,000 分の 2

仮登記		
1　所有権移転の仮登記または所有権移転請求権の保全のための仮登記		
①　共有物の分割による移転の仮登記または移転の請求権の保全のための仮登記	不動産の価額	1,000分の2 (ただし登免税法施行令9条に注意)
②　その他の原因による移転の仮登記または移転請求権の保全のための仮登記	不動産の価額	1,000分の10
2　地上権、永小作権、賃借権もしくは採石権の設定、転貸もしくは移転の仮登記または設定、転貸もしくは移転の請求権の保全のための仮登記		
①　設定もしくは転貸の仮登記または設定もしくは転貸の請求権の保全のための仮登記	不動産の価額	1,000分の5
②　共有に係る権利の分割による移転の仮登記または移転の請求権の保全のための仮登記	不動産の価額	1,000分の1
③　その他の原因による移転の仮登記または移転の請求権の保全のための仮登記	不動産の価額	1,000分の5
3　信託の仮登記または信託の設定の請求権の保全のための仮登記		
①　所有権の信託の仮登記または信託の設定の請求権の保全のための仮登記	不動産の価額	1,000分の2
②　先取特権、質権もしくは抵当権の信託の仮登記または信託の設定の請求権の保全のための仮登記	債権金額または極度金額	1,000分の1
③　その他の権利の信託の仮登記または信託の設定の請求権の保全のための仮登記	不動産の価額	1,000分の1
4　相続財産の分離の仮登記または移転の請求権の保全のための仮登記		
①　所有権の分離の仮登記または移転の請求権の保全のための仮登記	不動産の価額	1,000分の2
②　所有権以外の権利の分離の仮登記または移転の請求権の保全のための仮登記	不動産の価額	1,000分の1
5　その他の仮登記	不動産の個数	一個につき1,000円

抹消登記 （同一の申請書により 20 個を超える不動産について登記の抹消を受ける場合には、申請件数 1 件につき 2 万円）	不動産の個数	一個につき 1,000 円

＊ 1 土地の売買による所有権の移転の登記については、租税特別措置法 72 条 1 項 1 号により税率が軽減され、次のとおりになります。

・平成 25 年 4 月 1 日から令和 8 年 3 月 31 日までは、1,000 分の 15

＊ 2 信託による財産権の移転の登記で登免税法 7 条 1 項の各号に該当するものについては、登録免許税は課さない。なお、信託による移転の登記は、同時に信託の登記もするので、信託の登記の登録免許税については「信託の登記」欄を参照してください。

＊ 3 土地の所有権の信託の登記については、租税特別措置法 72 条 1 項 2 号により税率が軽減され、次のとおりになります。

・平成 25 年 4 月 1 日から令和 8 年 3 月 31 日までは、1,000 分の 3

ただし、租税特別措置法は今後、変更される場合がありますので注意してください。

●租税特別措置法（抄）

（土地の売買による所有権の移転登記等の税率の軽減）

第72条　個人又は法人が、平成25年4月1日から令和8年3月31日までの間に、土地に関する登記で次の各号に掲げるものを受ける場合には、当該各号に掲げる登記に係る登録免許税の税率は、登録免許税法第9条の規定にかかわらず、当該各号に掲げる登記の区分に応じ、当該各号に定める割合とする。

一　売買による所有権の移転の登記　1000分の15

二　所有権の信託の登記　1000分の3

（2項および3項は省略）

（住宅用家屋の所有権の保存登記の税率の軽減）

第72条の2　個人が、昭和59年4月1日から令和6年3月31までの間に住宅用の家屋で政令で定めるもの（以下第75条までにおいて「住宅用家屋」という。）を新築し、又は建築後使用されたことのない住宅用家屋を取得し、当該個人の居住の用に供した場合には、当該住宅用家屋の所有権の保存の登記に係る登録免許税の税率は、財務省令で定めるところにより当該住宅用家屋の新築又は取得後1年以内に登記を受けるものに限り、登録免許税法第9条の規定にかかわらず、1000分の1.5とする。

（住宅用家屋の所有権の移転登記の税率の軽減）

第73条　個人が、昭和59年4月1日から令和6年3月31日までの間に建築後使用されたことのない住宅用家屋又は建築後使用されたことのある住宅用家屋のうち政令で定めるものの取得（売買その他の政令で定める原因によるものに限る。次条第2項、第74条の2第2項及び第74条の3第1項において同じ。）をし、当該個人の居住の用に供した場合には、これらの住宅用家屋の所有権の移転の登記に係る登録免許税の税率は、財務省令で定めるところによりこれらの住宅用家屋の取得後1年以内（1年以内に登記ができないことにつき政令で定めるやむを得ない事情がある場合には、政令で定める期間内。次条第2項、第74条の2第2項及び第75条において同じ。）に登記を受けるものに限り、登録免許税法第9条の規定にかかわらず、1000分の3とする。

（住宅取得資金の貸付け等に係る抵当権の設定登記の税率の軽減）
第75条　個人が、昭和59年4月1日から令和6年3月31日までの間に住宅用家屋の新築（当該期間内に家屋につき増築をし、当該増築後の家屋が住宅用家屋に該当する場合における当該増築を含む。以下この条において同じ。）をし、又は建築後使用されたことのない住宅用家屋若しくは建築後使用されたことのある住宅用家屋のうち政令で定めるものの取得をし、当該個人の居住の用に供した場合において、これらの住宅用家屋の新築又は取得（以下この条において「住宅用家屋の新築等」という。）をするための資金の貸付け（貸付けに係る債務の保証を含む。）が行われるとき、又は対価の支払が賦払の方法により行われるときは、その貸付け又はその賦払金に係る債権で次の各号に掲げるものを担保するために当該各号に定める者が受けるこれらの住宅用家屋を目的とする抵当権の設定の登記に係る登録免許税の税率は、財務省令で定めるところにより当該住宅用家屋の新築等後1年以内に登記を受けるものに限り、登録免許税法第9条の規定にかかわらず、1000分の1とする。
一　住宅用家屋の新築等をするための資金の貸付けに係る債権
　当該債権に係る貸付けを行った者
二　住宅用家屋の新築等をするための資金の貸付けに係る債務の保証に基づく求償権
　当該債務の保証を行った者
三　住宅用家屋の新築等をするための対価の支払が賦払の方法により行われる場合における当該賦払金に係る債権
　当該賦払の方法により当該対価の支払を受けた者
四　住宅用家屋の新築等をするための資金の貸付けに係る債権で独立行政法人住宅金融支援機構が独立行政法人住宅金融支援機構法（平成17年法律第82号）第13条第1項第1号の業務により金融機関から譲り受けた貸付債権
　独立行政法人住宅金融支援機構

（相続に係る所有権の移転登記等の免税）
第84条の2の3　個人が相続（相続人に対する遺贈を含む。以下この条において同じ。）により土地の所有権を取得した場合において、当該個人が当該相続による当該土地の所有権の移転の登記を受ける前に死亡したときは、平成30年4月1日から令和7年3月31日までの間に当該個人を当該土地の所有権の登記名義人とするために受ける登記については、登録免許税を課さない。

2　個人が、所有者不明土地の利用の円滑化等に関する特別措置法の施行の日から令和7年3月31日までの間に、土地について所有権の保存の登記（不動産登記法（平成16年法律第123号）第2条第10号に規定する表題部所有者の相続人が受けるものに限る。）又は相続による所有権の移転の登記を受ける場合において、これらの登記に係る登録免許税法第10条第1項の課税標準たる不動産の価額が100万円以下であるときは、これらの登記については、登録免許税を課さない。

6　登録免許税の計算例（売買による所有権移転登記の場合）

登録免許税の計算の具体例は次のとおりになります。ただし、登録免許税の税率は、土地の場合は1,000分の15（租税特別措置法72条1項1号）、建物の場合は1,000分の20で計算しています。

①　土地が一個の場合

【課税価格】

たとえば、固定資産評価証明書の評価額が3,567,800円の場合。1,000円未満を切り捨てるので、課税価格は3,567,000となります。

【登録免許税】

課税価格に税率を掛けて、出てきた数字の100円未満を切り捨てます。

課税価格（3,567,000円）×税率（1,000分の15）＝53,505円

ゆえに、100円未満を切り捨てた53,500円が登録免許税となります。

②　建物が一個の場合

【課税価格】

たとえば、固定資産評価証明書の評価額が567,807円の場合。1,000円未満を切り捨てるので、課税価格は567,000となります。

【登録免許税】

課税価格に税率を掛けて、出てきた数字の100円未満を切り捨てます。

課税価格（567,000円）×税率（1,000分の20）＝11,340円

ゆえに、100円未満を切り捨てた11,300円が登録免許税となります。

③　建物が二個の場合

【課税価格】

たとえば、固定資産評価証明書の評価額が567,807円の建物と

1,245,000円の２個の建物を同一の申請書で登記申請する場合には、次の計算によります。

567,807円＋1,245,000円＝1,812,807円

二つの建物の評価額を足したのち、1,000円未満の端数を切り捨てます。

ゆえに、1,812,000円が課税価格となります。

【登録免許税】

課税価格に税率を掛けて、出てきた数字の100円未満を切り捨てます。

課税価格（1,812,000円）×税率（1,000分の20）＝36,240円

ゆえに、100円未満を切り捨てた36,200円が登録免許税となります。

④　税率が異なる土地と建物の場合

税率が異なる複数の不動産の所有権移転の登記を同一の申請書で申請する場合の登録免許税の計算方法は、土地および建物の課税価格に各税率を適用して計算した額を合算した後、国税通則法119条の規定による端数処理をします。すなわち、土地・建物のそれぞれにつき円の位まで算出し、合計した上で100円未満を切り捨てます（『登記研究』528号・質疑応答）。

たとえば、固定資産評価証明書の評価額が3,567,800円の土地と評価額が567,807円の建物を同一の申請書で登記申請した場合の登録免許税の計算は次のとおりとなります。

【課税価格】

土地は、3,567,000円

建物は、567,000円

【登録免許税】

土地：3,567,000円×税率（1,000分の15）＝53,505円

建物：567,000円×税率（1,000分の20）＝11,340円

53,505円＋11,340円＝64,845円

ゆえに、100円未満を切り捨てた64,800円が登録免許税となります。